Daniel Fenning

Trader's Most Useful Assistant in Buying And Selling All Sorts of Commodities

Daniel Fenning

Trader's Most Useful Assistant in Buying And Selling All Sorts of Commodities

ISBN/EAN: 9783744734721

Printed in Europe, USA, Canada, Australia, Japan

Cover: Foto ©ninafisch / pixelio.de

More available books at **www.hansebooks.com**

The
Robert E. Gross Collection

A Memorial to the Founder
of the

Lockheed Aircraft Corporation

Business Administration Library
University of California
Los Angeles

PREFACE.

To all Persons who are concerned in buying and selling; but more particularly to Housekeepers, House-Chandlers, Country Shopkeepers, Artificers, &c.

GENTLEMEN,

YOUR kind encouragement of the former Editions of this WORK, gives me great Reason to return you Thanks; by enabling me to send this Fifth Edition into the World under your Approbation.

You have several Books indeed of this Kind published; but you may depend that none so justly deserves the Title; for it may with Propriety be called The READY RECKONER, both for its Ease, Usefulness, and Extensiveness, as will appear, as follows.

1. The *Trader's Sure Guide*, and also some other Books of this Sort, begin at 1 Farthing, and continue no farther than 18 Pence, whereas this continues to 2 Shillings, rising only 1 Farthing in Order.

2. The *Trader's Sure Guide* rises one Penny at once from 1 to 5 Shillings; but *this* rises but a Half-penny a Time.

3. The *Trader's Sure Guide* rises Six-pence at once, from 10 to 15 Shillings; but *here* we advance but Three-pence, so that you have double the Tables and Calculations: Again,

4. The *Trader's Sure Guide*, and many others, jump over several Numbers that are here continued; for they immediately go from 100 to 200, whereas *here* you have from 100 continued up to 112 at any Price.

5. From what has been said, it appears you have many Thousand Calculations more in this Undertaking than in any other Book, which certainly must be of greater Use than those Books that have them not.

6. 'Tis true that nothing is more liable to Errors than large Tables of any Sort; for though there requires no great Scholarship to make such a plain Book; yet the vast Multiplicity of Figures, and continual Series of different Numbers, render the Work much more difficult than Persons in general are aware of; and though it is possible that such a Book may be correct, yet it may naturally be expected that Errors of some Sort or other may slip the Notice of the most attentive single Examiner.

7. This being the real Case of Works of this Sort, I have taken all the Care that Time and Ability would allow of, to prevent it, and

and can assure the Public that every single and separate Sheet has been examined by Three different Persons with all possible Caution and Attention, so that I am apt to think you may depend on the Exactness of the Calculations.

In short, that it may be a useful Book in general, I have added a Set of Tables of the Value of various Pieces of foreign Coin, Tables of Interest, Brokerage, &c. and a short and easy Method to measure Timber, Brickwork, and Gauging common Tubs and Casks, both by the Pen and sliding Rule, which will be of great use to Country Wheelwrights, Carpenters, Bricklayers, Apprentices, &c.

In fine, I make no Doubt but it will answer your End, according to the Design, which will give great Satisfaction to,

GENTLEMEN,

Your very humble Servant,

D. FENNING.

To the PUBLIC.

AS it is very likely this little Book may fall into the Hands of many Country Artificers, Apprentices, and other Persons who would be glad to have some Notion of measuring Boards, or any regular Piece of Timber, or Brick Work; I thought it might be agreeable to add Something of this Sort; and tho' I have not treated upon each of them in so full a Manner as I have in my ARITHMETIC, yet the Rules and Examples are sufficient for any industrious Person to gain a further Knowledge of any of these Subjects, by diligently observing what is here laid down.

1. *Of Board or Superficial Measure.*

Superficial Measure is that which has Length and Breadth only, and is measured by the Square Foot, containing 144 Inches, therefore,

RULE, *Multiply the Length in Inches by the Breadth in Inches, and divide by* 144, *the Quotient gives the Square Feet, and the Remainder is the Square Inches.*

1. There is a Board 9 Feet 6 Inches long, and 9 Inches wide, I demand the Content.

Ans. 7 Feet 18 Inches.

(vii)

By the Slip Rule.

Set the Breadth of the Board (*viz.* 9 Inches) on the *Slip* to the upper 12, next the Edge of the Rule; then against the Length of the Board (9½ Feet) in the same Line on the Rule you'll find 7 Feet and half a Quart. or 7 Ft. 18 In.

2. How many Bricks, 9 Inches long and 4 Inches wide, will pave a Room 15 Feet long, and 14 wide. *Anſ.* 840.

Multiply the Length 15 by the Breadth 14, gives 210 Feet; this multiplied by 144, the Inches in a Foot, gives 30240 Square Inches; then multiply 9, the Length of the Brick, by 4, the Breadth, gives 36 Square Inches in one Brick: Divide therefore 30240 by 36, gives 840, the Bricks required.

And thus for any Thing of this Sort.

2. *Of Timber or ſolid Meaſure.*

In this Sort of Meaſure 1728 Square Inches make 1 Foot; becauſe 12 multiplied by 12, gives 144 Superficial or Square Inches; and 144 multiplied by 12 gives 1728 ſolid Inches. The common Method to meaſure Timber is thus:

With a ſmall Cord take the Round or Circumference of the Tree, neither in the largeſt or ſmalleſt Part; then double the ſaid String into 4 Parts, and apply it to any common 2 Feet Rule, and obſerve what it meaſures; for *this* is called the *Girt* of the Tree: Then the Rule is, multiply the *Girt* by itſelf (which is called ſquaring the *Girt*) and then multiply the Product by the Length of the Tree in Feet, and divide the Product by 144,

(viii)

gives the Content in Square Feet, and the Remainder is the Square Inches. Or otherwise multiply the Square of the *Girt* by the Length in Inches and divide by 1728, gives the Content.

1. There is a Tree 14 Inches clear *Girt, and 9 Feet long, I demand the Content.

Here I multiply 14, the Girt by itself, (that is 14) and the Product is 196, this multiplied by 9, the Length gives 1764 Feet, which divided by 144, gives 12 Feet 36 Inches, or $12\frac{1}{4}$ Feet.

By the Slip Rule.

Set the Length (9) on the Slip right against the 12, under the lower Part of the Slip on the Rule (wrote *Girt Line*) then against the *Girt* of the Tree (14) on the *Girt Line*, you will find $12\frac{1}{4}$ the Content, as before.

Of Tapering Timber.

If the Tree be very long and large at one End, and small at another, you may with marking it with a Piece of Chalk any where in the Middle, or any crooked Place, measure it as *two* distinct Pieces, in the Manner before directed. Or if it runs strait do thus:

Take the *Girt* at *two* different Places, neither at the largest nor smallest of all, but as Judgment shall direct; then add these *two* Girts together, and take the Half of them for a mean *Girt*, and proceed to multiply by the whole Length, as before.   *N. B.*

* N. B. The Reason why this is called *clear Girt*, is because 1 Inch is generally allowed for the Bark in Trees that are pretty large.

N. B. This is a common Method, but very erroneous; for the right Way is to multiply one *Girt* by the other, and extract the Square Root for a mean *Girt*.

Thus a Tree 20 Inches *Girt* at one End, and 40 at the other (the mean *Girt* is 30) and 9 Feet long, contains, according to the customary Method, $56\frac{1}{4}$ Feet; but in Reality, it contains not quite 50 Feet, therefore is $6\frac{1}{4}$ Feet too much.

3. Of Brick-Work.

Brick-Work is measured by the Square-Rod, that is $5\frac{1}{2}$ Yards, or $16\frac{1}{2}$ Feet squared, that is, $272\frac{1}{4}$ square Feet make *one* square Rod of Brick-Work, at $1\frac{1}{2}$ Brick thick, which is the Standard for the Thickness of all Walls, to which Brick-Work is reduced. But 272 Feet being near enough for common Use it will be sufficient.

RULE, Multiply the Length of any regular Wall of $1\frac{1}{2}$ Brick thick by the Height, and divide by 272, gives the Content in Rods and the Remainder in square Feet.

There is a Wall 76 Feet long, 9 Feet high, and $1\frac{1}{2}$ Brick thick, I demand the Content.

I multiply 76 by 9, and divide by 272, and the Quotient gives 2 Rods and 140 Feet, *viz.* better than $2\frac{1}{2}$ Rods.

By the Slip.

Set 272 on the Slip to the Height 9 on the Rule above it; then against 76, the Length on the Slip is rather better than $2\frac{1}{2}$ on the Rule.

4. *Of Walls being more or less than* 1½ *Brick thick to tell the Content.*

Having found the Content first of all for 1½ Brick thick, say thus: as the Half-Bricks in the Standard, *viz.* 3, are to the Content at that Thickness, so is the Number of Half-Bricks in the Thickness of any Wall to the Content of the required Wall.

Note. But as there is some Trouble in this, and in some Cases it will be very difficult for the Learner to come to a true answer at *two* Operations, I have here added a Table by which a Piece of Brick work at any Thickness may be done at one Operation, by making the following Numbers your Divisors, *viz.*

Multiply the Length of the Wall by the Height: then,

For Bricks thick	Divide by
1	408
1½	272
2	204
2½	163
3	136
3½	116
4	102

Thus the Wall in the foregoing Example 76 Feet long and 9 Inches wide at 1½ Brick thick, is 2 Rods and 140 Feet: I demand its Contents at 3 Bricks thick.

I multiply the Length by the Height as before, and now instead of dividing by 272, I divide by 136 (the Divisor in the Table for 3 Bricks thick) and I have for Answer 5 Rods 8 Feet. And thus for any Thickness, observing well the Divisor.

5. *Of*

5. Of Gauging.

The Way to gauge any common Square, or square Cooler, or oblong Square, is thus:

Multiply the Length by the Breadth in Inches, then multiply that Product by the Depth, and divide by 282, and the Quotient gives the Content in Ale Gallons. If you divide by 2150, it gives the Bushels.

Thus a Cistern 60 Inches long, 50 Inches wide, and 40 Inches deep, will contain 425 Gallons, and about 55 Bushels, 3 Pecks.

1. Of Tubs or Round Figures.

Take the Diameter, then square it, (that is, multiply it by itself) and divide the Product by 359 for Beer, 294 for Wine, and 2737 for Bushels.

Thus you will find a Tub, whose Diameter is 36 Inches every where and 50 Inches deep, holds 278 Gallons of Ale, 294 Wine, and $36\frac{1}{4}$ Bushels.

2. Of Tubs whose Diameters at the Bottom and Top are not equal.

The common Way like measuring Timber, is to add both Diameters together, and take the Half for a mean Diameter: Though the right Way is to multiply both Diameters together, and extract the Square Root for a mean Diameter, then proceed as before.

Of Casks.

Any common regular Cask may be measured thus, provided both the Head Diameters are nearly equal.

First,

First, square the Bung Diameter, and then multiply it by 2, to which add the Square of the Head Diameter; then multiply this by the Length of the Cask, and divide by 1077 for Beer, 882 for Wine.

Thus you will find a Cask, whose Bung Diameter is 28 Inches, the Head 25, and Length 36 Inches, to contain 73 Ale and 89½ Wine Gallons.

6. *To measure any regular square Piece of Ground.*

Take a Rod Pole, *viz.* a Pole of 5½ Yards long, and measure the Length of the Place or Field, and the Breadth, which set down in Rods; multiply them together, and divide by 160, (the square Rods in an Acre,) gives the Content in Acres.

Thus if a Yard be 18 Rods long, and 14 Rods wide, it contains 1 Acre, 2 Roods, and 12 Rods.

These Examples are sufficient to give the young Learner an Idea. If indeed he would know more of the true Method of Mensuration, let him consult my ARITHMETIC, in which these Things are more fully treated of.

AN EXPLANATION OF THE WORK.

First, Upon the Top of the Leaf you will find in every Page the Price of the Commodity from 1 Farthing per Ounce, Pound, Yard, Ell, or any other Denomination.

2. Every Page is divided into 6 Columns or Divisions; in the narrow Columns stand the Numbers from 1 to 10000 and in the wide Columns, (opposite to every respective Number) is shewn the Value or Amount that such a Number comes to, according to the Price fix'd at the Top or Head of the Page.

For Example.

Suppose I wanted to know what 35 Pounds of Tobacco come to at 15 Pence 3 Farthings per Pound, or 35 Yards or Ells of any Thing at the same Price.

N. B. I open the Book 'till I find 15 Pence 3 Farthings on the Top of the Leaf; and looking in the narrow Column for the Number 35, I find right against it in the wide Column 2l. 5s. 11d. ½, the Answer.

B . At

At 1 Farthing per Pound, Yard, &c.

N.	l.	s.	d.	N.	l.	s.	d.	N.	l.	s.	d.
1	-	—	— ¼	45	-	—	11 ¼	89	-	1	10 ¼
2	-	—	— ½	46	-	—	11 ½	90	-	1	10 ½
3	-	—	— ¾	47	-	—	11 ¾	91	-	1	10 ¾
4	-	—	1	48	-	1	—	92	-	1	11
5	-	—	1 ¼	49	-	1	— ¼	93	-	1	11 ¼
6	-	—	1 ½	50	-	1	— ½	94	-	1	11 ½
7	-	—	1 ¾	51	-	1	— ¾	95	-	1	11 ¾
8	-	—	2	52	-	1	1	96	-	2	—
9	-	—	2 ¼	53	-	1	1 ¼	97	-	2	— ¼
10	-	—	2 ½	54	-	1	1 ½	98	-	2	— ½
11	-	—	2 ¾	55	-	1	1 ¾	99	-	2	— ¾
12	-	—	3	[56]	-	1	2	100	-	2	1
13	-	—	3 ¼	57	-	1	2 ¼	101	-	2	1 ¼
14	-	—	3 ½	58	-	1	2 ½	102	-	2	1 ½
15	-	—	3 ¾	59	-	1	2 ¾	103	-	2	1 ¾
16	-	—	4	60	-	1	3	104	-	2	2
17	-	—	4 ¼	61	-	1	3 ¼	105	-	2	2 ¼
18	-	—	4 ½	62	-	1	3 ½	106	-	2	2 ½
19	-	—	4 ¾	63	-	1	3 ¾	107	-	2	2 ¾
20	-	—	5	64	-	1	4	108	-	2	3
21	-	—	5 ¼	65	-	1	4 ¼	109	-	2	3 ¼
22	-	—	5 ½	66	-	1	4 ½	110	-	2	3 ½
23	-	—	5 ¾	67	-	1	4 ¾	* 111	-	2	3 ¾
24	-	—	6	68	-	1	5	GH 112	-	2	4
25	-	—	6 ¼	69	-	1	5 ¼	Gr. 144	-	3	—
26	-	—	6 ½	70	-	1	5 ½	200	-	4	2
27	-	—	6 ¾	71	-	1	5 ¾	W. 256	-	5	4
[28]	-	—	7	72	-	1	6	300	-	6	3
29	-	—	7 ¼	73	-	1	6 ¼	400	-	8	4
30	-	—	7 ½	74	-	1	6 ½	500	-	10	5
31	-	—	7 ¾	75	-	1	6 ¾	600	-	12	6
32	-	—	8	76	-	1	7	700	-	14	7
33	-	—	8 ¼	77	-	1	7 ¼	800	-	16	8
34	-	—	8 ½	78	-	1	7 ½	900	-	18	9
35	-	—	8 ¾	79	-	1	7 ¾	1000	1	—	10
36	-	—	9	80	-	1	8	2000	2	1	8
37	-	—	9 ¼	81	-	1	8 ¼	3000	3	2	6
38	-	—	9 ½	82	-	1	8 ½	4000	4	3	4
39	-	—	9 ¾	83	-	1	8 ¾	5000	5	4	2
40	-	—	10	[84]	-	1	9	6000	6	5	—
41	-	—	10 ¼	85	-	1	9 ¼	7000	7	5	10
42	-	—	10 ½	86	-	1	9 ½	8000	8	6	8
43	-	—	10 ¾	87	-	1	9 ¾	9000	9	7	6
44	-	—	11	88	-	1	10	10000	10	8	4

* *N. B.* **GH** stands for *Great Hundred*; **Gr.** signifies the *Gross*, and **W.** the *Wey*.

272 Feet in a Rod, at ¼ per Foot, is 5s. 8d.
365 Days in a Year, at ¼ per Day, is 7s. 7d. ¼.

At 2 Farthings per Pound, Yard, &c.

N.	l.	s.	d.	N.	l.	s.	d.	N.	l.	s.	d.
1	-	—	— ½	45	-	1	10 ½	89	—	3	8 ½
2	-	—	1	46	-	1	11	90	—	3	9
3	-	—	1 ½	47	-	1	11 ½	91	—	3	9 ½
4	-	—	2	48	-	2	—	92	—	3	10
5	-	—	2 ½	49	-	2	— ½	93	—	3	10 ½
6	-	—	3	50	-	2	1	94	—	3	11
7	-	—	3 ½	51	-	2	1 ½	95	—	3	11 ½
8	-	—	4	52	-	2	2	96	—	4	—
9	-	—	4 ½	53	-	2	2 ½	97	—	4	— ½
10	-	—	5	54	-	2	3	98	—	4	1
11	-	—	5 ½	55	-	2	3 ½	99	—	4	1 ½
12	-	—	6	[56]	-	2	4	100	—	4	2
13	-	—	6 ½	57	-	2	4 ½	101	—	4	2 ½
14	-	—	7	58	-	2	5	102	—	4	3
15	-	—	7 ½	59	-	2	5 ½	103	—	4	3 ½
16	-	—	8	60	-	2	6	104	—	4	4
17	-	—	8 ½	61	-	2	6 ½	105	—	4	4 ½
18	-	—	9	62	-	2	7	106	—	4	5
19	-	—	9 ½	63	-	2	7 ½	107	—	4	5 ½
20	-	—	10	64	-	2	8	108	—	4	6
21	-	—	10 ½	65	-	2	8 ½	109	—	4	6 ½
22	-	—	11	66	-	2	9	110	—	4	7
23	-	—	11 ½	67	-	2	9 ½	* 111	—	4	7 ½
24	-	1	—	68	-	2	10	GH 112	—	4	8
25	-	1	— ½	69	-	2	10 ½	Gr. 144	—	6	—
26	-	1	1	70	-	2	11	200	—	8	4
27	-	1	1 ½	71	-	2	11 ½	W. 256	—	10	8
[28]	-	1	2	72	-	3	—	300	—	12	6
29	-	1	2 ½	73	-	3	— ½	400	—	16	8
30	-	1	3	74	-	3	1	500	1	—	10
31	-	1	3 ½	75	-	3	1 ½	600	1	5	—
32	-	1	4	76	-	3	2	700	1	9	2
33	-	1	4 ½	77	-	3	2 ½	800	1	13	4
34	-	1	5	78	-	3	3	900	1	17	6
35	-	1	5 ½	79	-	3	3 ½	1000	2	1	8
36	-	1	6	80	-	3	4	2000	4	3	4
37	-	1	6 ½	81	-	3	4 ½	3000	6	5	—
38	-	1	7	82	-	3	5	4000	8	6	8
39	-	1	7 ½	83	-	3	5 ½	5000	10	8	4
40	-	1	8	[84]	-	3	6	6000	12	10	—
41	-	1	8 ½	85	-	3	6 ½	7000	14	11	8
42	-	1	9	86	-	3	7	8000	16	13	4
43	-	1	9 ½	87	-	3	7 ½	9000	18	15	—
44	-	1	10	88	-	3	8	10000	20	16	8

* *N. B.* GH stands for *Great Hundred*, Gr. signifies the *Gross*, and W. the *Weigh*.

272 Feet in a Rod, at ½ per Fo t, is 11s. 4d.
365 Days in a Year, at ½ per day, is 15s. 2d. ½

At 3 Farthings per Pound, Yard, &c.

N.	l.	s.	d.	N.	l.	s.	d.	N.	l.	s.	d.
1	-	—	— ¾	45	-	2	9 ¾	89	—	5	6 ¾
2	-	—	1 ½	46	-	2	10 ½	90	—	5	7 ½
3	-	—	2 ¼	47	-	2	11 ¼	91	—	5	8 ¼
4	-	—	3	48	-	3	—	92	—	5	9
5	-	—	3 ¾	49	-	3	— ¾	93	—	5	9 ¾
6		—	4 ½	50	-	3	1 ½	94	—	5	10 ½
7	-	—	5 ¼	51	-	3	2 ¼	95	—	5	11 ¼
8	-	—	6	52	-	3	3	96	—	6	—
9	-	—	6 ¾	53	-	3	3 ¾	97	—	6	— ¾
10	-	—	7 ½	54	-	3	4 ½	98	—	6	1 ½
11	-	—	8 ¼	55	-	3	5 ¼	99	—	6	2 ¼
12	-	—	9	[56]	-	3	6	100	—	6	3
13	-	—	9 ¾	57	-	3	6 ¾	101	—	6	3 ¾
14	-	—	10 ½	58	-	3	7 ½	102	—	6	4 ½
15	-	—	11 ¼	59	-	3	8 ¼	103	—	6	5 ¼
16	-	1	—	60	-	3	9	104	—	6	6
17	-	1	— ¾	61	-	3	9 ¾	105	—	6	6 ¾
18	-	1	1 ½	62	-	3	10 ½	106	—	6	7 ½
19	-	1	2 ¼	63	-	3	11 ¼	107	—	6	8 ¼
20	-	1	3	64	-	4	—	108	—	6	9
21	-	1	3 ¾	65	-	4	— ¾	109	—	6	9 ¾
22	-	1	4 ½	66	-	4	1 ½	110	—	6	10 ½
23	-	1	5 ¼	67	-	4	2 ¼	* 111	—	6	11 ¼
24	-	1	6	68	-	4	3	GH 112	—	7	—
25	-	1	6 ¾	69	-	4	3 ¾	Gr. 144	—	9	—
26	-	1	7 ½	70	-	4	4 ½	200	—	12	6
27	-	1	8 ¼	71	-	4	5 ¼	W. 256	—	16	—
[28]	-	1	9	72	-	4	6	300	—	18	9
29	-	1	9 ¾	73	-	4	6 ¾	400	1	5	—
30	-	1	10 ½	74	-	4	7 ½	500	1	11	3
31	-	1	11 ¼	75	-	4	8 ¼	600	1	17	6
32	-	2	—	76	-	4	9	700	2	3	9
33	-	2	— ¾	77	-	4	9 ¾	800	2	10	—
34	-	2	1 ½	78	-	4	10 ½	900	2	16	3
35	-	2	2 ¼	79	-	4	11 ¼	1000	3	2	6
36	-	2	3	80	-	5	—	2000	6	5	—
37	-	2	3 ¾	81	-	5	— ¾	3000	9	7	6
38	-	2	4 ½	82	-	5	1 ½	4000	12	10	—
39	-	2	5 ¼	83	-	5	2 ¼	5000	15	12	6
40	-	2	6	[84]	-	5	3	6000	18	15	—
41	-	2	6 ¾	85	-	5	3 ¾	7000	21	17	6
42	-	2	7 ½	86	-	5	4 ½	8000	25	—	—
43	-	2	8 ¼	87	-	5	5 ¼	9000	28	2	6
44	-	2	9	88	-	5	6	10000	31	5	—

272 Feet in a Rod, at ¾ per Foot, is 17s.
365 Days in a Year, at ¾ per Day, is 1l. 2s. 9d. ¾.

* N. B. GH stands for *Great Hundred*; Gr. signifies the *Gross*, and W. the *Wey*.

At 1 Penny per Pound, Yard, &c.

N.	l.	s.	d.	N.	l.	s.	d.	N	l.	s.	d.
1	—	—	1	45	—	3	9	89	—	7	5
2	—	—	2	46	—	3	10	90	—	7	6
3	—	—	3	47	—	3	11	91	—	7	7
4	—	—	4	48	—	4	—	92	—	7	8
5	—	—	5	49	—	4	1	93	—	7	9
6	—	—	6	50	—	4	2	94	—	7	10
7	—	—	7	51	—	4	3	95	—	7	11
8	—	—	8	52	—	4	4	96	—	8	—
9	—	—	9	53	—	4	5	97	—	8	1
10	—	—	10	54	—	4	6	98	—	8	2
11	—	—	11	55	—	4	7	99	—	8	3
12	—	1	—	56	—	4	8	100	—	8	4
13	—	1	1	57	—	4	9	101	—	8	5
14	—	1	2	58	—	4	10	102	—	8	6
15	—	1	3	59	—	4	11	103	—	8	7
16	—	1	4	60	—	5	—	104	—	8	8
17	—	1	5	61	—	5	1	105	—	8	9
18	—	1	6	62	—	5	2	106	—	8	10
19	—	1	7	63	—	5	3	107	—	8	11
20	—	1	8	64	—	5	4	108	—	9	—
21	—	1	9	65	—	5	5	109	—	9	1
22	—	1	10	66	—	5	6	110	—	9	2
23	—	1	11	67	—	5	7	111	—	9	3
24	—	2	—	68	—	5	8	G H 112	—	9	4
25	—	2	1	69	—	5	9	Gr. 144	—	12	—
26	—	2	2	70	—	5	10	200	—	16	8
27	—	2	3	71	—	5	11	W. 256	1	1	4
[28]	—	2	4	72	—	6	—	300	1	5	—
29	—	2	5	73	—	6	1	400	1	13	4
30	—	2	6	74	—	6	2	500	2	1	8
31	—	2	7	75	—	6	3	600	2	16	—
32	—	2	8	76	—	6	4	700	2	18	4
33	—	2	9	77	—	6	5	800	3	6	8
34	—	2	10	78	—	6	6	900	3	15	—
35	—	2	11	79	—	6	7	1000	4	3	4
36	—	3	—	80	—	6	8	2000	8	6	8
37	—	3	1	81	—	6	9	3000	12	10	—
38	—	3	2	82	—	6	10	4000	16	13	4
39	—	3	3	83	—	6	11	5000	20	16	8
40	—	3	4	[84]	—	7	—	6000	25	—	—
41	—	3	5	85	—	7	1	7000	29	3	4
42	—	3	6	86	—	7	2	8000	33	6	8
43	—	3	7	87	—	7	3	9000	—	10	—
44	—	3	8	88	—	7	4	10000	—	13	4

* N. B. GH Stands for Great Hundred; Gr. signifies the Gross, and W. the Wey.

272 Feet in a Rod, at 1d. per Foot, is 1l. 2s. 8d.
365 Days in a Year, at 1d. per Day, is 1l. 10s. 5d.

At 5 Farthings per Pound, Yard, &c.

N.	l.	s.	d.	N.	l.	s.	d.	N.	l.	s.	d.
1	-	—	1 ¼	45	-	4	8 ¼	89	—	9	3 ¼
2	-	—	2 ½	46	-	4	9 ½	90	—	9	4 ½
3	-	—	3 ¾	47	-	4	10 ¾	91	—	9	5 ¾
4	-	—	5	48	-	5	—	92	—	9	7
5	-	—	6 ¼	49	-	5	1 ¼	93	—	9	8 ¼
6	-	—	7 ½	50	-	5	2 ½	94	—	9	9 ½
7	-	—	8 ¾	51	-	5	3 ¾	95	—	9	10 ¾
8	-	—	10	52	-	5	5	96	—	10	—
9	-	—	11 ¼	53	-	5	6 ¼	97	—	10	1 ¼
10	-	1	— ½	54	-	5	7 ½	98	—	10	2 ½
11	-	1	1 ¾	55	-	5	8 ¾	99	—	10	3 ¾
12	-	1	3	[56]	-	5	10	100	—	10	5
13	-	1	4 ¼	57	-	5	11 ¼	101	—	10	6 ¼
14	-	1	5 ½	58	-	6	— ½	102	—	10	7 ½
15	-	1	6 ¾	59	-	6	1 ¾	103	—	10	8 ¾
16	-	1	8	60	-	6	3	104	—	10	10
17	-	1	9 ¼	61	-	6	4 ¼	105	—	10	11 ¼
18	-	1	10 ½	62	-	6	5 ½	106	—	11	— ½
19	-	1	11 ¾	63	-	6	6 ¾	107	—	11	1 ¾
20	-	2	1	64	-	6	8	108	—	11	3
21	-	2	2 ¼	65	-	6	9 ¼	109	—	11	4 ¼
22	-	2	3 ½	66	-	6	10 ½	110	—	11	5 ½
23	-	2	4 ¾	67	-	6	11 ¾	* 111	—	11	6 ¾
24	-	2	6	68	-	7	1	GH 122	—	11	8
25	-	2	7 ¼	69	-	7	2 ¼	Gr. 144	—	15	—
26	-	2	8 ½	70	-	7	3 ½	200	1	—	10
27	-	2	9 ¾	71	-	7	4 ¾	W. 256	1	6	8
28]	-	2	11	72	-	7	6	300	1	11	3
29	-	3	— ¼	73	-	7	7 ¼	400	2	1	8
30	-	3	1 ½	74	-	7	8 ½	500	2	12	1
31	-	3	2 ¾	75	-	7	9 ¾	600	3	2	6
32	-	3	4	76	-	7	11	700	3	12	11
33	-	3	5 ¼	77	-	8	— ¼	800	4	3	4
34	-	3	6 ½	78	-	8	1 ½	900	4	13	9
35	-	3	7 ¾	79	-	8	2 ¾	1000	5	4	2
36	-	3	9	80	-	8	4	2000	10	8	4
37	-	3	10 ¼	81	-	8	5 ¼	3000	15	12	6
38	-	3	11 ½	82	-	8	6 ½	4000	20	16	8
39	-	4	— ¾	83	-	8	7 ¾	5000	26	—	10
40	-	4	2	84]	-	8	9	6000	31	5	—
41	-	4	3 ¼	85	-	8	10 ¼	7000	36	9	2
42	-	4	4 ½	86	-	8	11 ½	8000	41	13	4
43	-	4	5 ¾	87	-	9	— ¾	9000	46	17	6
44	-	4	7	88	-	9	2	1000	52	1	8

* N. B. GH stands for *Great Hundred*; Gr. signifies the *Gross*; and W. the *Wey*.

272 Feet in a Rod, at 1d. ¼ per Foot, is 1l. 8s. 4d.
365 Days in a Year, at 1d. ¼ per Day, is 1l. 18s. — ¼

At 1 Penny ½ per Pound, Yard, &c.

N.	s.	d.	N.	s.	d.	N.	s.	d.
1	—	1½	45	5	7½	89	11	1½
2	—	3	46	5	9	90	11	3
3	—	4½	47	5	10½	91	11	4½
4	—	6	48	6	—	92	11	6
5	—	7½	49	6	1½	93	11	7½
6	—	9	50	6	3	94	11	9
7	—	10½	51	6	4½	95	11	10½
8	1	—	52	6	6	96	12	—
9	1	1½	53	6	7½	97	12	1½
10	1	3	54	6	9	98	12	3
11	1	4½	55	6	10½	99	12	4½
12	1	6	[56]	7	—	100	12	6
13	1	7½	57	7	1½	101	11	7½
14	1	9	58	7	3	102	12	9
15	1	10½	59	7	4½	103	12	10½
16	2	—	60	7	6	104	13	—
17	2	1½	61	7	7½	105	13	1½
18	2	3	62	7	9	106	13	3
19	2	4½	63	7	10½	107	13	4½
20	2	6	64	8	—	108	13	6
21	2	7½	65	8	1½	109	13	7½
22	2	9	66	8	3	110	13	9
23	2	10½	67	8	4½	*111	13	10½
24	3	—	68	8	6	GH 112	14	—
25	3	1½	69	8	7½	Gr. 144	18	—
26	3	3	70	8	9	200	1 5	—
27	3	4½	71	8	10½	W. 256	1 12	6
[28]	3	6	72	9	—	300	1 17	6
29	3	7½	73	9	1½	400	2 10	—
30	3	9	74	9	3	500	3 2	6
31	3	10½	75	9	4½	600	3 15	—
32	4	—	76	9	6	700	4 7	6
33	4	1½	77	9	7½	800	5 —	—
34	4	3	78	9	9	900	5 12	6
35	4	4½	79	9	10½	1000	6 5	—
36	4	6	80	10	—	2000	12 10	—
37	4	7½	81	10	1½	3000	18 15	—
38	4	9	82	10	3	4000	25 —	—
39	4	10½	83	10	4½	5000	31 5	—
40	5	—	[84]	10	6	6000	37 10	—
41	5	1½	85	10	7½	7000	43 15	—
42	5	3	86	10	9	8000	50 —	—
43	5	4½	87	10	10½	9000	56 5	—
44	5	6	88	11	—	10000	62 10	—

N.B. GH stands for Great Hundred; Gr. signifies the Gross, and W. the W'gy.

272 Feet in a Rod, at 1d. ½ per Foot, is 1l. 14s.
365 Days in a Year, at 1d. ½ per Day, is 2l. 5s. 7d. ½.

At 1 Penny ¾ per Pound, Yard, &c.

N.	l.	s.	d.	N.	l.	s.	d.	N.	l.	s.	d.
1	-	—	1 ¾	45	-	6	6 ¾	89	—	12	11 ¾
2	-	—	3 ½	46	-	6	8 ½	90	—	13	1 ½
3	-	—	5 ¼	47	-	6	10 ¼	91	—	13	3 ¼
4	-	—	7	48	-	7	—	92	—	13	5
5	-	—	8 ¾	49	-	7	1 ¾	93	—	13	6 ¾
6	-	—	10 ½	50	-	7	3 ½	94	—	13	8 ½
7	-	1	— ¼	51	-	7	5 ¼	95	—	13	10 ¼
8	-	1	2	52	-	7	7	96	—	14	—
9	-	1	3 ¾	53	-	7	8 ¾	97	—	14	1 ¾
10	-	1	5 ½	54	-	7	10 ½	98	—	13	3 ½
11	-	1	7 ¼	55	-	8	— ¼	99	—	14	5 ¼
12	-	1	9	56	-	8	2	100	—	14	7
13	-	1	10 ¾	57	-	8	3 ¾	101	—	14	8 ¾
14	-	2	— ½	58	-	8	5 ½	102	—	14	10 ½
15	-	2	2 ¼	59	-	8	7 ¼	103	—	15	— ¼
16	-	2	4	60	-	8	9	104	—	15	2
17	-	2	5 ¾	61	-	8	10 ¾	105	—	15	3 ¾
18	-	2	7 ½	62	-	9	— ½	106	—	15	5 ½
19	-	2	9 ¼	63	-	9	2 ¼	107	—	15	7 ¼
20	-	2	11	64	-	9	4	108	—	15	9
21	-	3	— ¾	65	-	9	5 ¾	109	—	15	10 ¾
22	-	3	2 ½	66	-	9	7 ½	110	—	16	— ½
23	-	3	4 ¼	67	-	9	9 ¼	* 111	—	16	2 ¼
24	-	3	6	68	-	9	11	GH 112	—	16	4
25	-	3	7 ¾	69	-	10	— ¾	Gr. 144	1	1	—
26	-	3	9 ½	70	-	10	2 ½	200	1	9	2
27	-	3	11 ¼	71	-	10	4 ¼	W. 256	1	17	4
[28]	-	4	1	72	-	10	6	300	2	3	9
29	-	4	2 ¾	73	-	10	7 ¾	400	2	18	4
30	-	4	4 ½	74	-	10	9 ½	500	3	12	11
31	-	4	6 ¼	75	-	10	11 ¼	600	4	7	6
32	-	4	8	76	-	11	1	700	5	2	1
33	-	4	9 ¾	77	-	11	2 ¾	800	5	16	8
34	-	4	11 ½	78	-	11	4 ½	900	6	11	3
35	-	5	1 ¼	79	-	11	6 ¼	1000	7	5	10
36	-	5	3	80	-	11	8	2000	14	11	8
37	-	5	4 ¾	81	-	11	9 ¾	3000	21	17	6
38	-	5	6 ½	82	-	11	11 ½	4000	29	3	4
39	-	5	8 ¼	83	-	12	1 ¼	5000	36	9	2
40	-	5	10	[84]	-	12	3	6000	43	15	—
41	-	5	11 ¾	85	-	12	4 ¾	7000	51	—	10
42	-	6	1 ½	86	-	12	6 ½	8000	58	6	8
43	-	6	3 ¼	87	-	12	8 ¼	9000	65	12	6
44	-	6	5	88	-	12	10	10000	72	18	4

* *N. B.* GH stands for *Great Hundred*; Gr. signifies the *Gross*, and W. the *Wey*.

272 Feet in a **Rod**, at 1d. ¾ per Foot, is 1l. 19s. 8d.
365 Days in a **Year**, at 1d. ¾ per Day, is 2l. 13s. 2d. ¾.

At 2 Pence per Pound, Yard, &c.

N.	l.	s.	d.	N.	l.	s.	d.	N.	l.	s.	d.
1	—	—	2	45	—	7	6	89	—	14	10
2	—	—	4	46	—	7	8	90	—	15	—
3	—	—	6	47	—	7	10	91	—	15	2
4	—	—	8	48	—	8	—	92	—	15	4
5	—	—	10	49	—	8	2	93	—	15	6
6	—	1	—	50	—	8	4	94	—	15	8
7	—	1	2	51	—	8	6	95	—	15	10
8	—	1	4	52	—	8	8	96	—	16	—
9	—	1	6	53	—	8	10	97	—	16	2
10	—	1	8	54	—	9	—	98	—	16	4
11	—	1	10	55	—	9	2	99	—	16	6
12	—	2	—	[56]	—	9	4	100	—	16	8
13	—	2	2	57	—	9	6	101	—	16	10
14	—	2	4	58	—	9	8	102	—	17	—
15	—	2	6	59	—	9	10	103	—	17	2
16	—	2	8	60	—	10	—	104	—	17	4
17	—	2	10	61	—	10	2	105	—	17	6
18	—	3	—	62	—	10	4	106	—	17	8
19	—	3	2	63	—	10	6	107	—	17	10
20	—	3	4	64	—	10	8	108	—	18	—
21	—	3	6	65	—	10	10	109	—	18	2
22	—	3	8	66	—	11	—	110	—	18	4
23	—	3	10	67	—	11	2	*111	—	18	6
24	—	4	—	68	—	11	4	GH 112	—	18	8
25	—	4	2	69	—	11	6	Gr. 144	1	4	—
26	—	4	4	70	—	11	8	200	1	13	4
27	—	4	6	71	—	11	10	W. 256	2	2	8
[28]	—	4	8	72	—	12	—	300	2	10	—
29	—	4	10	73	—	12	2	400	3	6	8
30	—	5	—	74	—	12	4	500	4	3	4
31	—	5	2	75	—	12	6	600	5	—	—
32	—	5	4	76	—	12	8	700	5	16	8
33	—	5	6	77	—	12	10	800	6	13	4
34	—	5	8	78	—	13	—	900	7	10	—
35	—	5	10	79	—	13	2	1000	8	6	8
36	—	6	—	80	—	13	4	2000	16	13	4
37	—	6	2	81	—	13	6	3000	25	—	—
38	—	6	4	82	—	13	8	4000	33	6	8
39	—	6	6	83	—	13	10	5000	41	13	4
40	—	6	8	[84]	—	14	—	6000	50	—	—
41	—	6	10	85	—	14	2	7000	58	6	8
42	—	7	—	86	—	14	4	8000	66	13	4
43	—	7	2	87	—	14	6	9000	75	—	—
44	—	7	4	88	—	14	8	10000	83	6	8

* N. B. GH stands for *Great Hundred*; Gr. signifies the *Grofs*, and W. the *Wey*.

272 Feet in a **Rod**, at 2d. per Foot, is 2l. 5s. 4d.
365 Days in a Year, at 2d. per day, is 3l. — 10d.

At 2 Pence ¼ per Pound, Yard, &c.

N.	l.	s.	d.	N.	l.	s.	d.	N.	l.	s.	d.
1	—	—	2 ¼	45	—	8	5 ¼	89	—	16	8 ¼
2	—	—	4 ½	46	—	8	7 ½	90	—	16	10 ½
3	—	—	6 ¾	47	—	8	9 ¾	91	—	17	— ¾
4	—	—	9	48	—	9	—	92	—	17	3
5	—	—	11 ¼	49	—	9	2 ¼	93	—	17	5 ¼
6	—	1	1 ½	50	—	9	4 ½	94	—	17	7 ½
7	—	1	3 ¾	51	—	9	6 ¾	95	—	17	9 ¾
8	—	1	6	52	—	9	9	96	—	18	—
9	—	1	8 ¼	53	—	9	11 ¼	97	—	18	2 ¼
10	—	1	10 ½	54	—	10	1 ½	98	—	18	4 ½
11	—	2	— ¾	55	—	10	3 ¾	99	—	18	6 ¾
12	—	2	3	[56]	—	10	6	100	—	18	9
13	—	2	5 ¼	57	—	10	8 ¼	101	—	18	11 ¼
14	—	2	7 ½	58	—	10	10 ½	102	—	19	1 ½
15	—	2	9 ¾	59	—	11	— ¾	103	—	19	3 ¾
16	—	3	—	60	—	11	3	104	—	19	6
17	—	3	2 ¼	61	—	11	5 ¼	105	—	19	8 ¼
18	—	3	4 ½	62	—	11	7 ½	106	—	19	10 ½
19	—	3	6 ¾	63	—	11	9 ¾	107	1	—	— ¾
20	—	3	9	64	—	12	—	108	1	—	3
21	—	3	11 ¼	65	—	12	2 ¼	109	1	—	5 ¼
22	—	4	1 ½	66	—	12	4 ½	110	1	—	7 ½
23	—	4	3 ¾	67	—	12	6 ¾	*111	1	—	9 ¾
24	—	4	6	68	—	12	9	GH 112	1	1	—
25	—	4	8 ¼	69	—	12	11 ¼	Gr. 144	1	7	—
26	—	4	10 ½	70	—	13	1 ½	200	1	17	6
27	—	5	— ¾	71	—	13	3 ¾	W. 256	2	8	—
[28]	—	5	3	72	—	13	6	300	2	16	3
29	—	5	5 ¼	73	—	13	8 ¼	400	3	15	—
30	—	5	7 ½	74	—	13	10 ½	500	4	13	9
31	—	5	9 ¾	75	—	14	— ¾	600	5	12	6
32	—	6	—	76	—	14	3	700	6	11	3
33	—	6	2 ¼	77	—	14	5 ¼	800	7	10	—
34	—	6	4 ½	78	—	14	7 ½	900	8	8	9
35	—	6	6 ¾	79	—	14	9 ¾	1000	9	7	6
36	—	6	9	80	—	15	—	2000	18	15	—
37	—	6	11 ¼	81	—	15	2 ¼	3000	28	2	6
38	—	7	1 ½	82	—	15	4 ½	4000	37	10	—
39	—	7	3 ¾	83	—	15	6 ¾	5000	46	17	6
40	—	7	6	[84]	—	15	9	6000	56	5	—
41	—	7	8 ¼	85	—	15	11 ¼	7000	65	12	6
42	—	7	10 ½	86	—	16	1 ½	8000	75	—	—
43	—	8	— ¾	87	—	16	3 ¾	9000	84	7	6
44	—	8	3	88	—	16	6	10000	93	15	—

*N.B. GH stands for Great Hundred; Gr. signifies the Gross, and W. the Wey.

272 Feet in a Rod, at 2d ¼ per Foot, is 2l. 11s.
365 Days in a Year, at 2d ¼ per Day, is 3l. 8s. 5d. ¼.

At 2 Pence ½ per Pound, Yard, &c.

N.	l.	s.	d.	N.	l.	s.	d.	N.	l.	s.	d.
1	-	—	2 ½	45	-	9	4 ½	89	—	18	6 ½
2	-	—	5	46	-	9	7	90	—	18	9
3	-	—	7 ½	47	-	9	9 ½	91	—	18	11 ½
4	-	—	10	48	-	10	—	92	—	19	2
5	-	1	— ½	49	-	10	2 ½	93	—	19	4 ½
6	-	1	3	50	-	10	5	94	—	19	7
7	-	1	5 ½	51	-	10	7 ½	95	—	19	9 ½
8	-	1	8	52	-	10	10	96	1	—	—
9	-	1	10 ½	53	-	11	— ½	97	1	—	2 ½
10	-	2	1	54	-	11	3	98	1	—	5
11	-	2	3 ½	55	-	11	5 ½	99	1	—	7 ½
12	-	2	6	[56]	-	11	8	100	1	—	10
13	-	2	8 ½	57	-	11	10 ½	101	1	1	— ½
14	-	2	11	58	-	12	1	102	1	1	3
15	-	3	1 ½	59	-	12	3 ½	103	1	1	5 ½
16	-	3	4	60	-	12	6	104	1	1	8
17	-	3	6 ½	61	-	12	8 ½	105	1	1	10 ½
18	-	3	9	62	-	12	11	106	1	2	1
19	-	3	11 ½	63	-	13	1 ½	107	1	2	3 ½
20	-	4	2	64	-	13	4	108	1	2	6
21	-	4	4 ½	65	-	13	6 ½	109	1	2	8 ½
22	-	4	7	66	-	13	9	110	1	2	11
23	-	4	9 ½	67	-	13	11 ½	* 111	1	3	1 ½
24	-	5	—	68	-	14	2	GH 112	1	3	4
25	-	5	2 ½	69	-	14	4 ½	Gr. 144	1	10	—
26	-	5	5	70	-	14	7	200	2	1	8
27	-	5	7 ½	71	-	14	9 ½	W. 256	2	13	4
[28]	-	5	10	72	-	15	—	300	3	2	6
29	-	6	— ½	73	-	15	2 ½	400	4	3	4
30	-	6	3	74	-	15	5	500	5	4	2
31	-	6	5 ½	75	-	15	7 ½	600	6	5	—
32	-	6	8	76	-	15	10	700	7	5	10
33	-	6	10 ½	77	-	16	— ½	800	8	6	8
34	-	7	1	78	-	16	3	900	9	7	6
35	-	7	3 ½	79	-	16	5 ½	1000	10	8	4
36	-	7	6	80	-	16	8	2000	20	10	8
37	-	7	8 ½	81	-	16	10 ½	3000	31	5	—
38	-	7	11	82	-	17	1	4000	41	13	4
39	-	8	1 ½	83	-	17	3 ½	5000	52	1	8
40	-	8	4	[84]	-	17	6	6000	62	10	—
41	-	8	6 ½	85	-	17	8 ½	7000	72	18	4
42	-	8	9	86	-	17	11	8000	83	6	8
43	-	8	11 ½	87	-	18	1 ½	9000	93	15	—
44	-	9	2	88	-	18	4	10000	104	3	4

* *N. B.* GH stands for *Great Hundred*; Gr. signifies the *Gross*, and W. the *Wey*.

272 Feet in a Rod at 2d. ½ per Foot, is 2l. 16s. 8d.
365 Days in a Year, at 2d. ½ per Day, is 3l. 16s. — ½.

At 2 Pence ¾ per Pound, Yard, &c.

N.	l.	s.	d.	N.	l.	s.	d.	N.	l.	s.	d.
1	-	—	2 ¾	45	-	10	3 ¾	89	1	—	4 ¾
2	-	—	5 ½	46	-	10	6 ½	90	1	—	7 ½
3	-	—	8 ¼	47	-	10	9 ¼	91	1	—	10 ¼
4	-	—	11	48	-	11	—	92	1	1	1
5	-	1	1 ¾	49	-	11	2 ¾	93	1	1	3 ¾
6	-	1	4 ½	50	-	11	5 ½	94	1	1	6 ½
7	-	1	7 ¼	51	-	11	8 ¼	95	1	1	9 ¼
8	-	1	10	52	-	11	11	96	1	2	—
9	-	2	— ¾	53	-	12	1 ¾	97	1	2	2 ¾
10	-	2	3 ½	54	-	12	4 ½	98	1	2	5 ½
11	-	2	6 ¼	55	-	12	7 ¼	99	1	2	8 ¼
12	-	2	9	[56]	-	12	10	100	1	2	11
13	-	2	11 ¾	57	-	13	— ¾	101	1	3	1 ¾
14	-	3	2 ½	58	-	13	3 ½	102	1	3	4 ½
15	-	3	5 ¼	59	-	13	6 ¼	103	1	3	7 ¼
16	-	3	8	60	-	13	9	104	1	3	10
17	-	3	10 ¾	61	-	13	11 ¾	105	1	4	— ¾
18	-	4	1 ½	92	-	14	2 ½	106	1	4	3 ½
19	-	4	4 ¼	63	-	14	5 ¼	107	1	4	6 ¼
20	-	4	7	64	-	14	8	108	1	4	9
21	-	4	9 ¾	65	-	14	10 ¾	109	1	4	11 ¾
22	-	5	— ½	66	-	15	1 ½	110	1	5	2 ½
23	-	5	3 ¼	67	-	15	4 ¼	* 111	1	5	5 ¼
24	-	5	6	68	-	15	7	GH 112	1	5	8
25	-	5	8 ¾	69	-	15	9 ¾	Gr. 144	1	13	—
26	-	5	11 ½	70	-	16	— ½	200	2	5	10
27	-	6	2 ¼	71	-	16	3 ¼	W. 256	2	18	8
[28]	-	6	5	72	-	16	6	300	3	8	9
29	-	6	7 ¾	73	-	16	8 ¾	400	4	11	8
30	-	6	10 ½	74	-	16	11 ½	500	5	14	7
31	-	7	1 ¼	75	-	17	2 ¼	600	6	17	6
32	-	7	4	76	-	17	5	700	8	—	5
33	-	7	6 ¾	77	-	17	7 ¾	800	9	3	4
34	-	7	9 ½	78	-	17	10 ½	900	10	6	3
35	-	8	— ¼	79	-	18	1 ¼	1000	11	9	2
36	-	8	3	80	-	18	4	2000	22	18	4
37	-	8	5 ¾	81	-	18	6 ¾	3000	34	7	6
38	-	8	8 ½	82	-	18	9 ½	4000	45	16	8
39	-	8	11 ¼	83	-	19	— ¼	5000	57	5	10
40	-	9	2	[84]	-	19	3	6000	68	15	—
41	-	9	4 ¾	85	-	19	5 ¾	7000	80	4	2
42	-	9	7 ½	86	-	19	8 ½	8000	91	13	4
43	-	9	10 ¼	87	-	19	11 ¼	9000	103	2	6
44	-	10	1	88	1	—	2	10000	114	11	8

272 Feet in a Rod, at 2d. ¾ per Foot, is 3l. 2s. 4d.
365 Days in a Year, at 2d. ¾ per Day, is 4l. 3s. 7d. ¾.

* *N. B.* GH stands for *Great Hundred*; Gr. signifies the *Gross*, and W. the *Wey*.

At 3 Pence per Pound, Yard, &c.

N.	l.	s.	d.	N.	l.	s.	d.	N.	l.	s.	d.
1	–	–	3	45	–	11	3	89	1	2	3
2	–	–	6	46	–	11	6	90	1	2	6
3	–	–	9	47	–	11	9	91	1	2	9
4	–	1	–	48	–	12	–	92	1	3	–
5	–	1	3	49	–	12	3	93	1	3	3
6	–	1	6	50	–	12	6	94	1	3	6
7	–	1	9	51	–	12	9	95	1	3	9
8	–	2	–	52	–	13	–	96	1	4	–
9	–	2	3	53	–	13	3	97	1	4	3
10	–	2	6	54	–	13	6	98	1	4	6
11	–	2	9	55	–	13	9	99	1	4	9
12	–	3	–	[56]	–	14	–	100	1	5	–
13	–	3	3	57	–	14	3	101	1	5	3
14	–	3	6	58	–	14	6	102	1	5	6
15	–	3	9	59	–	14	9	103	1	5	9
16	–	4	–	60	–	15	–	104	1	6	–
17	–	4	3	61	–	15	3	105	1	6	3
18	–	4	6	62	–	15	6	106	1	6	6
19	–	4	9	63	–	15	9	107	1	6	9
20	–	5	–	64	–	16	–	108	1	7	–
21	–	5	3	65	–	16	3	109	1	7	3
22	–	5	6	66	–	16	6	110	1	7	6
23	–	5	9	67	–	16	9	*111	1	7	9
24	–	6	–	68	–	17	–	GH 112	1	8	–
25	–	6	3	69	–	17	3	Gr. 144	1	16	–
26	–	6	6	70	–	17	6	200	2	10	–
27	–	6	9	71	–	17	9	W. 256	3	4	–
28	–	7	–	72	–	18	–	300	3	15	–
29	–	7	3	73	–	18	3	400	5	–	–
30	–	7	6	74	–	18	6	500	6	5	–
31	–	7	9	75	–	18	9	600	7	10	–
32	–	8	–	76	–	19	–	700	8	15	–
33	–	8	3	77	–	19	3	800	10	–	–
34	–	8	6	78	–	19	6	900	11	5	–
35	–	8	9	79	–	19	9	1000	12	10	–
36	–	9	–	80	1	–	–	2000	25	–	–
37	–	9	3	81	1	–	3	3000	37	10	–
38	–	9	6	82	1	–	6	4000	50	–	–
39	–	9	9	83	1	–	9	5000	62	10	–
40	–	10	–	[84]	1	1	–	6000	75	–	–
41	–	10	3	85	1	1	3	7000	87	10	–
42	–	10	6	86	1	1	6	8000	100	–	–
43	–	10	9	87	1	1	9	9000	112	10	–
44	–	11	–	88	1	2	–	10000	125	–	–

* *N. B.* G H. stands for *Great Hundred*; Gr. signifies the *Gross*; and W. the *W'gy*.

272 Feet in a Rod, at 3d. per Foot, is 3 l. 8 s.
365 Days in a Year, at 3d. per Day, is 4 l. 11 s. 3 d.

At 3 Pence ¼ per Pound, Yard, &c.

N.	l.	s.	d.	N.	l.	s.	d.		N.	l.	s.	d.
1	-	—	3 ¼	45	-	12	2 ¼		89	1	4	1 ¼
2	-	—	6 ½	46	-	12	5 ½		90	1	4	4 ½
3	-	—	9 ¾	47	-	12	8 ¾		91	1	4	7 ¾
4	-	1	1	48	-	13	—		92	1	4	11
5	-	1	4 ¼	49	-	13	3 ¼		93	1	5	2 ¼
6	-	1	7 ½	50	-	13	6 ½		94	1	5	5 ½
7	-	1	10 ¾	51	-	13	9 ¾		95	1	5	8 ¾
8	-	2	2	52	-	14	1		96	1	6	—
9	-	2	5 ¼	53	-	14	4 ¼		97	1	6	3 ¼
10	-	2	8 ½	54	-	14	7 ½		98	1	6	6 ½
11	-	2	11 ¾	55	-	14	10 ¾		99	1	6	9 ¾
12	-	3	3	56	-	15	2		100	1	7	1
13	-	3	6 ¼	57	-	15	5 ¼		101	1	7	4 ¼
14	-	3	9 ½	58	-	15	8 ½		102	1	7	7 ½
15	-	4	— ¾	59	-	15	11 ¾		103	1	7	10 ¾
16	-	4	4	60	-	16	3		104	1	8	2
17	-	4	7 ¼	61	-	16	6 ¼		105	1	8	5 ¼
18	-	4	10 ½	62	-	16	9 ½		106	1	8	8 ½
19	-	5	1 ¾	63	-	17	— ¾		107	1	8	11 ¾
20	-	5	5	64	-	17	4		108	1	9	3
21	-	5	8 ¼	65	-	17	7 ¼		109	1	9	6 ¼
22	-	5	11 ½	66	-	17	10 ½		110	1	9	9 ½
23	-	6	2 ¾	67	-	18	1 ¾	*	111	1	10	— ¾
24	-	6	6	68	-	18	5	GH	112	1	10	4
25	-	6	9 ¼	69	-	18	8 ¼	Gr.	144	1	19	—
25	-	7	— ½	70	-	18	11 ½		200	2	14	2
27	-	7	3 ¾	71	-	19	2 ¾	W.	256	3	9	4
[28]	-	7	7	72	-	19	6		300	4	1	3
29	-	7	10 ¼	73	-	19	9 ¼		400	5	8	4
30	-	8	1 ½	74	1	—	— ½		500	6	15	5
31	-	8	4 ¾	75	1	—	3 ¾		600	8	2	6
32	-	8	8	76	1	—	7		700	9	9	7
33	-	8	11 ¼	77	1	—	10 ¼		800	10	16	8
34	-	9	2 ½	78	1	1	1 ½		900	12	3	9
35	-	9	5 ¾	79	1	1	4 ¾		1000	13	10	10
36	-	9	9	80	1	1	8		2000	27	1	8
37	-	10	— ¼	81	1	1	11 ¼		3000	40	12	6
38	-	10	3 ½	82	1	2	2 ½		4000	54	3	4
39	-	10	6 ¾	83	1	2	5 ¾		5000	67	14	2
40	-	10	10	[84]	1	2	9		6000	81	5	—
41	-	11	1 ¼	85	1	3	— ¼		7000	94	15	10
42	-	11	4 ½	86	1	3	3 ½		8000	108	6	8
43	-	11	7 ¾	87	1	3	6 ¾		9000	121	17	6
44	-	11	11	88	1	3	10		10000	135	8	4

272 Feet in a Rod, at 3d. ¼ per Foot, is 3l. 13s. 8d.
365 Days in a Year, at 3d. ¼ per-Day, is 4l. 18s. 10d. ¼.

* *N. B.* GH ſtands for *Great Hundred*; Gr. ſignifies the *Groſs*; and W. the *Way*.

At 3 Pence ½ per Pound, Yard, &c.

N.	l.	s.	d.	N.	l.	s.	d.	N.	l.	s.	d.
1	-	—	3 ½	45	-	13	1 ½	89	1	5	11 ½
2	-	—	7	46	-	13	5	90	1	6	3
3	-	—	10 ½	47	-	13	8 ½	91	1	6	6 ½
4	-	1	2	48	-	14	—	92	1	6	10
5	-	1	5 ½	49	-	14	3 ½	93	1	7	1 ½
6	-	1	9	50	-	14	7	94	1	7	5
7	-	2	— ½	51	-	14	10 ½	95	1	7	8 ½
8	-	2	4	52	-	15	2	96	1	8	—
9	-	2	7 ½	53	-	15	5 ½	97	1	8	3 ½
10	-	2	11	54	-	15	9	98	1	8	7
11	-	3	2 ½	55	-	16	— ½	99	1	8	10 ½
12	-	3	6	[56]	-	16	4	100	1	9	2
13	-	3	9 ½	57	-	16	7 ½	101	1	9	5 ½
14	-	4	1	58	-	16	11	102	1	9	9
15	-	4	4 ½	59	-	17	2 ½	103	1	10	— ½
16	-	4	8	60	-	17	6	104	1	10	4
17	-	4	11 ½	61	-	17	9 ½	105	1	10	7 ½
18	-	5	3	62	-	18	1	106	1	10	11
19	-	5	6 ½	63	-	18	4 ½	107	1	11	2 ½
20	-	5	10	64	-	18	8	108	1	11	6
21	-	6	1 ½	65	-	18	11 ½	109	1	11	9 ½
22	-	6	5	66	-	19	3	110	1	12	1
23	-	6	8 ½	67	-	19	6 ½	* 111	1	12	4 ½
24	-	7	—	68	-	19	10	GH 112	1	12	8
25	-	7	3 ½	69	1	—	1 ½	Gr. 144	2	2	—
26	-	7	7	70	1	—	5	200	2	18	4
27	-	7	10 ½	71	1	—	8 ½	W. 256	3	14	8
[28]	-	8	2	72	1	1	—	300	4	7	6
29	-	8	5 ½	73	1	1	3 ½	400	5	16	8
30	-	8	9	74	1	1	7	500	7	5	10
31	-	9	— ½	75	1	1	10 ½	600	8	15	—
32	-	9	4	76	1	2	2	700	10	4	2
33	-	9	7 ½	77	1	2	5 ½	800	11	13	4
34	-	9	11	78	1	2	9	900	13	2	6
35	-	10	2 ½	79	1	3	— ½	1000	14	11	8
36	-	10	6	80	1	3	4	2000	29	3	4
37	-	10	9 ½	81	1	3	7 ½	3000	43	15	—
38	-	11	1	82	1	3	11	4000	58	6	8
39	-	11	4 ½	83	1	4	2 ½	5000	72	18	4
40	-	11	8	[84]	1	4	6	6000	87	10	—
41	-	11	11 ½	85	1	4	9 ½	7000	102	1	8
42	-	12	3	86	1	5	1	8000	116	13	4
43	-	12	6 ½	87	1	5	4 ½	9000	131	5	—
44	-	12	10	88	1	5	8	10000	145	16	8

* *N. B.* GH stands for *Great Hundred*; Gr. signifies the *Gross*; and W. the *Wey*.

272 Feet in a Rod, at 3d. ½ per Foot, is 3l. 19s. 4d.
365 Days in a Year, at 3d. ½ per Day, is 5l. 6s. 5d. ½.

At 3 Pence ¾ per Pound, Yard, &c.

N.	l.	s.	d.	N.	l.	s.	d.	N.	l.	s.	d.
1	–	—	3 ¾	45	–	14	— ¾	89	1	7	9 ¾
2	–	—	7 ½	46	–	14	4 ½	90	1	8	1 ½
3	–	—	11 ¼	47	–	14	8 ¼	91	1	8	5 ¼
4	–	1	3	48	–	15	—	92	1	8	9
5	–	1	6 ¾	49	–	15	3 ¾	93	1	9	— ¾
6	–	1	10 ½	50	–	15	7 ½	94	1	9	4 ½
7	–	2	2 ¼	51	–	15	11 ¼	95	1	9	8 ¼
8	–	2	6	52	–	16	3	96	1	10	—
9	–	2	9 ¾	53	–	16	6 ¾	97	1	10	3 ¾
10	–	3	1 ½	54	–	16	10 ½	98	1	10	7 ½
11	–	3	5 ¼	55	–	17	2 ¼	99	1	10	11 ¼
12	–	3	9	[56]	–	17	6	100	1	11	3
13	–	4	— ¾	57	–	17	9 ¾	101	1	11	6 ¾
14	–	4	4 ½	58	–	18	1 ½	102	1	11	10 ½
15	–	4	8 ¼	59	–	18	5 ¼	103	1	12	2 ¼
16	–	5	—	60	–	18	9	104	1	12	6
17	–	5	3 ¾	61	–	19	— ¾	105	1	12	9 ¾
18	–	5	7 ½	62	–	19	4 ½	106	1	13	1 ½
19	–	5	11 ¼	63	–	19	8 ¼	107	1	13	5 ¼
20	–	6	3	64	1	—	—	108	1	13	9
21	–	6	6 ¾	65	1	—	3 ¾	109	1	14	— ¾
22	–	6	10 ½	66	1	—	7 ½	110	1	14	4 ½
23	–	7	2 ¼	67	1	—	11 ¼	* 111	1	14	8 ¼
24	–	7	6	68	1	1	3	GH 112	1	15	—
25	–	7	9 ¾	69	1	1	6 ¾	Gr. 144	2	5	—
26	–	8	1 ½	70	1	1	10 ½	200	3	2	6
27	–	8	5 ¼	71	1	2	2 ¼	W. 256	4	—	—
[28]	–	8	9	72	1	2	6	300	4	13	9
29	–	9	— ¾	73	1	2	9 ¾	400	6	5	—
30	–	9	4 ½	74	1	3	1 ½	500	7	16	3
31	–	9	8 ¼	75	1	3	5 ¼	600	9	7	6
32	–	10	—	76	1	3	9	700	10	18	9
33	–	10	3 ¾	77	1	4	— ¾	800	12	10	—
34	–	10	7 ½	78	1	4	4 ½	900	14	1	3
35	–	10	11 ¼	79	1	4	8 ¼	1000	15	12	6
36	–	11	3	80	1	5	—	2000	31	5	—
37	–	11	6 ¾	81	1	5	3 ¾	3000	46	17	6
38	–	11	10 ½	82	1	5	7 ½	4000	62	10	—
39	–	12	2 ¼	83	1	5	11 ¼	5000	78	2	6
40	–	12	6	[84]	1	6	3	6000	93	15	—
41	–	12	9 ¾	85	1	6	6 ¾	7000	109	7	6
42	–	13	1 ½	86	1	6	10 ½	8000	125	—	—
43	–	13	5 ¼	87	1	7	2 ¼	9000	140	12	6
44	–	13	9	88	1	7	6	10000	156	5	—

* *N. B.* GH. ſtands for *Great Hundred*; Gr. ſignifies the *Groſs*; and W. the *Wey*.

272 Feet in a Rod, at 3d. ¾ per Foot, is 4l. 5s.
365 Days in a Year, at 3d. ¾ per Day, is 5l. 14s. —¾.

At 4 Pence per Pound, Yard, &c.

N.	l.	s.	d.	N.	l.	s.	d.	N.	l.	s.	d.
1	-	-	4	45	-	15	-	89	1	9	8
2	-	-	8	46	-	15	4	90	1	10	-
3	-	1	-	47	-	15	8	91	1	10	4
4	-	1	4	48	-	16	-	92	1	10	8
5	-	1	8	49	-	16	4	93	1	11	-
6	-	2	-	50	-	16	8	94	1	11	4
7	-	2	4	51	-	17	-	95	1	11	8
8	-	2	8	52	-	17	4	96	1	12	-
9	-	3	-	53	-	17	8	97	1	12	4
10	-	3	4	54	-	18	-	98	1	12	8
11	-	3	8	55	-	18	4	99	1	13	-
12	-	4	-	[56]	-	18	8	100	1	13	4
13	-	4	4	57	-	19	-	101	1	13	8
14	-	4	8	58	-	19	4	102	1	14	-
15	-	5	-	59	-	19	8	103	1	14	4
16	-	5	4	60	1	-	-	104	1	14	8
17	-	5	8	61	1	-	4	105	1	15	-
18	-	6	-	62	1	-	8	106	1	15	4
19	-	6	4	63	1	1	-	107	1	15	8
20	-	6	8	64	1	1	4	108	1	16	-
21	-	7	-	65	1	1	8	109	1	16	4
22	-	7	4	66	1	2	-	110	1	16	8
23	-	7	8	67	1	2	4	111	1	17	-
24	-	8	-	68	1	2	8	GH 112	1	17	4
25	-	8	4	69	1	3	-	Gr. 144	2	8	-
26	-	8	8	70	1	3	4	200	3	6	8
27	-	9	-	71	1	3	8	W. 256	4	5	4
[28]	-	9	4	72	1	4	-	300	5	-	-
29	-	9	8	73	1	4	4	400	6	13	4
30	-	10	-	74	1	4	8	500	8	6	8
31	-	10	4	75	1	5	-	600	10	-	-
32	-	10	8	76	1	5	4	700	11	13	4
33	-	11	-	77	1	5	8	800	13	6	8
34	-	11	4	78	1	6	-	900	15	-	-
35	-	11	8	79	1	6	4	1000	16	13	4
36	-	12	-	80	1	6	8	2000	33	6	8
37	-	12	4	81	1	7	-	3000	50	-	-
38	-	12	8	82	1	7	4	4000	66	13	4
39	-	13	-	83	1	7	8	5000	83	6	8
40	-	13	4	[84]	1	8	-	6000	100	-	-
41	-	13	8	85	1	8	4	7000	116	13	4
42	-	14	-	86	1	8	8	8000	133	6	8
43	-	14	4	87	1	9	-	9000	150	-	-
44	-	14	8	88	1	9	4	10000	166	13	4

* *N. B. GH stands for Great Hundred; Gr. signifies Grofs; and W. the Wey.*

272 Feet in a Rod, at 4d. per Foot, is 4l. 10s. 8d.
365 Days in a Year, at 4d. per Day, is 6l. 1s. 8d.

At 4 Pence ¼ per Pound, Yard, &c.

N.	l.	s.	d.	N.	l.	s.	d.	N.	l.	s.	d.
1	-	—	4 ¼	45	-	15	11 ¼	89	1	11	6 ¼
2	-	—	8 ½	46	-	16	3 ½	90	1	11	10 ½
3	-	1	— ¾	47	-	16	7 ¾	91	1	12	2 ¾
4	-	1	5	48	-	17	—	92	1	12	7
5	-	1	9 ¼	49	-	17	4 ¼	93	1	12	11 ¼
6	-	2	1 ½	50	-	17	8 ½	94	1	13	3 ½
7	-	2	5 ¾	51	-	18	— ¾	95	1	13	7 ¾
8	-	2	10	52	-	18	5	96	1	14	—
9	-	3	2 ¼	53	-	18	9 ¼	97	1	14	4 ¼
10	-	3	6 ½	54	-	19	1 ½	98	1	14	8 ½
11	-	3	10 ¾	55	-	19	5 ¾	99	1	15	— ¾
12	-	4	3	[56]	-	19	10	100	1	15	5
13	-	4	7 ¼	57	1	—	2 ¼	101	1	15	9 ¼
14	-	4	11 ½	58	1	—	6 ½	102	1	16	1 ½
15	-	5	3 ¾	59	1	—	10 ¾	103	1	16	5 ¾
16	-	5	8	60	1	1	3	104	1	16	10
17	-	6	— ¼	61	1	1	7 ¼	105	1	17	2 ¼
18	-	6	4 ½	62	1	1	11 ½	106	1	17	6 ½
19	-	6	8 ¾	63	1	2	3 ¾	107	1	17	10 ¾
20	-	7	1	64	1	2	8	108	1	18	3
21	-	7	5 ¼	65	1	3	— ¼	109	1	18	7 ¼
22	-	7	9 ½	66	1	3	4 ½	110	1	18	11 ½
23	-	8	1 ¾	67	1	3	8 ¾	* 111	1	19	3 ¾
24	-	8	6	68	1	4	1	GH 112	1	19	8
25	-	8	10 ¼	69	1	4	5 ¼	Gr. 144	2	11	—
26	-	9	2 ½	70	1	4	9 ½	200	3	10	10
27	-	9	6 ¾	71	1	5	1 ¾	W. 256	4	10	8
[28]	-	9	11	72	1	5	6	300	5	6	3
29	-	10	3 ¼	73	1	5	10 ¼	400	7	1	8
30	-	10	7 ½	74	1	6	2 ½	500	8	17	1
31	-	10	11 ¾	75	1	6	6 ¾	600	10	12	6
32	-	11	4	76	1	6	11	700	12	7	11
33	-	11	8 ¼	77	1	7	3 ¼	800	14	3	4
34	-	12	— ½	78	1	7	7 ½	900	15	18	9
35	-	12	4 ¾	79	1	7	11 ¾	1000	17	14	2
36	-	12	9	80	1	8	4	2000	35	8	4
37	-	13	1 ¼	81	1	8	8 ¼	3000	53	2	6
38	-	13	5 ½	82	1	9	— ½	4000	70	16	8
39	-	13	9 ¾	83	1	9	4 ¾	5000	88	10	10
40	-	14	2	[84]	1	9	9	6000	106	5	—
41	-	14	6 ¼	85	1	10	1 ¼	7000	123	19	2
42	-	14	10 ½	86	1	10	5 ½	8000	141	13	4
43	-	15	2 ¾	87	1	10	9 ¾	9000	159	7	6
44	-	15	7	88	1	11	2	10000	177	1	8

* N. B. GH stands for *Great Hundred*; Gr. signifies the *Gross*; and W. the *Wey*.

272 Feet in a Rod, at 4d. ¼ per Foot, is 4l. 16s. 4d.
365 Days in a Year, at 4d. ¼ per Day, is 6l 9s. 3d. ¼.

At 4 Pence ½ per Pound, Yard, &c.

N.	l.	s.	d.	N	l.	s.	d.	N.	l.	s.	d.
1	-	—	4 ½	45	-	16	10 ½	89	1	13	4 ½
2	-	—	9	46	-	17	3	90	1	13	9
3	-	1	1 ½	47	-	17	7 ½	91	1	14	1 ½
4	-	1	6	48	-	18	—	92	1	14	6
5	-	1	10 ½	49	-	18	4 ½	93	1	14	10 ½
6	-	2	3	50	-	18	9	94	1	15	3
7	-	2	7 ½	51	-	19	1 ½	95	1	15	7 ½
8	-	3	—	52	-	19	6	96	1	16	—
9	-	3	4 ½	53	-	19	10 ½	97	1	16	4 ½
10	-	3	9	54	1	—	3	98	1	16	9
11	-	4	1 ½	55	1	—	7 ½	99	1	17	1 ½
12	-	4	6	[56]	1	1	—	100	1	17	6
13	-	4	10 ½	57	1	1	4 ½	101	1	17	10 ½
14	-	5	3	58	1	1	9	102	1	18	3
15	-	5	7 ½	59	1	2	1 ½	103	1	18	7 ½
16	-	6	—	60	1	2	6	104	1	19	—
17	-	6	4 ½	61	1	2	10 ½	105	1	19	4 ½
18	-	6	9	62	1	3	3	106	1	19	9
19	-	7	1 ½	63	1	3	7 ½	107	2	—	1 ½
20	-	7	6	64	1	4	—	108	2	—	6
21	-	7	10 ½	65	1	4	4 ½	109	2	—	10 ½
22	-	8	3	66	1	4	9	110	2	1	3
23	-	8	7 ½	67	1	5	1 ½	* 111	2	1	7 ½
24	-	9	—	68	1	5	6	GH 112	2	2	—
25	-	9	4 ½	69	1	5	10 ½	Gr. 144	2	14	—
26	-	9	9	70	1	6	3	200	3	15	—
27	-	10	1 ½	71	1	6	7 ½	W. 256	4	16	—
[28]	-	10	6	72	1	7	—	300	5	12	6
29	-	10	10 ½	73	1	7	4 ½	400	7	10	—
30	-	11	3	74	1	7	9	500	9	7	6
31	-	11	7 ½	75	1	8	1 ½	600	11	5	—
32	-	12	—	76	1	8	6	700	13	2	6
33	-	12	4 ½	77	1	8	10 ½	800	15	—	—
34	-	12	9	78	1	9	3	900	16	17	6
35	-	13	1 ½	79	1	9	7 ½	1000	18	15	—
36	-	13	6	80	1	10	—	2000	37	10	—
37	-	13	10 ½	81	1	10	4 ½	3000	56	5	—
38	-	14	3	82	1	10	9	4000	75	—	—
39	-	14	7 ½	83	1	11	1 ½	5000	93	15	—
40	-	15	—	[84]	1	11	6	6000	112	10	—
41	-	15	4 ½	85	1	11	10 ½	7000	131	5	—
42	-	15	9	86	1	12	3	8000	150	—	—
43	-	16	1 ½	87	1	12	7 ½	9000	168	15	—
44	-	16	6	88	1	13	—	10000	187	10	—

* *N. B.* GH stands for *Great Hundred*; Gr. signifies the *Gross*; and W. the *Wey*.

272 Feet in a Rod, at 4d. ½ per Foot, is 5l. 2s.

365 Days in a Year, at 4d. ½ per Day, is 6l. 16s. 10d. ½.

At 4 Pence ¾ per Pound, Yard, &c.

N.	l.	s.	d.	N.	l.	s.	d.	N.	l.	s.	d.
1	-	—	4 ¾	45	-	17	9 ¾	89	1	15	2 ¾
2	-	—	9 ½	46	-	18	2 ½	90	1	15	7 ½
3	-	1	2 ¼	47	-	18	7 ¼	91	1	16	— ¼
4	-	1	7	48	-	19	—	92	1	16	5
5	-	1	11 ¾	49	-	19	4 ¾	93	1	16	9 ¾
6	-	2	4 ½	50	-	19	9 ½	94	1	17	2 ½
7	-	2	9 ¼	51	1	—	2 ¼	95	1	17	7 ¼
8	-	3	2	52	1	—	7	96	1	18	—
9	-	3	6 ¾	53	1	—	11 ¾	97	1	18	4 ¾
10	-	3	11 ½	54	1	1	4 ½	98	1	18	9 ½
11	-	4	4 ¼	55	1	1	9 ¼	99	1	19	2 ¼
12	-	4	9	[56]	1	2	2	100	1	19	7
13	-	5	1 ¾	57	1	2	6 ¾	101	1	19	11 ¾
14	-	5	6 ½	58	1	2	11 ½	102	2	—	4 ½
15	-	5	11 ¼	59	1	3	4 ¼	103	2	—	9 ¼
16	-	6	4	60	1	3	9	104	2	1	2
17	-	6	8 ¾	61	1	4	1 ¾	105	2	1	6 ¾
18	-	7	1 ½	62	1	4	6 ½	106	2	1	11 ½
19	-	7	6 ¼	63	1	4	11 ¼	107	2	2	4 ¼
20	-	7	11	64	1	5	4	108	2	2	9
21	-	8	3 ¾	65	1	5	8 ¾	109	2	3	1 ¾
22	-	8	8 ½	66	1	6	1 ½	110	2	3	6 ½
23	-	9	1 ¼	67	1	6	6 ¼	* 111	2	3	11 ¼
24	-	9	6	68	1	6	11	GH 112	2	4	4
25	-	9	10 ¾	69	1	7	3 ¾	Gr. 144	2	17	—
26	-	10	3 ½	70	1	7	8 ½	200	3	19	2
27	-	10	8 ¼	71	1	8	1 ¼	W. 256	5	1	4
[28]	-	11	1	72	1	8	6	300	5	18	9
29	-	11	5 ¾	73	1	8	10 ¾	400	7	18	4
30	-	11	10 ½	74	1	9	3 ½	500	9	17	11
31	-	12	3 ¼	75	1	9	8 ¼	600	11	17	6
32	-	12	8	76	1	10	1	700	13	17	1
33	-	13	— ¾	77	1	10	5 ¾	800	15	16	8
34	-	13	5 ½	78	1	10	10 ½	900	17	16	3
35	-	13	10 ¼	79	1	11	3 ¼	1000	19	15	10
36	-	14	3	80	1	11	8	2000	39	11	8
37	-	14	7 ¾	81	1	12	— ¾	3000	59	7	6
38	-	15	— ½	82	1	12	5 ½	4000	79	3	4
39	-	15	5 ¼	83	1	12	10 ¼	5000	98	19	2
40	-	15	10	[84]	1	13	3	6000	118	15	—
41	-	16	2 ¾	85	1	13	7 ¾	7000	138	10	10
42	-	16	7 ½	86	1	14	— ½	8000	158	6	8
43	-	17	— ¼	87	1	14	5 ¼	9000	178	2	6
44	-	17	5	88	1	14	10	10000	197	18	4

272 Feet in a Rod, at 4d. ¾ per Foot, is 5l. 7s. 8d.
365 Days in a Year, at 4d. ¾ per Day, is 7l. 4s. 5d. ¾.

* *N. B.* GH stands for *Great Hundred*; Gr. signifies the *Gross*; and W. the *Wey*.

At 5 Pence per Pound, Yard, &c.

N.	l.	s.	d.	N.	l.	s.	d.	N.	l.	s.	d.
1	–	–	5	45	–	18	9	89	1	17	1
2	–	–	10	46	–	19	2	90	1	17	6
3	–	1	3	47	–	19	7	91	1	17	11
4	–	1	8	48	1	–	–	92	1	18	4
5	–	2	1	49	1	–	5	93	1	18	9
6	–	2	6	50	1	–	10	94	1	19	2
7	–	2	11	51	1	1	3	95	1	19	7
8	–	3	4	52	1	1	8	96	2	–	–
9	–	3	9	53	1	2	1	97	2	–	5
10	–	4	2	54	1	2	6	98	2	–	10
11	–	4	7	55	1	2	11	99	2	1	3
12	–	5	–	[56]	1	3	4	100	2	1	8
13	–	5	5	57	1	3	9	101	2	2	1
14	–	5	10	58	1	4	2	102	2	2	6
15	–	6	3	59	1	4	7	103	2	2	11
16	–	6	8	60	1	5	–	104	2	3	4
17	–	7	1	61	1	5	5	105	2	3	9
18	–	7	6	62	1	5	10	106	2	4	2
19	–	7	11	63	1	6	3	107	2	4	7
20	–	8	4	64	1	6	8	108	2	5	–
21	–	8	9	65	1	7	1	109	2	5	5
22	–	9	2	66	1	7	6	110	2	5	10
23	–	9	7	67	1	7	11	*111	2	6	3
24	–	10	–	68	1	8	4	GH 112	2	6	8
25	–	10	5	69	1	8	9	Gr. 144	3	–	–
26	–	10	10	70	1	9	2	200	4	3	4
27	–	11	3	71	1	9	7	W. 256	5	6	8
[28]	–	11	8	72	1	10	–	300	6	5	–
29	–	12	1	73	1	10	5	400	8	6	8
30	–	12	6	74	1	10	10	500	10	8	4
31	–	12	11	75	1	11	3	600	12	10	–
32	–	13	4	76	1	11	8	700	14	11	8
33	–	13	9	77	1	12	1	800	16	13	4
34	–	14	2	78	1	12	6	900	18	15	–
35	–	14	7	79	1	12	11	1000	20	16	8
36	–	15	–	80	1	13	4	2000	41	13	4
37	–	15	5	81	1	13	9	3000	62	10	–
38	–	15	10	82	1	14	2	4000	83	6	8
39	–	16	3	83	1	14	7	5000	104	3	4
40	–	16	8	[84]	1	15	–	6000	125	–	–
41	–	17	1	85	1	15	5	7000	145	16	8
42	–	17	6	86	1	15	10	8000	166	13	4
43	–	17	11	87	1	16	3	9000	187	10	–
44	–	18	4	88	1	16	8	10000	208	6	8

*N.B. GH stands for *Great Hundred*; Gr. signifies the *Grofs*; and W. the *Wey*.

272 Feet in a Rod, at 5d. per Foot, is 5l. 13s. 4d.
365 Days in a Year, at 5d. per Day, is 7l. 12s. 1d.

At 5 Pence ¼ per Pound, Yard, &c.

N.	l.	s.	d.	N.	l.	s.	d.	N.	l.	s.	d.
1	-	—	5 ¼	45	-	19	8 ¼	89	1	18	11 ¼
2	-	—	10 ½	46	1	—	1 ½	90	1	19	4 ½
3	-	1	3 ¾	47	1	—	6 ¾	91	1	19	9 ¾
4	-	1	9	48	1	1	—	92	2	—	3
5	-	2	2 ¼	49	1	1	5 ¼	93	2	—	8 ¼
6	-	2	7 ½	50	1	1	10 ½	94	2	1	1 ½
7	-	3	— ¾	51	1	2	3 ¾	95	2	1	6 ¾
8	-	3	6	52	1	2	9	96	2	2	—
9	-	3	11 ¼	53	1	3	2 ¼	97	2	2	5 ¼
10	-	4	4 ½	54	1	3	7 ½	98	2	2	10 ½
11	-	4	9 ¾	55	1	4	— ¾	99	2	3	3 ¾
12	-	5	3	[56]	1	4	6	100	2	3	9
13	-	5	8 ¼	57	1	4	11 ¼	101	2	4	2 ¼
14	-	6	1 ½	58	1	5	4 ½	102	2	4	7 ½
15	-	6	6 ¾	59	1	5	9 ¾	103	2	5	— ¾
16	-	7	—	60	1	6	3	104	2	5	6
17	-	7	5 ¼	61	1	6	8 ¼	105	2	5	11 ¼
18	-	7	10 ½	62	1	7	1 ½	106	2	6	4 ½
19	-	8	3 ¾	63	1	7	6 ¾	107	2	6	9 ¾
20	-	8	9	64	1	8	—	108	2	7	3
21	-	9	2 ¼	65	1	8	5 ¼	109	2	7	8 ¼
22	-	9	7 ½	66	1	8	10 ½	110	2	8	1 ½
23	-	10	— ¾	67	1	9	3 ¾	* 111	2	8	6 ¾
24	-	10	6	68	1	9	9	GH 112	2	9	—
25	-	10	11 ¼	69	1	10	2 ¼	Gr. 144	3	3	—
26	-	11	4 ½	70	1	10	7 ½	200	4	7	6
27	-	11	9 ¾	71	1	11	— ¾	W. 256	5	12	—
[28]	-	12	3	72	1	11	6	300	6	11	3
29	-	12	8 ¼	73	1	11	11 ¼	400	8	15	—
30	-	13	1 ½	74	1	12	4 ½	500	10	18	9
31	-	13	6 ¾	75	1	12	9 ¾	600	13	2	6
32	-	14	—	76	1	13	3	700	15	6	3
33	-	14	5 ¼	77	1	13	8 ¼	800	17	10	—
34	-	14	10 ½	78	1	14	1 ½	900	19	13	9
35	-	15	3 ¾	79	1	14	6 ¾	1000	21	17	6
36	-	15	9	80	1	15	—	2000	43	15	—
37	-	16	2 ¼	81	1	15	5 ¼	3000	65	12	6
38	-	16	7 ½	82	1	15	10 ½	4000	87	10	—
39	-	17	— ¾	83	1	16	3 ¾	5000	109	7	6
40	-	17	6	[84]	1	16	9	6000	131	5	—
41	-	17	11 ¼	85	1	17	2 ¼	7000	153	2	6
42	-	18	4 ½	86	1	17	7 ½	8000	175	—	—
43	-	18	9 ¾	87	1	18	— ¾	9000	196	17	6
44	-	19	3	88	1	18	6	10000	218	15	—

272 Feet in a Rod, at 5d. ¼ per Foot, is 5l. 19s.
365 Days in a Year, at 5d. ¼ per Day, is 7l. 19s. 8d. ¼.

* N.B. GH stands for *Great Hundred*; Gr. signifies the *Gross*; and W. the *Wey*.

At 5 Pence ½ per Pound, Yard, &c.

N.	l.	s.	d.	N.	l.	s.	d.	N.	l.	s.	d.
1	—	—	5½	45	1	—	7½	89	2	—	9½
2	—	—	11	46	1	1	1	90	2	1	3
3	—	1	4½	47	1	1	6½	91	2	1	8½
4	—	1	10	48	1	2	—	92	2	2	2
5	—	2	3½	49	1	2	5½	93	2	2	7½
6	—	2	9	50	1	2	11	94	2	3	1
7	—	3	2½	51	1	3	4½	95	2	3	6½
8	—	3	8	52	1	3	10	96	2	4	—
9	—	4	1½	53	1	4	3½	97	2	4	5½
10	—	4	7	54	1	4	9	98	2	4	11
11	—	5	—½	55	1	5	2½	99	2	5	4½
12	—	5	6	[56]	1	5	8	100	2	5	10
13	—	5	11½	57	1	6	1½	101	2	6	3½
14	—	6	5	58	1	6	7	102	2	6	9
15	—	6	10½	59	1	7	—½	103	2	7	2½
16	—	7	4	60	1	7	6	104	2	7	8
17	—	7	9½	61	1	7	11½	105	2	8	1½
18	—	8	3	62	1	8	5	106	2	8	7
19	—	8	8½	63	1	8	10½	107	2	9	—½
20	—	9	2	64	1	9	4	108	2	9	6
21	—	9	7½	65	1	9	9½	109	2	9	11½
22	—	10	1	66	1	10	3	110	2	10	5
23	—	10	6½	67	1	10	8½	111	2	10	10½
24	—	11	—	68	1	11	2	GH 112	2	11	4
25	—	11	5½	69	1	11	7½	Gr. 144	3	6	—
26	—	11	11	70	1	12	1	200	4	11	8
27	—	12	4½	71	1	12	6½	W. 256	5	17	4
[28]	—	12	10	72	1	13	—	300	6	17	6
29	—	13	3½	73	1	13	5½	400	9	3	4
30	—	13	9	74	1	13	11	500	11	9	2
31	—	14	2½	75	1	14	4½	600	13	15	—
32	—	14	8	76	1	14	10	700	16	—	10
33	—	15	1½	77	1	15	3½	800	18	6	8
34	—	15	7	78	1	15	9	900	20	12	6
35	—	16	—½	79	1	16	2½	1000	22	18	4
36	—	16	6	80	1	16	8	2000	45	16	8
37	—	16	11½	81	1	17	1½	3000	68	15	—
38	—	17	5	82	1	17	7	4000	91	13	4
39	—	17	10½	83	1	18	—½	5000	114	11	8
40	—	18	4	[84]	1	18	6	6000	137	10	—
41	—	18	9½	85	1	18	11½	7000	160	8	4
42	—	19	3	86	1	19	5	8000	183	6	8
43	—	19	8½	87	1	19	10½	9000	206	5	—
44	1	—	2	88	2	—	4	10000	229	3	4

*N. B. GH stands for Great Hundred; Gr. signifies the Grass; and W. the Wey.

272 Feet in a Rod, at 5d. ½ per Foot, is 6l. 4s. 8d.
365 Days in a Year, at 5d. ½ per Day, is 8l. 7s. 3d. ½.

At 5 Pence ¾ per Pound, Yard, &c.

N.	l.	s.	d.	N	l.	s.	d.		N.	l.	s.	d.
1	-	—	5 ¾	45	1	1	6 ¾		89	2	2	7 ¾
2	-	—	11 ½	46	1	2	— ½		90	2	3	1 ½
3	-	1	5 ¼	47	1	2	6 ¼		91	2	3	7 ¼
4	-	1	11	48	1	3	—		92	2	4	1
5	-	2	4 ¾	49	1	3	5 ¾		93	2	4	6 ¾
6	-	2	10 ½	50	1	3	11 ½		94	2	5	— ½
7	-	3	4 ¼	51	1	4	5 ¼		95	2	5	6 ¼
8	-	3	10	52	1	4	11		96	2	6	—
9	-	4	3 ¾	53	1	5	4 ¾		97	2	6	5 ¾
10	-	4	9 ½	54	1	5	10 ½		98	2	6	11 ½
11	-	5	3 ¼	55	1	6	4 ¼		99	2	7	5 ¼
12	-	5	9	[50]	1	6	10		100	2	7	11
13	-	6	2 ¾	57	1	7	3 ¾		101	2	8	4 ¾
14	-	6	8 ½	58	1	7	9 ½		102	2	8	10 ½
15	-	7	2 ¼	59	1	8	3 ¼		103	2	9	4 ¼
16	-	7	8	60	1	8	9		104	2	9	10
17	-	8	1 ¾	61	1	9	2 ¾		105	2	10	3 ¾
18	-	8	7 ½	62	1	9	8 ½		106	2	10	9 ½
19	-	9	1 ¼	63	1	10	2 ¼		107	2	11	3 ¼
20	-	9	7	64	1	10	8		108	2	11	9
21	-	10	— ¾	65	1	11	1 ¾		109	2	12	2 ¾
22	-	10	6 ½	66	1	11	7 ½		110	2	12	8 ½
23	-	11	— ¼	67	1	12	1 ¼	*	111	2	13	2 ¼
24	-	11	6	68	1	12	7	GH	112	2	13	8
25	-	11	11 ¾	69	1	13	— ¾	Gr.	144	3	9	—
26	-	12	5 ½	70	1	13	6 ½		200	4	15	10
27	-	12	11 ¼	71	1	14	— ¼	W.	256	6	2	8
[28]	-	13	5	72	1	14	6		300	7	3	9
29	-	13	10 ¾	73	1	14	11 ¾		400	9	11	8
30	-	14	4 ½	74	1	15	5 ½		500	11	19	7
31	-	14	10 ¼	75	1	15	11 ¼		600	14	7	6
32	-	15	4	76	1	16	5		700	16	15	5
33	-	15	9 ¾	77	1	16	10 ¾		800	19	3	4
34	-	16	3 ½	78	1	17	4 ½		900	21	11	3
35	-	16	9 ¼	79	1	17	10 ¼		1000	23	19	2
36	-	17	3	80	1	18	4		2000	47	18	4
37	-	17	8 ¾	81	1	18	9 ¾		3000	71	17	6
38	-	18	2 ½	82	1	19	3 ½		4000	95	16	8
39	-	18	8 ¼	83	1	19	9 ¼		5000	119	15	10
40	-	19	2	[84]	2	—	3		6000	143	15	—
41	-	19	7 ¾	85	2	—	8 ¾		7000	167	14	2
42	1	—	1 ½	86	2	1	2 ½		8000	191	13	4
43	1	—	7 ¼	87	2	1	8 ¼		9000	215	12	6
44	1	1	1	88	2	2	2		10000	239	11	8

* *N. B.* GH ſtands for *Great Hundred*; **Gr.** ſignifies the *Groſs*, and W. the *Way*.

272 Feet in a Rod, at 5d. ¾ per Foot, is 6l. 10s. 4d.
365 Days in a Year, at 5d. ¾ per Day, is 8l. 14s. 10d. ¾.

At 6 Pence per Pound, Yard, &c.

N.	l.	s.	d.	N.	l.	s.	d.	N.	l.	s.	d.
1	–	–	6	45	1	2	6	89	2	4	6
2	–	1	–	46	1	3	–	90	2	5	–
3	–	1	6	47	1	3	6	91	2	5	6
4	–	2	–	48	1	4	–	92	2	6	–
5	–	2	6	49	1	4	6	93	2	6	6
6	–	3	–	50	1	5	–	94	2	7	–
7	–	3	6	51	1	5	6	95	2	7	6
8	–	4	–	52	1	6	–	96	2	8	–
9	–	4	6	53	1	6	6	97	2	8	6
10	–	5	–	54	1	7	–	98	2	9	–
11	–	5	6	55	1	7	6	99	2	9	6
12	–	6	–	[56]	1	8	–	100	2	10	–
13	–	6	6	57	1	8	6	101	2	10	6
14	–	7	–	58	1	9	–	102	2	11	–
15	–	7	6	59	1	9	6	103	2	11	6
16	–	8	–	60	1	10	–	104	2	12	–
17	–	8	6	61	1	10	6	105	2	12	6
18	–	9	–	62	1	11	–	106	2	13	–
19	–	9	6	63	1	11	6	107	2	13	6
20	–	10	–	64	1	12	–	108	2	14	–
21	–	10	6	65	1	12	6	109	2	14	6
22	–	11	–	66	1	13	–	110	2	15	–
23	–	11	6	67	1	13	6	*111	2	15	6
24	–	12	–	68	1	14	–	GH 112	2	16	–
25	–	12	6	69	1	14	6	Gr. 144	3	12	–
26	–	13	–	70	1	15	–	200	5	–	–
27	–	13	6	71	1	15	6	W. 256	6	8	–
[28]	–	14	–	72	1	16	–	300	7	10	–
29	–	14	6	73	1	16	6	400	10	–	–
30	–	15	–	74	1	17	–	500	12	10	–
31	–	15	6	75	1	17	6	600	15	–	–
32	–	16	–	76	1	18	–	700	17	10	–
33	–	16	6	77	1	18	6	800	20	–	–
34	–	17	–	78	1	19	–	900	22	10	–
35	–	17	6	79	1	19	6	1000	25	–	–
36	–	18	–	80	2	–	–	2000	50	–	–
37	–	18	6	81	2	–	6	3000	75	–	–
38	–	19	–	82	2	1	–	4000	100	–	–
39	–	19	6	83	2	1	6	5000	125	–	–
40	1	–	–	84	2	2	–	6000	150	–	–
41	1	–	6	85	2	2	6	7000	175	–	–
42	1	1	–	86	2	3	–	8000	200	–	–
43	1	1	6	87	2	3	6	9000	225	–	–
44	1	2	–	88	2	4	–	10000	250	–	–

*N. B. GH stands for *Great Hundred*; Gr. signifies the *Gross*; and W. the *W'ey*.

272 Feet in a Rod, at 6d. per Foot, is 6l. 16s.
365 Days in a Year, at 6d. per Day, is 9l. 2s. 6d.

At 6 Pence ¼ per Pound, Yard, &c.

N.	l.	s.	d.	N.	l.	s.	d.	N.	l.	s.	d.
1	-	—	6 ¼	45	1	3	5 ¼	89	2	6	4 ¼
2	-	1	— ½	46	1	3	11 ½	90	2	6	10 ½
3	-	1	6 ¾	47	1	4	5 ¾	91	2	7	4 ¾
4	-	2	1	48	1	5	—	92	2	7	11
5	-	2	7 ¼	49	1	5	6 ¼	93	2	8	5 ¼
6	-	3	1 ½	50	1	6	— ½	94	2	8	11 ½
7	-	3	7 ¾	51	1	6	6 ¾	95	2	9	5 ¾
8	-	4	2	52	1	7	1	96	2	10	—
9	-	4	8 ¼	53	1	7	7 ¼	97	2	10	6 ¼
10	-	5	2 ½	54	1	8	1 ½	98	2	11	— ½
11	-	5	8 ¾	55	1	8	7 ¾	99	2	11	6 ¾
12	-	6	3	[56]	1	9	2	100	2	12	1
13	-	6	9 ¼	57	1	9	8 ¼	101	2	12	7 ¼
14	-	7	3 ½	58	1	10	2 ½	102	2	13	1 ½
15	-	7	9 ¾	59	1	10	8 ¾	103	2	13	7 ¾
16	-	8	4	60	1	11	3	104	2	14	2
17	-	8	10 ¼	61	1	11	9 ¼	105	2	14	8 ¼
18	-	9	4 ½	62	1	12	3 ½	106	2	15	2 ½
19	-	9	10 ¾	63	1	12	9 ¾	107	2	15	8 ¾
20	-	10	5	64	1	13	4	108	2	16	3
21	-	10	11 ¼	65	1	13	10 ¼	109	2	16	9 ¼
22	-	11	5 ½	66	1	14	4 ½	110	2	17	3 ½
23	-	11	11 ¾	67	1	14	10 ¾	* 111	2	17	9 ¾
24	-	12	6	68	1	15	5	GH 112	2	18	4
25	-	13	— ¼	69	1	15	11 ¼	Gr. 144	3	15	—
26	-	13	6 ½	70	1	16	5 ½	200	5	4	2
27	-	14	— ¾	71	1	16	11 ¾	W. 256	6	13	4
[28]	-	14	7	72	1	17	6	300	7	16	3
29	-	15	1 ¼	73	1	18	— ¼	400	10	8	4
30	-	15	7 ½	74	1	18	6 ½	500	13	—	5
31	-	16	1 ¾	75	1	19	— ¾	600	15	12	6
32	-	16	8	76	1	19	7	700	18	4	7
33	-	17	2 ¼	77	2	—	1 ¼	800	20	16	8
34	-	17	8 ½	78	2	—	7 ½	900	23	8	9
35	-	18	2 ¾	79	2	1	1 ¾	1000	26	—	10
36	-	18	9	80	2	1	8	2000	52	1	8
37	-	19	3 ¼	81	2	2	2 ¼	3000	78	2	6
38	-	19	9 ½	82	2	2	8 ½	4000	104	3	4
39	1	—	3 ¾	83	2	3	2 ¾	5000	130	4	2
40	1	—	10	[84]	2	3	9	6000	156	5	—
41	1	1	4 ¼	85	2	4	3 ¼	7000	182	5	10
42	1	1	10 ½	86	2	4	9 ½	8000	208	6	8
43	1	2	4 ¾	87	2	5	3 ¾	9000	234	7	6
44	1	2	11	88	2	5	10	10000	260	8	4

* *N. B.* GH stands for *Great Hundred*; Gr. signifies the *Gross*; and W. the *Way*.

272 Feet in a Rod, at 6d. ¼ per Foot, is 7l. 1s. 8d.
365 Days in a Year, at 6d. ¼ per Day, is 9l. 10s. 1d. ¼.

At 6 Pence ½ per Pound, Yard, &c.

N.	l.	s.	d.	N.	l.	s.	d.	N.	l.	s.	d.
1	—	—	6 ½	45	1	4	4 ½	89	2	8	2 ½
2	—	1	1	46	1	4	11	90	2	8	9
3	—	1	7 ½	47	1	5	5 ½	91	2	9	3 ½
4	—	2	2	48	1	6	—	92	2	9	10
5	—	2	8 ½	49	1	6	6 ½	93	2	10	4 ½
6	—	3	3	50	1	7	1	94	2	10	11
7	—	3	9 ½	51	1	7	7 ½	95	2	11	5 ½
8	—	4	4	52	1	8	2	96	2	12	—
9	—	4	10 ½	53	1	8	8 ½	97	2	12	6 ½
10	—	5	5	54	1	9	3	98	2	13	1
11	—	5	11 ½	55	1	9	9 ½	99	2	13	7 ½
12	—	6	6	[56]	1	10	4	100	2	14	2
13	—	7	— ½	57	1	10	10 ½	101	2	14	8 ½
14	—	7	7	58	1	11	5	102	2	15	3
15	—	8	1 ½	59	1	11	11 ½	103	2	15	9 ½
16	—	8	8	60	1	12	6	104	2	16	4
17	—	9	2 ½	61	1	13	— ½	105	2	16	10 ½
18	—	9	9	62	1	13	7	106	2	17	5
19	—	10	3 ½	63	1	14	1 ½	107	2	17	11 ½
20	—	10	10	64	1	14	8	108	2	18	6
21	—	11	4 ½	65	1	15	2 ½	109	2	19	— ½
22	—	11	11	66	1	15	9	110	2	19	7
23	—	12	5 ½	67	1	16	3 ½	* 111	3	—	1 ½
24	—	13	—	68	1	16	10	GH 112	3	—	8
25	—	13	6 ½	69	1	17	4 ½	Gr. 144	3	18	—
26	—	14	1	70	1	17	11	200	5	8	4
27	—	14	7 ½	71	1	18	5 ½	W. 256	6	18	8
[28]	—	15	2	72	1	19	—	300	8	2	6
29	—	15	8 ½	73	1	19	6 ½	400	10	16	8
30	—	16	3	74	2	—	1	500	13	10	10
31	—	16	9 ½	75	2	—	7 ½	600	16	5	—
32	—	17	4	76	2	1	2	700	18	19	2
33	—	17	10 ½	77	2	1	8 ½	800	21	13	4
34	—	18	5	78	2	2	3	900	24	7	6
35	—	18	11 ½	79	2	2	9 ½	1000	27	1	8
36	—	19	6	80	2	3	4	2000	54	3	4
37	1	—	— ½	81	2	3	10 ½	3000	81	5	—
38	1	—	7	82	2	4	5	4000	108	6	8
39	1	1	1 ½	83	2	4	11 ½	5000	135	8	4
40	1	1	8	[84]	2	5	6	6000	162	10	—
41	1	2	2 ½	85	2	6	— ½	7000	189	11	8
42	1	2	9	86	2	6	7	8000	216	13	4
43	1	3	3 ½	87	2	7	1 ½	9000	243	15	—
44	1	3	10	88	2	7	8	10000	270	16	8

272 Feet in a Rod, at 6d. ½ per Foot, is 7l. 7s. 4d.
365 Days in a Year, at 6d. ½ per Day, is 9l. 17s. 8d. ½.

* *N. B.* GH stands for *Great Hundred*; Gr. signifies the *Gross*; and W. the *Wey*.

At 6 Pence ¾ per Pound, Yard, &c.

N.	l.	s.	d.	N.	l.	s.	d.	N.	l.	s.	d.
1	—	—	6 ¾	45	1	5	3 ¾	89	2	10	— ¾
2	—	1	1 ½	46	1	5	10 ½	90	2	10	7 ½
3	—	1	8 ¼	47	1	6	5 ¼	91	2	11	2 ¼
4	—	2	3	48	1	7	—	92	2	11	9
5	—	2	9 ¾	49	1	7	6 ¾	93	2	12	3 ¾
6	—	3	4 ½	50	1	8	1 ½	94	2	12	10 ½
7	—	3	11 ¼	51	1	8	8 ¼	95	2	13	5 ¼
8	—	4	6	52	1	9	3	96	2	14	—
9	—	5	— ¾	53	1	9	9 ¾	97	2	14	6 ¾
10	—	5	7 ½	54	1	10	4 ½	98	2	15	1 ½
11	—	6	2 ¼	55	1	10	11 ¼	99	2	15	8 ¼
12	—	6	9	[56]	1	11	6	100	2	16	3
13	—	7	3 ¾	57	1	12	— ¾	101	2	16	9 ¾
14	—	7	10 ½	58	1	12	7 ½	102	2	17	4 ½
15	—	8	5 ¼	59	1	13	2 ¼	103	2	17	11 ¼
16	—	9	—	60	1	13	9	104	2	18	6
17	—	9	6 ¾	61	1	14	3 ¾	105	2	19	— ¾
18	—	10	1 ½	62	1	14	10 ½	106	2	19	7 ½
19	—	10	8 ¼	63	1	15	5 ¼	107	3	—	2 ¼
20	—	11	3	64	1	16	—	108	3	—	9
21	—	11	9 ¾	65	1	16	6 ¾	109	3	1	3 ¾
22	—	12	4 ½	66	1	17	1 ½	110	3	1	10 ½
23	—	12	11 ¼	67	1	17	8 ¼	* 111	3	2	5 ¼
24	—	13	6	68	1	18	3	GH 112	3	3	—
25	—	14	— ¾	69	1	18	9 ¾	Gr. 144	4	1	—
26	—	14	7 ½	70	1	19	4 ½	200	5	12	6
27	—	15	2 ¼	71	1	19	11 ¼	W. 256	7	4	—
[28]	—	15	9	72	2	—	6	300	8	8	9
29	—	16	3 ¾	73	2	1	— ¾	400	11	5	—
30	—	16	10 ½	74	2	1	7 ½	500	14	1	3
31	—	17	5 ¼	75	2	2	2 ¼	600	16	17	6
32	—	18	—	76	2	2	9	700	19	13	9
33	—	18	6 ¾	77	2	3	3 ¾	800	22	10	—
34	—	19	1 ½	78	2	3	10 ½	900	25	6	3
35	—	19	8 ¼	79	2	4	5 ¼	1000	28	2	6
36	1	—	3	80	2	5	—	2000	56	5	—
37	1	—	9 ¾	81	2	5	6 ¾	3000	84	7	6
38	1	1	4 ½	82	2	6	1 ½	4000	112	10	—
39	1	1	11 ¼	83	2	6	8 ¼	5000	140	12	6
40	1	2	6	[84]	2	7	3	6000	168	15	—
41	1	3	— ¾	85	2	7	9 ¾	7000	196	17	6
42	1	3	7 ½	86	2	8	4 ½	8000	225	—	—
43	1	4	2 ¼	87	2	8	11 ¼	9000	253	2	6
44	1	4	9	88	2	9	6	10000	281	5	—

* *N. B.* GH stands for *Great Hundred*; Gr. signifies the *Cross*; and W. the *Wey*.

272 Feet in a Rod, at 6d. ¾ per Foot, is 7l. 13s.
365 Days in a Year, at 6d. ¾ per Day, is 10l. 5s. 3d. ¾.

At 7 Pence per Pound, Yard, &c.

N.	l.	s.	d.	N.	l.	s.	d.	N.	l.	s.	d.
1	–	–	7	45	1	6	3	89	2	11	11
2	–	1	2	46	1	6	10	90	2	12	6
3	–	1	9	47	1	7	5	91	2	13	1
4	–	2	4	48	1	8	–	92	2	13	8
5	–	2	11	49	1	8	7	93	2	14	3
6	–	3	6	50	1	9	2	94	2	14	10
7	–	4	1	51	1	9	9	95	2	15	5
8	–	4	8	52	1	10	4	96	2	16	–
9	–	5	3	53	1	10	11	97	2	16	7
10	–	5	10	54	1	11	6	98	2	17	2
11	–	6	5	55	1	12	1	99	2	17	9
12	–	7	–	[56]	1	12	8	100	2	18	4
13	–	7	7	57	1	13	3	101	2	18	11
14	–	8	2	58	1	13	10	102	2	19	6
15	–	8	9	59	1	14	5	103	3	–	1
16	–	9	4	60	1	15	–	104	3	–	8
17	–	9	11	61	1	15	7	105	3	1	3
18	–	10	6	62	1	16	2	106	3	1	10
19	–	11	1	63	1	16	9	107	3	2	5
20	–	11	8	64	1	17	4	108	3	3	–
21	–	12	3	65	1	17	11	109	3	3	7
22	–	12	10	66	1	18	6	110	3	4	2
23	–	13	5	67	1	19	1	*111	3	4	9
24	–	14	–	68	1	19	8	GH 112	3	5	4
25	–	14	7	69	2	–	3	Gr. 144	4	4	–
26	–	15	2	70	2	–	10	200	5	16	8
27	–	15	9	71	2	1	5	W. 256	7	9	4
[28]	–	16	4	72	2	2	–	300	8	15	–
29	–	16	11	73	2	2	7	400	11	13	4
30	–	17	6	74	2	3	2	500	14	11	8
31	–	18	1	75	2	3	9	600	17	10	–
32	–	18	8	76	2	4	4	700	20	8	4
33	–	19	3	77	2	4	11	800	23	6	8
34	–	19	10	78	2	5	6	900	26	5	–
35	1	–	5	79	2	6	1	1000	29	3	4
36	1	1	–	80	2	6	8	2000	58	6	8
37	1	1	7	81	2	7	3	3000	87	10	–
38	1	2	2	82	2	7	10	4000	116	13	4
39	1	2	9	83	2	8	5	5000	145	16	8
40	1	3	4	[84]	2	9	–	6000	175	–	–
41	1	3	11	85	2	9	7	7000	204	3	4
42	1	4	6	86	2	10	2	8000	233	6	8
43	1	5	1	87	2	10	9	9000	262	10	–
44	1	5	8	88	2	11	4	10000	291	13	4

N. B. HG stands for Great Hundred; Gr. signifies the Grofs; and W. the Wey.

27½ Feet in a Rod, at 7d. per Foot, is 7l. 18s. 8d.
365 Days in a Year, at 7d. per Day, is 10l. 12s. 11d.

D 3

At 7 Pence ¼ per Pound, Yard, &c.

N.	l.	s.	d.	N.	l.	s.	d.	N.	l.	s.	d.
1	–	–	7¼	45	1	7	2¼	89	2	13	9¼
2	–	1	2½	46	1	7	9½	90	2	14	4½
3	–	1	9¾	47	1	8	4¾	91	2	14	11¾
4	–	2	5	48	1	9	–	92	2	15	7
5	–	3	– ¼	49	1	9	7¼	93	2	16	2¼
6	–	3	7½	50	1	10	2½	94	2	16	9½
7	–	4	2¾	51	1	10	9¾	95	2	17	4¾
8	–	4	10	52	1	11	5	96	2	18	–
9	–	5	5¼	53	1	12	– ¼	97	2	18	7¼
10	–	6	– ½	54	1	12	7½	98	2	19	2½
11	–	6	7¾	55	1	13	2¾	99	2	19	9¾
12	–	7	3	[56]	1	13	10	100	3	–	5
13	–	7	10¼	57	1	14	5¼	101	3	1	– ¼
14	–	8	5½	58	1	15	– ½	102	3	1	7½
15	–	9	– ¾	59	1	15	7¾	103	3	2	2¾
16	–	9	8	60	1	16	3	104	3	2	10
17	–	10	3¼	61	1	16	10¼	105	3	3	5¼
18	–	10	10½	62	1	17	5½	106	3	4	– ½
19	–	11	5¾	63	1	18	– ¾	107	3	4	7¾
20	–	12	1	64	1	18	8	108	3	5	3
21	–	12	8¼	65	1	19	3¼	109	3	5	10¼
22	–	13	3½	66	1	19	10½	110	3	6	5½
23	–	13	10¾	67	2	–	5¾	*111	3	7	– ¾
24	–	14	6	68	2	1	1	GH 112	3	7	8
25	–	15	1¼	69	2	1	8¼	Gr. 144	4	7	–
26	–	15	8½	70	2	2	3½	200	6	–	10
27	–	16	3¾	71	2	2	10¾	W. 256	7	14	8
28	–	16	11	72	2	3	6	300	9	1	3
29	–	17	6¼	73	2	4	1¼	400	12	1	8
30	–	18	1½	74	2	4	8½	500	15	2	1
31	–	18	8¾	75	2	5	3¾	600	18	2	6
32	–	19	4	76	2	5	11	700	21	2	11
33	–	19	11¼	77	2	6	6¼	800	24	3	4
34	1	–	6½	78	2	7	1½	900	27	3	9
35	1	1	1¾	79	2	7	8¾	1000	30	4	2
36	1	1	9	80	2	8	4	2000	60	8	4
37	1	2	4¼	81	2	8	11¼	3000	90	12	6
38	1	2	11½	82	2	9	6½	4000	120	16	8
39	1	3	6¾	83	2	10	1¾	5000	151	–	10
40	1	4	2	[84]	2	10	9	6000	181	5	–
41	1	4	9¼	85	2	11	4¼	7000	211	9	2
42	1	5	4½	86	2	11	11½	8000	241	13	4
43	1	5	11¾	87	2	12	6¾	9000	271	17	6
44	1	6	7	88	2	13	2	10000	302	1	8

* N.B. GH stands for *Great Hundred*; Gr. signifies the *Grofs*; and W. the *Wey*.

272 Feet in a Rod, at 7d. ¼ per Foot, is 8l. 4s. 4d.
365 Days in a Year, at 7d. ¼ per Day, is 11l. — 6d. ¼.

At 7 Pence ½ per Pound, Yard, &c.

N.	l.	s.	d.	N.	l.	s.	d.	N.	l.	s.	d.
1	—	—	7½	45	1	8	1½	89	2	15	7½
2	—	1	3	46	1	8	9	90	2	16	3
3	—	1	10½	47	1	9	4½	91	2	16	10½
4	—	2	6	48	1	10	—	92	2	17	6
5	—	3	1½	49	1	10	7½	93	2	18	1½
6	—	3	9	50	1	11	3	94	2	18	9
7	—	4	4½	51	1	11	10½	95	2	19	4½
8	—	5	—	52	1	12	6	96	3	—	—
9	—	5	7½	53	1	13	1½	97	3	—	7½
10	—	6	3	54	1	13	9	98	3	1	3
11	—	6	10½	55	1	14	4½	99	3	1	10½
12	—	7	6	[56]	1	15	—	100	3	2	6
13	—	8	1½	57	1	15	7½	101	3	3	1½
14	—	8	9	58	1	16	3	102	3	3	9
15	—	9	4½	59	1	16	10½	103	3	4	4½
16	—	10	—	60	1	17	6	104	3	5	—
17	—	10	7½	61	1	18	1½	105	3	5	7½
18	—	11	3	62	1	18	9	106	3	6	3
19	—	11	10½	63	1	19	4½	107	3	6	10½
20	—	12	6	64	2	—	—	108	3	7	6
21	—	13	1½	65	2	—	7½	109	3	8	1½
22	—	13	9	66	2	1	3	110	3	8	9
23	—	14	4½	67	2	1	10½	*111	3	9	4½
24	—	15	—	68	2	2	6	GH 112	3	10	—
25	—	15	7½	69	2	3	1½	Gr. 144	4	10	—
26	—	16	3	70	2	3	9	200	6	5	—
27	—	16	10½	71	2	4	4½	W. 256	8	—	—
[28]	—	17	6	72	2	5	—	300	9	7	6
29	—	18	1½	73	2	5	7½	400	12	10	—
30	—	18	9	74	2	6	3	500	15	12	6
31	—	19	4½	75	2	6	10½	600	18	15	—
32	1	—	—	76	2	7	6	700	21	17	6
33	1	—	7½	77	2	8	1½	800	25	—	—
34	1	1	3	78	2	8	9	900	28	2	6
35	1	1	10½	79	2	9	4½	1000	31	5	—
36	1	2	6	80	2	10	—	2000	62	10	—
37	1	3	1½	81	2	10	7½	3000	93	15	—
38	1	3	9	82	2	11	3	4000	125	—	—
39	1	4	4½	83	2	11	10½	5000	156	5	—
40	1	5	—	[84]	2	12	6	6000	187	10	—
41	1	5	7½	85	2	13	1½	7000	218	15	—
42	1	6	3	86	2	13	9	8000	250	—	—
43	1	6	10½	87	2	14	4½	9000	281	5	—
44	1	7	6	88	2	15	—	10000	312	10	—

N. B. GH stands for *Great Hundred*; Gr. signifies the *Gross*; and W. the *Wey*.

272 Feet in a Rod, at 7d. ½ per Foot, is 8l. 10s.
365 Days in a Year, at 7d. ½ per Day, is 11l. 8s. 1d. ½.

At 7 Pence ¾ per Pound, Yard, &c.

N.	l.	s.	d.	N.	l.	s.	d.	N.	l.	s.	d.
1	-	—	7 ¾	45	1	9	— ¾	89	2	17	5 ¾
2	-	1	3 ½	46	1	9	8 ½	90	2	18	1 ½
3	-	1	11 ¼	47	1	10	4 ¼	91	2	18	9 ¼
4	-	2	7	48	1	11	—	92	2	19	5
5	-	3	2 ¾	49	1	11	7 ¾	93	3	—	— ¾
6	-	3	10 ½	50	1	12	3 ½	94	3	—	8 ½
7	-	4	6 ¼	51	1	12	11 ¼	95	3	1	4 ¼
8	-	5	2	52	1	13	7	96	3	2	—
9	-	5	9 ¾	53	1	14	2 ¾	97	3	2	7 ¾
10	-	6	5 ½	54	1	14	10 ½	98	3	3	3 ½
11	-	7	1 ¼	55	1	15	6 ¼	99	3	3	11 ¼
12	-	7	9	[56]	1	16	2	100	3	4	7
13	-	8	4 ¾	57	1	16	9 ¾	101	3	5	2 ¾
14	-	9	— ½	58	1	17	5 ½	102	3	5	10 ½
15	-	9	8 ¼	59	1	18	1 ¼	103	3	6	6 ¼
16	-	10	4	60	1	18	9	104	3	7	2
17	-	10	11 ¾	61	1	19	4 ¾	105	3	7	9 ¾
18	-	11	7 ½	62	2	—	— ½	106	3	8	5 ½
19	-	12	3 ¼	63	2	—	8 ¼	107	3	9	1 ¼
20	-	12	11	64	2	1	4	108	3	9	9
21	-	13	6 ¾	65	2	1	11 ¾	109	3	10	4 ¾
22	-	14	2 ½	66	2	2	7 ½	110	3	11	— ½
23	-	14	10 ¼	67	2	3	3 ¼	* 111	3	11	8 ¼
24	-	15	6	68	2	3	11	GH 112	3	12	4
25	-	16	1 ¾	69	2	4	6 ¾	Gr. 144	4	13	—
26	-	16	9 ½	70	2	5	2 ½	200	6	9	2
27	-	17	5 ¼	71	2	5	10 ¼	W. 256	8	5	4
[28]	-	18	1	72	2	6	6	300	9	13	9
29	-	18	8 ¾	73	2	7	1 ¾	400	12	18	4
30	-	19	4 ½	74	2	7	9 ½	500	16	2	11
31	1	—	— ¼	75	2	8	5 ¼	600	19	7	6
32	1	—	8	76	2	9	1	700	22	12	1
33	1	1	3 ¾	77	2	9	8 ¾	800	25	16	8
34	1	1	11 ½	78	2	10	4 ½	900	29	1	3
35	1	2	7 ¼	79	2	11	— ¼	1000	32	5	10
36	1	3	3	80	2	11	8	2000	64	11	8
37	1	3	10 ¾	81	2	12	3 ¾	3000	96	17	6
38	1	4	6 ½	82	2	12	11 ½	4000	129	3	4
39	1	5	2 ¼	83	2	13	7 ¼	5000	161	9	2
40	1	5	10	[84]	2	14	3	6000	193	15	—
41	1	6	5 ¾	85	2	14	10 ¾	7000	226	—	10
42	1	7	1 ½	86	2	15	6 ½	8000	258	6	8
43	1	7	9 ¼	87	2	16	2 ¼	9000	290	12	6
44	1	8	5	88	2	16	10	10000	322	18	4

* *N. B.* GH stands for *Great Hundred*; **Gr.** signifies the *Gross*; and **W.** the *Way*.

272 Feet in a Rod, at 7d. ¾ per Foot, is 8l. 15s. 8d.
365 Days in a Year, at 7d. ¾ per Day, is 11l. 15s. 8d. ¾.

At 8 Pence per Pound, Yard, &c.

N.	l.	s.	d.	N.	l.	s.	d.	N.	l.	s.	d.
1	—	—	8	45	1	10	—	89	2	19	4
2	—	1	4	46	1	10	8	90	3	—	—
3	—	2	—	47	1	11	4	91	3	—	8
4	—	2	8	48	1	12	—	92	3	1	4
5	—	3	4	49	1	12	8	93	3	2	—
6	—	4	—	50	1	13	4	94	3	2	8
7	—	4	8	51	1	14	—	95	3	3	4
8	—	5	4	52	1	14	8	96	3	4	—
9	—	6	—	53	1	15	4	97	3	4	8
10	—	6	8	54	1	16	—	98	3	5	4
11	—	7	4	55	1	16	8	99	3	6	—
12	—	8	—	[56]	1	17	4	100	3	6	8
13	—	8	8	57	1	18	—	101	3	7	4
14	—	9	4	58	1	18	8	102	3	8	—
15	—	10	—	59	1	19	4	103	3	8	8
16	—	10	8	60	2	—	—	104	3	9	4
17	—	11	4	61	2	—	8	105	3	10	—
18	—	12	—	62	2	1	4	106	3	10	8
19	—	12	8	63	2	2	—	107	3	11	4
20	—	13	4	64	2	2	8	108	3	12	—
21	—	14	—	65	2	3	4	109	3	12	8
22	—	14	8	66	2	4	—	110	3	13	4
23	—	15	4	67	2	4	8	*111	3	14	—
24	—	16	—	68	2	5	4	GH.112	3	14	8
25	—	16	8	69	2	6	—	Gr. 144	4	16	—
26	—	17	4	70	2	6	8	200	6	13	4
27	—	18	—	71	2	7	4	W. 256	8	10	8
28	—	18	8	72	2	8	—	300	10	—	—
29	—	19	4	73	2	8	8	400	13	6	8
30	1	—	—	74	2	9	4	500	16	13	4
31	1	—	8	75	2	10	—	600	20	—	—
32	1	1	4	76	2	10	8	700	23	6	8
33	1	2	—	77	2	11	4	800	26	13	4
34	1	2	8	78	2	12	—	900	30	—	—
35	1	3	4	79	2	12	8	1000	33	6	8
36	1	4	—	80	2	13	4	2000	66	13	4
37	1	4	8	81	2	14	—	3000	100	—	—
38	1	5	4	82	2	14	8	4000	133	6	8
39	1	6	—	83	2	15	4	5000	166	13	4
40	1	6	8	[84]	2	16	—	6000	200	—	—
41	1	7	4	85	2	16	8	7000	233	6	8
42	1	8	—	86	2	17	4	8000	266	13	4
43	1	8	8	87	2	18	—	9000	300	—	—
44	1	9	4	88	2	18	8	10000	333	6	8

*N. B. GH stands for *Great Hundred*; Gr. signifies the *Gross*; and W. the *Wey*.

272 Feet in a Rod, at 8d. per Foot, is 9l. 1s. 4d.
365 Days in a Year, at 8d. per Day, is 12l. 3s. 4d.

At 8 Pence ¼ per Pound, Yard, &c.

N.	l.	s.	d.	N.	l.	s.	d.	N.	l.	s.	d.
1	—	—	8 ¼	45	1	10	11 ¼	89	3	[illegible]	[illegible] ¼
2	—	1	4 ½	46	1	11	7 ½	90	3	1	10 ½
3	—	2	— ¾	47	1	12	3 ¾	91	3	2	6 ¾
4	—	2	9	48	1	13	—	92	3	3	3
5	—	3	5 ¼	49	1	13	8 ¼	93	3	3	11 ¼
6	—	4	1 ½	50	1	14	4 ½	94	3	4	7 ½
7	—	4	9 ¾	51	1	15	— ¾	95	3	5	3 ¾
8	—	5	6	52	1	15	9	96	3	6	—
9	—	6	2 ¼	53	1	16	5 ¼	97	3	6	8 ¼
10	—	6	10 ½	54	1	17	1 ½	98	3	7	4 ½
11	—	7	6 ¾	55	1	17	9 ¾	99	3	[illegible]	— ¾
12	—	8	3	[56]	1	18	6	100	3	8	9
13	—	8	11 ¼	57	1	19	2 ¼	101	3	9	5 ¼
14	—	9	7 ½	58	1	19	10 ½	102	3	10	1 ½
15	—	10	3 ¾	59	2	—	6 ¾	103	3	10	9 ¾
16	—	11	—	60	2	1	3	104	3	11	6
17	—	11	8 ¼	61	2	1	11 ¼	105	3	12	2 ¼
18	—	12	4 ½	62	2	2	7 ½	106	3	12	10 ½
19	—	13	— ¾	63	2	3	3 ¾	107	3	13	6 ¾
20	—	13	9	64	2	4	—	108	3	14	3
21	—	14	5 ¼	65	2	4	8 ¼	109	3	14	11 ¼
22	—	15	1 ½	66	2	5	4 ½	110	3	15	7 ½
23	—	15	9 ¾	67	2	6	— ¾	* 111	3	16	3 ¾
24	—	16	6	68	2	6	9	GH 112	3	17	—
25	—	17	2 ¼	69	2	7	5 ¼	Gr. 144	4	19	—
26	—	17	10 ½	70		8	1 ½	200	6	17	6
27	—	18	6 ¾	71	2	8	9 ¾	W. 256	8	16	—
[28]	—	19	3	72	2	9	6	300	10	6	3
29	—	19	11 ¼	73	2	10	2 ¼	400	13	15	—
30	1	—	7 ½	74	2	10	10 ½	500	17	3	9
31	1	1	3 ¾	75	2	11	6 ¾	600	20	12	6
32	1	2	—	76	2	12	3	700	24	1	3
33	1	2	8 ¼	77	2	12	11 ¼	800	27	10	—
34	1	3	4 ½	78	2	13	7 ½	900	30	18	9
35	1	4	— ¾	79	2	14	3 ¾	1000	34	7	6
36	1	4	9	80	2	15	—	2000	68	15	—
37	1	5	5 ¼	81	2	15	8 ¼	3000	103	2	6
38	1	6	1 ½	82	2	16	4 ½	4000	137	10	—
39	1	6	9 ¾	83	2	17	— ¾	5000	171	17	6
40	1	7	6	[84]	2	17	9	6000	206	5	—
41	1	8	2 ¼	85	2	18	5 ¼	7000	240	12	6
42	1	8	10 ½	86	2	19	1 ½	8000	275	—	—
43	1	9	6 ¾	87	2	19	9 ¾	9000	309	7	6
44	1	10	3	88	3	—	6	10000	343	15	—

272 Feet in a Rod, at 8d. ¼ per Foot, is 9l. 7s.
365 Days in a Year, at 8d. ¼ per Day, is 12l. 10s. 11d. ¼.

* N. B. GH stands for *Great Hundred*; Gr. signifies the *Gross*; and W. the *Wey*.

At 8 Pence ½ per Pound, Yard, &c.

N.	l.	s.	d.	N.	l.	s.	d.	N.	l.	s.	d.
1	−	−	8 ½	45	1	11	10 ½	89	3	3	− ½
2	−	1	5	46	1	12	7	90	3	3	9
3	−	2	1 ½	47	1	13	3 ½	91	3	4	5 ½
4	−	2	10	48	1	14	−	92	3	5	2
5	−	3	6 ½	49	1	14	8 ½	93	3	5	10 ½
6	−	4	3	50	1	15	5	94	3	6	7
7	−	4	11 ½	51	1	16	1 ½	95	3	7	3 ½
8	−	5	8	52	1	16	10	96	3	8	−
9	−	6	4 ½	53	1	17	6 ½	97	3	8	8 ½
10	−	7	1	54	1	18	3	98	3	9	5
11	−	7	9 ½	55	1	18	11 ½	99	3	10	1 ½
12	−	8	6	[56]	1	19	8	100	3	10	10
13	−	9	2 ½	57	2	−	4 ½	101	3	11	6 ½
14	−	9	11	58	2	1	1	102	3	12	3
15	−	10	7 ½	59	2	1	9 ½	103	3	12	11 ½
16	−	11	4	60	2	2	6	104	3	13	8
17	−	12	− ½	61	2	3	2 ½	105	3	14	4 ½
18	−	12	9	62	2	3	11	106	3	15	1
19	−	13	5 ½	63	2	4	7 ½	107	3	15	9 ½
20	−	14	2	64	2	5	4	108	3	16	6
21	−	14	10 ½	65	2	6	− ½	109	3	17	2 ½
22	−	15	7	66	2	6	9	110	3	17	11
23	−	16	3 ½	67	2	7	5 ½	*111	3	18	7 ½
24	−	17	−	68	2	8	2	GH 112	3	19	4
25	−	17	8 ½	69	2	8	10 ½	Gr. 144	5	2	−
26	−	18	5	70	2	9	7	200	7	1	8
27	−	19	1 ½	71	2	10	3 ½	W. 256	9	1	4
[28]	−	19	10	72	2	11	−	300	10	12	6
29	1	−	6 ½	73	2	11	8 ½	400	14	3	4
30	1	1	3	74	2	12	5	500	17	14	2
31	1	1	11 ½	75	2	13	1 ½	600	21	5	−
32	1	2	8	76	2	13	10	700	24	15	10
33	1	3	4 ½	77	2	14	6 ½	800	28	6	8
34	1	4	1	78	2	15	3	900	31	17	6
35	1	4	9 ½	79	2	15	11 ½	1000	35	8	4
36	1	5	6	80	2	16	8	2000	70	16	8
37	1	6	2 ½	81	2	17	4 ½	3000	106	5	−
38	1	6	11	82	2	18	1	4000	141	13	4
39	1	7	7 ½	83	2	18	9 ½	5000	177	1	8
40	1	8	4	[84]	2	19	6	6000	212	10	−
41	1	9	− ½	85	3	−	2 ½	7000	247	18	4
42	1	9	9	86	3	−	11	8000	283	6	8
43	1	10	5 ½	87	3	1	7 ½	9000	318	15	−
44	1	11	2	88	3	2	4	10000	354	3	4

* N. B. GH stands for *Great Hundred*; Gr. signifies the *Grofs*; and W. the *Wey*.

272 Feet in a Rod, at 8d. ½ per Foot, is 9l. 12s. 8d.
365 Days in a Year, at 8d. ½ per Day, is 12l. 18s, 6d. ¼.

At 8 Pence ¾ per Pound, Yard, &c.

N.	l.	s.	d.	N.	l.	s.	d.	N.	l.	s.	d.
1	—	—	8 ¾	45	1	12	9 ¾	89	3	4	10 ¾
2	-	1	5 ½	46	1	13	6 ½	90	3	5	7 ½
3	-	2	2 ¼	47	1	14	3 ¼	91	3	6	4 ¼
4	-	2	11	48	1	15	—	92	3	7	1
5	-	3	7 ¾	49	1	15	8 ¾	93	3	7	9 ¾
6	-	4	4 ½	50	1	16	5 ½	94	3	8	6 ½
7	-	5	1 ¼	51	1	17	2 ¼	95	3	9	3 ¼
8	-	5	10	52	1	17	11	96	3	10	—
9	-	6	6 ¾	53	1	18	7 ¾	97	3	10	8 ¾
10	-	7	3 ½	54	1	19	4 ½	98	3	11	5 ½
11	-	8	— ¼	55	2	—	1 ¼	99	3	12	2 ¼
12	-	8	9	[56]	2	—	10	100	3	12	11
13	-	9	5 ¾	57	2	1	6 ¾	101	3	13	7 ¾
14	-	10	2 ½	58	2	2	3 ½	102	3	14	4 ½
15	-	10	11 ¼	59	2	3	— ¼	103	3	15	1 ¼
16	-	11	8	60	2	3	9	104	3	15	10
17	-	12	4 ¾	61	2	4	5 ¾	105	3	16	6 ¾
18	-	13	1 ½	62	2	5	2 ½	106	3	17	3 ½
19	-	13	10 ¼	63	2	5	11 ¼	107	3	18	— ¼
20	-	14	7	64	2	6	8	108	3	18	9
21	-	15	3 ¾	65	2	7	4 ¾	109	3	19	5 ¾
22	-	16	— ½	66	2	8	1 ½	110	4	—	2 ½
23	-	16	9 ¼	67	2	8	10 ¼	* 111	4	—	11 ¼
24	-	17	6	68	2	9	7	GH 112	4	1	8
25	-	18	2 ¾	69	2	10	3 ¾	Gr. 144	5	5	—
26	-	18	11 ½	70	2	11	— ½	200	7	5	10
27	-	19	8 ¼	71	2	11	9 ¼	W. 256	9	6	8
[28]	1	—	5	72	2	12	6	300	10	18	9
29	1	1	1 ¾	73	2	13	2 ¾	400	14	11	8
30	1	1	10 ½	74	2	13	11 ½	500	18	4	7
31	1	2	7 ¼	75	2	14	8 ¼	600	21	17	6
32	1	3	4	76	2	15	5	700	25	10	5
33	1	4	— ¾	77	2	16	1 ¾	800	29	3	4
34	1	4	9 ½	78	2	16	10 ½	900	32	16	3
35	1	5	6 ¼	79	2	17	7 ¼	1000	36	9	2
36	1	6	3	80	2	18	4	2000	72	18	4
37	1	6	11 ¾	81	2	19	— ¾	3000	109	7	6
38	1	7	8 ½	82	2	19	9 ½	4000	145	16	8
39	1	8	5 ¼	83	3	—	6 ¼	5000	182	5	10
40	1	9	2	[84]	3	1	3	6000	218	15	—
41	1	9	10 ¾	85	3	1	11 ¾	7000	255	4	2
42	1	10	7 ½	86	3	2	8 ½	8000	291	13	4
43	1	11	4 ¼	87	3	3	5 ¼	9000	328	2	6
44	1	12	1	88	3	4	2	10000	364	11	8

272 Feet in a Rod, at 8d. ¾ per Foot, is 9l. 18s. 4d.
365 Days in a Year, at 8d. ¾ per Day, is 13l. 6s. 1d. ¾.

* N. B. GH. stands for *Great Hundred*; Gr. signifies the *Gross*; and W. the *Wey*.

At 9 Pence per Pound, Yard, &c.

N.	l. s. d.	N.	l. s. d.	N.	l. s. d.
1	-- -- 9	45	1 13 9	89	3 6 9
2	-- 1 6	46	1 14 6	90	3 7 6
3	-- 2 3	47	1 15 3	91	3 8 3
4	-- 3 --	48	1 16 --	92	3 9 --
5	-- 3 9	49	1 16 9	93	3 9 9
6	-- 4 6	50	1 17 6	94	3 10 6
7	-- 5 3	51	1 18 3	95	3 11 3
8	-- 6 --	52	1 19 --	96	3 12 --
9	-- 6 9	53	1 19 9	97	3 12 9
10	-- 7 6	54	2 -- 6	98	3 13 6
11	-- 8 3	55	2 1 3	99	3 14 3
12	-- 9 --	[56]	2 2 --	100	3 15 --
13	-- 9 9	57	2 2 9	101	3 15 9
14	-- 10 6	58	2 3 6	102	3 16 6
15	-- 11 3	59	2 4 3	103	3 17 3
16	-- 12 --	60	2 5 --	104	3 18 --
17	-- 12 9	61	2 5 9	105	3 18 9
18	-- 13 6	62	2 6 6	106	3 19 6
19	-- 14 3	63	2 7 3	107	4 -- 3
20	-- 15 --	64	2 8 --	108	4 1 --
21	-- 15 9	65	2 8 9	109	4 1 9
22	-- 16 6	66	2 9 6	110	4 2 6
23	-- 17 3	67	2 10 3	*111	4 3 3
24	-- 18 --	68	2 11 --	GH 112	4 4 --
25	-- 18 9	69	2 11 9	Gr. 144	5 8 --
26	-- 19 6	70	2 12 6	200	7 10 --
27	1 -- 3	71	2 13 3	W. 250	9 12 --
[28]	1 1 --	72	2 14 --	300	11 5 --
29	1 1 9	73	2 14 9	400	15 -- --
30	1 2 6	74	2 15 6	500	18 15 --
31	1 3 3	75	2 16 3	600	22 10 --
32	1 4 --	76	2 17 --	700	26 5 --
33	1 4 9	77	2 17 9	800	30 -- --
34	1 5 6	78	2 18 6	900	33 15 --
35	1 6 3	79	2 19 3	1000	37 10 --
36	1 7 --	80	3 -- --	2000	75 -- --
37	1 7 9	81	3 -- 9	3000	112 10 --
38	1 8 6	82	3 1 6	4000	150 -- --
39	1 9 3	83	3 2 3	5000	187 10 --
40	1 10 --	[84]	3 3 --	6000	225 -- --
41	1 10 9	85	3 3 9	7000	262 10 --
42	1 11 6	86	3 4 6	8000	300 -- --
43	1 12 3	87	3 5 3	9000	337 10 --
44	1 13 --	88	3 6 --	10000	375 -- --

* N. B. GH stands for *Great Hundred*; Gr. fignifies *Grofs*; and W. the *Way*.

272 Feet in a Rod, at 9d. per Foot, is 10l. 4s.
365 Days in a Year, at 9d. per Day, is 13l. 13s. 9d.

E

At 9 Pence ¼ per Pound, Yard, &c.

N.	l.	s.	d.	N.	l.	s.	d.	N.	l.	s.	d.
1	-	—	9 ¼	45	1	14	8 ¼	89	3	8	7 ¼
2	-	1	6 ½	46	1	15	5 ½	90	3	9	4 ½
3	-	2	3 ¾	47	1	16	2 ¾	91	3	10	1 ¾
4	-	3	1	48	1	17	—	92	3	10	11
5	-	3	10 ¼	49	1	17	9 ¼	93	3	11	8 ¼
6	-	4	7 ½	50	1	18	6 ½	94	3	12	5 ½
7	-	5	4 ¾	51	1	19	3 ¾	95	3	13	2 ¾
8	-	6	2	52	2	—	1	96	3	14	—
9	-	6	11 ¼	53	2	—	10 ¼	97	3	14	9 ¼
10	-	7	8 ½	54	2	1	7 ½	98	3	15	6 ½
11	-	8	5 ¾	55	2	2	4 ¾	99	3	16	3 ¾
12	-	9	3	[56]	2	3	2	100	3	17	1
13	-	10	— ¼	57	2	3	11 ¼	101	3	17	10 ¼
14	-	10	9 ½	58	2	4	8 ½	102	3	18	7 ½
15	-	11	6 ¾	59	2	5	5 ¾	103	3	19	4 ¾
16	-	12	4	60	2	6	3	104	4	—	2
17	-	13	1 ¼	61	2	7	— ¼	105	4	—	11 ¼
18	-	13	10 ½	62	2	7	9 ½	106	4	1	8 ½
19	-	14	7 ¾	63	2	8	6 ¾	107	4	2	5 ¾
20	-	15	5	64	2	9	4	108	4	3	3
21	-	16	2 ¼	65	2	10	1 ¼	109	4	4	— ¼
22	-	16	11 ½	66	2	10	10 ½	110	4	4	9 ½
23	-	17	8 ¾	67	2	11	7 ¾	* 111	4	5	6 ¾
24	-	18	6	68	2	12	5	GH 112	4	6	4
25	-	19	3 ¼	69	2	13	2 ¼	Gr. 144	5	11	—
26	1	—	— ½	70	2	13	11 ½	200	7	14	2
27	1	—	9 ¾	71	2	14	8 ¾	W. 256	9	17	4
[28]	1	1	7	72	2	15	6	300	11	11	3
29	1	2	4 ¼	73	2	16	3 ¼	400	15	8	4
30	1	3	1 ½	74	2	17	— ½	500	19	5	5
31	1	3	10 ¾	75	2	17	9 ¾	600	23	2	6
32	1	4	8	76	2	18	7	700	26	19	7
33	1	5	5 ¼	77	2	19	4 ¼	800	30	16	8
34	1	6	2 ½	78	3	—	1 ½	900	34	13	9
35	1	6	11 ¾	79	3	—	10 ¾	1000	38	10	10
36	1	7	9	80	3	1	8	2000	77	1	8
37	1	8	6 ¼	81	3	2	5 ¼	3000	115	12	6
38	1	9	3 ½	82	3	3	2 ½	4000	154	3	4
39	1	10	— ¾	83	3	3	11 ¾	5000	192	14	2
40	1	10	10	[84]	3	4	9	6000	231	5	—
41	1	11	7 ¼	85	3	5	6 ¼	7000	269	15	10
42	1	12	4 ½	86	3	6	3 ½	8000	308	6	8
43	1	13	1 ¾	87	3	7	— ¾	9000	346	17	6
44	1	13	11	88	3	7	10	10000	385	8	4

272 Feet in a Rod, at 9d. ¼ per Foot, is 10l. 9s. 8d.
365 Days in a Year, at 9d. ¼ per Day, is 14l. 1s. 4d. ¼.

* *N. B.* GH stands for *Great Hundred*; **Gr.** signifies the *Gross*; and **W.** the *Wey*.

At 9 Pence ½ per Pound, Yard, &c.

N.	l.	s.	d.	N.	l.	s.	d.		N.	l.	s.	d.
1	-	—	9 ½	45	1	15	7 ½		89	3	10	5 ½
2	-	1	7	46	1	16	5		90	3	11	3
3	-	2	4 ½	47	1	17	2 ½		91	3	12	— ½
4	-	3	2	48	1	18	—		92	3	12	10
5	-	3	11 ½	49	1	18	9 ½		93	3	13	7 ½
6	-	4	9	50	1	19	7		94	3	14	5
7	-	5	6 ½	51	2	—	4 ½		95	3	15	2 ½
8	-	6	4	52	2	1	2		96	3	16	—
9	-	7	1 ½	53	2	1	11 ½		97	3	16	9 ½
10	-	7	11	54	2	2	9		98	3	17	7
11	-	8	8 ½	55	2	3	6 ½		99	3	18	4 ½
12	-	9	6	[56]	2	4	4		100	3	19	2
13	-	10	3 ½	57	2	5	1 ½		101	3	19	11 ½
14	-	11	1	58	2	5	11		102	4	—	9
15	-	11	10 ½	59	2	6	8 ½		103	4	1	6 ½
16	-	12	8	60	2	7	6		104	4	2	4
17	-	13	5 ½	61	2	8	3 ½		105	4	3	1 ½
18	-	14	3	62	2	9	1		106	4	3	11
19	-	15	— ½	63	2	9	10 ½		107	4	4	8 ½
20	-	15	10	64	2	10	8		108	4	5	6
21	-	16	7 ½	65	2	11	5 ½		109	4	6	3 ½
22	-	17	5	66	2	12	3		110	4	7	1
23	-	18	2 ½	67	2	13	— ½	*	111	4	7	10 ½
24	-	19	—	68	2	13	10	GH	112	4	8	8
25	-	19	9 ½	69	2	14	7 ½	Gr.	144	5	14	—
26	1	—	7	70	2	15	5		200	7	18	4
27	1	1	4 ½	71	2	16	2 ½	W.	256	10	2	8
[28]	1	2	2	72	2	17	—		300	11	17	6
29	1	2	11 ½	73	2	17	9 ½		400	15	16	8
30	1	3	9	74	2	18	7		500	19	15	10
31	1	4	6 ½	75	2	19	4 ½		600	23	15	—
32	1	5	4	76	3	—	2		700	27	14	2
33	1	6	1 ½	77	3	—	11 ½		800	31	13	4
34	1	6	11	78	3	1	9		900	35	12	6
35	1	7	8 ½	79	3	2	6 ½		1000	39	11	8
36	1	8	6	80	3	3	4		2000	79	3	4
37	1	9	3 ½	81	3	4	1 ½		3000	118	15	—
38	1	10	1	82	3	4	11		4000	158	6	8
39	1	10	10 ½	83	3	5	8 ½		5000	197	18	4
40	1	11	8	[84]	3	6	6		6000	237	10	—
41	1	12	5 ½	85	3	7	3 ½		7000	277	1	8
42	1	13	3	86	3	8	1		8000	316	13	4
43	1	14	— ½	87	3	8	10 ½		9000	356	5	—
44	1	14	10	88	3	9	8		10000	395	16	8

* *N. B.* GH stands for *Great Hundred*; Gr. signifies the *Gross*; and W. the *Wey*.

272 Feet in a Rod, at 9d. ½ per Foot, is 10l. 15s. 4d.
365 Days in a Year, at 9d. ¼ per Day, is 14l. 8s. 11d. ¼.

At 9 Pence ¾ per Pound, Yard, &c.

N.	l.	s.	d.	N.	l.	s.	d.	N.	l.	s.	d.
1	-	—	9 ¾	45	1	16	6 ¾	89	3	12	3 ¾
2	-	1	7 ½	46	1	17	4 ½	90	3	13	1 ½
3	-	2	5 ¼	47	1	18	2 ¼	91	3	13	11 ¼
4	-	3	3	48	1	19	—	92	3	14	9
5	-	4	— ¾	49	1	19	9 ¾	93	3	15	6 ¾
6	-	4	10 ½	50	2	—	7 ½	94	3	16	4 ½
7	-	5	8 ¼	51	2	1	5 ¼	95	3	17	2 ¼
8	-	6	6	52	2	2	3	96	3	18	—
9	-	7	3 ¾	53	2	3	— ¾	97	3	18	9 ¾
10	-	8	1 ½	54	2	3	10 ½	98	3	19	7 ½
11	-	8	11 ¼	55	2	4	8 ¼	99	4	—	5 ¼
12	-	9	9	56	2	5	6	100	4	1	3
13	-	10	6 ¾	57	2	6	3 ¾	101	4	2	— ¾
14	-	11	4 ½	58	2	7	1 ½	102	4	2	10 ½
15	-	12	2 ¼	59	2	7	11 ¼	103	4	3	8 ¼
16	-	13	—	60	2	8	9	104	4	4	6
17	-	13	9 ¾	61	2	9	6 ¾	105	4	5	3 ¾
18	-	14	7 ½	62	2	10	4 ½	106	4	6	1 ½
19	-	15	5 ¼	63	2	11	2 ¼	107	4	6	11 ¼
20	-	16	3	64	2	12	—	108	4	7	9
21	-	17	— ¾	65	2	12	9 ¾	109	4	8	6 ¾
22	-	17	10 ½	66	2	13	7 ½	110	4	9	4 ½
23	-	18	8 ¼	67	2	14	5 ¼	* 111	4	10	2 ¼
24	-	19	6	68	2	15	3	GH 112	4	11	—
25	1	—	3 ¾	69	2	16	— ¾	Gr. 144	5	17	—
26	1	1	1 ½	70	2	16	10 ½	200	8	2	6
27	1	1	11 ¼	71	2	17	8 ¼	W. 256	10	8	—
28	1	2	9	72	2	18	6	300	12	3	9
29	1	3	6 ¾	73	2	19	3 ¾	400	16	5	—
30	1	4	4 ½	74	3	—	1 ½	500	20	6	3
31	1	5	2 ¼	75	3	—	11 ¼	600	24	7	6
32	1	6	—	76	3	1	9	700	28	8	9
33	1	6	9 ¾	77	3	2	6 ¾	800	32	10	—
34	1	7	7 ½	78	3	3	4 ½	900	36	11	3
35	1	8	5 ¼	79	3	4	2 ¼	1000	40	12	6
36	1	9	3	80	3	5	—	2000	81	5	—
37	1	10	— ¾	81	3	5	9 ¾	3000	121	17	6
38	1	10	10 ½	82	3	6	7 ½	4000	162	10	—
39	1	11	8 ¼	83	3	7	5 ¼	5000	203	2	6
40	1	12	6	84	3	8	3	6000	243	15	—
41	1	13	3 ¾	85	3	9	— ¾	7000	284	7	6
42	1	14	1 ½	86	3	9	10 ½	8000	325	—	—
43	1	14	11 ¼	87	3	10	8 ¼	9000	365	12	6
44	1	15	9	88	3	11	6	10000	406	5	—

* *N. B.* GH stands for *Great Hund ed*; Gr. signifies the *Gross*; and W. the *Wey*.

272 Feet in a Rod, at 9d. ¾ per Foot, is 11l. 1s.
365 Days in a Year, at 9d. ¾ per Day, is 14l. 16s. 6d. ¾.

At 10 Pence per Pound, Yard, &c.

N.	l.	s.	d.	N.	l.	s.	d.	N.	l.	s.	d.
1	–	–	10	45	1	17	6	89	3	14	2
2	–	1	8	46	1	18	4	90	3	15	–
3	–	2	6	47	1	19	2	91	3	15	10
4	–	3	4	48	2	–	–	92	3	16	8
5	–	4	2	49	2	–	10	93	3	17	6
6	–	5	–	50	2	1	8	94	3	18	4
7	–	5	10	51	2	2	6	95	3	19	2
8	–	6	8	52	2	3	4	96	4	–	–
9	–	7	6	53	2	4	2	97	4	–	10
10	–	8	4	54	2	5	–	98	4	1	8
11	–	9	2	55	2	5	10	99	4	2	6
12	–	10	–	[56]	2	6	8	100	4	3	4
13	–	10	10	57	2	7	6	101	4	4	2
14	–	11	8	58	2	8	4	102	4	5	–
15	–	12	6	59	2	9	2	103	4	5	10
16	–	13	4	60	2	10	–	104	4	6	8
17	–	14	2	61	2	10	10	105	4	7	6
18	–	15	–	62	2	11	8	106	4	8	4
19	–	15	10	63	2	12	6	107	4	9	2
20	–	16	8	64	2	13	4	108	4	10	–
21	–	17	6	65	2	14	2	109	4	10	10
22	–	18	4	66	2	15	–	110	4	11	8
23	–	19	2	67	2	15	10	*111	4	12	6
24	1	–	–	68	2	16	8	GH 112	4	13	4
25	1	–	10	69	2	17	6	Gr. 144	6	–	–
26	1	1	8	70	2	18	4	200	8	6	8
27	1	2	6	71	2	19	2	W. 256	10	13	4
[28]	1	3	4	72	3	–	–	300	12	10	–
29	1	4	2	73	3	–	10	400	16	13	4
30	1	5	–	74	3	1	8	500	20	16	8
31	1	5	10	75	3	2	6	600	25	–	–
32	1	6	8	76	3	3	4	700	29	3	4
33	1	7	6	77	3	4	2	800	33	6	8
34	1	8	4	78	3	5	–	900	37	10	–
35	1	9	2	79	3	5	10	1000	41	13	4
36	1	10	–	80	3	6	8	2000	83	6	8
37	1	10	10	81	3	7	6	3000	125	–	–
38	1	11	8	82	3	8	4	4000	166	13	4
39	1	12	6	83	3	9	2	5000	208	6	8
40	1	13	4	[84]	3	10	–	6000	250	–	–
41	1	14	2	85	3	10	10	7000	291	13	4
42	1	15	–	86	3	11	8	8000	333	6	8
43	1	15	10	87	3	12	6	9000	375	–	–
44	1	16	8	88	3	13	4	10000	416	13	4

* *N.B. GH stands for Great Hundred; Gr. signifies the Grofs; and W. the Wey.*

272 Feet in a Rod, at 1od. per Foot, is 11l. 6s. 8d.
365 Days in a Year, at 1od. per Day, is 15l. 4s. 2d.

At 10 Pence ¼ per Pound, Yard, &c.

N.	l.	s.	d.	N.	l.	s.	d.		N.	l.	s.	d.
1	—	—	10 ¼	45	1	18	5 ¼		89	3	16	— ¼
2	—	1	8 ½	46	1	19	3 ½		90	3	16	10 ½
3	—	2	6 ¾	47	2	—	1 ¾		91	3	17	8 ¾
4	—	3	5	48	2	1	—		92	3	18	7
5	—	4	3 ¼	49	2	1	10 ¼		93	3	19	5 ¼
6	—	5	1 ½	50	2	2	8 ½		94	4	—	3 ½
7	—	5	11 ¾	51	2	3	6 ¾		95	4	1	1 ¾
8	—	6	10	52	2	4	5		96	4	2	—
9	—	7	8 ¼	53	2	5	3 ¼		97	4	2	10 ¼
10	—	8	6 ½	54	2	6	1 ½		98	4	3	8 ½
11	—	9	4 ¾	55	2	6	11 ¾		99	4	4	6 ¾
12	—	10	3	[56]	2	7	10		100	4	5	5
13	—	11	1 ¼	57	2	8	8 ¼		101	4	6	3 ¼
14	—	11	11 ½	58	2	9	6 ½		102	4	7	1 ½
15	—	12	9 ¾	59	2	10	4 ¾		103	4	7	11 ¾
16	—	13	8	60	2	11	3		104	4	8	10
17	—	14	6 ¼	61	2	12	1 ¼		105	4	9	8 ¼
18	—	15	4 ½	62	2	12	11 ½		106	4	10	6 ½
19	—	16	2 ¾	63	2	13	9 ¾		107	4	11	4 ¾
20	—	17	1	64	2	14	8		108	4	12	3
21	—	17	11 ¼	65	2	15	6 ¼		109	4	13	1 ¼
22	—	18	9 ½	66	2	16	4 ½		110	4	13	11 ½
23	—	19	7 ¾	67	2	17	2 ¾	*	111	4	14	9 ¾
24	1	—	6	68	2	18	1	GH	112	4	15	8
25	1	1	4 ¼	69	2	18	11 ¼	Gr.	144	6	3	—
26	1	2	2 ½	70	2	19	9 ½		200	8	10	10
27	1	3	— ¾	71	3	—	7 ¾	W.	256	10	18	8
[28]	1	3	11	72	3	1	6		300	12	16	3
29	1	4	9 ¼	73	3	2	4 ¼		400	17	1	8
30	1	5	7 ½	74	3	3	2 ½		500	21	7	1
31	1	6	5 ¾	75	3	4	— ¾		600	25	12	6
32	1	7	4	76	3	4	11		700	29	17	11
33	1	8	2 ¼	77	3	5	9 ¼		800	34	3	4
34	1	9	— ½	78	3	6	7 ½		900	38	8	9
35	1	9	10 ¾	79	3	7	5 ¾		1000	42	14	2
36	1	10	9	80	3	8	4		2000	85	8	4
37	1	11	7 ¼	81	3	9	2 ¼		3000	128	2	6
38	1	12	5 ½	82	3	10	— ½		4000	170	16	8
39	1	13	3 ¾	83	3	10	10 ¾		5000	213	10	10
40	1	14	2	84	3	11	9		6000	256	5	—
41	1	15	— ¼	85	3	12	7 ¼		7000	298	19	2
42	1	15	10 ½	86	3	13	5 ½		8000	341	13	4
43	1	16	8 ¾	87	3	14	3 ¾		9000	384	7	6
44	1	17	7	88	3	15	2		10000	427	1	8

* *N. B.* GH stands for *Great Hundred*, Gr. signifies the *Gross*; and W. the *Wey*.

272 Feet in a Rod, at 10d. ¼ per Foot, is 11l. 12s. 4d.
365 Days in a Year, at 10d. ¼ per Day, is 15l. 11s. 9d. ¼.

At 10 Pence ½ per Pound, Yard, &c.

N.	l.	s.	d.	N.	l.	s.	d.	N.	l.	s.	d.
1	-	-	10 ½	45	1	19	4 ½	89	3	17	10 ½
2	-	1	9	46	2	-	3	90	3	18	9
3	-	2	7 ½	47	2	1	1 ½	91	3	19	7 ½
4	-	3	6	48	2	2	-	92	4	-	6
5	-	4	4 ½	49	2	2	10 ½	93	4	1	4 ½
6	-	5	3	50	2	3	9	94	4	2	3
7	-	6	1 ½	51	2	4	7 ½	95	4	3	1 ½
8	-	7	-	52	2	5	6	96	4	4	-
9	-	7	10 ½	53	2	6	4 ½	97	4	4	10 ½
10	-	8	9	54	2	7	3	98	4	5	9
11	-	9	7 ½	55	2	8	1 ½	99	4	6	7 ½
12	-	10	6	[56]	2	9	-	100	4	7	6
13	-	11	4 ½	57	2	9	10 ½	101	4	8	4 ½
14	-	12	3	58	2	10	9	102	4	9	3
15	-	13	1 ½	59	2	11	7 ½	103	4	10	1 ½
16	-	14	-	60	2	12	6	104	4	11	-
17	-	14	10 ½	61	2	13	4 ½	105	4	11	10 ½
18	-	15	9	62	2	14	3	106	4	12	9
19	-	16	7 ½	63	2	15	1 ½	107	4	13	7 ½
20	-	17	6	64	2	16	-	108	4	14	6
21	-	18	4 ½	65	2	16	10 ½	109	4	15	4 ½
22	-	19	3	66	2	17	9	110	4	16	3
23	1	-	1 ½	67	2	18	7 ½	111	4	17	1 ½
24	1	1	-	68	2	19	6	GH 112	4	18	-
25	1	1	10 ½	69	3	-	4 ½	Gr. 144	6	6	-
26	1	2	9	70	3	1	3	200	8	15	-
27	1	3	7 ½	71	3	2	1 ½	W. 256	11	4	-
28	1	4	6	72	3	3	-	300	13	2	6
29	1	5	4 ½	73	3	3	10 ½	400	17	10	-
30	1	6	3	74	3	4	9	500	21	17	6
31	1	7	1 ½	75	3	5	7 ½	600	26	5	-
32	1	8	-	76	3	6	6	700	30	12	6
33	1	8	10 ½	77	3	7	4 ½	800	35	-	-
34	1	9	9	78	3	8	3	900	39	7	6
35	1	10	7 ½	79	3	9	1 ½	1000	43	15	-
36	1	11	6	80	3	10	-	2000	87	10	-
37	1	12	4 ½	81	3	10	10 ½	3000	131	5	-
38	1	13	3	82	3	11	9	4000	175	-	-
39	1	14	1 ½	83	3	12	7 ½	5000	218	15	-
40	1	15	-	[84]	3	13	6	6000	262	10	-
41	1	15	10 ½	85	3	14	4 ½	7000	306	5	-
42	1	16	9	86	3	15	3	8000	350	-	-
43	1	17	7 ½	87	3	16	1 ½	9000	393	15	-
44	1	18	6	88	3	17	-	10000	437	10	-

N. B. GH stands for *Great Hundred*; Gr. signifies the *Grofs*; and W. the *Wey*.

272 Feet in a Rod, at 10d. ½ per Foot, is 11l. 18s.
365 Days in a Year, at 10d. ½ per Day, is 15l. 19s. 4d. ½.

At 10 Pence ¾ per Pound, Yard, &c.

N.	l.	s.	d.	N.	l.	s.	d.		N.	l.	s.	d.
1	-	—	10¾	45	2	—	3¾		89	3	19	8¾
2	-	1	9½	46	2	1	2½		90	4	—	7½
3	-	2	8¼	47	2	2	1¼		91	4	1	6¼
4	-	3	7	48	2	3	—		92	4	2	5
5	-	4	5¾	49	2	3	10¾		93	4	3	3¾
6	-	5	4½	50	2	4	9½		94	4	4	2½
7	-	6	3¼	51	2	5	8¼		95	4	5	1¼
8	-	7	2	52	2	6	7		96	4	6	—
9	-	8	—¾	53	2	7	5¾		97	4	6	10¾
10	-	8	11½	54	2	8	4½		98	4	7	9½
11	-	9	10¼	55	2	9	3¼		99	4	8	8¼
12	-	10	9	[56]	2	10	2		100	4	9	7
13	-	11	7¾	57	2	11	—¾		101	4	10	5¾
14	-	12	6½	58	2	11	11½		102	4	11	4½
15	-	13	5¼	59	2	12	10¼		103	4	12	3¼
16	-	14	4	60	2	13	9		104	4	13	2
17	-	15	2¾	61	2	14	7¾		105	4	14	—¾
18	-	16	1½	62	2	15	6½		106	4	14	11½
19	-	17	—¼	63	2	16	5¼		107	4	15	10¼
20	-	17	11	64	2	17	4		108	4	16	9
21	-	18	9¾	65	2	18	2¾		109	4	17	7¾
22	-	19	8½	66	2	19	1½		110	4	18	6½
23	1	—	7¼	67	3	—	—¼	*	111	4	19	5¼
24	1	1	6	68	3	—	11	GH	112	5	—	4
25	1	2	4¾	69	3	1	9¾	Gr.	144	6	9	—
26	1	3	3½	70	3	2	8½		200	8	19	2
27	1	4	2¼	71	3	3	7¼	W.	256	11	9	4
[28]	1	5	1	72	3	4	6		300	13	8	9
29	1	5	11¾	73	3	5	4¾		400	17	18	4
30	1	6	10½	74	3	6	3½		500	22	7	11
31	1	7	9¼	75	3	7	2¼		600	26	17	6
32	1	8	8	76	3	8	1		700	31	7	1
33	1	9	6¾	77	3	8	11¾		800	35	16	8
34	1	10	5½	78	3	9	10½		900	40	6	3
35	1	11	4¼	79	3	10	9¼		1000	44	15	10
36	1	12	3	80	3	11	8		2000	89	11	8
37	1	13	1¾	81	3	12	6¾		3000	134	7	6
38	1	14	—½	82	3	13	5½		4000	179	3	4
39	1	14	11¼	83	3	14	4¼		5000	223	19	2
40	1	15	10	84]	3	15	3		6000	268	15	—
41	1	16	8¾	85	3	16	1¾		7000	313	10	10
42	1	17	7½	86	3	17	—½		8000	358	6	8
43	1	18	6¼	87	3	17	11¼		9000	403	2	6
44	1	19	5	88	3	18	10		10000	447	18	4

* *N. B.* GH stands for *Great Hundred*; Gr. signifies the *Gross*, and W. the *Wey*.

272 Feet in a Rod, at 10d. ¾ per Foot, is 12l. 3s. 8d.

365 Days in a Year, at 10d. ¾ per Day, is 16l. 16s. 11d. ¾.

At 11 Pence per Pound, Yard, &c.

N.	l.	s.	d.	N.	l.	s.	d.	N.	l.	s.	d.
1	–	–	11	45	2	1	3	89	4	1	7
2	–	1	10	46	2	2	2	90	4	2	6
3	–	2	9	47	2	3	1	91	4	3	5
4	–	3	8	48	2	4	–	92	4	4	4
5	–	4	7	49	2	4	11	93	4	5	3
6	–	5	6	50	2	5	10	94	4	6	2
7	–	6	5	51	2	6	9	95	4	7	1
8	–	7	4	52	2	7	8	96	4	8	–
9	–	8	3	53	2	8	7	97	4	8	11
10	–	9	2	54	2	9	6	98	4	9	10
11	–	10	1	55	2	10	5	99	4	10	9
12	–	11	–	[56]	2	11	4	100	4	11	8
13	–	11	11	57	2	12	3	101	4	12	7
14	–	12	10	58	2	13	2	102	4	13	6
15	–	13	9	59	2	14	1	103	4	14	5
16	–	14	8	60	2	15	–	104	4	15	4
17	–	15	7	61	2	15	11	105	4	16	3
18	–	16	6	62	2	16	10	106	4	17	2
19	–	17	5	63	2	17	9	107	4	18	1
20	–	18	4	64	2	18	8	108	4	19	–
21	–	19	3	65	2	19	7	109	4	19	11
22	1	–	2	66	3	–	6	110	5	–	10
23	1	1	1	67	3	1	5	* 111	5	1	9
24	1	2	–	68	3	2	4	GH 112	5	2	8
25	1	2	11	69	3	3	3	Gr. 144	6	12	–
26	1	3	10	70	3	4	2	200	9	3	4
27	1	4	9	71	3	5	1	N. 256	11	14	8
28	1	5	8	72	3	6	–	300	13	15	–
29	1	6	7	73	3	6	11	400	18	6	8
30	1	7	6	74	3	7	10	500	22	18	4
31	1	8	5	75	3	8	9	600	27	10	–
32	1	9	4	76	3	9	8	700	32	1	8
33	1	10	3	77	3	10	7	800	36	13	4
34	1	11	2	78	3	11	6	900	41	5	–
35	1	12	1	79	3	12	5	1000	45	16	8
36	1	13	–	80	3	13	4	2000	91	13	4
37	1	13	11	81	3	14	3	3000	137	10	–
38	1	14	10	82	3	15	2	4000	183	6	8
39	1	15	9	83	3	16	1	5000	229	3	4
40	1	16	8	[84]	3	17	–	6000	275	–	–
41	1	17	7	85	3	17	11	7000	320	16	8
42	1	18	6	86	3	18	10	8000	366	13	4
43	1	19	5	87	3	19	9	9000	412	10	–
44	2	–	4	88	4	–	8	10000	458	6	8

* N.B. GH stands for Great hundred; Gr. signifies the Gross; and N. the *nerg.*

272 Feet in a Rod, at 11d. per Foot, is 12 l. 9 s. 4 d.
365 Days in a Year, at 11d. per Day, is 16 l. 14 s. 7 d.

At 11 Pence ¼ per Pound, Yard, &c.

N.	l.	s.	d.	N.	l.	s.	d.		N.	l.	s.	d.
1	-	—	11 ¼	45	2	2	2 ¼		89	4	3	5 ¼
2	-	1	10 ½	46	2	3	1 ½		90	4	4	4 ½
3	-	2	9 ¾	47	2	4	— ¾		91	4	5	3 ¾
4	-	3	9	48	2	5	—		92	4	6	3
5	-	4	8 ¼	49	2	5	11 ¼		93	4	7	2 ¼
6	-	5	7 ½	50	2	6	10 ½		94	4	8	1 ½
7	-	6	6 ¾	51	2	7	9 ¾		95	4	9	— ¾
8	-	7	6	52	2	8	9		96	4	10	—
9	-	8	5 ¼	53	2	9	8 ¼		97	4	10	11 ¼
10	-	9	4 ½	54	2	10	7 ½		98	4	11	10 ½
11	-	10	3 ¾	55	2	11	6 ¾		99	4	12	9 ¾
12	-	11	3	[56]	2	12	6		100	4	13	9
13	-	12	2 ¼	57	2	13	5 ¼		101	4	14	8 ¼
14	-	13	1 ½	58	2	14	4 ½		102	4	15	7 ½
15	-	14	— ¾	59	2	15	3 ¾		103	4	16	6 ¾
16	-	15	—	60	2	16	3		104	4	17	6
17	-	15	11 ¼	61	2	17	2 ¼		105	4	18	5 ¼
18	-	16	10 ½	62	2	18	1 ½		106	4	19	4 ½
19	-	17	9 ¾	63	2	19	— ¾		107	5	—	3 ¾
20	-	18	9	64	3	—	—		108	5	1	3
21	-	19	8 ¼	65	3	—	11 ¼		109	5	2	2 ¼
22	1	—	7 ½	66	3	1	10 ½		110	5	3	1 ½
23	1	1	6 ¾	67	3	2	9 ¾	*	111	5	4	— ¾
24	1	2	6	68	3	3	9	GH	112	5	5	—
25	1	3	5 ¼	69	3	4	8 ¼	Gr.	144	6	15	—
26	1	4	4 ½	70	3	5	7 ½		200	9	7	6
27	1	5	4 ¾	71	3	6	6 ¾	W.	256	12	—	—
[28]	1	6	3	72	3	7	6		300	14	1	3
29	1	7	2 ¼	73	3	8	5 ¼		400	18	15	—
30	1	8	1 ½	74	3	9	4 ½		500	23	8	9
31	1	9	— ¾	75	3	10	3 ¾		600	28	2	6
32	1	10	—	76	3	11	3		700	32	16	3
33	1	10	11 ¼	77	3	12	2 ¼		800	37	10	—
34	1	11	10 ½	78	3	13	1 ½		900	42	3	9
35	1	12	9 ¾	79	3	14	— ¾		1000	46	17	6
36	1	13	9	80	3	15	—		2000	93	15	—
37	1	14	8 ¼	81	3	15	11 ¼		3000	140	12	6
38	1	15	7 ½	82	3	16	10 ½		4000	187	10	—
39	1	16	6 ¾	83	3	17	9 ¾		5000	234	7	6
40	1	17	6	[84]	3	18	9		6000	281	5	—
41	1	18	5 ¼	85	3	19	8 ¼		7000	328	2	6
42	1	19	4 ½	86	4	—	7 ½		8000	375	—	—
43	2	—	3 ¾	87	4	1	6 ¾		9000	421	17	6
44	2	1	3	88	4	2	5		10000	468	15	—

* *N. B.* GH stands for *Great Hundred*; Gr. signifies the *Gross*; and W. the *Wey*.

272 Feet in a Rod, at 11d. ¼ per Foot, is 12l. 15s.
365 Days in a Year, at 11d. ¼ per Day, is 17l. 2s. 2d. ¼.

At 11 Pence ½ per Pound, Yard, &c.

N.	l.	s.	d.	N.	l.	s.	d.	N.	l.	s.	d.
1	–	—	11 ½	45	2	3	1 ½	89	4	5	3 ½
2	–	1	11	46	2	4	1	90	4	6	3
3	–	2	10 ½	47	2	5	— ½	91	4	7	2 ½
4	–	3	10	48	2	6	—	92	4	8	2
5	–	4	9 ½	49	2	6	11 ½	93	4	9	1 ½
6	–	5	9	50	2	7	11	94	4	10	1
7	–	6	8 ½	51	2	8	10 ½	95	4	11	— ½
8	–	7	8	52	2	9	10	96	4	12	—
9	–	8	7 ½	53	2	10	9 ½	97	4	12	11 ½
10	–	9	7	54	2	11	9	98	4	13	11
11	–	10	6 ½	55	2	12	8 ½	99	4	14	10 ½
12	–	11	6	[56]	2	13	8	100	4	15	10
13	–	12	5 ½	57	2	14	7 ½	101	4	16	9 ½
14	–	13	5	58	2	15	7	102	4	17	9
15	–	14	4 ½	59	2	16	6 ½	103	4	18	8 ½
16	–	15	4	60	2	17	6	104	4	19	8
17	–	16	3 ½	61	2	18	5 ½	105	5	—	7 ½
18	–	17	3	62	2	19	5	106	5	1	7
19	–	18	2 ½	63	3	—	4 ½	107	5	2	6 ½
20	–	19	2	64	3	1	4	108	5	3	6
21	1	—	1 ½	65	3	2	3 ½	109	5	4	5 ½
22	1	1	1	66	3	3	3	110	5	5	5
23	1	2	— ½	67	3	4	2 ½	* 111	5	6	4 ½
24	1	3	—	68	3	5	2	GH 112	5	7	4
25	1	3	11 ½	69	3	6	1 ½	Gr. 144	6	18	—
26	1	4	11	70	3	7	1	200	9	11	8
27	1	5	10 ½	71	3	8	— ½	W. 256	12	5	4
[28]	1	6	10	72	3	9	—	300	14	7	6
29	1	7	9 ½	73	3	9	11 ½	400	19	3	4
30	1	8	9	74	3	10	11	500	23	19	2
31	1	9	8 ½	75	3	11	10 ½	600	28	15	—
32	1	10	8	76	3	12	10	700	33	10	10
33	1	11	7 ½	77	3	13	9 ½	800	38	6	8
34	1	12	7	78	3	14	9	900	43	2	6
35	1	13	6 ½	79	3	15	8 ½	1000	47	18	4
36	1	14	6	80	3	16	8	2000	95	16	8
37	1	15	5 ½	81	3	17	7 ½	3000	143	15	—
38	1	16	5	82	3	18	7	4000	191	13	4
39	1	17	4 ½	83	3	19	6 ½	5000	239	11	8
40	1	18	4	[84]	4	—	6	6000	287	10	—
41	1	19	3 ½	85	4	1	5 ½	7000	335	8	4
42.	2	—	3	86	4	2	5	8000	383	6	8
43	2	1	2 ½	87	4	3	4 ½	9000	431	5	—
44	2	2	2	88	4	4	4	10000	479	3	4

272 Feet in a Rod, at 11d. ½ per Foot, is 13l. — 8d.
365 Days in a Year, at 11d. ½ per Day, is 17l. 9s. 9d. ½.

* *N. B.* GH stands for *Great Hundred*; Gr. signifies the *Gross*; and W. the *Wey*.

At 11 Pence ¾ per Pound, Yard, &c.

N.	l.	s.	d.	N.	l.	s.	d.	N.	l.	s.	d.
1	-	—	11 ¾	45	2	4	— ¾	89	4	7	1 ¾
2	-	1	11 ½	46	2	5	— ½	90	4	8	1 ½
3	-	2	11 ¼	47	2	6	— ¼	91	4	9	1 ¼
4	-	3	11	48	2	7	—	92	4	10	1
5	-	4	10 ¾	49	2	7	11 ¾	93	4	11	— ¾
6	-	5	10 ½	50	2	8	11 ½	94	4	12	— ½
7	-	6	10 ¼	51	2	9	11 ¼	95	4	13	— ¼
8	-	7	10	52	2	10	11	96	4	14	—
9	-	8	9 ¾	53	2	11	10 ¾	97	4	14	11 ¾
10	-	9	9 ½	54	2	12	10 ½	98	4	15	11 ½
11	-	10	9 ¼	55	2	13	10 ¼	99	4	16	11 ¼
12	-	11	9	[56]	2	14	10	100	4	17	11
13	-	12	8 ¾	57	2	15	9 ¾	101	4	18	10 ¾
14	-	13	8 ½	58	2	16	9 ½	102	4	19	10 ½
15	-	14	8 ¼	59	2	17	9 ¼	103	5	—	10 ¼
16	-	15	8	60	2	18	9	104	5	1	10
17	-	16	7 ¾	61	2	19	8 ¾	105	5	2	9 ¾
18	-	17	7 ½	62	3	—	8 ½	106	5	3	9 ½
19	-	18	7 ¼	63	3	1	8 ¼	107	5	4	9 ¼
20	-	19	7	64	3	2	8	108	5	5	9
21	1	—	6 ¾	65	3	3	7 ¾	109	5	6	8 ¾
22	1	1	6 ½	66	3	4	7 ½	110	5	7	8 ½
23	1	2	6 ¼	67	3	5	7 ¼	* 111	5	8	8 ¼
24	1	3	6	68	3	6	7	GH 112	5	9	8
25	1	4	5 ¾	69	3	7	6 ¾	Gr. 144	7	1	—
26	1	5	5 ½	70	3	8	6 ½	200	9	15	10
27	1	6	5 ¼	71	3	9	6 ¼	W. 256	12	10	8
[28]	1	7	5	72	3	10	6	300	14	13	9
29	1	8	4 ¾	73	3	11	5 ¾	400	19	11	8
30	1	9	4 ½	74	3	12	5 ½	500	24	9	7
31	1	10	4 ¼	75	3	13	5 ¼	600	29	7	6
32	1	11	4	76	3	14	5	700	34	5	5
33	1	12	3 ¾	77	3	15	4 ¾	800	39	3	4
34	1	13	3 ½	78	3	16	4 ½	900	44	1	3
35	1	14	3 ¼	79	3	17	4 ¼	1000	48	19	2
36	1	15	3	80	3	18	4	2000	97	18	4
37	1	16	2 ¾	81	3	19	3 ¾	3000	146	17	6
38	1	17	2 ½	82	4	—	3 ½	4000	195	16	8
39	1	18	2 ¼	83	4	1	3 ¼	5000	244	15	10
40	1	19	2	[84]	4	2	3	6000	293	15	—
41	2	—	1 ¾	85	4	3	2 ¾	7000	342	14	2
42	2	1	1 ½	86	4	4	2 ½	8000	391	13	4
43	2	2	1 ¼	87	4	5	2 ¼	9000	440	12	6
44	2	3	1	88	4	6	2	10000	489	11	8

272 Feet in a Rod at 11d. ¾ per Foot, is 13l. 6s. 4d.
365 Days in a Year, at 11d. ¾ per Day, is 17l. 17s. 4d. ¾.

* *N. B.* GH stands for *Great Hundred*; Gr. signifies the *Gross*; and W. the *Wey*.

At 12 Pence per Pound, Yard, &c.

N.	l.	s.	d.	N.	l.	s	d.	N.	l.	s.	d.
1	–	1	–	45	2	5	–	89	4	9	–
2	–	2	–	46	2	6	–	90	4	10	–
3	–	3	–	47	2	7	–	91	4	11	–
4	–	4	–	48	2	8	–	92	4	12	–
5	–	5	–	49	2	9	–	93	4	13	–
6	–	6	–	50	2	10	–	94	4	14	–
7	–	7	–	51	2	11	–	95	4	15	–
8	–	8	–	52	2	12	–	96	4	16	–
9	–	9	–	53	2	13	–	97	4	17	–
10	–	10	–	54	2	14	–	98	4	18	–
11	–	11	–	55	2	15	–	99	4	19	–
12	–	12	–	[56]	2	16	–	100	5	–	–
13	–	13	–	57	2	17	–	101	5	1	–
14	–	14	–	58	2	18	–	102	5	2	–
15	–	15	–	59	2	19	–	103	5	3	–
16	–	16	–	60	3	–	–	104	5	4	–
17	–	17	–	61	3	1	–	105	5	5	–
18	–	18	–	62	3	2	–	106	5	6	–
19	–	19	–	63	3	3	–	107	5	7	–
20	1	–	–	64	3	4	–	108	5	8	–
21	1	1	–	65	3	5	–	109	5	9	–
22	1	2	–	66	3	6	–	110	5	10	–
23	1	3	–	67	3	7	–	* 111	5	11	–
24	1	4	–	68	3	8	–	GH 112	5	12	–
25	1	5	–	69	3	9	–	Gr. 144	7	4	–
26	1	6	–	70	3	10	–	200	10	–	–
27	1	7	–	71	3	11	–	. 256	12	16	–
[28]	1	8	–	72	3	12	–	300	15	–	–
29	1	9	–	73	3	13	–	400	20	–	–
30	1	10	–	74	3	14	–	500	25	–	–
31	1	11	–	75	3	15	–	600	30	–	–
32	1	12	–	76	3	16	–	700	35	–	–
33	1	13	–	77	3	17	–	800	40	–	–
34	1	14	–	78	3	18	–	900	45	–	–
35	1	15	–	79	3	19	–	1000	50	–	–
36	1	16	–	80	4	–	–	2000	100	–	–
37	1	17	–	81	4	1	–	3000	150	–	–
38	1	18	–	82	4	2	–	4000	200	–	–
39	1	19	–	83	4	3	–	5000	250	–	–
40	2	–	–	[84]	4	4	–	6000	300	–	–
41	2	1	–	85	4	5	–	7000	350	–	–
42	2	2	–	86	4	6	–	8000	400	–	–
43	2	3	–	87	4	7	–	9000	450	–	–
44	2	4	–	88	4	8	–	10000	500	–	–

*N. B. GH stands for *Great Hundred*; Gr. signifies the *Gross*; and W. the *Wey*.

272 Feet in a Rod, at 12d. per Foot, is 13l. 12s.
365 Days in a Year, at 12d. per Day, is 18l. 5s.

At 12 Pence ¼ per Pound, Yard, &c.

N.	l. s. d.	N.	l. s. d.	N.	l. s. d.
1	- 1 — ¼	45	2 5 11 ¼	89	4 10 10 ¼
2	- 2 — ½	40	2 6 11 ½	90	4 11 10 ½
3	- 3 — ¾	47	2 7 11 ¾	91	4 12 10 ¾
4	- 4 1	48	2 9 —	92	4 13 11
5	- 5 1 ¼	49	2 10 — ¼	93	4 14 11 ¼
6	- 6 1 ½	50	2 11 — ½	94	4 15 11 ½
7	- 7 1 ¾	51	2 12 — ¾	95	4 16 11 ¾
8	- 8 2	52	2 13 1	96	4 18 —
9	- 9 2 ¼	53	2 14 1 ¼	97	4 19 — ¼
10	- 10 2 ½	54	2 15 1 ½	98	5 — — ½
11	- 11 2 ¾	55	2 16 1 ¾	99	5 1 — ¾
12	- 12 3	[56]	2 17 2	100	5 2 1
13	- 13 3 ¼	57	2 18 2 ¼	101	5 3 1 ¼
14	- 14 3 ½	58	2 19 2 ½	102	5 4 1 ½
15	- 15 3 ¾	59	3 — 2 ¾	103	5 5 1 ¾
16	- 16 4	60	3 1 3	104	5 6 2
17	- 17 4 ¼	61	3 2 3 ¼	105	5 7 2 ¼
18	- 18 4 ½	62	3 3 3 ½	106	5 8 2 ½
19	- 19 4 ¾	63	3 4 3 ¾	107	5 9 2 ¾
20	1 — 5	64	3 5 4	108	5 10 3
21	1 1 5 ¼	65	3 6 4 ¼	109	5 11 3 ¼
22	1 2 5 ½	66	3 7 4 ½	110	5 12 3 ½
23	1 3 5 ¾	67	3 8 4 ¾	* 111	5 13 3 ¾
24	1 4 6	68	3 9 5	GH 112	5 14 4
25	1 5 6 ¼	69	3 10 5 ¼	Gr. 144	7 7 —
26	1 6 6 ½	70	3 11 5 ½	200	10 4 2
[27	1 7 6 ¾	71	3 12 5 ¾	W. 256	13 1 4
28]	1 8 7	72	3 13 6	300	15 6 3
29	1 9 7 ¼	73	3 14 6 ¼	400	20 8 4
30	1 10 7 ½	74	3 15 6 ½	500	25 10 5
31	1 11 7 ¾	75	3 16 6 ¾	600	30 12 6
32	1 12 8	76	3 17 7	700	35 14 7
33	1 13 8 ¼	77	3 18 7 ¼	800	40 16 8
34	1 14 8 ½	78	3 19 7 ½	900	45 18 9
35	1 15 8 ¾	79	4 — 7 ¾	1000	51 — 10
36	1 16 9	80	4 1 8	2000	102 1 8
37	1 17 9 ¼	81	4 2 8 ¼	3000	153 2 6
38	1 18 9 ½	82	4 3 8 ½	4000	204 3 4
39	1 19 9 ¾	83	4 4 8 ¾	5000	255 4 2
40	2 — 10	[84]	4 5 9	6000	306 5 —
41	2 1 10 ¼	85	4 6 9 ¼	7000	357 5 10
42	2 2 10 ½	86	4 7 9 ½	8000	408 6 8
43	2 3 10 ¾	87	4 8 9 ¾	9000	459 7 6
44	2 4 11	88	4 9 10	10000	510 8 4

272 Feet in a Rod, at 12d. ¼ per Foot, is 13l. 17s. 8d.
365 Days in a Year, at 12d. ¼ per Day, is 18l. 12s. 7d. ¼.

* N. B. GH stands for *Great Hundred*; Gr. signifies the *Gross*; and W. the *Wey*.

At 12 Pence ½ per Pound, Yard, &c.

N.	l.	s.	d.	N.	l.	s.	d.	N.	l.	s.	d.
1	—	1	— ½	45	2	6	10 ½	89	4	12	8 ½
2	—	2	1	46	2	7	11	90	4	13	9
3	—	3	1 ½	47	2	8	11 ½	91	4	14	9 ½
4	—	4	2	48	2	10	—	92	4	15	10
5	—	5	2 ½	49	2	11	— ½	93	4	16	10 ½
6	—	6	3	50	2	12	1	94	4	17	11
7	—	7	3 ½	51	2	13	1	95	4	18	11 ½
8	—	8	4	52	2	14	2	96	5	—	—
9	—	9	4 ½	53	2	15	2 ½	97	5	1	— ½
10	—	10	5	54	2	16	3	98	5	2	1
11	—	11	5 ½	55	2	17	3 ½	99	5	3	1 ½
12	—	12	6	56	2	18	4	100	5	4	2
13	—	13	6 ½	57	2	19	4 ½	101	5	5	2 ½
14	—	14	7	58	3	—	5	102	5	6	3
15	—	15	7 ½	59	3	1	5 ½	103	5	7	3 ½
16	—	16	8	60	3	2	6	104	5	8	4
17	—	17	8 ½	61	3	3	6 ½	105	5	9	4 ½
18	—	18	9	62	3	4	7	106	5	10	5
19	—	19	9 ½	63	3	5	7 ½	107	5	11	5 ½
20	1	—	10	64	3	6	8	108	5	12	6
21	1	1	10 ½	65	3	7	8 ½	109	5	13	6 ½
22	1	2	11	66	3	8	9	110	5	14	7
23	1	3	11 ½	67	3	9	9 ½	111	5	15	7 ½
24	1	5	—	68	3	10	10	G H 112	5	16	8
25	1	6	— ½	69	3	11	10 ½	Gr. 144	7	10	—
26	1	7	1	70	3	12	11	200	10	8	4
27	1	8	1 ½	71	3	13	11 ½	W. 256	13	6	8
[28]	1	9	2	72	3	15	—	300	15	12	6
29	1	10	2 ½	73	3	16	— ½	400	20	16	8
30	1	11	3	74	3	17	1	500	26	—	10
31	1	12	3 ½	75	3	18	1 ½	600	31	5	—
32	1	13	4	76	3	19	2	700	36	9	2
33	1	14	4 ½	77	4	—	2 ½	800	41	13	4
34	1	15	5	78	4	1	3	900	46	17	6
35	1	16	5 ½	79	4	2	3 ½	1000	52	1	8
36	1	17	6	80	4	3	4	2000	104	3	4
37	1	18	6 ½	81	4	4	4 ½	3000	156	5	—
38	1	19	7	82	4	5	5	4000	208	6	8
39	2	—	7 ½	83	4	6	5 ½	5000	260	8	4
40	2	1	8	[84]	4	7	6	6000	312	10	—
41	2	2	8 ½	85	4	8	6 ½	7000	364	11	8
42	2	3	9	86	4	9	7	8000	416	13	4
43	2	4	9 ½	87	4	10	7 ½	9000	468	15	—
44	2	5	10	88	4	11	8	10000	520	16	8

* N. E. GH ſtands for Great Hundred; Gr. ſignifies the Groſs; and W. the W'y.

272 Feet in a Rod, at 12d. ½ per Foot, is 14l. 3s. 4d.
365 Days in a Year, at 12d. ½ per Day, is 19l. — 2d. ½.

At 12 Pence ¾ per Pound, Yard, &c.

N.	l.	s.	d.	N.	l.	s.	d.	N.	l.	s.	d.
1	–	1	—	45	2	7	9	89	4	14	6
2	–	2	1	46	2	8	10	90	4	15	7
3	–	3	2	47	2	9	11	91	4	16	8
4	–	4	3	48	2	11	—	92	4	17	9
5	–	5	3	49	2	12	—	93	4	18	9
6	–	6	4	50	2	13	1	94	4	19	10
7	–	7	5	51	2	14	2	95	5	—	11
8	–	8	6	52	2	15	3	96	5	2	—
9	–	9	6	53	2	16	3	97	5	3	—
10	–	10	7	54	2	17	4	98	5	4	1
11	–	11	8	55	2	18	5	99	5	5	2
12	–	12	9	56	2	19	6	100	5	6	3
13	–	13	9	57	3	—	6	101	5	7	3
14	–	14	10	58	3	1	7	102	5	8	4
15	–	15	11	59	3	2	8	103	5	9	5
16	–	17	—	60	3	3	9	104	5	10	6
17	–	18	—	61	3	4	9	105	5	11	6
18	–	19	1	62	3	5	10	106	5	12	7
19	1	—	2	63	3	6	11	107	5	13	8
20	1	1	3	64	3	8	—	108	5	14	9
21	1	2	3	65	3	9	—	109	5	15	9
22	1	3	4	66	3	10	1	110	5	16	10
23	1	4	5	67	3	11	2	111	5	17	11
24	1	5	6	68	3	12	3	GH 112	5	19	—
25	1	6	6	69	3	13	3	Gr. 144	7	13	—
26	1	7	7	70	3	14	4	200	10	12	6
27	1	8	8	71	3	15	5	W. 256	13	12	—
28	1	9	9	72	3	16	6	300	15	18	9
29	1	10	9	73	3	17	6	400	21	5	—
30	1	11	10	74	3	18	7	500	26	11	3
31	1	12	11	75	3	19	8	600	31	17	6
32	1	14	—	76	4	—	9	700	37	3	9
33	1	15	—	77	4	1	9	800	42	10	—
34	1	16	1	78	4	2	10	900	47	16	3
35	1	17	2	79	4	3	11	1000	53	2	6
36	1	18	3	80	4	5	—	2000	106	5	—
37	1	19	3	81	4	6	—	3000	159	7	6
38	2	—	4	82	4	7	1	4000	212	10	—
39	2	1	5	83	4	8	2	5000	265	12	6
40	2	2	6	[84]	4	9	3	6000	318	15	—
41	2	3	6	85	4	10	3	7000	371	17	6
42	2	4	7	86	4	11	4	8000	425	—	—
43	2	5	8	87	4	12	5	9000	478	2	6
44	2	6	9	88	4	13	6	10000	531	5	—

* N. B. GH stands for *Great Hundred*; Gr. signifies the *Grofs*; and W. the *Wy*.

272 Feet in a Rod, at 12d. ¾ per Foot, is 14l. 9s.
365 Days in a Year, at 12d. ¾ per Day, is 19l. 7s. 9d. ¾.

At 13 Pence per Pound, Yard, &c.

N.	l.	s.	d.	N.	l.	s.	d.	N.	l.	s.	d.
1	–	1	1	45	2	8	9	89	4	16	5
2	–	2	2	46	2	9	10	90	4	17	6
3	–	3	3	47	2	10	11	91	4	18	7
4	–	4	4	48	2	12	–	92	4	19	8
5	–	5	5	49	2	13	1	93	5	–	9
6	–	6	6	50	2	14	2	94	5	1	10
7	–	7	7	51	2	15	3	95	5	2	11
8	–	8	8	52	2	16	4	96	5	4	–
9	–	9	9	53	2	17	5	97	5	5	1
10	–	10	10	54	2	18	6	98	5	6	2
11	–	11	11	55	2	19	7	99	5	7	3
12	–	13	–	[56]	3	–	8	100	5	8	4
13	–	14	1	57	3	1	9	101	5	9	5
14	–	15	2	58	3	2	10	102	5	10	6
15	–	16	3	59	3	3	11	103	5	11	7
16	–	17	4	60	3	5	–	104	5	12	8
17	–	18	5	61	3	6	1	105	5	13	9
18	–	19	6	62	3	7	2	106	5	14	10
19	1	–	7	63	3	8	3	107	5	15	11
20	1	1	8	64	3	9	4	108	5	17	–
21	1	2	9	65	3	10	5	109	5	18	1
22	1	3	10	66	3	11	6	110	5	19	2
23	1	4	11	67	3	12	7	*111	6	–	3
24	1	6	–	68	3	13	8	GH 112	6	1	4
25	1	7	1	69	3	14	9	Gr. 144	7	16	–
26	1	8	2	70	3	15	10	200	10	16	8
27	1	9	3	71	3	16	11	W. 250	13	17	4
[28]	1	10	4	72	3	18	–	300	16	5	–
29	1	11	5	73	3	19	1	400	21	13	4
30	1	12	6	74	4	–	2	500	27	1	8
31	1	13	7	75	4	1	3	600	32	10	–
32	1	14	8	76	4	2	4	700	37	18	4
33	1	15	9	77	4	3	5	800	43	6	8
34	1	16	10	78	4	4	6	900	48	15	–
35	1	17	11	79	4	5	7	1000	54	3	4
36	1	19	–	80	4	6	8	2000	108	6	8
37	2	–	1	81	4	7	9	3000	162	10	–
38	2	1	2	82	4	8	10	4000	216	13	4
39	2	2	3	83	4	9	11	5000	270	16	8
40	2	3	4	[84]	4	11	–	6000	325	–	–
41	2	4	5	85	4	12	1	7000	379	3	4
42	2	5	6	86	4	13	2	8000	433	6	8
43	2	6	7	87	4	14	3	9000	487	10	–
44	2	7	8	88	4	15	4	10000	541	13	4

N. B. GH stands for Great Hundred; Gr. signifies the Grofs; and W. the Wey.

272 Feet in a Rod, at 13d. per Foot, is 14l. 14. 8d.
365 Days in a Year, at 13d. per Day, is 19l. 15s. 5d.

At 13 Pence ¼ per Pound, Yard, &c.

N.	l.	s.	d.	N.	l.	s.	d.		N.	l.	s.	d.
1	-	1	1 ¼	45	2	9	8 ¼		89	4	18	3 ¼
2	-	2	2 ½	46	2	10	9 ½		90	4	19	4 ½
3	-	3	3 ¾	47	2	11	10 ¾		91	5	—	5 ¾
4	-	4	5	48	2	13	—		92	5	1	7
5	-	5	6 ¼	49	2	14	1 ¼		93	5	2	8 ¼
6	-	6	7 ½	50	2	15	2 ½		94	5	3	9 ½
7	-	7	8 ¾	51	2	16	3 ¾		95	5	4	10 ¾
8	-	8	10	52	2	17	5		96	5	6	—
9	-	9	11 ¼	53	2	18	6 ¼		97	5	7	1 ¼
10	-	11	— ½	54	2	19	7 ½		98	5	8	2 ½
11	-	12	1 ¾	55	3	—	8 ¾		99	5	9	3 ¾
12	-	13	3	56	3	1	10		100	5	10	5
13	-	14	4 ¼	57	3	2	11 ¼		101	5	11	6 ¼
14	-	15	5 ½	58	3	4	— ½		102	5	12	7 ½
15	-	16	6 ¾	59	3	5	1 ¾		103	5	13	8 ¾
16	-	17	8	60	3	6	3		104	5	14	10
17	-	18	9 ¼	61	3	7	4 ¼		105	5	15	11 ¼
18	-	19	10 ½	62	3	8	5 ½		106	5	17	— ½
19	1	—	11 ¾	63	3	9	6 ¾		107	5	18	1 ¾
20	1	2	1	64	3	10	8		108	5	19	3
21	1	3	2 ¼	65	3	11	9 ¼		109	6	—	4 ¼
22	1	4	3 ½	66	3	12	10 ½		110	6	1	5 ½
23	1	5	4 ¾	67	3	13	11 ¾	*	111	6	2	6 ¾
24	1	6	6	68	3	15	1	GH	112	6	3	8
25	1	7	7 ¼	69	3	16	2 ¼	Gr.	144	7	19	—
26	1	8	8 ½	70	3	17	3 ½		200	11	—	10
27	1	9	9 ¾	71	3	18	4 ¾	W.	256	14	2	8
28	1	10	11	72	3	19	6		300	16	11	3
29	1	12	— ¼	73	4	—	7 ¼		400	22	1	8
30	1	13	1 ½	74	4	1	8 ½		500	27	12	1
31	1	14	2 ¾	75	4	2	9 ¾		600	33	2	6
32	1	15	4	76	4	3	11		700	38	12	11
33	1	16	5 ¼	77	4	5	— ¼		800	44	3	4
34	1	17	6 ½	78	4	6	1 ½		900	49	13	9
35	1	18	7 ¾	79	4	7	2 ¾		1000	55	4	2
36	1	19	9	80	4	8	4		2000	110	8	4
37	2	—	10 ¼	81	4	9	5 ¼		3000	165	12	6
38	2	1	11 ½	82	4	10	6 ½		4000	220	16	8
39	2	3	— ¾	83	4	11	7 ¾		5000	276	—	10
40	2	4	2	84	4	12	9		6000	331	5	—
41	2	5	3 ¼	85	4	13	10 ¼		7000	386	9	2
42	2	6	4 ½	86	4	14	11 ½		8000	441	13	4
43	2	7	5 ¾	87	4	16	— ¾		9000	496	17	6
44	2	8	7	88	4	17	2		10000	552	1	8

* *N. B.* GH stands for *Great Hundred*; Gr. signifies the *Gross*; and W. the *Wey*.

272 Feet in a Rod, at 13d. ¼ per Foot, is 15l. — 4d.
365 Days in a Year, at 13d. ¼ per Day, is 20l. 3s. — ¼.

At 13 Pence ½ per Pound, Yard, &c.

N.	l.	s.	d.	N.	l.	s.	d.	N.	l.	s.	d.
1	–	1	1 ½	45	2	10	7 ½	89	5	–	1 ½
2	–	2	3	46	2	11	9	90	5	1	3
3	–	3	4 ½	47	2	12	10 ½	91	5	2	4 ½
4	–	4	6	48	2	14	–	92	5	3	6
5	–	5	7 ½	49	2	15	1 ½	93	5	4	7 ½
6	–	6	9	50	2	16	3	94	5	5	9
7	–	7	10 ½	51	2	17	4 ½	95	5	6	10 ½
8	–	9	–	52	2	18	6	96	5	8	–
9	–	10	1 ½	53	2	19	7 ½	97	5	9	1 ½
10	–	11	3	54	3	–	9	98	5	10	3
11	–	12	4 ½	55	3	1	10 ½	99	5	11	4 ½
12	–	13	6	56	3	3	–	100	5	12	6
13	–	14	7 ½	57	3	4	1 ½	101	5	13	7 ½
14	–	15	9	58	3	5	3	102	5	14	–
15	–	16	10 ½	59	3	6	4 ½	103	5	15	10 ½
16	–	18	–	60	3	7	6	104	5	17	–
17	–	19	1 ½	61	3	8	7 ½	105	5	18	1 ½
18	1	–	3	62	3	9	9	106	5	19	3
19	1	1	4 ½	63	3	10	10 ½	107	6	–	4 ½
20	1	2	6	64	3	12	–	108	6	1	6
21	1	3	7 ½	65	3	13	1 ½	109	6	2	7 ½
22	1	4	9	66	3	14	3	110	6	3	9
23	1	5	10 ½	67	3	15	4 ½	111	6	4	10 ½
24	1	7	–	68	3	16	6	GH 112	6	6	–
25	1	8	1 ½	69	3	17	7 ½	Gr. 144	8	2	–
26	1	9	3	70	3	18	9	200	11	5	–
27	1	10	4 ½	71	3	19	10 ½	W. 256	14	8	–
28	1	11	6	72	4	1	–	300	16	17	6
29	1	12	7 ½	73	4	2	1 ½	400	22	10	–
30	1	13	9	74	4	3	3	500	28	2	6
31	1	14	10 ½	75	4	4	4 ½	600	33	15	–
32	1	16	–	76	4	5	6	700	39	7	6
33	1	17	1 ½	77	4	6	7 ½	800	45	–	–
34	1	18	3	78	4	7	9	900	50	12	6
35	1	19	4 ½	79	4	8	10 ½	1000	56	5	–
36	2	–	6	80	4	10	–	2000	112	10	–
37	2	1	7 ½	81	4	11	1 ½	3000	168	15	–
38	2	2	9	82	4	12	3	4000	225	–	–
39	2	3	10 ½	83	4	13	4 ½	5000	281	5	–
40	2	5	–	84	4	14	6	6000	337	10	–
41	2	6	1 ½	85	4	15	7 ½	7000	393	15	–
42	2	7	3	86	4	16	9	8000	450	–	–
43	2	8	4 ½	87	4	17	10 ½	9000	506	5	–
44	2	9	6	88	4	19	–	10000	562	10	–

N.B. GH stands for Great Hundred; Gr. signifies the Gross; and W. the W'y.

272 Feet in a Rod, at 13d. ½ per Foot, is 15l. 6s.
365 Days in a Year, at 13d. ½ per Day, is 20l. 10s. 7d. ½.

At 13 Pence ¾ per Pound, Yard, &c.

N.	l.	s.	d.	N.	l.	s.	d.	N.	l.	s.	d.
1	-	1	1 ¾	45	2	11	6 ¾	89	5	1	11 ¾
2	-	2	3 ½	46	2	12	8 ½	90	5	3	1 ½
3	-	3	5 ¼	47	2	13	10 ¼	91	5	4	3 ¼
4	-	4	7	48	2	15	—	92	5	5	5
5	-	5	8 ¾	49	2	16	1 ¾	93	5	6	6 ¾
6	-	6	10 ½	50	2	17	3 ½	94	5	7	8 ½
7	-	8	— ¼	51	2	18	5 ¼	95	5	8	10 ¼
8	-	9	2	52	2	19	7	96	5	10	—
9	-	10	3 ¾	53	3	—	8 ¾	97	5	11	1 ¾
10	-	11	5 ½	54	3	1	10 ½	98	5	12	3 ½
11	-	12	7 ¼	55	3	3	— ¼	99	5	13	5 ¼
12	-	13	9	[56]	3	4	2	100	5	14	7
13	-	14	10 ¾	57	3	5	3 ¾	101	5	15	8 ¾
14	-	16	— ½	58	3	6	5 ½	102	5	16	10 ½
15	-	17	2 ¼	59	3	7	7 ¼	103	5	18	— ¼
16	-	18	4	60	3	8	9	104	5	19	2
17	-	19	5 ¾	61	3	9	10 ¾	105	6	—	3 ¾
18	1	—	7 ½	62	3	11	— ½	106	6	1	5 ½
19	1	1	9 ¼	63	3	12	2 ¼	107	6	2	7 ¼
20	1	2	11	64	3	13	4	108	6	3	9
21	1	4	— ¾	65	3	14	5 ¾	109	6	4	10 ¾
22	1	5	2 ½	66	3	15	7 ½	110	6	6	— ½
23	1	6	4 ¼	67	3	16	9 ¼	* 111	6	7	2 ¼
24	1	7	6	68	3	17	11	GH 112	6	8	4
25	1	8	7 ¾	69	3	19	— ¾	Gr. 144	8	5	—
26	1	9	9 ½	70	4	—	2 ½	200	11	9	2
27	1	10	11 ¼	71	4	1	4 ¼	W. 256	14	13	4
[28]	1	12	1	72	4	2	6	300	17	3	9
29	1	13	2 ¾	73	4	3	7 ¾	400	22	18	4
30	1	14	4 ½	74	4	4	9 ½	500	28	12	11
31	1	15	6 ¼	75	4	5	11 ¼	600	34	7	6
32	1	16	8	76	4	7	1	700	40	2	1
33	1	17	9 ¾	77	4	8	2 ¾	800	45	16	8
34	1	18	11 ½	78	4	9	4 ½	900	51	11	3
35	2	—	1 ¼	79	4	10	6 ¼	1000	57	5	10
36	2	1	3	80	4	11	8	2000	114	11	8
37	2	2	4 ¾	81	4	12	9 ¾	3000	171	17	6
38	2	3	6 ½	82	4	13	11 ½	4000	229	3	4
39	2	4	8 ¼	83	4	15	1 ¼	5000	286	9	2
40	2	5	10	[84]	4	16	3	6000	343	15	—
41	2	6	11 ¾	85	4	17	4 ¾	7000	401	—	10
42	2	8	1 ½	86	4	18	6 ½	8000	458	6	8
43	2	9	3 ¼	87	4	19	8 ¼	9000	515	[illegible]	6
44	2	10	5	88	5	—	10	10000	572	18	4

* N. B. GH stands for *Great Hundred*; Gr. signifies the *Gross*; and W. the *Way*.

272 Feet in a Rod, at 13d. ¾ per Foot, is 15l. 11s. 8d.
365 Days in a Year, at 13d. ¾ per Day, is 20l. 18s. 2d. ¾.

At 14 Pence per Pound, Yard, &c.

N.	l.	s.	d.	N.	l.	s.	d.	N.	l.	s.	d.
1	-	1	2	45	2	12	6	89	5	3	10
2	-	2	4	46	2	13	8	90	5	5	—
3	-	3	6	47	2	14	10	91	5	6	2
4	-	4	8	48	2	16	—	92	5	7	4
5	-	5	10	49	2	17	2	93	5	8	6
6	-	7	—	50	2	18	4	94	5	9	8
7	-	8	2	51	2	19	6	95	5	10	10
8	-	9	4	52	3	—	8	96	5	12	—
9	-	10	6	53	3	1	10	97	5	13	2
10	-	11	8	54	3	3	—	98	5	14	4
11	-	12	10	55	3	4	2	99	5	15	6
12	-	14	—	[56]	3	5	4	100	5	16	8
13	-	15	2	57	3	6	6	101	5	17	10
14	-	16	4	58	3	7	8	102	5	19	—
15	-	17	6	59	3	8	10	103	6	—	2
16	-	18	8	60	3	10	—	104	6	1	4
17	-	19	10	61	3	11	2	105	6	2	6
18	1	1	—	62	3	12	4	106	6	3	8
19	1	2	2	63	3	13	6	107	6	4	10
20	1	3	4	64	3	14	8	108	6	6	—
21	1	4	6	65	3	15	10	109	6	7	2
22	1	5	8	66	3	17	—	110	6	8	4
23	1	6	10	67	3	18	2	*111	6	9	6
24	1	8	—	68	3	19	4	GH.112	6	10	8
25	1	9	2	69	4	—	6	Gr. 144	8	8	—
26	1	10	4	70	4	1	8	200	11	13	4
27	1	11	6	71	4	2	10	W. 256	14	18	8
28	1	12	8	72	4	4	—	300	17	10	—
29	1	13	10	73	4	5	2	400	23	6	8
30	1	15	—	74	4	6	4	500	29	3	4
31	1	16	2	75	4	7	6	600	35	—	—
32	1	17	4	76	4	8	8	700	40	16	8
33	1	18	6	77	4	9	10	800	46	13	4
34	1	19	8	78	4	11	—	900	52	10	—
35	2	—	10	79	4	12	2	1000	58	6	8
36	2	2	—	80	4	13	4	2000	116	13	4
37	2	3	2	81	4	14	6	3000	175	—	—
38	2	4	4	82	4	15	8	4000	233	6	8
39	2	5	6	83	4	16	10	5000	291	13	4
40	2	6	8	84]	4	18	—	6000	350	—	—
41	2	7	10	85	4	19	2	7000	408	6	8
42	2	9	—	86	5	—	4	8000	466	13	4
43	2	10	2	87	5	1	6	9000	525	—	—
44	2	11	4	88	5	2	8	10000	583	6	8

N. B. GH stands for Great Hunderd; Gr. signifies the Grofs; and W. the Wey.

272 Feet in a Rod, at 14d. per Foot, is 15l. 17s. 4d.
365 Days in a Year, at 14d. per Day, is 21l. 5s. 10d.

At 14 Pence ¼ per Pound, Yard, &c.

N.	l.	s.	d.	N.	l.	s.	d.	N.	l.	s.	d.
1	–	1	2 ¼	45	2	13	5 ¼	89	5	5	8 ¼
2	–	2	4 ½	46	2	14	7 ½	90	5	6	10 ½
3	–	3	6 ¾	47	2	15	9 ¾	91	5	8	— ¾
4	–	4	9	48	2	17	—	92	5	9	3
5	–	5	11 ¼	49	2	18	2 ¼	93	5	10	5 ¼
6	–	7	1 ½	50	2	19	4 ½	94	5	11	7 ½
7	–	8	3 ¾	51	3	—	6 ¾	95	5	12	9 ¾
8	–	9	6	52	3	1	9	96	5	14	—
9	–	10	8 ¼	53	3	2	11 ¼	97	5	15	2 ¼
10	–	11	10 ½	54	3	4	1 ½	98	5	16	4 ½
11	–	13	— ¾	55	3	5	3 ¾	99	5	17	6 ¾
12	–	14	3	[56]	3	6	6	100	5	18	9
13	–	15	5 ¼	57	3	7	8 ¼	101	5	19	11 ¼
14	–	16	7 ½	58	3	8	10 ½	102	6	1	1 ½
15	–	17	9 ¾	59	3	10	— ¾	103	6	2	3 ¾
16	–	19	—	60	3	11	3	104	6	3	6
17	1	—	2 ¼	61	3	12	5 ¼	105	6	4	8 ¼
18	1	1	4 ½	62	3	13	7 ½	106	6	5	10 ½
19	1	2	6 ¾	63	3	14	9 ¾	107	6	7	— ¾
20	1	3	9	64	3	16	—	108	6	8	3
21	1	4	11 ¼	65	3	17	2 ¼	109	6	9	5 ¼
22	1	6	1 ½	66	3	18	4 ½	110	6	10	7 ½
23	1	7	3 ¾	67	3	19	6 ¾	* 111	6	11	9 ¾
24	1	8	6	68	4	—	9	GH 112	6	13	—
25	1	9	8 ¼	69	4	1	11 ¼	Gr. 144	8	11	—
26	1	10	10 ½	70	4	3	1 ½	200	11	17	6
27	1	12	— ¾	71	4	4	3 ¾	W. 256	15	4	—
[28]	1	13	3	72	4	5	6	300	17	16	3
29	1	14	5 ¼	73	4	6	8 ¼	400	23	15	—
30	1	15	7 ½	74	4	7	10 ½	500	29	13	9
31	1	16	9 ¾	75	4	9	— ¾	600	35	12	6
32	1	18	—	76	4	10	3	700	41	11	3
33	1	19	2 ¼	77	4	11	5 ¼	800	47	10	—
34	2	—	4 ½	78	4	12	7 ½	900	53	8	9
35	2	1	6 ¾	79	4	13	9 ¾	1000	59	7	6
36	2	2	9	80	4	15	—	2000	118	15	—
37	2	3	11 ¼	81	4	16	2 ¼	3000	178	2	6
38	2	5	1 ½	82	4	17	4 ½	4000	237	10	—
39	2	6	3 ¾	83	4	18	6 ¾	5000	296	17	6
40	2	7	6	[84]	4	19	9	6000	356	5	—
41	2	8	8 ¼	85	5	—	11 ¼	7000	415	12	6
42	2	9	10 ½	86	5	2	1 ½	8000	475	—	—
43	2	11	— ¾	87	5	3	3 ¾	9000	534	7	6
44	2	12	3	88	5	4	6	10000	593	15	—

* *N. B.* GH stands for *Great Hundred*; Gr. signifies the *Gross*; and W. the *Wey*.

272 Feet in a Rod, at 14d. ¼ per Foot, is 16l. 3s.
365 Days in a Year, at 14d. ¼ per Day, is 21l. 13s. 5d. ¼.

At 14 Pence ½ per Pound, Yard, &c.

N.	l.	s.	d.	N.	l.	s.	d.	N.	l.	s.	d.
1	-	1	2 ½	45	2	14	4 ½	89	5	7	6 ½
2	-	2	5	46	2	15	7	90	5	8	9
3	-	3	7 ½	47	2	16	9 ½	91	5	9	11 ½
4	-	4	10	48	2	18	—	92	5	11	2
5	-	6	— ½	49	2	19	2 ½	93	5	12	4 ½
6	-	7	3	50	3	—	5	94	5	13	7
7	-	8	5 ½	51	3	1	7 ½	95	5	14	9 ½
8	-	9	8	52	3	2	10	96	5	16	—
9	-	10	10 ½	53	3	4	— ½	97	5	17	2 ½
10	-	12	1	54	3	5	3	98	5	18	5
11	-	13	3 ½	55	3	6	5 ½	99	5	19	7 ½
12	-	14	6	[56]	3	7	8	100	6	—	10
13	-	15	8 ½	57	3	8	10 ½	101	6	2	— ½
14	-	16	11	58	3	10	1	102	6	3	3
15	-	18	1 ½	59	3	11	3 ½	103	6	4	5 ½
16	-	19	4	60	3	12	6	104	6	5	8
17	1	—	6 ½	61	3	13	8 ½	105	6	6	10 ½
18	1	1	9	62	3	14	11	106	6	8	1
19	1	2	11 ½	63	3	16	1 ½	107	6	9	3 ½
20	1	4	2	64	3	17	4	108	6	10	6
21	1	5	4 ½	65	3	18	6 ½	109	6	11	8 ½
22	1	6	7	66	3	19	9	110	6	12	11
23	1	7	9 ½	67	4	—	11 ½	* 111	6	14	1 ½
24	1	9	—	68	4	2	2	GH 112	6	15	4
25	1	10	2 ½	69	4	3	4 ½	Gr. 144	8	14	—
26	1	11	5	70	4	4	7	200	12	1	8
27	1	12	7 ½	71	4	5	9 ½	W. 256	15	9	4
[28]	1	13	10	72	4	7	—	300	18	2	6
29	1	15	— ½	73	4	8	2 ½	400	24	3	4
30	1	16	3	74	4	9	5	500	30	4	2
31	1	17	5 ½	75	4	10	7 ½	600	36	5	—
32	1	18	8	76	4	11	10	700	42	5	10
33	1	19	10 ½	77	4	13	— ½	800	48	6	8
34	2	1	1	78	4	14	3	900	54	7	6
35	2	2	3 ½	79	4	15	5 ½	1000	60	8	4
36	2	3	6	80	4	16	8	2000	120	16	8
37	2	4	8 ½	81	4	17	10 ½	3000	181	5	—
38	2	5	11	82	4	19	1	4000	241	13	4
39	2	7	1 ½	83	5	—	3 ½	5000	302	1	8
40	2	8	4	[84]	5	1	6	6000	362	10	—
41	2	9	6 ½	85	5	2	8 ½	7000	422	18	4
42	2	10	9	86	5	3	11	8000	483	6	8
43	2	11	11 ½	87	5	5	1 ½	9000	543	15	—
44	2	13	2	88	5	6	4	10000	604	3	4

* *N. B.* GH stands for *Great Hundred*; Gr. signifies the *Gross*; and W. the *Wey*.

272 Feet in a Rod, at 14d. ½ per Foot, is 16l. 8s. 8d.
365 Days in a Year, at 14d. ½ per Day, is 22l. 1s. — ½.

At 14 Pence ¾ per Pound, Yard, &c.

N.	l.	s.	d.	N.	l.	s.	d.		N.	l.	s.	d.
1	-	1	2 ¾	45	2	15	3 ¾		89	5	9	4 ¾
2	-	2	5 ½	46	2	16	6 ½		90	5	10	7 ½
3	-	3	8 ¼	47	2	17	9 ¼		91	5	11	10 ¼
4	-	4	11	48	2	19	—		92	5	13	1
5	-	6	1 ¾	49	3	—	2 ¾		93	5	14	3 ¾
6	-	7	4 ½	50	3	1	5 ½		94	5	15	6 ½
7	-	8	7 ¼	51	3	2	8 ¼		95	5	16	9 ¼
8	-	9	10	52	3	3	11		96	5	18	—
9	-	11	— ¾	53	3	5	1 ¾		97	5	19	2 ¾
10	-	12	3 ½	54	3	6	4 ½		98	6	—	5 ½
11	-	13	6 ¼	55	3	7	7 ¼		99	6	1	8 ¼
12	-	14	9	[56]	3	8	10		100	6	2	11
13	-	15	11 ¾	57	3	10	— ¾		101	6	4	1 ¾
14	-	17	2 ½	58	3	11	3 ½		102	6	5	4 ½
15	-	18	5 ¼	59	3	12	6 ¼		103	6	6	7 ¼
16	-	19	8	60	3	13	9		104	6	7	10
17	1	—	10 ¾	61	3	14	11 ¾		105	6	9	— ¾
18	1	2	1 ½	62	3	16	2 ½		106	6	10	3 ½
19	1	3	4 ¼	63	3	17	5 ¼		107	6	11	6 ¼
20	1	4	7	64	3	18	8		108	6	12	9
21	1	5	9 ¾	65	3	19	10 ¾		109	6	13	11 ¾
22	1	7	— ½	66	4	1	1 ½		110	6	15	2 ½
23	1	8	3 ¼	67	4	2	4 ¼	*	111	6	16	5 ¼
24	1	9	6	68	4	3	7	GH	112	6	17	8
25	1	10	8 ¾	69	4	4	9 ¾	Gr.	144	8	17	—
26	1	11	11 ½	70	4	6	— ½		200	12	5	10
27	1	13	2 ¼	71	4	7	3 ¼	W.	256	15	14	8
[28]	1	14	5	72	4	8	6		300	18	8	9
29	1	15	7 ¾	73	4	9	8 ¾		400	24	11	8
30	1	16	10 ½	74	4	10	11 ½		500	30	14	7
31	1	18	1 ¼	75	4	12	2 ¼		600	36	17	6
32	1	19	4	76	4	13	5		700	43	—	5
33	2	—	6 ¾	77	4	14	7 ¾		800	49	3	4
34	2	1	9 ½	78	4	15	10 ½		900	55	6	3
35	2	3	— ¼	79	4	17	1 ¼		1000	61	9	2
36	2	4	3	80	4	18	4		2000	122	18	4
37	2	5	5 ¾	81	4	19	6 ¾		3000	184	7	6
38	2	6	8 ½	82	5	—	9 ½		4000	245	16	8
39	2	7	11 ¼	83	5	2	— ¼		5000	307	5	10
40	2	9	2	[84]	5	3	3		6000	368	15	—
41	2	10	4 ¾	85	5	4	5 ¾		7000	430	4	2
42	2	11	7 ½	86	5	5	8 ½		8000	491	13	4
43	2	12	10 ¼	87	5	6	11 ¼		9000	553	2	6
44	2	14	1	88	5	8	2		10000	614	11	8

272 Feet in a Rod, at 14d. ¾ per Foot, is 16l. 14s. 4d.
365 Days in a Year, at 14d. ¾ per Day, is 22l. 8s. 7d. ¾.

* *N. B.* GH stands for *Great Hundred*; Gr. signifies the *Gross*; and W. the *Wey*.

At 15 Pence per Pound, Yard, &c.

N.	l.	s.	d.	N.	l.	s.	d.	N.	l.	s.	d.
1	—	1	3	45	2	16	3	89	5	11	3
2	—	2	6	46	2	17	6	90	5	12	6
3	—	3	9	47	2	18	9	91	5	13	9
4	—	5	—	48	3	—	—	92	5	15	—
5	—	6	3	49	3	1	3	93	5	16	3
6	—	7	6	50	3	2	6	94	5	17	6
7	—	8	9	51	3	3	9	95	5	18	9
8	—	10	—	52	3	5	—	96	6	—	—
9	—	11	3	53	3	6	3	97	6	1	3
10	—	12	6	54	3	7	6	98	6	2	6
11	—	13	9	55	3	8	9	99	6	3	9
12	—	15	—	[56]	3	10	—	100	6	5	—
13	—	16	3	57	3	11	3	101	6	6	3
14	—	17	6	58	3	12	6	102	6	7	6
15	—	18	9	59	3	13	9	103	6	8	9
16	1	—	—	60	3	15	—	104	6	10	—
17	1	1	3	61	3	16	3	105	6	11	3
18	1	2	6	62	3	17	6	106	6	12	6
19	1	3	9	63	3	18	9	107	6	13	9
20	1	5	—	64	4	—	—	108	6	15	—
21	1	6	3	65	4	1	3	109	6	16	3
22	1	7	6	66	4	2	6	110	6	17	6
23	1	8	9	67	4	3	9	111	6	18	9
24	1	10	—	68	4	5	—	GH 112	7	—	—
25	1	11	3	69	4	6	3	Gr. 144	9	—	—
26	1	12	6	70	4	7	6	200	12	10	—
27	1	13	9	71	4	8	9	W. 256	16	—	—
[28]	1	15	—	72	4	10	—	300	18	15	—
29	1	16	3	73	4	11	3	400	25	—	—
30	1	17	6	74	4	12	6	500	31	5	—
31	1	18	9	75	4	13	9	600	37	10	—
32	2	—	—	76	4	15	—	700	43	15	—
33	2	1	3	77	4	16	3	800	50	—	—
34	2	2	6	78	4	17	6	900	56	5	—
35	2	3	9	79	4	18	9	1000	62	10	—
36	2	5	—	80	5	—	—	2000	125	—	—
37	2	6	3	81	5	1	3	3000	187	10	—
38	2	7	6	82	5	2	6	4000	250	—	—
39	2	8	9	83	5	3	9	5000	312	10	—
40	2	10	—	[84]	5	5	—	6000	375	—	—
41	2	11	3	85	5	6	3	7000	437	10	—
42	2	12	6	86	5	7	6	8000	500	—	—
43	2	13	9	87	5	8	9	9000	562	10	—
44	2	15	—	88	5	10	—	10000	625	—	—

* *N. B.* GH stands for *Great Hundred*; Gr. signifies *Gros*; and W. the *Wey*.

272 Feet in a Rod, at 15d. per Foot, is 17l.
365 Days in a Year, at 15d. per Day, is 22l. 16s. 3d.

At 15 Pence ¼ per Pound, Yard, &c.

N.	l.	s.	d.	N.	l.	s.	d.	N.	l.	s.	d.
1	-	1	3 ¼	45	2	17	2 ¼	89	5	13	1 ¼
2	-	2	6 ½	46	2	18	5 ½	90	5	14	4 ½
3	-	3	9 ¾	47	2	19	8 ¾	91	5	15	7 ¾
4	-	5	1	48	3	1	—	92	5	16	11
5	-	6	4 ¼	49	3	2	3 ¼	93	5	18	2 ¼
6	-	7	7 ½	50	3	3	6 ½	94	5	19	5 ½
7	-	8	10 ¾	51	3	4	9 ¾	95	6	—	8 ¾
8	-	10	2	52	3	6	1	96	6	2	—
9	-	11	5 ¼	53	3	7	4 ¼	97	6	3	3 ¼
10	-	12	8 ½	54	3	8	7 ½	98	6	4	6 ½
11	-	13	11 ¾	55	3	9	10 ¾	99	6	5	9 ¾
12	-	15	3	[56]	3	11	2	100	6	7	1
13	-	16	6 ¼	57	3	12	5 ¼	101	6	8	4 ¼
14	-	17	9 ½	58	3	13	8 ½	102	6	9	7 ½
15	-	19	— ¾	59	3	14	11 ¾	103	6	10	10 ¾
16	1	—	4	60	3	16	3	104	6	12	2
17	1	1	7 ¼	61	3	17	6 ¼	105	6	13	5 ¼
18	1	2	10 ½	62	3	18	9 ½	106	6	14	8 ½
19	1	4	1 ¾	63	4	—	— ¾	107	6	15	11 ¾
20	1	5	5	64	4	1	4	108	6	17	3
21	1	6	8 ¼	65	4	2	7 ¼	109	6	18	6 ¼
22	1	7	11 ½	66	4	3	10 ½	110	6	19	9 ½
23	1	9	2 ¾	67	4	5	1 ¾	* 111	7	1	— ¾
24	1	10	6	68	4	6	5	GH 112	7	2	4
25	1	11	9 ¼	69	4	7	8 ¼	Gr. 144	9	3	—
26	1	13	— ½	70	4	8	11 ½	200	12	14	2
27	1	14	3 ¾	71	4	10	2 ¾	W. 256	16	5	4
[28]	1	15	7	72	4	11	6	300	19	1	3
29	1	16	10 ¼	73	4	12	9 ¼	400	25	8	4
30	1	18	1 ½	74	4	14	— ½	500	31	15	5
31	1	19	4 ¾	75	4	15	3 ¾	600	38	2	6
32	2	—	8	76	4	16	7	700	44	9	7
33	2	1	11 ¼	77	4	17	10 ¼	800	50	16	8
34	2	3	2 ½	78	4	19	1 ½	900	57	3	9
35	2	4	5 ¾	79	5	—	4 ¾	1000	63	10	10
36	2	5	9	80	5	1	8	2000	127	1	8
37	2	7	— ¼	81	5	2	11 ¼	3000	190	12	6
38	2	8	3 ½	82	5	4	2 ½	4000	254	3	4
39	2	9	6 ¾	83	5	5	5 ¾	5000	317	14	2
40	2	10	10	[84]	5	6	9	6000	381	5	—
41	2	12	1 ¼	85	5	8	— ¼	7000	144	15	10
42	2	13	4 ½	86	5	9	3 ½	8000	508	6	8
43	2	14	7 ¾	87	5	10	6 ¾	9000	571	17	6
44	2	15	11	88	5	11	10	10000	635	8	4

272 Feet in a Rod, at 15d. ¼ per Foot, is 17l. 5s. 8d.
365 Days in a Year, at 15d. ¼ per Day, is 23l. 3s. 10d. ¼.

* *N. B.* GH stands for *Great Hundred*; Gr. signifies the *Gross*; and W. the *Wey*.

At 15 Pence ½ per Pound, Yard, &c.

N.	l.	s.	d.	N.	l.	s.	d.	N.	l.	s.	d.
1	–	1	3½	45	2	18	1½	89	5	14	11½
2	–	2	7	46	2	19	5	90	5	16	3
3	–	3	10½	47	3	—	8½	91	5	17	6½
4	–	5	2	48	3	2	—	92	5	18	10
5	–	6	5½	49	3	3	3½	93	6	—	1½
6	–	7	9	50	3	4	7	94	6	1	5
7	–	9	—½	51	3	5	10½	95	6	2	8½
8	–	10	4	52	3	7	2	96	6	4	—
9	–	11	7½	53	3	8	5½	97	6	5	3½
10	–	12	11	54	3	9	9	98	6	6	7
11	–	14	2½	55	3	11	—½	99	6	7	10½
12	–	15	6	[56]	3	12	4	100	6	9	2
13	–	16	9½	57	3	13	7½	101	6	10	5½
14	–	18	1	58	3	14	11	102	6	11	9
15	–	19	4½	59	3	16	2½	103	6	13	—½
16	1	—	8	60	3	17	6	104	6	14	4
17	1	1	11½	61	3	18	9½	105	6	15	7½
18	1	3	3	62	4	—	1	106	6	16	11
19	1	4	6½	63	4	1	4½	107	6	18	2½
20	1	5	10	64	4	2	8	108	6	19	6
21	1	7	1½	65	4	3	11½	109	7	—	9½
22	1	8	5	66	4	5	3	110	7	2	1
23	1	9	8½	67	4	6	6½	* 111	7	3	4½
24	1	11	—	68	4	7	10	GH 112	7	4	8
25	1	12	3½	69	4	9	1½	Gr. 144	9	6	—
26	1	13	7	70	4	10	5	200	12	18	4
27	1	14	10½	71	4	11	8½	W. 256	16	10	8
[28]	1	16	2	72	4	13	—	300	19	7	6
29	1	17	5½	73	4	14	3½	400	25	16	8
30	1	18	9	74	4	15	7	500	32	5	10
31	2	—	—½	75	4	16	10½	600	38	15	—
32	2	1	4	76	4	18	2	700	45	4	2
33	2	2	7½	77	4	19	5½	800	51	13	4
34	2	3	11	78	5	—	9	900	58	2	6
35	2	5	2½	79	5	2	—½	1000	64	11	8
36	2	6	6	80	5	3	4	2000	129	3	4
37	2	7	9½	81	5	4	7½	3000	193	15	—
38	2	9	1	82	5	5	11	4000	258	6	8
39	2	10	4½	83	5	7	2½	5000	322	18	4
40	2	11	8	[84]	5	8	6	6000	387	10	—
41	2	12	11½	85	5	9	9½	7000	452	1	8
42	2	14	3	86	5	11	1	8000	516	13	4
43	2	15	6½	87	5	12	4½	9000	581	5	—
44	2	16	10	88	5	13	8	10000	645	16	8

272 Feet in a Rod, at 15d. ½ per Foot, is 17l. 11s. 4d.

365 Days in a Year, at 15d. ½ per Day, is 23l. 11s. 5d. ½.

*** N. B. GH stands for *Great Hundred*; Gr. signifies the *Gross*; and W. the *Wey*.

At 15 Pence ¾ per Pound, Yard, &c.

N.	l.	s.	d.	N.	l.	s.	d.	N.	l.	s.	d.
1	–	1	3 ¾	45	2	19	— ¾	89	5	16	9 ¾
2	–	2	7 ½	46	3	—	4 ½	90	5	18	1 ½
3	–	3	11 ¼	47	3	1	8 ¼	91	5	19	5 ¼
4	–	5	3	48	3	3	—	92	6	—	9
5	–	6	6 ¾	49	3	4	3 ¾	93	6	2	— ¾
6	–	7	10 ½	50	3	5	7 ½	94	6	3	4 ½
7	–	9	2 ¼	51	3	6	11 ¼	95	6	4	8 ¼
8	–	10	6	52	3	8	3	96	6	6	—
9	–	11	9 ¾	53	3	9	6 ¾	97	6	7	3 ¾
10	–	13	1 ½	54	3	10	10 ½	98	6	8	7 ½
11	–	14	5 ¼	55	3	12	2 ¼	99	6	9	11 ¼
12	–	15	9	[56]	3	13	6	100	6	11	3
13	–	17	— ¾	57	3	14	9 ¾	101	6	12	6 ¾
14	–	18	4 ½	58	3	16	1 ½	102	6	13	10 ½
15	–	19	8 ¼	59	3	17	5 ¼	103	6	15	2 ¼
16	1	1	—	60	3	18	9	104	6	16	6
17	1	2	3 ¾	61	4	—	— ¾	105	6	17	9 ¾
18	1	3	7 ½	62	4	1	4 ½	106	6	19	1 ½
19	1	4	11 ¼	63	4	2	8 ¼	107	7	—	5 ¼
20	1	6	3	64	4	4	—	108	7	1	9
21	1	7	6 ¾	65	4	5	3 ¾	109	7	3	— ¾
22	1	8	10 ½	66	4	6	7 ½	110	7	4	4 ½
23	1	10	2 ¼	67	4	7	11 ¼	* 111	7	5	8 ¼
24	1	11	6	68	4	9	3	GH 112	7	7	—
25	1	12	9 ¾	69	4	10	6 ¾	Gr. 144	9	9	—
26	1	14	1 ½	70	4	11	10 ½	200	13	2	6
27	1	15	5 ¼	71	4	13	2 ¼	W. 256	16	16	—
[28]	1	16	9	72	4	14	6	300	19	13	9
29	1	18	— ¾	73	4	15	9 ¾	400	26	5	—
30	1	19	4 ½	74	4	17	1 ½	500	32	16	3
31	2	—	8 ¼	75	4	18	5 ¼	600	39	7	6
32	2	2	—	76	4	19	9	700	45	18	9
33	2	3	3 ¾	77	5	1	— ¾	800	52	10	—
34	2	4	7 ½	78	5	2	4 ½	900	59	1	3
35	2	5	11 ¼	79	5	3	8 ¼	1000	65	12	6
36	2	7	3	80	5	5	—	2000	131	5	—
37	2	8	6 ¾	81	5	6	3 ¾	3000	196	17	6
38	2	9	10 ½	82	5	7	7 ½	4000	262	10	—
39	2	11	2 ¼	83	5	8	11 ¼	5000	328	2	6
40	2	12	6	[84]	5	10	3	6000	393	15	—
41	2	13	9 ¾	85	5	11	6 ¾	7000	459	7	6
42	2	15	1 ½	86	5	12	10 ½	8000	525	—	—
43	2	16	5 ¼	87	5	14	2 ¼	9000	590	12	6
44	2	17	9	88	5	15	6	10000	656	5	—

* *N. B.* GH stands for *Great Hundred*; Gr. signifies the *Gross*; and W. the *Wey*.

272 Feet in a Rod, at 15d. ¾ per Foot, is 17l. 17s.
365 Days in a Year, at 15d. ¾ per Day, is 23l. 19s. — ¾.

At 16 Pence per Pound, Yard, &c.

N.	l.	s.	d.	N.	l.	s.	d.	N.	l.	s.	d.
1	—	1	4	45	3	—	—	89	5	18	8
2	—	2	8	46	3	1	4	90	6	—	—
3	—	4	—	47	3	2	8	91	6	1	4
4	—	5	4	48	3	4	—	92	6	2	8
5	—	6	8	49	3	5	4	93	6	4	—
6	—	8	—	50	3	6	8	94	6	5	4
7	—	9	4	51	3	8	—	95	6	6	8
8	—	10	8	52	3	9	4	96	6	8	—
9	—	12	—	53	3	10	8	97	6	9	4
10	—	13	4	54	3	12	—	98	6	10	8
11	—	14	8	55	3	13	4	99	6	12	—
12	—	16	—	56	3	14	8	100	6	13	4
13	—	17	4	57	3	16	—	101	6	14	8
14	—	18	8	58	3	17	4	102	6	16	—
15	1	—	—	59	3	18	8	103	6	17	4
16	1	1	4	60	4	—	—	104	6	18	8
17	1	2	8	61	4	1	4	105	7	—	—
18	1	4	—	62	4	2	8	106	7	1	4
19	1	5	4	63	4	4	—	107	7	2	8
20	1	6	8	64	4	5	4	108	7	4	—
21	1	8	—	65	4	6	8	109	7	5	4
22	1	9	4	66	4	8	—	110	7	6	8
23	1	10	8	67	4	9	4	*111	7	8	—
24	1	12	—	68	4	10	8	GH 112	7	9	4
25	1	13	4	69	4	12	—	Gr. 144	9	12	—
26	1	14	8	70	4	13	4	200	13	6	8
27	1	16	—	71	4	14	8	W. 256	17	1	4
[28]	1	17	4	72	4	16	—	300	20	—	—
29	1	18	8	73	4	17	4	400	26	13	4
30	2	—	—	74	4	18	8	500	33	6	8
31	2	1	4	75	5	—	—	600	40	—	—
32	2	2	8	76	5	1	4	700	46	13	4
33	2	4	—	77	5	2	8	800	53	6	8
34	2	5	4	78	5	4	—	900	60	—	—
35	2	6	8	79	5	5	4	1000	66	13	4
36	2	8	—	80	5	6	8	2000	133	6	8
37	2	9	4	81	5	8	—	3000	200	—	—
38	2	10	8	82	5	9	4	4000	266	13	4
39	2	12	—	83	5	10	8	5000	333	6	8
40	2	13	4	[84]	5	12	—	6000	400	—	—
41	2	14	8	85	5	13	4	7000	466	13	4
42	2	16	—	86	5	14	8	8000	533	6	8
43	2	17	4	87	5	16	—	9000	600	—	—
44	2	18	8	88	5	17	4	10000	666	13	4

* N.B. GH stands for Great Hundred; Gr. signifies the Gross; and W. the Weigh.

272 Feet in a Rod, at 16d. per Foot, is 18l. 2s. 10d.
365 Days in a Year, at 16d. per Day, is 24l. 6s. 8d.

At 16 Pence ¼ per Pound, Yard, &c.

N.	l.	s.	d.	N.	l.	s.	d.	N.	l.	s.	d.
1	–	1	4 ¼	45	3	—	11 ¼	89	6	—	6 ¼
2	–	2	8 ½	46	3	2	3 ½	90	6	1	10 ½
3	–	4	— ¾	47	3	3	7 ¾	91	6	3	2 ¾
4	–	5	5	48	3	5	—	92	6	4	7
5	–	6	9 ¼	49	3	6	4 ¼	93	6	5	11 ¼
6	–	8	1 ½	50	3	7	8 ½	94	6	7	3 ½
7	–	9	5 ¾	51	3	9	— ¾	95	6	8	7 ¾
8	–	10	10	52	3	10	5	96	6	10	—
9	–	12	2 ¼	53	3	11	9 ¼	97	6	11	4 ¼
10	–	13	6 ½	54	3	13	1 ½	98	6	12	8 ½
11	–	14	10 ¾	55	3	14	5 ¾	99	6	14	— ¾
12	–	16	3	[56]	3	15	10	100	6	15	5
13	–	17	7 ¼	57	3	17	2 ¼	101	6	16	9 ¼
14	–	18	11 ½	58	3	18	6 ½	102	6	18	1 ½
15	1	—	3 ¾	59	3	19	10 ¾	103	6	19	5 ¾
16	1	1	8	60	4	1	3	104	7	—	10
17	1	3	— ¼	61	4	2	7 ¼	105	7	2	2 ¼
18	1	4	4 ½	62	4	3	11 ½	106	7	3	6 ½
19	1	5	8 ¾	63	4	5	3 ¾	107	7	4	10 ¾
20	1	7	1	64	4	6	8	108	7	6	3
21	1	8	5 ¼	65	4	8	— ¼	109	7	7	7 ¼
22	1	9	9 ½	66	4	9	4 ½	110	7	8	11 ½
23	1	11	1 ¾	67	4	10	8 ¾	* 111	7	10	3 ¾
24	1	12	6	68	4	12	1	GH 112	7	11	8
25	1	13	10 ¼	69	4	13	5 ¼	Gr. 144	9	15	—
26	1	15	2 ½	70	4	14	9 ½	200	13	10	10
27	1	16	6 ¾	71	4	16	1 ¾	W. 256	17	6	8
[28]	1	17	11	72	4	17	6	300	20	6	3
29	1	19	3 ¼	73	4	18	10 ¼	400	27	1	8
30	2	—	7 ½	74	5	—	2 ½	500	33	17	1
31	2	1	11 ¾	75	5	1	6 ¾	600	40	12	6
32	2	3	4	76	5	2	11	700	47	7	11
33	2	4	8 ¼	77	5	4	3 ¼	800	54	3	4
34	2	6	— ½	78	5	5	7 ½	900	60	18	9
35	2	7	4 ¾	79	5	6	11 ¾	1000	67	14	2
36	2	8	9	80	5	8	4	2000	135	8	4
37	2	10	1 ¼	81	5	9	8 ¼	3000	203	2	6
38	2	11	5 ½	82	5	11	— ½	4000	270	16	8
39	2	12	9 ¾	83	5	12	4 ¾	5000	338	10	10
40	2	14	2	84	5	13	9	6000	406	5	—
41	2	15	6 ¼	85	5	15	1 ¼	7000	473	19	2
42	2	16	10 ½	86	5	16	5 ½	8000	541	13	4
43	2	18	2 ¾	87	5	17	9 ¾	9000	609	7	6
44	2	19	7	88	5	19	2	10000	677	1	8

272 Feet in 1 Rod, at 16d. ¼ per Foot, is 18l. 8s. 4d.
365 Days in a Year, at 16d. ¼ per Day, is 24l. 14s. 3d. ¼.

* *N. B.* GH stands for *Great Hundred*; Gr. signifies the *Gross*; and W. the *Wey*.

At 16 Pence ½ per Pound, Yard, &c.

N.	l.	s.	d.	N.	l.	s.	d.	N.	l.	s.	d.
1	-	1	4 ½	45	3	1	10 ½	89	6	2	4 ½
2	-	2	9	46	3	3	3	90	6	3	9
3	-	4	1 ½	47	3	4	7 ½	91	6	5	1 ½
4	-	5	6	48	3	6	—	92	6	6	6
5	-	6	10 ½	49	3	7	4 ½	93	6	7	10 ½
6	-	8	3	50	3	8	9	94	6	9	3
7	-	9	7 ½	51	3	10	1 ½	95	6	10	7 ½
8	-	11	—	52	3	11	6	96	6	12	—
9	-	12	4 ½	53	3	12	10 ½	97	6	13	4 ½
10	-	13	9	54	3	14	3	98	6	14	9
11	-	15	1 ½	55	3	15	7 ½	99	6	16	1 ½
12	-	16	6	[56]	3	17	—	100	6	17	6
13	-	17	10 ½	57	3	18	4 ½	101	6	18	10 ½
14	-	19	3	58	3	19	9	102	7	—	3
15	1	—	7 ½	59	4	1	1 ½	103	7	1	7 ½
16	1	2	—	60	4	2	6	104	7	3	—
17	1	3	4 ½	61	4	3	10 ½	105	7	4	4 ½
18	1	4	9	62	4	5	3	106	7	5	9
19	1	6	1 ½	63	4	6	7 ½	107	7	7	1 ½
20	1	7	6	64	4	8	—	108	7	8	6
21	1	8	10 ½	65	4	9	4 ½	109	7	9	10 ½
22	1	10	3	66	4	10	9	110	7	11	3
23	1	11	7 ½	67	4	12	1 ½	* 111	7	12	7 ½
24	1	13	—	68	4	13	6	GH 112	7	14	—
25	1	14	4 ½	69	4	14	10 ½	Gr. 144	9	18	—
26	1	15	9	70	4	16	3	200	13	15	—
27	1	17	1 ½	71	4	17	7 ½	W. 256	17	12	—
[28]	1	18	6	72	4	19	—	300	20	12	6
29	1	19	10 ½	73	5	—	4 ½	400	27	10	—
30	2	1	3	74	5	1	9	500	34	7	6
31	2	2	7 ½	75	5	3	1 ½	600	41	5	—
32	2	4	—	76	5	4	6	700	48	2	6
33	2	5	4 ½	77	5	5	10 ½	800	55	—	—
34	2	6	9	78	5	7	3	900	61	17	6
35	2	8	1 ½	79	5	8	7 ½	1000	68	15	—
36	2	9	6	80	5	10	—	2000	137	10	—
37	2	10	10 ½	81	5	11	4 ½	3000	206	5	—
38	2	12	3	82	5	12	9	4000	275	—	—
39	2	13	7 ½	83	5	14	1 ½	5000	343	15	—
40	2	15	—	[84]	5	15	6	6000	412	10	—
41	2	16	4 ½	85	5	16	10 ½	7000	481	5	—
42	2	17	9	86	5	18	3	8000	550	—	—
43	2	19	1 ½	87	5	19	7 ½	9000	618	15	—
44	3	—	6	88	6	1	—	10000	687	10	—

* *N. B.* GH stands for *Great Hundred*; Gr. signifies the *Gross*; and W. the *Wey.*

272 Feet in a Rod, at 16d. ½ per Foot, is 18l. 14s.
365 Days in a Year, at 16d. ½ per Day, is 25l. 1s. 10d. ½.

At 16 Pence ¾ per Pound, Yard, &c.

N.	l.	s.	d.	N.	l.	s.	d.		N.	l.	s.	d.
1	–	1	4 ¾	45	3	2	9 ¾		89	6	4	2 ¾
2	–	2	9 ½	46	3	4	2 ½		90	6	5	7 ½
3	–	4	2 ¼	47	3	5	7 ¼		91	6	7	— ¼
4	–	5	7	48	3	7	—		92	6	8	5
5	–	6	11 ¾	49	3	8	4 ¾		93	6	9	9 ¾
6	–	8	4 ½	50	3	9	9 ½		94	6	11	2 ½
7	–	9	9 ¼	51	3	11	2 ¼		95	6	12	7 ¼
8	–	11	2	52	3	12	7		96	6	14	—
9	–	12	6 ¾	53	3	13	11 ¾		97	6	15	4 ¾
10	–	13	11 ½	54	3	15	4 ½		98	6	16	9 ½
11	–	15	4 ¼	55	3	16	9 ¼		99	6	18	2 ¼
12	–	16	9	[56]	3	18	2		100	6	19	7
13	–	18	1 ¾	57	3	19	6 ¾		101	7	—	11 ¾
14	–	19	6 ½	58	4	—	11 ½		102	7	2	4 ½
15	1	—	11 ¼	59	4	2	4 ¼		103	7	3	9 ¼
16	1	2	4	60	4	3	9		104	7	5	2
17	1	3	8 ¾	61	4	5	1 ¾		105	7	6	6 ¾
18	1	5	1 ½	62	4	6	6 ½		106	7	7	11 ½
19	1	6	6 ¼	63	4	7	11 ¼		107	7	9	4 ¼
20	1	7	11	64	4	9	4		108	7	10	9
21	1	9	3 ¾	65	4	10	8 ¾		109	7	12	1 ¾
22	1	10	8 ½	66	4	12	1 ½		110	7	13	6 ½
23	1	12	1 ¼	67	4	13	6 ¼	*	111	7	14	11 ¼
24	1	13	6	68	4	14	11	GH	112	7	16	4
25	1	14	10 ¾	69	4	16	3 ¾	Gr.	144	10	1	—
26	1	16	3 ½	70	4	17	8 ½		200	13	19	2
27	1	17	8 ¼	71	4	19	1 ¼	W.	256	17	17	4
[28]	1	19	1	72	5	—	6		300	20	18	9
29	2	—	5 ¾	73	5	1	10 ¾		400	27	18	4
30	2	1	10 ½	74	5	3	3 ½		500	34	17	11
31	2	3	3 ¼	75	5	4	8 ¼		600	41	17	6
32	2	4	8	76	5	6	1		700	48	17	1
33	2	6	— ¾	77	5	7	5 ¾		800	55	16	8
34	2	7	5 ½	78	5	8	10 ½		900	62	16	3
35	2	8	10 ¼	79	5	10	3 ¼		1000	69	15	10
36	2	10	3	80	5	11	8		2000	139	11	8
37	2	11	7 ¾	81	5	13	— ¾		3000	209	7	6
38	2	13	— ½	82	5	14	5 ½		4000	279	3	4
39	2	14	5 ¼	83	5	15	10 ¼		5000	348	19	2
40	2	15	10	[84]	5	17	3		6000	418	15	—
41	2	17	2 ¾	85	5	18	7 ¾		7000	488	10	10
42	2	18	7 ½	86	6	—	— ½		*8000	558	6	8
43	3	—	— ¼	87	6	1	5 ¼		9000	628	2	6
44	3	1	5	88	6	2	10		10000	697	18	4

* N. B. GH stands for *Great Hundred*; Gr. signifies the *Gross*, and W. the *Way*.

272 Feet in a Rod, at 16d. ¾ per Foot, is 18l. 19s. 8d.
365 Days in a Year, at 16d. ¾ per Day, is 25l. 9s. 5d. ¾.

At 17 Pence per Pound, Yard, &c.

N.	l.	s.	d.	N.	l.	s.	d.	N.	l.	s.	d.
1	–	1	5	45	3	3	9	89	6	6	1
2	–	2	10	46	3	5	2	90	6	7	6
3	–	4	3	47	3	6	7	91	6	8	11
4	–	5	8	48	3	8	–	92	6	10	4
5	–	7	1	49	3	9	5	93	6	11	9
6	–	8	6	50	3	10	10	94	6	13	2
7	–	9	11	51	3	12	3	95	6	14	7
8	–	11	4	52	3	13	8	96	6	16	–
9	–	12	9	53	3	15	1	97	6	17	5
10	–	14	2	54	3	16	6	98	6	18	10
11	–	15	7	55	3	17	11	99	7	–	3
12	–	17	–	[56]	3	19	4	100	7	1	8
13	–	18	5	57	4	–	9	101	7	3	1
14	–	19	10	58	4	2	2	102	7	4	6
15	1	1	3	59	4	3	7	103	7	5	11
16	1	2	8	60	4	5	–	104	7	7	4
17	1	4	1	61	4	6	5	105	7	8	9
18	1	5	6	62	4	7	10	106	7	10	2
19	1	6	11	63	4	9	3	107	7	11	7
20	1	8	4	64	4	10	8	108	7	13	–
21	1	9	9	65	4	12	1	109	7	14	5
22	1	11	2	66	4	13	6	110	7	15	10
23	1	12	7	67	4	14	11	* 111	7	17	3
24	1	14	–	68	4	16	4	GH 112	7	18	8
25	1	15	5	69	4	17	9	Gr. 144	10	4	–
26	1	16	10	70	4	19	2	200	14	3	4
27	1	18	3	71	5	–	7	W. 256	18	2	8
28	1	19	8	72	5	2	–	300	21	5	–
29	2	1	1	73	5	3	5	400	28	6	8
30	2	2	6	74	5	4	10	500	35	8	4
31	2	3	11	75	5	6	3	600	42	10	–
32	2	5	4	76	5	7	8	700	49	11	8
33	2	6	9	77	5	9	1	800	56	13	4
34	2	8	2	78	5	10	6	900	63	15	–
35	2	9	7	79	5	11	11	1000	70	16	8
36	2	11	–	80	5	13	4	2000	141	13	4
37	2	12	5	81	5	14	9	3000	212	10	–
38	2	13	10	82	5	16	2	4000	283	6	8
39	2	15	3	83	5	17	7	5000	354	3	4
40	2	16	8	[84]	5	19	–	6000	425	–	–
41	2	18	1	85	6	–	5	7000	495	16	8
42	2	19	6	86	6	1	10	8000	566	13	4
43	3	–	11	87	6	3	3	9000	637	10	–
44	3	2	4	88	6	4	8	10000	708	6	8

* N. B. G H stands for *Great Hundred*; Gr. signifies the *Grofs*; and W. the *Wey*.

272 Feet in a Rod, at 17d. per Foot, is 19l. 5s. 4d.
365 Days in a Year, at 17d. per Day, is 25l. 17s. 1d.

At 17 Pence ¼ per Pound, Yard, &c.

N.	l.	s.	d.	N.	l.	s.	d.	N.	l.	s.	d.
1	—	1	5 ¼	45	3	4	8 ¼	89	0	7	11 ¼
2	—	2	10 ½	46	3	6	1 ½	90	6	9	4 ½
3	—	4	3 ¾	47	3	7	6 ¾	91	6	10	9 ¾
4	—	5	9	48	3	9	—	92	6	12	3
5	—	7	2 ¼	49	3	10	5 ¼	93	6	13	8 ¼
6	—	8	7 ½	50	3	11	10 ½	94	6	15	1 ½
7	—	10	0 ¾	51	3	13	3 ¾	95	6	16	6 ¾
8	—	11	6	52	3	14	9	96	6	18	—
9	—	12	11 ¼	53	3	16	2 ¼	97	6	19	5 ¼
10	—	14	4 ½	54	3	17	7 ½	98	7	—	10 ½
11	—	15	9 ¾	55	3	19	— ¾	99	7	2	3 ¾
12	—	17	3	[56]	4	—	6	100	7	3	9
13	—	18	8 ¼	57	4	1	11 ¼	101	7	5	2 ¼
14	1	—	1 ½	58	4	3	4 ½	102	7	6	7 ½
15	1	1	6 ¾	59	4	4	9 ¾	103	7	8	— ¾
16	1	3	—	60	4	6	3	104	7	9	6
17	1	4	5 ¼	61	4	7	8 ¼	105	7	10	11 ¼
18	1	5	10 ½	62	4	9	1 ½	106	7	12	4 ½
19	1	7	3 ¾	63	4	10	6 ¾	107	7	13	9 ¾
20	1	8	9	64	4	12	—	108	7	15	3
21	1	10	2 ¼	65	4	13	5 ¼	109	7	16	8 ¼
22	1	11	7 ½	66	4	14	10 ½	110	7	18	1 ½
23	1	13	— ¾	67	4	16	3 ¾	111	7	19	6 ¾
24	1	14	6	68	4	17	9	GH 112	8	1	—
25	1	15	11 ¼	69	4	19	2 ¼	Gr. 144	10	7	—
26	1	17	4 ½	70	5	—	7 ½	200	14	7	6
27	1	18	9 ¾	71	5	2	— ¾	W. 256	18	8	—
[28]	2	—	3	72	5	3	6	300	21	11	3
29	2	1	8 ¼	73	5	4	11 ¼	400	28	15	—
30	2	3	1 ½	74	5	6	4 ½	500	35	18	9
31	2	4	6 ¾	75	5	7	9 ¾	600	43	2	6
32	2	6	—	76	5	9	3	700	50	6	3
33	2	7	5 ¼	77	5	10	8 ¼	800	57	10	—
34	2	8	10 ½	78	5	12	1 ½	900	64	13	9
35	2	10	3 ¾	79	5	13	6 ¾	1000	71	17	6
36	2	11	9	80	5	15	—	2000	143	15	—
37	2	13	2 ¼	81	5	16	5 ¼	3000	215	12	6
38	2	14	7 ½	82	5	17	10 ½	4000	287	10	—
39	2	16	— ¾	83	5	19	3 ¾	5000	359	7	6
40	2	17	6	[84]	6	—	9	6000	431	5	—
41	2	18	11 ¼	85	6	2	2 ¼	7000	503	2	6
42	3	—	4 ½	86	6	3	7 ½	8000	575	—	—
43	3	1	9 ¾	87	6	5	— ¾	9000	646	17	6
44	3	3	3	88	6	6	6	10000	718	15	—

* N. B. GH stands for *Great Hundred* ; Gr. signifies the *Gross* ; and W. the *Wey*.

272 Feet in a Rod, at 17d. ¼ per Foot, is 19l. 11s.
365 Days in a Year, at 17d. ¼ per Day, is 26l. 4s. 8d. ¼.

At 17 Pence ½ per Pound, Yard, &c.

N.	l.	s.	d.	N.	l.	s.	d.	N.	l.	s.	d.
1	-	1	5 ½	45	3	5	7 ½	89	6	9	9 ½
2	-	2	11	46	3	7	1	90	6	11	3
3	-	4	4 ½	47	3	8	6 ½	91	6	12	8 ½
4	-	5	10	48	3	10	—	92	6	14	2
5	-	7	3 ½	49	3	11	5 ½	93	6	15	7 ½
6	-	8	9	50	3	12	11	94	6	17	1
7	-	10	2 ½	51	3	14	4 ½	95	6	18	6 ½
8	-	11	8	52	3	15	10	96	7	—	—
9	-	13	1 ½	53	3	17	3 ½	97	7	1	5 ½
10	-	14	7	54	3	18	9	98	7	2	11
11	-	16	— ½	55	4	—	2 ½	99	7	4	4 ½
12	-	17	6	[56]	4	1	8	100	7	5	10
13	-	18	11 ½	57	4	3	1 ½	101	7	7	3 ½
14	1	—	5	58	4	4	7	102	7	8	9
15	1	1	10 ½	59	4	6	— ½	103	7	10	2 ½
16	1	3	4	60	4	7	6	104	7	11	8
17	1	4	9 ½	61	4	8	11 ½	105	7	13	1 ½
18	1	6	3	62	4	10	5	106	7	14	7
19	1	7	8 ½	63	4	11	10 ½	107	7	16	— ½
20	1	9	2	64	4	13	4	108	7	17	6
21	1	10	7 ½	65	4	14	9 ½	109	7	18	11 ½
22	1	12	1	66	4	16	3	110	8	—	5
23	1	13	6 ½	67	4	17	8 ½	* 111	8	1	10 ½
24	1	15	—	68	4	19	2	GH 112	8	3	4
25	1	16	5 ½	69	5	—	7 ½	Gr. 144	10	10	—
26	1	17	11	70	5	2	1	200	14	11	8
27	1	19	4 ½	71	5	3	6 ½	W. 256	18	13	4
[28]	2	—	10	72	5	5	—	300	21	17	6
29	2	2	3 ½	73	5	6	5 ½	400	29	3	4
30	2	3	9	74	5	7	11	500	36	9	2
31	2	5	2 ½	75	5	9	4 ½	600	43	15	—
32	2	6	8	76	5	10	10	700	51	—	10
33	2	8	1 ½	77	5	12	3 ½	800	58	6	8
34	2	9	7	78	5	13	9	900	65	12	6
35	2	11	— ½	79	5	15	2 ½	1000	72	18	4
36	2	12	6	80	5	16	8	2000	145	16	8
37	2	13	11 ½	81	5	18	1 ½	3000	218	15	—
38	2	15	5	82	5	19	7	4000	291	13	4
39	2	16	10 ½	83	6	1	— ½	5000	364	11	8
40	2	18	4	[84]	6	2	6	6000	437	10	—
41	2	19	9 ½	85	6	3	11 ½	7000	510	8	4
42	3	1	3	86	6	5	5	8000	583	6	8
43	3	2	8 ½	87	6	6	10 ½	9000	656	5	—
44	3	4	2	88	6	8	4	10000	729	3	4

* *N. B.* GH stands for *Great Hundred*; Gr. signifies the *Gross*; and W. the *Wey*.

272 Feet in a Rod, at 17d. ½ per Foot, is 19l. 16s. 8d.
365 Days in a Year, at 17d. ½ per Day, is 26l. 12s. 3d. ½.

At 17 Pence ¾ per Pound, Yard, &c.

N.	l.	s.	d.	N.	l.	s.	d.	N.	l.	s.	d.
1	–	1	5 ¾	45	3	6	6 ¾	89	6	11	7 ¾
2	–	2	11 ½	46	3	8	— ½	90	6	13	1 ½
3	–	4	5 ¼	47	3	9	6 ¼	91	6	14	7 ¼
4	–	5	11	48	3	11	—	92	6	16	1
5	–	7	4 ¾	49	3	12	5 ¾	93	6	17	6 ¾
6	–	8	10 ½	50	3	13	11 ½	94	6	19	— ½
7	–	10	4 ¼	51	3	15	5 ¼	95	7	—	6 ¼
8	–	11	10	52	3	16	11	96	7	2	—
9	–	13	3 ¾	53	3	18	4 ¾	97	7	3	5 ¾
10	–	14	9 ½	54	3	19	10 ½	98	7	4	11 ½
11	–	16	3 ¼	55	4	1	4 ¼	99	7	6	5 ¼
12	–	17	9	[56]	4	2	10	100	7	7	11
13	–	19	2 ¾	57	4	4	3 ¾	101	7	9	4 ¾
14	1	—	8 ½	58	4	5	9 ½	102	7	10	10 ½
15	1	2	2 ¼	59	4	7	3 ¼	103	7	12	4 ¼
16	1	3	8	60	4	8	9	104	7	13	10
17	1	5	1 ¾	61	4	10	2 ¾	105	7	15	3 ¾
18	1	6	7 ½	62	4	11	8 ½	106	7	16	9 ½
19	1	8	1 ¼	63	4	13	2 ¼	107	7	18	3 ¼
20	1	9	7	64	4	14	8	108	7	19	9
21	1	11	— ¾	65	4	16	1 ¾	109	8	1	2 ¾
22	1	12	6 ½	66	4	17	7 ½	110	8	2	8 ½
23	1	14	— ¼	67	4	19	1 ¼	* 111	8	4	2 ¼
24	1	15	6	68	5	—	7	GH 112	8	5	8
25	1	16	11 ¾	69	5	2	— ¾	Gr. 144	10	13	—
26	1	18	5 ½	70	5	3	6 ½	200	14	15	10
27	1	19	11 ¼	71	5	5	— ¼	W. 256	18	18	8
[28]	2	1	5	72	5	6	6	300	22	3	9
29	2	2	10 ¾	73	5	7	11 ¾	400	29	11	8
30	2	4	4 ½	74	5	9	5 ½	500	36	19	7
31	2	5	10 ¼	75	5	10	11 ¼	600	44	7	6
32	2	7	4	76	5	12	5	700	51	15	5
33	2	8	9 ¾	77	5	13	10 ¾	800	59	3	4
34	2	10	3 ½	78	5	15	4 ½	900	66	11	3
35	2	11	9 ¼	79	5	16	10 ¼	1000	73	19	2
36	2	13	3	80	5	18	4	2000	147	18	4
37	2	14	8 ¾	81	5	19	9 ¾	3000	221	17	6
38	2	16	2 ½	82	6	1	3 ½	4000	295	16	8
39	2	17	8 ¼	83	6	2	9 ¼	5000	369	15	10
40	2	19	2	[84]	6	4	3	6000	443	15	—
41	3	—	7 ¾	85	6	5	8 ¾	7000	517	14	2
42	3	2	1 ½	86	6	7	2 ½	8000	591	13	4
43	3	3	7 ¼	87	6	8	8 ¼	9000	665	12	6
44	3	5	1	88	6	10	2	10000	730	11	8

* *N. B.* GH stands for *Great Hundred*; Gr. signifies the *Gross*; and W. the *Wey*.

272 Feet in a Rod at 17d. ¾ per Foot, is 20l. 2s. 4d.
365 Days in a Year, at 17d. ¾ per Day, is 26l. 12s. 3d. ¾.

At 18 Pence per Pound, Yard, &c.

N.	l.	s.	d.	N.	l.	s.	d.	N.	l.	s.	d.
1	–	1	0	45	3	7	6	89	6	13	0
2	–	3	–	46	3	9	–	90	6	15	–
3	–	4	6	47	3	10	6	91	6	16	6
4	–	6	–	48	3	12	–	92	6	18	–
5	–	7	6	49	3	13	6	93	6	19	6
6	–	9	–	50	3	15	–	94	7	1	–
7	–	10	6	51	3	16	6	95	7	2	6
8	–	12	–	52	3	18	–	96	7	4	–
9	–	13	6	53	3	19	6	97	7	5	6
10	–	15	–	54	4	1	–	98	7	7	–
11	–	16	6	55	4	2	6	99	7	8	6
12	–	18	–	[56]	4	4	–	100	7	10	–
13	–	19	6	57	4	5	6	101	7	11	6
14	1	1	–	58	4	7	–	102	7	13	–
15	1	2	6	59	4	8	6	103	7	14	6
16	1	4	–	60	4	10	–	104	7	16	–
17	1	5	6	61	4	11	6	105	7	17	6
18	1	7	–	62	4	13	–	106	7	19	–
19	1	8	6	63	4	14	6	107	8	–	6
20	1	10	–	64	4	16	–	108	8	2	–
21	1	11	6	65	4	17	6	109	8	3	0
22	1	13	–	66	4	19	–	110	8	5	–
23	1	14	6	67	5	–	6	111	8	6	6
24	1	16	–	68	5	2	–	GH 112	8	8	–
25	1	17	6	69	5	3	6	Gr. 144	10	16	–
26	1	19	–	70	5	5	–	200	15	–	–
27	2	–	6	71	5	6	6	W. 250	19	4	–
[28]	2	2	–	72	5	8	–	300	22	10	–
29	2	3	6	73	5	9	–	400	30	–	–
30	2	5	–	74	5	11	–	500	37	10	–
31	2	6	6	75	5	12	6	600	45	–	–
32	2	8	–	76	5	14	–	700	52	10	–
33	2	9	6	77	5	15	6	800	60	–	–
34	2	11	–	78	5	17	–	900	67	10	–
35	2	12	6	79	5	18	6	1000	75	–	–
36	2	14	–	80	6	–	–	2000	150	–	–
37	2	15	6	81	6	1	6	3000	225	–	–
38	2	17	–	82	6	3	–	4000	300	–	–
39	2	18	6	83	6	4	6	5000	375	–	–
40	3	–	–	[84]	6	6	–	6000	450	–	–
41	3	1	6	85	6	7	6	7000	525	–	–
42	3	3	–	86	6	9	–	8000	600	–	–
43	3	4	6	87	6	10	6	9000	675	–	–
44	3	6	–	88	6	12	–	10000	750	–	–

*N. B. GH stands for *Great Hundred*; Gr. signifies the *Gross*; and W. the *Way*.

272 Feet in a Rod, at 18*d*. per Foot, is 20*l*. 8*s*.
365 Days in a Year, at 18*d*. per Day, is 27*l*. 7*s*. 6*d*.

H

At 18 Pence ¼ per Pound, Yard, &c.

N.	l.	s.	d.	N.	l.	s.	d.		N.	l.	s.	d.
1	-	1	6 ¼	45	3	8	5 ¼		89	6	15	4 ¼
2	-	3	— ½	46	3	9	11 ½		90	6	16	10 ½
3	-	4	6 ¾	47	3	11	5 ¾		91	6	18	4 ¾
4	-	6	1	48	3	13	—		92	5	19	11
5	-	7	7 ¼	49	3	14	6 ¼		93	7	1	5 ¼
6	-	9	1 ½	50	3	16	— ½		94	7	2	11 ½
7	-	10	7 ¾	51	3	17	6 ¾		95	7	4	5 ¾
8	-	12	2	52	3	19	1		96	7	6	—
9	-	13	8 ¼	53	4	—	7 ¼		97	7	7	6 ¼
10	-	15	2 ½	54	4	2	1 ½		98	7	9	— ½
11	-	16	8 ¾	55	4	3	7 ¾		99	7	10	6 ¾
12	-	18	3	[56]	4	5	2		100	7	12	1
13	-	19	9 ¼	57	4	6	8 ¼		101	7	13	7 ¼
14	1	1	3 ½	58	4	8	2 ½		102	7	15	1 ½
15	1	2	9 ¾	59	4	9	8 ¾		103	7	16	7 ¾
16	1	4	4	60	4	11	3		104	7	18	2
17	1	5	10 ¼	61	4	12	9 ¼		105	7	19	8 ¼
18	1	7	4 ½	62	4	14	3 ½		106	8	1	2 ½
19	1	8	10 ¾	63	4	15	9 ¾		107	8	2	8 ¾
20	1	10	5	64	4	17	4		108	8	4	3
21	1	11	11 ¼	65	4	18	10 ¼		109	8	5	9 ¼
22	1	13	5 ½	66	5	—	4 ½		110	8	7	3 ½
23	1	14	11 ¾	67	5	1	10 ¾	*	111	8	8	9 ¾
24	1	16	6	68	5	3	5	GH	112	8	10	4
25	1	18	— ¼	69	5	4	11 ¼	Gr.	144	10	19	—
26	1	19	6 ½	70	5	6	5 ½		200	15	4	2
[27	2	1	— ¾	71	5	7	11 ¾	W.	256	19	9	4
28]	2	2	7	72	5	9	6		300	22	16	3
29	2	4	1 ¼	73	5	11	— ¼		400	30	8	4
30	2	5	7 ½	74	5	12	6 ½		500	38	—	5
31	2	7	1 ¾	75	5	14	— ¾		600	45	12	6
32	2	8	8	76	5	15	7		700	53	4	7
33	2	10	2 ¼	77	5	17	1 ¼		800	60	16	8
34	2	11	8 ½	78	5	18	7 ½		900	68	8	9
35	2	13	2 ¾	79	6	—	1 ¾		1000	76	—	10
36	2	14	9	80	6	1	8		2000	152	1	8
37	2	16	3 ¼	81	6	3	2 ¼		3000	228	2	6
38	2	17	9 ½	82	6	4	8 ½		4000	304	3	4
39	2	19	3 ¾	83	6	6	2 ¾		5000	380	4	2
40	3	—	10	[84]	6	7	9		6000	456	5	—
41	3	2	4 ¼	85	6	9	3 ¼		7000	532	5	10
42	3	3	10 ½	86	6	10	9 ½		8000	608	6	8
43	3	5	4 ¾	87	6	12	3 ¾		9000	684	7	6
44	3	6	11	88	6	13	10		10000	760	8	4

* *N. B.* GH stands for *Great Hundred*; Gr. signifies the *Gross*; and W. the *Wey*.

272 Feet in a Rod, at 18d. ¼ per Foot, is 20l. 13s. 8d.
365 Days in a Year, at 18d. ¼ per Day, is 27l. 15s. 1d. ¼.

At 18 Pence ½ per Pound, Yard, &c.

N.	l.	s.	d.	N	l.	s.	d.	N.	l.	s.	d.
1	-	1	6 ½	45	3	9	4	89	6	17	2 ½
2	-	3	1	46	3	10	11	90	6	18	9
3	-	4	7 ½	47	3	12	5 ½	91	7	—	3 ½
4	-	6	2	48	3	14	—	92	7	1	10
5	-	7	8 ½	49	3	15	6 ½	93	7	3	4 ½
6	-	9	3	50	3	17	1	94	7	4	11
7	-	10	9 ½	51	3	18	7	95	7	6	5 ½
8	-	12	4	52	4	—	2	96	7	8	—
9	-	13	10 ½	53	4	1	8	97	7	9	6 ½
10	-	15	5	54	4	3	3	98	7	11	1
11	-	16	11 ½	55	4	4	9	99	7	12	7 ½
12	-	18	6	56	4	6	4	100	7	14	2
13	1	—	— ½	57	4	7	10 ½	101	7	15	8 ½
14	1	1	7	58	4	9	5	102	7	17	3
15	1	3	1 ½	59	4	10	11 ½	103	7	18	9 ½
16	1	4	8	60	4	12	6	104	8	—	4
17	1	6	2 ½	61	4	14	— ½	105	8	1	10 ½
18	1	7	9	62	4	15	7	106	8	3	5
19	1	9	3 ½	63	4	17	1 ½	107	8	4	11 ½
20	1	10	10	64	4	18	8	108	8	6	6
21	1	12	4 ½	65	5	—	2 ½	109	8	8	— ½
22	1	13	11	66	5	1	9	110	8	9	7
23	1	15	5 ½	67	5	3	3 ½	* 111	8	11	1 ½
24	1	17	—	68	5	4	10	GH 112	8	12	8
25	1	18	6 ½	69	5	6	4 ½	Gr. 144	11	2	—
26	2	—	1	70	5	7	11	200	15	8	4
27	2	1	7 ½	71	5	9	5 ½	W. 256	19	14	8
[28]	2	3	2	72	5	11	—	300	23	2	6
29	2	4	8 ½	73	5	12	6 ½	400	30	16	8
30	2	6	3	74	5	14	1	500	38	10	10
31	2	7	9 ½	75	5	15	7 ½	600	46	5	—
32	2	9	4	76	5	17	2	700	53	19	2
33	2	10	10 ½	77	5	18	8 ½	800	61	13	4
34	2	12	5	78	5	—	3	900	69	7	6
35	2	13	11 ½	79	6	1	9 ½	1000	77	1	8
36	2	15	6	80	6	3	4	2000	154	3	4
37	2	17	— ½	81	6	4	10 ½	3000	231	5	—
38	2	18	7	82	6	6	5	4000	308	6	8
39	3	—	1 ½	83	6	7	11 ½	5000	385	8	4
40	3	1	8	[84]	6	9	6	6000	462	10	—
41	3	3	2 ½	85	6	11	— ½	7000	539	11	8
42	3	4	9	86	6	12	7	8000	616	13	4
43	3	6	3 ½	87	6	14	1 ½	9000	693	15	—
44	3	7	10	88	6	15	8	10000	770	16	8

* *N. B.* GH stands for *Great Hundred*; Gr. signifies the *Gross*; and W. the *Wey*.

272 Feet in a Rod, at 18d. ½ per Foot, is 20l. 19s. 4d.

365 Days in a Year, at 18d. ½ per Day, is 28l. 2s. 8d. ½.

At 18 Pence ¼ per Pound, Yard, &c.

N.	l.	s.	d.	N.	l.	s.	d.	N.	l.	s.	d.
1	-	1	6 ¾	45	3	10	3 ¾	89	6	19	— ¾
2	-	3	1 ½	46	3	11	10 ½	90	7	—	7 ½
3	-	4	8 ¼	47	3	13	5 ¼	91	7	2	2 ¼
4	-	6	3	48	3	15	—	92	7	3	9
5	-	7	9 ¾	49	3	16	6 ¾	93	7	5	3 ¾
6	-	9	4 ½	50	3	18	1 ½	94	7	6	10 ½
7	-	10	11 ¼	51	3	19	8 ¼	95	7	8	5 ¼
8	-	12	6	52	4	1	3	96	7	10	—
9	-	14	— ¾	53	4	2	9 ¾	97	7	11	6 ¾
10	-	15	7 ½	54	4	4	4 ½	98	7	13	1 ½
11	-	17	2 ¼	55	4	5	11 ¼	99	7	14	8 ¼
12	-	18	9	56	4	7	6	100	7	16	3
13	1	—	3 ¾	57	4	9	— ¾	101	7	17	9 ¾
14	1	1	10 ½	58	4	10	7 ½	102	7	19	4 ½
15	1	3	5 ¼	59	4	12	2 ¼	103	8	—	11 ¼
16	1	5	—	60	4	13	9	104	8	2	6
17	1	6	6 ¾	61	4	15	3 ¾	105	8	4	— ¾
18	1	8	1 ½	62	4	16	10 ½	106	8	5	7 ½
19	1	9	8 ¼	63	4	18	5 ¼	107	8	7	2 ¼
20	1	11	3	64	5	—	—	108	8	8	9
21	1	12	9 ¾	65	5	1	6 ¾	109	8	10	3 ¾
22	1	14	4 ½	66	5	3	1 ½	110	8	11	10 ½
23	1	15	11 ¼	67	5	4	8 ¼	111	8	13	5 ¼
24	1	17	6	68	5	6	3	GH 112	8	15	—
25	1	10	— ¾	69	5	7	9 ¾	Gr. 144	11	5	—
26	2	—	7 ½	70	5	9	4 ½	200	15	12	6
27	2	2	2 ¼	71	5	10	11 ¼	W. 256	20	—	—
28	2	3	9	72	5	12	6	300	23	8	9
29	2	5	3 ¾	73	5	14	— ¾	400	31	5	—
30	2	6	10 ½	74	5	15	7 ½	500	30	1	3
31	2	8	5 ¼	75	5	17	2 ¼	600	46	17	6
32	2	10	—	76	5	18	9	700	54	13	9
33	2	11	6 ¾	77	6	—	3 ¾	800	62	10	—
34	2	13	1 ½	78	6	1	10 ½	900	70	6	3
35	2	14	8 ¼	79	6	3	5 ¼	1000	78	2	6
36	2	16	3	80	6	5	—	2000	156	5	—
37	2	17	9 ¾	81	6	6	6 ¾	3000	234	7	6
38	2	19	4 ½	82	6	8	1 ½	4000	312	10	—
39	3	—	11 ¼	83	6	9	8 ¼	5000	390	12	6
40	3	2	6	84	6	11	3	6000	468	15	—
41	3	4	— ¾	85	6	12	9 ¾	7000	546	17	6
42	3	5	7 ½	86	6	14	4 ½	8000	625	—	—
43	3	7	2 ¼	87	6	15	11 ¼	9000	703	2	6
44	3	8	9	88	6	17	6	10000	781	5	—

272 Feet in a Rod, at 18d. ¾ per Foot, is 21l. 5s.

365 Days in a Year, at 18d. ¾ per Day, is 28l. 10s. 3d. ¾.

* *N. B.* GH stands for *Great Hundred*; Gr. signifies the *Gross*; and W. the *Wey*.

At 19 Pence per Pound, Yard, &c.

N.	l.	s.	d.	N.	l.	s.	d.	N.	l.	s.	d.
1	–	1	7	45	3	11	3	89	7	–	11
2	–	3	2	46	3	12	10	90	7	2	6
3	–	4	9	47	3	14	5	91	7	4	1
4	–	6	4	48	3	16	–	92	7	5	8
5	–	7	11	49	3	17	7	93	7	7	3
6	–	9	6	50	3	19	2	94	7	8	10
7	–	11	1	51	4	–	9	95	7	10	5
8	–	12	8	52	4	2	4	96	7	12	–
9	–	14	3	53	4	3	11	97	7	13	7
10	–	15	10	54	4	5	6	98	7	15	2
11	–	17	5	55	4	7	1	99	7	16	9
12	–	19	–	[56]	4	8	8	100	7	18	4
13	1	–	7	57	4	10	3	101	7	19	11
14	1	2	2	58	4	11	10	102	8	1	6
15	1	3	9	59	4	13	5	103	8	3	1
16	1	5	4	60	4	15	–	104	8	4	8
17	1	6	11	61	4	16	7	105	8	6	3
18	1	8	6	62	4	18	2	106	8	7	10
19	1	10	1	63	4	19	9	107	8	9	5
20	1	11	8	64	5	1	4	108	8	11	–
21	1	13	3	65	5	2	11	109	8	12	7
22	1	14	10	66	5	4	6	110	8	14	2
23	1	16	5	67	5	6	1	111	8	15	9
24	1	18	–	68	5	7	8	GH 112	8	17	4
25	1	19	7	69	5	9	3	Gr. 144	11	8	–
26	2	1	2	70	5	10	10	200	15	16	8
27	2	2	9	71	5	12	5	W. 256	20	5	4
[28]	2	4	4	72	5	14	–	300	23	15	–
29	2	5	11	73	5	15	7	400	31	13	4
30	2	7	6	74	5	17	2	500	39	11	8
31	2	9	1	75	5	18	9	600	47	10	–
32	2	10	8	76	6	–	4	700	55	8	4
33	2	12	3	77	6	1	11	800	63	6	8
34	2	13	10	78	6	3	6	900	71	5	–
35	2	15	5	79	6	5	1	1000	79	3	4
36	2	17	–	80	6	6	8	2000	158	6	8
37	2	18	7	81	6	8	3	3000	237	10	–
38	3	–	2	82	6	9	10	4000	316	13	4
39	3	1	9	83	6	11	5	5000	395	16	8
40	3	3	4	[84]	6	13	–	6000	475	–	–
41	3	4	11	85	6	14	7	7000	554	3	4
42	3	6	6	86	6	16	2	8000	633	6	8
43	3	8	1	87	6	17	9	9000	712	10	–
44	3	9	8	88	6	19	4	10000	791	13	4

N.B. GH stands for Great Hundred; Gr. signifies the Gross; and W. the Wey.

272 Feet in a Rod, at 19d. per Foot, is 21l. 10s. 8d.
365 Days in a Year, at 19d. per Day, is 28l. 17s. 11d.

At 19 Pence ¼ per Pound, Yard, &c.

N.	l.	s.	d.	N.	l.	s.	d.	N.	l.	s.	d.
1	–	1	7 ¼	45	3	12	2 ¼	89	7	2	9 ¼
2	–	3	2 ½	46	3	13	9 ½	90	7	4	4 ½
3	–	4	9 ¾	47	3	15	4 ¾	91	7	5	11 ¾
4	–	6	5	48	3	17	—	92	7	7	7
5	–	8	— ¼	49	3	18	7 ¼	93	7	9	2 ¼
6	–	9	7 ½	50	4	—	2 ½	94	7	10	9 ½
7	–	11	2 ¾	51	4	1	9 ¾	95	7	12	4 ¾
8	–	12	10	52	4	3	5	96	7	14	—
9	–	14	5 ¼	53	4	5	— ¼	97	7	15	7 ¼
10	–	16	— ½	54	4	6	7 ½	98	7	17	2 ½
11	–	17	7 ¾	55	4	8	2 ¾	99	7	18	9 ¾
12	–	19	3	[56]	4	9	10	100	8	—	5
13	1	—	10 ¼	57	4	11	5 ¼	101	8	2	— ¼
14	1	2	6 ½	58	4	13	— ½	102	8	3	7 ½
15	1	4	1 ¾	59	4	14	7 ¾	103	8	5	2 ¾
16	1	5	8	60	4	16	3	104	8	6	10
17	1	7	3 ¼	61	4	17	10 ¼	105	8	8	5 ¼
18	1	8	10 ½	62	4	19	5 ½	106	8	10	— ½
19	1	10	5 ¾	63	5	1	— ¾	107	8	11	7 ¾
20	1	12	1	64	5	2	8	108	8	13	3
21	1	13	8 ¼	65	5	4	3 ¼	109	8	14	10 ¼
22	1	15	3 ½	66	5	5	10 ½	110	8	16	5 ½
23	1	16	10 ¾	67	5	7	5 ¾	* 111	8	18	— ¾
24	1	18	6	68	5	9	1	GH 112	8	19	8
25	2	—	1 ¼	69	5	10	8 ¼	Gr. 144	11	11	—
26	2	1	8 ½	70	5	12	3 ½	200	16	—	10
27	2	3	3 ¾	71	5	13	10 ¾	W. 256	20	10	8
28	2	4	11	72	5	15	6	300	24	1	3
29	2	6	6 ¼	73	5	17	1 ¼	400	32	1	8
30	2	8	1 ½	74	5	18	8 ½	500	40	2	1
31	2	9	8 ¾	75	6	—	3 ¾	600	48	2	6
32	2	11	4	76	6	1	11	700	56	2	11
33	2	12	11 ¼	77	6	3	6 ¼	800	64	3	4
34	2	14	6 ½	78	6	5	1 ½	900	72	3	9
35	2	16	1 ¾	79	6	6	8 ¾	1000	80	4	2
36	2	17	9	80	6	8	4	2000	160	8	4
37	2	19	4 ¼	81	6	9	11 ¼	3000	240	12	6
38	3	—	11 ½	82	6	11	6 ½	4000	320	16	8
39	3	2	6 ¾	83	6	13	1 ¾	5000	401	—	10
40	3	4	2	[84]	6	14	9	6000	481	5	—
41	3	5	9 ¼	85	6	16	4 ¼	7000	561	9	2
42	3	7	4 ½	86	6	17	11 ½	8000	641	13	4
43	3	8	11 ¾	87	6	19	6 ¾	9000	721	17	6
44	3	10	7	88	7	1	2	10000	802	1	8

N. B. GH ſtands for *Great Hundred*; Gr. ſignifies the *Groſs*; and W. the *Wey*.

272 Feet in a Rod, at 19d. ¼ per Foot, is 21l. 16s. 4d.
365 Days in a Year, at 19d. ¼ per Day, is 29l. 5s. 6d. ¼.

At 19 Pence ½ per Pound, Yard, &c.

N.	l.	s.	d.	N.	l.	s.	d.	N.	l.	s.	d.
1	–	1	7 ½	45	3	13	1 ½	89	7	4	7 ½
2	–	3	3	46	3	14	9	90	7	6	3
3	–	4	10 ½	47	3	16	4 ½	91	7	7	10 ½
4	–	6	6	48	3	18	—	92	7	9	6
5	–	8	1 ½	49	3	19	7 ½	93	7	11	1 ½
6	–	9	9	50	4	1	3	94	7	12	9
7	–	11	4 ½	51	4	2	10 ½	95	7	14	4 ½
8	–	13	—	52	4	4	6	96	7	16	—
9	–	14	7 ½	53	4	6	1 ½	97	7	17	7 ½
10	–	16	3	54	4	7	9	98	7	19	3
11	–	17	10 ½	55	4	9	4 ½	99	8	—	10 ½
12	–	19	6	[56]	4	11	—	100	8	2	6
13	1	1	1 ½	57	4	12	7 ½	101	8	4	1 ½
14	1	2	9	58	4	14	3	102	8	5	9
15	1	4	4 ½	59	4	15	10 ½	103	8	7	4 ½
16	1	6	—	60	4	17	6	104	8	9	—
17	1	7	7 ½	61	4	19	1 ½	105	8	10	7 ½
18	1	9	3	62	5	—	9	106	8	12	3
19	1	10	10 ½	63	5	2	4 ½	107	8	13	10 ½
20	1	12	6	64	5	4	—	108	8	15	6
21	1	14	1 ½	65	5	5	7 ½	109	8	17	1 ½
22	1	15	9	66	5	7	3	110	8	18	9
23	1	17	4 ½	67	5	8	10 ½	* 111	9	—	4 ½
24	1	19	—	68	5	10	6	GH 112	9	2	—
25	2	—	7 ½	69	5	12	1 ½	Gr. 144	11	14	—
26	2	2	3	70	5	13	9	200	16	5	—
27	2	3	10 ½	71	5	15	4 ½	W. 256	20	16	—
[28]	2	5	6	72	5	17	—	300	24	7	6
29	2	7	1 ½	73	5	18	7 ½	400	32	10	—
30	2	8	9	74	6	—	3	500	40	12	6
31	2	10	4 ½	75	6	1	10 ½	600	48	15	—
32	2	12	—	76	6	3	6	700	56	17	6
33	2	13	7 ½	77	6	5	1 ½	800	65	—	—
34	2	15	3	78	6	6	9	900	73	2	6
35	2	16	10 ½	79	6	8	4 ½	1000	81	5	—
36	2	18	6	80	6	10	—	2000	162	10	—
37	3	—	1 ½	81	6	11	7 ½	3000	243	15	—
38	3	1	9	82	6	13	3	4000	325	—	—
39	3	3	4 ½	83	6	14	10 ½	5000	406	5	—
40	3	5	—	[84]	6	16	6	6000	487	10	—
41	3	6	7 ½	85	6	18	1 ½	7000	568	15	—
42	3	8	3	86	6	19	9	8000	650	—	—
43	3	9	10 ½	87	7	1	4 ½	9000	731	5	—
44	3	11	6	88	7	3	—	10000	812	10	—

* *N. B.* GH stands for *Great Hundred*; Gr. signifies the *Gross*; and W. the *Way*.

272 Feet in a Rod, at 19d. ½ per Foot, is 22l. 2s.
365 Days in a Year, at 19d. ½ per Day, is 29l. 13s. 1d. ½.

At 19 Pence ¾ per Pound, Yard, &c.

N.	l.	s.	d.	N.	l.	s.	d.	N.	l.	s.	d.
1	–	1	7 ¾	45	3	14	— ¾	89	7	6	5 ¾
2	–	3	3 ½	46	3	15	8 ½	90	7	8	1 ½
3	–	4	11 ¼	47	3	17	4 ¼	91	7	9	9 ¼
4	–	6	7	48	3	19	—	92	7	11	5
5	–	8	2 ¾	49	4	—	7 ¾	93	7	13	— ¾
6	–	9	10 ½	50	4	2	3 ½	94	7	14	8 ½
7	–	11	6 ¼	51	4	3	11 ¼	95	7	16	4 ¼
8	–	13	2	52	4	5	7	96	7	18	—
9	–	14	9 ¾	53	4	7	2 ¾	97	7	19	7 ¾
10	–	16	5 ½	54	4	8	10 ½	98	8	1	3 ½
11	–	18	1 ¼	55	4	10	6 ¼	99	8	2	11 ¼
12	–	19	9	[56]	4	12	2	100	8	4	7
13	1	1	4 ¾	57	4	13	9 ¾	101	8	6	2 ¾
14	1	3	— ½	58	4	15	5 ½	102	8	7	10 ½
15	1	4	8 ¼	59	4	17	1 ¼	103	8	9	6 ¼
16	1	6	4	60	4	18	9	104	8	11	2
17	1	7	11 ¾	61	5	—	4 ¾	105	8	12	9 ¾
18	1	9	7 ½	62	5	2	— ½	106	8	14	5 ½
19	1	11	3 ¼	63	5	3	8 ¼	107	8	16	1 ¼
20	1	12	11	64	5	5	4	108	8	17	9
21	1	14	6 ¾	65	5	6	11 ¾	109	8	19	4 ¾
22	1	16	2 ½	66	5	8	7 ½	110	9	1	— ½
23	1	17	10 ¼	67	5	10	3 ¼	* 111	9	2	8 ¼
24	1	19	6	68	5	11	11	GH 112	9	4	4
25	2	1	1 ¾	69	5	13	6 ¾	Gr. 144	11	17	—
26	2	2	9 ½	70	5	15	2 ½	200	16	9	2
27	2	4	5 ¼	71	5	16	10 ¼	W. 256	21	1	4
[28	2	6	1	72	5	18	6	300	24	13	9
29	2	7	8 ¾	73	6	—	1 ¾	400	32	18	4
30	2	9	4 ½	74	6	1	9 ½	500	41	2	11
31	2	11	— ¼	75	6	3	5 ¼	600	49	7	6
32	2	12	8	76	6	5	1	700	57	12	1
33	2	14	3 ¾	77	6	6	8 ¾	800	65	16	8
34	2	15	11 ½	78	6	8	4 ½	900	74	1	3
35	2	17	7 ¼	79	6	10	— ¼	1000	82	5	10
36	2	19	3	80	6	11	8	2000	164	11	8
37	3	—	10 ¾	81	6	13	3 ¾	3000	246	17	6
38	3	2	6 ½	82	6	14	11 ½	4000	329	3	4
39	3	4	2 ¼	83	6	16	7 ¼	5000	411	9	2
40	3	5	10	84	6	18	3	6000	493	15	—
41	3	7	5 ¾	85	6	19	10 ¾	7000	576	—	10
42	3	9	1 ½	86	7	1	6 ½	8000	658	6	8
43	3	10	9 ¼	87	7	3	2 ¼	9000	740	12	6
44	3	12	5	88	7	4	10	10000	822	18	4

* N. B. GH stands for *Great Hundred*; Gr. signifies the *Gross*; and W. the *Wey*.

272 Feet in a Rod, at 19d. ¾ per Foot, is 22l. 7s. 8d.
365 Days in a Year, at 19d. ¾ per Day, is 30l. — 8d. ¾.

At 20 Pence per Pound, Yard, &c.

N.	l.	s.	d.	N.	l.	s.	d.	N.	l.	s.	d.
1	—	1	8	45	3	15	—	89	7	8	4
2	—	3	4	46	3	16	8	90	7	10	—
3	—	5	—	47	3	18	4	91	7	11	8
4	—	6	8	48	4	—	—	92	7	13	4
5	—	8	4	49	4	1	8	93	7	15	—
6	—	10	—	50	4	3	4	94	7	16	8
7	—	11	8	51	4	5	—	95	7	18	4
8	—	13	4	52	4	6	8	96	8	—	—
9	—	15	—	53	4	8	4	97	8	1	8
10	—	16	8	54	4	10	—	98	8	3	4
11	—	18	4	55	4	11	8	99	8	5	—
12	1	—	—	[56]	4	13	4	100	8	6	8
13	1	1	8	57	4	15	—	101	8	8	4
14	1	3	4	58	4	16	8	102	8	10	—
15	1	5	—	59	4	18	4	103	8	11	8
16	1	6	8	60	5	—	—	104	8	13	4
17	1	8	4	61	5	1	8	105	8	15	—
18	1	10	—	62	5	3	4	106	8	16	8
19	1	11	8	63	5	5	—	107	8	18	4
20	1	13	4	64	5	6	8	108	9	—	—
21	1	15	—	65	5	8	4	109	9	1	8
22	1	16	8	66	5	10	—	110	9	3	4
23	1	18	4	67	5	11	8	*111	9	5	—
24	2	—	—	68	5	13	4	GH.112	9	6	8
25	2	1	8	69	5	15	—	Gr. 144	12	—	—
26	2	3	4	70	5	16	8	200	16	13	4
27	2	5	—	71	5	18	4	W. 256	21	6	8
28	2	6	8	72	6	—	—	300	25	—	—
29	2	8	4	73	6	1	8	400	33	6	8
30	2	10	—	74	6	3	4	500	41	13	4
31	2	11	8	75	6	5	—	600	50	—	—
32	2	13	4	76	6	6	8	700	58	6	8
33	2	15	—	77	6	8	4	800	66	13	4
34	2	16	8	78	6	10	—	900	75	—	—
35	2	18	4	79	6	11	8	1000	83	6	8
36	3	—	—	80	6	13	4	2000	166	13	4
37	3	1	8	81	6	15	—	3000	250	—	—
38	3	3	4	82	6	16	8	4000	333	6	8
39	3	5	—	83	6	18	4	5000	416	13	4
40	3	6	8	[84]	7	—	—	6000	500	—	—
41	3	8	4	85	7	1	8	7000	583	6	8
42	3	10	—	86	7	3	4	8000	666	13	4
43	3	11	8	87	7	5	—	9000	750	—	—
44	3	13	4	88	7	6	8	10000	833	6	8

*N. B. GH stands for *Great Hundred*; Gr. signifies the *Gross*; and W. the *Wey*.

272 Feet in a Rod, at 20d. per Foot, is 22l. 13s. 4d.
365 Days in a Year, at 20d. per Day, is 30l. 8s. 4d.

At 20 Pence ¼ per Pound, Yard, &c.

N.	l.	s.	d.	N.	l.	s.	d.	N.	l.	s.	d.
1	-	1	8 ¼	45	3	15	11 ¼	89	7	10	2 ¼
2	-	3	4 ½	40	3	17	7 ½	90	7	11	10 ½
3	-	5	— ¾	47	3	19	3 ¾	91	7	13	6 ¾
4	-	6	9	48	4	1	—	92	7	15	3
5	-	8	5 ¼	49	4	2	8 ¼	93	7	16	11 ¼
6	-	10	1 ½	50	4	4	4 ½	94	7	18	7 ½
7	-	11	9 ¾	51	4	6	— ¾	95	8	—	3 ¾
8	-	13	6	52	4	7	9	96	8	2	—
9	-	15	2 ¼	53	4	9	5 ¼	97	8	3	8 ¼
10	-	16	10 ½	54	4	11	1 ½	98	8	5	4 ½
11	-	18	6 ¾	55	4	12	9 ¾	99	8	7	— ¾
12	1	—	2	[56	4	14	6	100	8	8	9
13	1	1	11 ¼	57	4	16	2 ¼	101	8	10	5 ¼
14	1	3	7 ½	58	4	17	10 ½	102	8	12	1 ½
15	1	5	3 ¾	59	4	19	6 ¾	103	8	13	9 ¾
16	1	7	—	60	5	1	3	104	8	15	6
17	1	8	8 ¼	61	5	2	11 ¼	105	8	17	2 ¼
18	1	10	4 ½	62	5	4	7 ½	106	8	18	10 ½
19	1	12	— ¾	63	5	6	3 ¾	107	9	—	6 ¾
20	1	13	9	64	5	8	—	108	9	2	3
21	1	15	5 ¼	65	5	9	8 ¼	109	9	3	11 ¼
22	1	17	1 ½	66	5	11	4 ½	110	9	5	7 ½
23	1	18	9 ¾	67	5	13	— ¾	* 111	9	7	3 ¾
24	2	—	6	68	5	14	9	GH 112	9	9	—
25	2	2	2 ¼	69	5	16	5 ¼	Gr. 144	12	3	—
26	2	3	10 ½	70	5	18	1 ½	200	16	17	6
27	2	5	6 ¾	71	5	19	9 ¾	W. 256	21	12	—
[28]	2	7	3	72	6	1	6	300	25	6	3
29	2	8	11 ¼	73	6	3	2 ¼	400	33	15	—
30	2	10	7 ½	74	6	4	10 ½	500	42	3	9
31	2	12	3 ¾	75	6	6	6 ¾	600	50	12	6
32	2	14	—	76	6	8	3	700	59	1	3
33	2	15	8 ¼	77	6	9	11 ¼	800	67	10	—
34	2	17	4 ½	78	6	11	7 ½	900	75	18	9
35	2	19	— ¾	79	6	13	3 ¾	1000	84	7	6
36	3	—	9	80	6	15	—	2000	168	15	—
37	3	2	5 ¼	81	6	16	8 ¼	3000	253	2	6
38	3	4	1 ½	82	6	18	4 ½	4000	337	10	—
39	3	5	9 ¾	83	7	—	— ¾	5000	421	17	6
40	3	7	6	[84]	7	1	9	6000	506	5	—
41	3	9	2 ¼	85	7	3	5 ¼	7000	590	12	6
42	3	10	10 ½	86	7	5	1 ½	8000	675	—	—
43	3	12	6 ¾	87	7	6	9 ¾	9000	759	7	6
44	3	14	3	88	7	8	6	10000	843	15	—

272 Feet in a Rod, at 20d. ¼ per Foot, is 22l. 19s.
365 Days in a Year, at 20d. ¼ per Day, is 30l. 15s. 11d. ¼

* *N. B.* GH stands for *Great Hundred*; Gr. signifies the *Gross*; and W. the *Wey*.

At 20 Pence ½ per Pound, Yard, &c.

N.	l.	s.	d.	N.	l.	s.	d.	N.	l.	s.	d.
1	-	1	8 ½	45	3	16	10 ½	89	7	12	— ½
2	-	3	5	46	3	18	7	90	7	13	9
3	-	5	1 ½	47	4	—	3 ½	91	7	15	5 ½
4	-	6	10	48	4	2	—	92	7	17	2
5	-	8	6 ½	49	4	3	8 ½	93	7	18	10 ½
6	-	10	3	50	4	5	5	94	8	—	7
7	-	11	11 ½	51	4	7	1 ½	95	8	2	3 ½
8	-	13	8	52	4	8	10	96	8	4	—
9	-	15	4 ½	53	4	10	6 ½	97	8	5	8 ½
10	-	17	1	54	4	12	3	98	8	7	5
11	-	18	9 ½	55	4	13	11 ½	99	8	9	1 ½
12	1	—	6	[56]	4	15	8	100	8	10	10
13	1	2	2 ½	57	4	17	4 ½	101	8	12	6 ½
14	1	3	11	58	4	19	1	102	8	14	3
15	1	5	5 ½	59	5	—	9 ½	103	8	15	11 ½
16	1	7	4	60	5	2	6	104	8	17	8
17	1	9	— ½	61	5	4	2 ½	105	8	19	4 ½
18	1	10	9	62	5	5	11	106	9	1	1
19	1	12	5 ½	63	5	7	7 ½	107	9	2	9 ½
20	1	14	2	64	5	9	4	108	9	4	6
21	1	15	10 ½	65	5	11	— ½	109	9	6	2 ½
22	1	17	7	66	5	12	9	110	9	7	11
23	1	19	3 ½	67	5	14	5 ½	* 111	9	9	7 ½
24	2	1	—	68	5	16	2	GH 112	9	11	4
25	2	2	8 ½	69	5	17	10 ½	Gr. 144	12	6	—
26	2	4	5	70	5	19	7	200	17	1	8
27	2	6	1 ½	71	6	1	3 ½	W. 256	21	17	4
[28]	2	7	10	72	6	3	—	300	25	12	6
29	2	9	6 ½	73	6	4	8 ½	400	34	3	4
30	2	11	3	74	6	6	5	500	42	14	2
31	2	12	11 ½	75	6	8	1 ½	600	51	5	—
32	2	14	8	76	6	9	10	700	59	15	10
33	2	16	4 ½	77	6	11	6 ½	800	68	6	8
34	2	18	1	78	6	13	3	900	76	17	6
35	2	19	9 ½	79	6	14	11 ½	1000	85	8	4
36	3	1	6	80	6	16	8	2000	170	16	8
37	3	3	2 ½	81	6	18	4 ½	3000	256	5	—
38	3	4	11	82	7	—	1	4000	341	13	4
39	3	6	7 ½	83	7	1	9 ½	5000	427	1	8
40	3	8	4	[84]	7	3	6	6000	512	10	—
41	3	10	— ½	85	7	5	2 ½	7000	597	18	4
42	3	11	9	86	7	6	11	8000	683	6	8
43	3	13	5 ½	87	7	8	7 ½	9000	768	15	—
44	3	15	2	88	7	10	4	10000	854	3	4

272 Feet in a Rod, at 20d. ½ per Foot, is 23l. 4s. 8d.
365 Days in a Year, at 20d. ½ per Day, is 31l. 3s. 6d. ½.

* *N. B.* GH stands for *Great Hundred*; Gr. signifies the *Gross*; and W. the *Wey*.

At 20 Pence ¾ per Pound, Yard, &c.

N.	l.	s.	d.	N.	l.	s.	d.	N.	l.	s.	d.
1	-	1	8 ¾	45	3	17	9 ¾	89	7	13	10 ¾
2	-	3	5 ½	46	3	19	6 ½	90	7	15	7 ½
3	-	5	2 ¼	47	4	1	3 ¼	91	7	17	4 ¼
4	-	6	11	48	4	3	—	92	7	19	1
5	-	8	7 ¾	49	4	4	8 ¾	93	8	—	9 ¾
6	-	10	4 ½	50	4	6	5 ½	94	8	2	6 ½
7	-	12	1 ¼	51	4	8	2 ¼	95	8	4	3 ¼
8	-	13	10	52	4	9	11	96	8	6	—
9	-	15	6 ¾	53	4	11	7 ¾	97	8	7	8 ¾
10	-	17	3 ½	54	4	13	4 ½	98	8	9	5 ½
11	-	19	— ¼	55	4	15	1 ¼	99	8	11	2 ¼
12	1	—	9	[56]	4	16	10	100	8	12	11
13	1	2	5 ¾	57	4	18	6 ¾	101	8	14	7 ¾
14	1	4	2 ½	58	5	—	3 ½	102	8	16	4 ½
15	1	5	11 ¼	59	5	2	— ¼	103	8	18	1 ¼
16	1	7	8	60	5	3	9	104	8	19	10
17	1	9	4 ¾	61	5	5	5 ¾	105	9	1	6 ¾
18	1	11	1 ½	62	5	7	2 ½	106	9	3	3 ½
19	1	12	10 ¼	63	5	8	11 ¼	107	9	5	— ¼
20	1	14	7	64	5	10	8	108	9	6	9
21	1	16	3 ¾	65	5	12	4 ¾	109	9	8	5 ¾
22	1	18	— ½	66	5	14	1 ½	110	9	10	2 ½
23	1	19	9 ¼	67	5	15	10 ¼	* 111	9	11	11 ¼
24	2	1	6	68	5	17	7	GH 112	9	13	8
25	2	3	2 ¾	69	5	19	3 ¾	Gr. 144	12	9	—
26	2	4	11 ½	70	6	1	— ½	200	17	5	10
27	2	6	8 ¼	71	6	2	9 ¼	W. 256	22	2	8
[28]	2	8	5	72	6	4	6	300	25	18	9
29	2	10	1 ¾	73	6	6	2 ¾	400	34	11	8
30	2	11	10 ½	74	6	7	11 ½	500	43	4	7
31	2	13	7 ¼	75	6	9	8 ¼	600	51	17	6
32	2	15	4	76	6	11	5	700	60	10	5
33	2	17	— ¾	77	6	13	1 ¾	800	69	3	4
34	2	18	9 ½	78	6	14	10 ½	900	77	16	3
35	3	—	6 ¼	79	6	16	7 ¼	1000	86	9	2
36	3	2	3	80	6	18	4	2000	172	18	4
37	3	3	11 ¾	81	7	—	— ¾	3000	259	7	6
38	3	5	8 ½	82	7	1	9 ½	4000	345	16	8
39	3	7	5 ¼	83	7	3	6 ¼	5000	432	5	10
40	3	9	2	[84]	7	5	3	6000	518	15	—
41	3	10	10 ¾	85	7	6	11 ¾	7000	605	4	2
42	3	12	7 ½	86	7	8	8 ½	8000	691	13	4
43	3	14	4 ¼	87	7	10	5 ¼	9000	778	2	6
44	3	16	1	88	7	12	3	10000	864	11	8

* N. B. GH stands for *Great Hundred*; Gr. signifies the *Gross*; and W. the *Wey*.

272 Feet in a Rod, at 20d. ¾ per Foot, is 23l. 10s. 4d.
365 Days in a Year, at 20d. ¾ per Day, is 31l. 11s. 2d. ¼.

At 21 Pence per Pound, Yard, &c.

N.	l.	s.	d.	N.	l.	s.	d.	N.	l.	s.	d.
1	–	1	9	45	3	18	9	89	7	15	9
2	–	3	6	46	4	–	6	90	7	17	6
3	–	5	3	47	4	2	3	91	7	19	3
4	–	7	–	48	4	4	–	92	8	1	–
5	–	8	9	49	4	5	9	93	8	2	9
6	–	10	6	50	4	7	6	94	8	4	6
7	–	12	3	51	4	9	3	95	8	6	3
8	–	14	–	52	4	11	–	96	8	8	–
9	–	15	9	53	4	12	9	97	8	9	9
10	–	17	6	54	4	14	6	98	8	11	6
11	–	19	3	55	4	16	3	99	8	13	3
12	1	1	–	[56]	4	18	–	100	8	15	–
13	1	2	9	57	4	19	9	101	8	16	9
14	1	4	6	58	5	1	6	102	8	18	6
15	1	6	3	59	5	3	3	103	9	–	3
16	1	8	–	60	5	5	–	104	9	2	–
17	1	9	9	61	5	6	9	105	9	3	9
18	1	11	6	62	5	8	6	106	9	5	6
19	1	13	3	63	5	10	3	107	9	7	3
20	1	15	–	64	5	12	–	108	9	9	–
21	1	16	9	65	5	13	9	109	9	10	9
22	1	18	6	66	5	15	6	110	9	12	6
23	2	–	3	67	5	17	3	111	9	14	3
24	2	2	–	68	5	19	–	G H 112	9	16	–
25	2	3	9	69	6	–	9	Gr. 144	12	12	–
26	2	5	6	70	6	2	6	200	17	10	–
27	2	7	3	71	6	4	3	W. 256	22	8	–
[28]	2	9	–	72	6	6	–	300	26	5	–
29	2	10	9	73	6	7	9	400	35	–	–
30	2	12	6	74	6	9	6	500	43	15	–
31	2	14	3	75	6	11	3	600	52	10	–
32	2	16	–	76	6	13	–	700	61	5	–
33	2	17	9	77	6	14	9	800	70	–	–
34	2	19	6	78	6	16	6	900	78	15	–
35	3	1	3	79	6	18	3	1000	87	10	–
36	3	3	–	80	7	–	–	2000	175	–	–
37	3	4	9	81	7	1	9	3000	262	10	–
38	3	6	6	82	7	3	6	4000	350	–	–
39	3	8	3	83	7	5	3	5000	437	10	–
40	3	10	–	[84]	7	7	–	6000	525	–	–
41	3	11	9	85	7	8	9	7000	612	10	–
42	3	13	6	86	7	10	6	8000	700	–	–
43	3	15	3	87	7	12	3	9000	787	10	–
44	3	17	–	88	7	14	–	10000	875	–	–

*N. B. GH stands for *Great Hundred*; Gr. signifies *Gross*; and W. the *Way*.

272 Feet in a Rod, at 21d. per Foot, is 23l. 16s.
365 Days in a Year, at 21d. per Day, is 31l. 18s. 9d.

I

At 21 Pence ¼ per Pound, Yard, &c.

N.	l.	s.	d.	N.	l.	s.	d.	N.	l.	s.	d.
1	-	1	9 ¼	45	3	19	8 ¼	89	7	17	7 ¼
2	-	3	6 ½	46	4	1	5 ½	90	7	19	4 ½
3	-	5	3 ¾	47	4	3	2 ¾	91	8	1	1 ¾
4	-	7	1	48	4	5	—	92	8	2	11
5	-	8	10 ¼	49	4	6	9 ¼	93	8	4	8 ¼
6	-	10	7 ½	50	4	8	6 ½	94	8	6	5 ½
7	-	12	4 ¾	51	4	10	3 ¾	95	8	8	2 ¾
8	-	14	2	52	4	12	1	96	8	10	—
9	-	15	11 ¼	53	4	13	10 ¼	97	8	11	9 ¼
10	-	17	8 ½	54	4	15	7 ½	98	8	13	6 ½
11	-	19	5 ¾	55	4	17	4 ¾	99	8	15	3 ¾
12	1	1	3	56	4	19	2	100	8	17	1
13	1	3	— ¼	57	5	—	11 ¼	101	8	18	10 ¼
14	1	4	9 ½	58	5	2	8 ½	102	9	—	7 ½
15	1	6	6 ¾	59	5	4	5 ¾	103	9	2	4 ¾
16	1	8	4	60	5	6	3	104	9	4	2
17	1	10	1 ¼	61	5	8	— ¼	105	9	5	11 ¼
18	1	11	10 ½	62	5	9	9 ½	106	9	7	8 ½
19	1	13	7 ¾	63	5	11	6 ¾	107	9	9	5 ¾
20	1	15	5	64	5	13	4	108	9	11	3
21	1	17	2 ¼	65	5	15	1 ¼	109	9	13	— ¼
22	1	18	11 ½	66	5	16	10 ½	110	9	14	9 ½
23	2	—	8 ¾	67	5	18	7 ¾	* 111	9	16	6 ¾
24	2	2	6	68	6	—	5	GH 112	9	18	4
25	2	4	3 ¼	69	6	2	2 ¼	Gr. 144	12	15	—
26	2	6	— ½	70	6	3	11 ½	200	17	14	2
27	2	7	9 ¾	71	6	5	8 ¾	W. 256	22	13	4
28	2	9	7	72	6	7	6	300	26	11	3
29	2	11	4 ¼	73	6	9	3 ¼	400	35	8	4
30	2	13	1 ½	74	6	11	— ½	500	44	5	5
31	2	14	10 ¾	75	6	12	9 ¾	600	53	2	6
32	2	16	8	76	6	14	7	700	61	19	7
33	2	18	5 ¼	77	6	16	4 ¼	800	70	16	8
34	3	—	2 ½	78	6	18	1 ½	900	79	13	9
35	3	1	11 ¾	79	6	19	10 ¾	1000	88	10	10
36	3	3	9	80	7	1	8	2000	177	1	8
37	3	5	6 ¼	81	7	3	5 ¼	3000	265	12	6
38	3	7	3 ½	82	7	5	2 ½	4000	354	3	4
39	3	9	— ¾	83	7	6	11 ¾	5000	442	14	2
40	3	10	10	84	7	8	9	6000	531	5	—
41	3	12	7 ¼	85	7	10	6 ¼	7000	619	15	10
42	3	14	4 ½	86	7	12	3 ½	8000	708	6	8
43	3	16	1 ¾	87	7	14	— ¾	9000	796	17	6
44	3	17	11	88	7	15	10	10000	885	8	4

272 Feet in a Rod, at 21d. ¼ per Foot, is 24l. 1s. 8d.
365 Days in a Year, at 21d. ¼ per Day, is 32l. 6s. 4d. ¼.

* *N. B.* GH stands for *Great Hundred*; Gr. signifies the *Gross*; and W. the *Wey*.

At 21 Pence ½ per Pound, Yard, &c.

N.	l.	s.	d.	N.	l.	s.	d.	N.	l.	s.	d.
1	-	1	9 ½	45	4	—	7 ½	89	7	19	5 ½
2	-	3	7	46	4	2	5	90	8	1	3
3	-	5	4 ½	47	4	4	2 ½	91	8	3	— ½
4	-	7	2	48	4	6	—	92	8	4	10
5	-	8	11 ½	49	4	7	9 ½	93	8	6	7 ½
6	-	10	9	50	4	9	7	94	8	8	5
7	-	12	6 ½	51	4	11	4 ½	95	8	10	2 ½
8	-	14	4	52	4	13	2	96	8	12	—
9	-	16	1 ½	53	4	14	11 ½	97	8	13	9 ½
10	-	17	11	54	4	16	9	98	8	15	7
11	-	19	8 ½	55	4	18	6 ½	99	8	17	4 ½
12	1	1	6	[56]	5	—	4	100	8	19	2
13	1	3	3 ½	57	5	2	1 ½	101	9	—	11 ½
14	1	5	1	58	5	3	11	102	9	2	9
15	1	6	11 ½	59	5	5	8 ½	103	9	4	6 ½
16	1	8	8	60	5	7	6	104	9	6	4
17	1	10	5 ½	61	5	9	3 ½	105	9	8	1 ½
18	1	12	3	62	5	11	1	106	9	9	11
19	1	14	— ½	63	5	12	10 ½	107	9	11	8 ½
20	1	15	10	64	5	14	8	108	9	13	6
21	1	17	7 ½	65	5	16	5 ½	109	9	15	3 ½
22	1	19	5	66	5	18	3	110	9	17	1
23	2	1	2 ½	67	6	—	— ½	* 111	9	18	10 ½
24	2	3	—	68	6	1	10	GH 112	10	—	8
25	2	4	9 ½	69	6	3	7 ½	Gr. 144	12	18	—
26	2	6	7	70	6	5	5	200	17	18	4
27	2	8	4 ½	71	6	7	2 ½	W. 256	22	18	8
[28]	2	10	2	72	6	9	—	300	26	17	6
29	2	11	11 ½	73	6	10	9 ½	400	35	16	8
30	2	13	9	74	6	12	7	500	44	15	10
31	2	15	6 ½	75	6	14	4 ½	600	53	15	—
32	2	17	4	76	6	16	2	700	62	14	2
33	2	19	1 ½	77	6	17	11 ½	800	71	13	4
34	3	—	11	78	6	19	9	900	80	12	6
35	3	2	8 ½	79	7	1	6 ½	1000	89	11	8
36	3	4	6	80	7	3	4	2000	179	3	4
37	3	6	3 ½	81	7	5	1 ½	3000	268	15	—
38	3	8	1	82	7	6	11	4000	358	6	8
39	3	9	10 ½	83	7	8	8 ½	5000	447	18	4
40	3	11	8	[84]	7	10	6	6000	537	10	—
41	3	13	5 ½	85	7	12	3 ½	7000	627	1	8
42	3	15	3	86	7	14	1	8000	716	13	4
43	3	17	— ½	87	7	15	10 ½	9000	806	5	—
44	3	18	10	88	7	17	8	10000	895	16	8

* *N. B.* GH stands for *Great Hundred*; Gr. signifies the *Gross*; and W. the *Wey*.

272 Feet in a Rod, at 21d. ½ per Foot, is 24l. 7s. 4d.
365 Days in a Year, at 21d. ½ per Day, is 32l. 13s. 11d. ½.

At 21 Pence ¾ per Pound, Yard, &c.

N.	l.	s.	d.	N.	l.	s.	d.	N.	l.	s.	d.
1	-	1	9 ¾	45	4	1	6 ¾	89	8	1	3 ¾
2	-	3	7 ½	46	4	3	4 ½	90	8	3	1 ½
3	-	5	5 ¼	47	4	5	2 ¼	91	8	4	11 ¼
4	-	7	3	48	4	7	—	92	8	6	9
5	-	9	— ¾	49	4	8	9 ¾	93	8	8	6 ¾
6	-	10	10 ½	50	4	10	7 ½	94	8	10	4 ½
7	-	12	8 ¼	51	4	12	5 ¼	95	8	12	2 ¼
8	-	14	6	52	4	14	3	96	8	14	—
9	-	16	3 ¾	53	4	16	— ¾	97	8	15	9 ¾
10	-	18	1 ½	54	4	17	10 ½	98	8	17	7 ½
11	-	19	11 ¼	55	4	19	8 ¼	99	8	19	5 ¼
12	1	1	9	[56]	5	1	6	100	9	1	3
13	1	3	6 ¾	57	5	3	3 ¾	101	9	3	— ¾
14	1	5	4 ½	58	5	5	1 ½	102	9	4	10 ½
15	1	7	2 ¼	59	5	6	11 ¼	103	9	6	8 ¼
16	1	9	—	60	5	8	9	104	9	8	6
17	1	10	9 ¾	61	5	10	6 ¾	105	9	10	3 ¾
18	1	12	7 ½	62	5	12	4 ½	106	9	12	1 ½
19	1	14	5 ¼	63	5	14	2 ¼	107	9	13	11 ¼
20	1	16	3	64	5	16	—	108	9	15	9
21	1	18	— ¾	65	5	17	9 ¾	109	9	17	6 ¾
22	1	19	10 ½	66	5	19	7 ½	110	9	19	4 ½
23	2	1	8 ¼	67	6	1	5 ¼	* 111	10	1	2 ¼
24	2	3	6	68	6	3	3	GH 112	10	3	—
25	2	5	3 ¾	69	6	5	— ¾	Gr. 144	13	1	—
26	2	7	1 ½	70	6	6	10 ½	200	18	2	6
27	2	8	11 ¼	71	6	8	8 ¼	W. 256	23	4	—
[28]	2	10	9	72	6	10	6	300	27	3	9
29	2	12	6 ¾	73	6	12	3 ¾	400	36	5	—
30	2	14	4 ½	74	6	14	1 ½	500	45	6	3
31	2	16	2 ¼	75	6	15	11 ¼	600	54	7	6
32	2	18	—	76	6	17	9	700	63	8	9
33	2	19	9 ¾	77	6	19	6 ¾	800	72	10	—
34	3	1	7 ½	78	7	1	4 ½	900	81	11	3
35	3	3	5 ¼	79	7	3	2 ¼	1000	90	12	6
36	3	5	3	80	7	5	—	2000	181	5	—
37	3	7	— ¾	81	7	6	9 ¾	3000	271	17	6
38	3	8	10 ½	82	7	8	7 ½	4000	362	10	—
39	3	10	8 ¼	83	7	10	5 ¼	5000	453	2	6
40	3	12	6	[84]	7	12	3	6000	543	15	—
41	3	14	3 ¾	85	7	14	— ¾	7000	634	7	6
42	3	16	1 ½	86	7	15	10 ½	8000	725	—	—
43	3	17	11 ¼	87	7	17	8 ¼	9000	815	12	6
44	3	19	9	88	7	19	6	10000	906	5	—

* *N. B.* GH stands for *Great Hundred*; Gr. signifies the *Gross*; and W. the *Wey*.

272 Feet in a Rod, at 21d. ¾ per Foot, is 24l. 13s.

365 Days in a Year, at 21d. ¾ per Day, is 33l. 1s. 6d. ¾.

At 22 Pence per Pound, Yard, &c.

N.	l.	s.	d.	N.	l.	s.	d.	N.	l.	s.	d.
1	—	1	10	45	4	2	6	89	8	3	4
2	—	3	8	46	4	4	4	90	8	5	—
3	—	5	6	47	4	6	2	91	8	6	10
4	—	7	4	48	4	8	—	92	8	8	8
5	—	9	2	49	4	9	10	93	8	10	6
6	—	11	—	50	4	11	8	94	8	12	4
7	—	12	10	51	4	13	6	95	8	14	2
8	—	14	8	52	4	15	4	96	8	16	—
9	—	16	6	53	4	17	2	97	8	17	10
10	—	18	4	54	4	19	—	98	8	19	8
11	1	—	2	55	5	—	10	99	9	1	6
12	1	2	—	56	5	2	8	100	9	3	4
13	1	3	10	57	5	4	6	101	9	5	2
14	1	5	8	58	5	6	4	102	9	7	—
15	1	7	6	59	5	8	2	103	9	8	10
16	1	9	4	60	5	10	—	104	9	10	8
17	1	11	2	61	5	11	10	105	9	12	6
18	1	13	—	62	5	13	8	106	9	14	4
19	1	14	10	63	5	15	6	107	9	16	2
20	1	16	8	64	5	17	4	108	9	18	—
21	1	18	6	65	5	19	2	109	9	19	10
22	2	—	4	66	6	1	—	110	10	1	8
23	2	2	2	67	6	2	10	111	10	3	6
24	2	4	—	68	6	4	8	GH 112	10	5	4
25	2	5	10	69	6	6	6	Gr. 144	13	4	—
26	2	7	8	70	6	8	4	200	18	6	8
27	2	9	6	71	6	10	2	W. 256	23	9	4
28	2	11	4	72	6	12	—	300	27	10	—
29	2	13	2	73	6	13	10	400	36	13	4
30	2	15	—	74	6	15	8	500	45	16	8
31	2	16	10	75	6	17	6	600	55	—	—
32	2	18	8	76	6	19	4	700	64	3	4
33	3	—	6	77	7	1	2	800	73	6	8
34	3	2	4	78	7	3	—	900	82	10	—
35	3	4	2	79	7	4	10	1000	91	13	4
36	3	6	—	80	7	6	8	2000	183	6	8
37	3	7	10	81	7	8	6	3000	275	—	—
38	3	9	8	82	7	10	4	4000	366	13	4
39	3	11	6	83	7	12	2	5000	458	6	8
40	3	13	4	84	7	14	—	6000	550	—	—
41	3	15	2	85	7	15	10	7000	641	13	4
42	3	17	—	86	7	17	8	8000	733	6	8
43	3	18	10	87	7	19	6	9000	825	—	—
44	4	—	8	88	8	1	4	10000	916	13	4

*N. B. GH stands for Great Hundred; Gr. signifies the Grofs; and W. the Wey.

272 Feet in a Rod, at 22d. per Foot, is 24l. 18s. 8d.
365 Days in a Year, at 22d. per Day, is 33l. 9s. 2d.

At 22 Pence ¼ per Pound, Yard, &c.

N.	l.	s.	d.	N.	l.	s.	d.	N.	l.	s.	d.
1	-	1	10 ¼	45	4	3	5 ¼	89	8	5	— ¼
2	-	3	8 ½	46	4	5	3 ½	90	8	6	10 ½
3	-	5	6 ¾	47	4	7	1 ¾	91	8	8	8 ¾
4	-	7	5	48	4	9	—	92	8	10	7
5	-	9	3 ¼	49	4	10	10 ¼	93	8	12	5 ¼
6	-	11	1 ½	50	4	12	8 ½	94	8	14	3 ½
7	-	12	11 ¾	51	4	14	6 ¾	95	8	16	1 ¾
8	-	14	10	52	4	16	5	96	8	18	—
9	-	16	8 ¼	53	4	18	3 ¼	97	8	19	10 ¼
10	-	18	6 ½	54	5	—	1 ½	98	9	1	8 ½
11	1	—	4 ¾	55	5	1	11 ¾	99	9	3	6 ¾
12	1	2	3	[56]	5	3	10	100	9	5	5
13	1	4	1 ¼	57	5	5	8 ¼	101	9	7	3 ¼
14	1	5	11 ½	58	5	7	6 ½	102	9	9	1 ½
15	1	7	9 ¾	59	5	9	4 ¾	103	9	10	11 ¾
16	1	9	8	60	5	11	3	104	9	12	10
17	1	11	6 ¼	61	5	13	1 ¼	105	9	14	8 ¼
18	1	13	4 ½	62	5	14	11 ½	106	9	16	6 ½
19	1	15	2 ¾	63	5	16	9 ¾	107	9	18	4 ¾
20	1	17	1	64	5	18	8	108	10	—	3
21	1	18	11 ¼	65	6	—	6 ¼	109	10	2	1 ¼
22	2	—	9 ½	66	6	2	4 ½	110	10	3	11 ½
23	2	2	7 ¾	67	6	4	2 ¾	* 111	10	5	9 ¾
24	2	4	6	68	6	6	1	GH 112	10	7	8
25	2	6	4 ¼	69	6	7	11 ¼	Gr. 144	13	7	—
26	2	8	2 ½	70	6	9	9 ½	200	18	10	10
27	2	10	— ¾	71	6	11	7 ¾	W. 256	23	14	8
[28]	2	11	11	72	6	13	6	300	27	16	3
29	2	13	9 ¼	73	6	15	4 ¼	400	37	1	8
30	2	15	7 ½	74	6	17	2 ½	500	46	7	1
31	2	17	5 ¾	75	6	19	— ¾	600	55	12	6
32	2	19	4	76	7	—	11	700	64	17	11
33	3	1	2 ¼	77	7	2	9 ¼	800	74	3	4
34	3	3	— ½	78	7	4	7 ½	900	83	8	9
35	3	4	10 ¾	79	7	6	5 ¾	1000	92	14	2
36	3	6	9	80	7	8	4	2000	185	8	4
37	3	8	7 ¼	81	7	10	2 ¼	3000	278	2	6
38	3	10	5 ½	82	7	12	— ½	4000	370	16	8
39	3	12	3 ¾	83	7	13	10 ¾	5000	463	10	10
40	3	14	2	[84]	7	15	9	6000	556	5	—
41	3	16	— ¼	85	7	17	7 ¼	7000	648	19	2
42	3	17	10 ½	86	7	19	5 ½	8000	741	13	4
43	3	19	8 ¾	87	8	11	3 ¾	9000	834	7	6
44	4	1	7	88	8	3	2	10000	927	1	8

272 Feet in a Rod, at 22d. ¼ per Foot, is 25l. 4s. 4d.
365 Days in a Year, at 22d. ¼ per Day, is 33l. 16s. 9d. ¼.

* *N. B.* GH stands for *Great Hundred*; Gr. signifies the *Gross*; and W. the *Way*.

At 22 Pence ½ per Pound, Yard, &c.

N.	l.	s.	d.	N.	l.	s.	d.	N.	l.	s.	d.
1	—	1	10 ½	45	4	4	4 ½	89	8	6	10 ½
2	—	3	9	46	4	6	3	90	8	8	9
3	—	5	7 ½	47	4	8	1 ½	91	8	10	7 ½
4	—	7	6	48	4	10	—	92	8	12	6
5	—	9	4 ½	49	4	11	10 ½	93	8	14	4 ½
6	—	11	3	50	4	13	9	94	8	16	3
7	—	13	1 ½	51	4	15	7 ½	95	8	18	1 ½
8	—	15	—	52	4	17	6	96	9	—	—
9	—	16	10 ½	53	4	19	4 ½	97	9	1	10 ½
10	—	18	9	54	5	1	3	98	9	3	9
11	1	—	7 ½	55	5	3	1 ½	99	9	5	7 ½
12	1	2	6	[56]	5	5	—	100	9	7	6
13	1	4	4 ½	57	5	6	10 ½	101	9	9	4 ½
14	1	6	3	58	5	8	9	102	9	11	3
15	1	8	1 ½	59	5	10	7 ½	103	9	13	1 ½
16	1	10	—	60	5	12	6	104	9	15	—
17	1	11	10 ½	61	5	14	4 ½	105	9	16	10 ½
18	1	13	9	62	5	16	3	106	9	18	9
19	1	15	7 ½	63	5	18	1 ½	107	10	—	7 ½
20	1	17	6	64	6	—	—	108	10	2	6
21	1	19	4 ½	65	6	1	10 ½	109	10	4	4 ½
22	2	1	3	66	6	3	9	110	10	6	3
23	2	3	1 ½	67	6	5	7 ½	*111	10	8	1 ½
24	2	5	—	68	6	7	6	GH 112	10	10	—
25	2	6	10 ½	69	6	9	4 ½	Gr. 144	13	10	—
26	2	8	9	70	6	11	3	200	18	15	—
27	2	10	7 ½	71	6	13	1 ½	W. 256	24	—	—
[28]	2	12	6	72	6	15	—	300	28	2	6
29	2	14	4 ½	73	6	16	10 ½	400	37	10	—
30	2	16	3	74	6	18	9	500	46	17	6
31	2	18	1 ½	75	7	—	7 ½	600	56	5	—
32	3	—	—	76	7	2	6	700	65	12	6
33	3	1	10 ½	77	7	4	4 ½	800	75	—	—
34	3	3	9	78	7	6	3	900	84	7	6
35	3	5	7 ½	79	7	8	1 ½	1000	93	15	—
36	3	7	6	80	7	10	—	2000	187	10	—
37	3	9	4 ½	81	7	11	10 ½	3000	281	5	—
38	3	11	3	82	7	13	9	4000	375	—	—
39	3	13	1 ½	83	7	15	7 ½	5000	468	15	—
40	3	15	—	[84]	7	17	6	6000	562	10	—
41	3	16	10 ½	85	7	19	4 ½	7000	656	5	—
42	3	18	9	86	8	1	3	8000	750	—	—
43	4	—	7 ½	87	8	3	1 ½	9000	843	15	—
44	4	2	6	88	8	5	—	10000	937	10	—

* N. B. GH stands for *Great Hundred*; Gr. signifies the *Gross*; and W. the *Wey*.

272 Feet in a Rod, at 22d. ½ per Foot, is 25l. 10s.
365 Days in a Year, at 22d. ½ per Day, is 34l. 4s. 4d. ½.

At 22 Pence ¾ per Pound, Yard, &c.

N.	l.	s.	d.	N.	l.	s.	d.	N.	l.	s.	d.
1	-	1	10 ¾	45	4	5	3 ¾	89	8	8	8 ¾
2	-	3	9 ½	46	4	7	2 ½	90	8	10	7 ½
3	-	5	8 ¼	47	4	9	1 ¼	91	8	12	6 ¼
4	-	7	7	48	4	11	—	92	8	14	5
5	-	9	5 ¾	49	4	12	10 ¾	93	8	16	3 ¾
6	-	11	4 ½	50	4	14	9 ½	94	8	18	2 ½
7	-	13	3 ¼	51	4	16	8 ¼	95	9	—	1 ¼
8	-	15	2	52	4	18	7	96	9	2	—
9	-	17	— ¾	53	5	—	5 ¾	97	9	3	10 ¾
10	1	18	11 ½	54	5	2	4 ½	98	9	5	9 ½
11	1	—	10 ¼	55	5	4	3 ¼	99	9	7	8 ¼
12	1	2	9	[56]	5	6	2	100	9	9	7
13	1	4	7 ¾	57	5	8	— ¾	101	9	11	5 ¾
14	1	6	6 ½	58	5	9	11 ½	102	9	13	4 ½
15	1	8	5 ¼	59	5	11	10 ¼	103	9	15	3 ¼
16	1	10	4	60	5	13	9	104	9	17	2
17	1	12	2 ¾	61	5	15	7 ¾	105	9	19	— ¾
18	1	14	1 ½	62	5	17	6 ½	106	10	—	11 ½
19	1	16	— ¼	63	5	19	5 ¼	107	10	2	10 ¼
20	1	17	11	64	6	1	4	108	10	4	9
21	1	19	9 ¾	65	6	3	2 ¾	109	10	6	7 ¾
22	2	1	8 ½	66	6	5	1 ½	110	10	8	6 ½
23	2	3	7 ¼	67	6	7	— ¼	* 111	10	10	5 ¼
24	2	5	6	68	6	8	11	GH 112	10	12	4
25	2	7	4 ¾	69	6	10	9 ¾	Gr. 144	13	13	—
26	2	9	3 ½	70	6	12	8 ½	200	18	19	2
27	2	11	2 ¼	71	6	14	7 ¼	W. 256	24	5	4
[28]	2	13	1	72	6	16	6	300	28	8	9
29	2	14	11 ¾	73	6	18	4 ¾	400	37	18	4
30	2	16	10 ½	74	7	—	3 ½	500	47	7	11
31	2	18	9 ¼	75	7	2	2 ¼	600	56	17	6
32	3	—	8	76	7	4	1	700	66	7	1
33	3	2	6 ¾	77	7	5	11 ¾	800	75	16	8
34	3	4	5 ½	78	7	7	10 ½	900	85	6	3
35	3	6	4 ¼	79	7	9	9 ¼	1000	94	15	10
36	3	8	3	80	7	11	8	2000	189	11	8
37	3	10	1 ¾	81	7	13	6 ¾	3000	284	7	6
38	3	12	— ½	82	7	15	5 ½	4000	379	3	4
39	3	13	11 ¼	83	7	17	4 ¼	5000	473	19	2
40	3	15	10	[84]	7	19	3	6000	568	15	—
41	3	17	8 ¾	85	8	1	1 ¾	7000	663	10	10
42	3	19	7 ½	86	8	3	— ½	8000	758	6	8
43	4	1	6 ¼	87	8	4	11 ¼	9000	853	2	6
44	4	3	5	88	8	6	10	10000	947	18	4

* *N. B.* GH stands for *Great Hundred*; Gr. signifies the *Gross*, and W. the *Wey*.

272 Feet in a Rod, at 22d. ¾ per Foot, is 25l. 15s. 8d.
365 Days in a Year, at 22d. ¾ per Day, is 34l. 11s. 11d. ¾.

At 23 Pence per Pound, Yard, &c.

N.	l.	s.	d.	N.	l.	s.	d.	N.	l.	s.	d.
1	–	1	11	45	4	6	3	89	8	10	7
2	–	3	10	46	4	8	2	90	8	12	6
3	–	5	9	47	4	10	1	91	8	14	5
4	–	7	8	48	4	12	–	92	8	16	4
5	–	9	7	49	4	13	11	93	8	18	3
6	–	11	6	50	4	15	10	94	9	–	2
7	–	13	5	51	4	17	9	95	9	2	1
8	–	15	4	52	4	19	8	96	9	4	–
9	–	17	3	53	5	1	7	97	9	5	11
10	–	19	2	54	5	3	6	98	9	7	10
11	1	1	1	55	5	5	5	99	9	9	9
12	1	3	–	[56]	5	7	4	100	9	11	8
13	1	4	11	57	5	9	3	101	9	13	7
14	1	6	10	58	5	11	2	102	9	15	6
15	1	8	9	59	5	13	1	103	9	17	5
16	1	10	8	60	5	15	–	104	9	19	4
17	1	12	7	61	5	16	11	105	10	1	3
18	1	14	6	62	5	18	10	106	10	3	2
19	1	16	5	63	6	–	9	107	10	5	1
20	1	18	4	64	6	2	8	108	10	7	–
21	2	–	3	65	6	4	7	109	10	8	11
22	2	2	2	66	6	6	6	110	10	10	10
23	2	4	1	67	6	8	5	*111	10	12	9
24	2	6	–	68	6	10	4	GH 112	10	14	8
25	2	7	11	69	6	12	3	Gr. 144	13	16	–
26	2	9	10	70	6	14	2	200	19	3	4
27	2	11	9	71	6	16	1	W. 256	24	10	8
28	2	13	8	72	6	18	–	300	28	15	–
29	2	15	7	73	6	19	11	400	38	6	8
30	2	17	6	74	7	1	10	500	47	18	4
31	2	19	5	75	7	3	9	600	57	10	–
32	3	1	4	76	7	5	8	700	67	1	8
33	3	3	3	77	7	7	7	800	76	13	4
34	3	5	2	78	7	9	6	900	86	5	–
35	3	7	1	79	7	11	5	1000	95	16	8
36	3	9	–	80	7	13	4	2000	191	13	4
37	3	10	11	81	7	15	3	3000	287	10	–
38	3	12	10	82	7	17	2	4000	383	6	8
39	3	14	9	83	7	19	1	5000	479	3	4
40	3	16	8	[84]	8	1	–	6000	575	–	–
41	3	18	7	85	8	2	11	7000	670	16	8
42	4	–	6	86	8	4	10	8000	766	13	4
43	4	2	5	87	8	6	9	9000	862	10	–
44	4	4	4	88	8	8	8	10000	958	6	8

*N. B. G H stands for *Great Hundred*; Gr. signifies the *Grofs*; and W. the *Wey*.

272 Feet in a Rod, at 23d. per Foot, is 26l. 1s. 4d.
365 Days in a Year, at 23d. per Day, is 34l. 19s. 7d.

At 23 Pence ¼ per Pound, Yard, &c.

N.	l.	s.	d.	N.	l.	s.	d.	N.	l.	s.	d.
1	–	1	11 ¼	45	4	7	2 ¼	89	8	12	5 ¼
2	–	3	10 ½	46	4	9	1 ½	90	8	14	4 ½
3	–	5	9 ¾	47	4	11	– ¾	91	8	16	3 ¾
4	–	7	9	48	4	13	–	92	8	18	3
5	–	9	8 ¼	49	4	14	11 ¼	93	9	–	2 ¼
6	–	11	7 ½	50	4	16	10 ½	94	9	2	1 ½
7	–	13	6 ¾	51	4	18	9 ¾	95	9	4	– ¾
8	–	15	6	52	5	–	9	96	9	6	–
9	–	17	5 ¼	53	5	2	8 ¼	97	9	7	11 ¼
10	–	19	4 ½	54	5	4	7 ½	98	9	9	10 ½
11	1	1	3 ¾	55	5	6	6 ¾	99	9	11	9 ¾
12	1	3	3	[56]	5	8	6	100	9	13	9
13	1	5	2 ¼	57	5	10	5 ¼	101	9	15	8 ¼
14	1	7	1 ½	58	5	12	4 ½	102	9	17	7 ½
15	1	9	– ¾	59	5	14	3 ¾	103	9	19	6 ¾
16	1	11	–	60	5	16	3	104	10	1	6
17	1	12	11 ¼	61	5	18	2 ¼	105	10	3	5 ¼
18	1	14	10 ½	62	6	–	1 ½	106	10	5	4 ½
19	1	16	9 ¾	63	6	2	– ¾	107	10	7	3 ¾
20	1	18	9	64	6	4	–	108	10	9	3
21	2	–	8 ¼	65	6	5	11 ¼	109	10	11	2 ¼
22	2	2	7 ½	66	6	7	10 ½	110	10	13	1 ½
23	2	4	6 ¾	67	6	9	9 ¾	* 111	10	15	– ¾
24	2	6	6	68	6	11	9	GH 112	10	17	–
25	2	8	5 ¼	69	6	13	8 ¼	Gr. 144	13	19	–
26	2	10	4 ½	70	6	15	7 ½	200	19	7	6
27	2	12	3 ¾	71	6	17	6 ¾	W. 256	24	16	–
[28]	2	14	3	72	6	19	6	300	29	1	3
29	2	16	2 ¼	73	7	1	5 ¼	400	38	15	–
30	2	18	1 ½	74	7	3	4 ½	500	48	8	9
31	3	–	– ¾	75	7	5	3 ¾	600	58	2	6
32	3	2	–	76	7	7	3	700	67	16	3
33	3	3	11 ¼	77	7	9	2 ¼	800	77	10	–
34	3	5	10 ½	78	7	11	1 ½	900	87	3	9
35	3	7	9 ¾	79	7	13	– ¾	1000	96	17	6
36	3	9	9	80	7	15	–	2000	193	15	–
37	3	11	8 ¼	81	7	16	11 ¼	3000	290	12	6
38	3	13	7 ½	82	7	18	10 ½	4000	387	10	–
39	3	15	6 ¾	83	8	–	9 ¾	5000	484	7	6
40	3	17	6	[84]	8	2	9	6000	581	5	–
41	3	19	5 ¼	85	8	4	8 ¼	7000	678	2	6
42	4	1	4 ½	86	8	6	7 ½	8000	775	–	–
43	4	3	3 ¾	87	8	8	6 ¾	9000	871	17	6
44	4	5	3	88	8	10	6	10000	968	15	–

N. B. GH stands for *Great Hundred*; Gr. signifies the *Grofs*; and W. the *Way*.

272 Feet in a Rod, at 23d. ¼ per Foot, is 26l. 7s.
365 Days in a Year, at 23d. ¼ per Day, is 35l. 7s. 2d. ¼.

At 23 Pence ½ per Pound, Yard, &c.

N.	l.	s.	d.	N.	l.	s.	d.	N.	l.	s.	d.
1	-	1	11 ½	45	4	8	1 ½	89	8	14	3 ½
2	-	3	11	46	4	10	1	90	8	16	3
3	-	5	10 ½	47	4	12	— ½	91	8	18	2 ½
4	-	7	10	48	4	14	—	92	9	—	2
5	-	9	9 ½	49	4	15	11 ½	93	9	2	1 ½
6	-	11	9	50	4	17	11	94	9	4	1
7	-	13	8 ½	51	4	19	10 ½	95	9	6	— ½
8	-	15	8	52	5	1	10	96	9	8	—
9	-	17	7 ½	53	5	3	9 ½	97	9	9	11 ½
10	-	19	7	54	5	5	9	98	9	11	11
11	1	1	6 ½	55	5	7	8 ½	99	9	13	10 ½
12	1	3	6	[56]	5	9	8	100	9	15	10
13	1	5	5 ½	57	5	11	7 ½	101	9	17	9 ½
14	1	7	5	58	5	13	7	102	9	19	9
15	1	9	4 ½	59	5	15	6 ½	103	10	1	8 ½
16	1	11	4	60	5	17	6	104	10	3	8
17	1	13	3 ½	61	5	19	5 ½	105	10	5	7 ½
18	1	15	3	62	6	1	5	106	10	7	7
19	1	17	2 ½	63	6	3	4 ½	107	10	9	6 ½
20	1	19	2	64	6	5	4	108	10	11	6
21	2	1	1 ½	65	6	7	3 ½	109	10	13	5 ½
22	2	3	1	66	6	9	3	110	10	15	5
23	2	5	— ½	67	6	11	2 ½	* 111	10	17	4 ½
24	2	7	—	68	6	13	2	GH 112	10	19	4
25	2	8	11 ½	69	6	15	1 ½	Gr. 144	14	2	—
26	2	10	11	70	6	17	1	200	19	11	8
27	2	12	10 ½	71	6	19	— ½	W. 256	25	1	4
[28]	2	14	10	72	7	1	—	300	29	7	6
29	2	16	9 ½	73	7	2	11 ½	400	39	3	4
30	2	18	9	74	7	4	11	500	48	19	2
31	3	—	8 ½	75	7	6	10 ½	600	58	15	—
32	3	2	8	76	7	8	10	700	68	10	10
33	3	4	7 ½	77	7	10	9 ½	800	78	6	8
34	3	6	7	78	7	12	9	900	88	2	6
35	3	8	6 ½	79	7	14	8 ½	1000	97	18	4
36	3	10	6	80	7	16	8	2000	195	16	8
37	3	12	5 ½	81	7	18	7 ½	3000	293	15	—
38	3	14	5	82	8	—	7	4000	391	13	4
39	3	16	4 ½	83	8	2	6 ½	5000	489	11	8
40	3	18	4	[84]	8	4	6	6000	587	10	—
41	4	—	3 ½	85	8	6	5 ½	7000	685	8	4
42	4	2	3	86	8	8	5	8000	783	6	8
43	4	4	2 ½	87	8	10	4 ½	9000	881	5	—
44	4	6	2.	88	8	12	4	10000	979	3	4

* N. B. GH stands for *Great Hundred*; Gr. signifies the *Gross*; and W. the *Wey*.

272 Feet in a Rod, at 23d. ½ per Foo', is 26l. 12s. 8d.
365 Days in a Year, at 23d. ½ per Day, is 35l. 14s. 9d. ½.

At 23 Pence ¾ per Pound, Yard, &c.

N.	l.	s.	d.	N.	l.	s.	d.		N.	l.	s.	d.
1	-	1	11 ¾	45	4	9	— ¾		89	8	16	1 ¾
2	-	3	11 ½	46	4	11	— ½		90	8	18	1 ½
3	-	5	11 ¼	47	4	13	— ¼		91	9	—	1 ¼
4	-	7	11	48	4	15	—		92	9	2	1
5	-	9	10 ¾	49	4	16	11 ¾		93	9	4	— ¾
6	-	11	10 ½	50	4	18	11 ½		94	9	6	— ½
7	-	13	10 ¼	51	5	—	11 ¼		95	9	8	— ¼
8	-	15	10	52	5	2	11		96	9	10	—
9	-	17	9 ¾	53	5	4	10 ¾		97	9	11	11 ¾
10	-	19	9 ½	54	5	6	10 ½		98	9	13	11 ½
11	1	1	9 ¼	55	5	8	10 ¼		99	9	15	11 ¼
12	1	3	9	[56]	5	10	10		100	9	17	11
13	1	5	8 ¾	57	5	12	9 ¾		101	9	19	10 ¾
14	1	7	8 ½	58	5	14	9 ½		102	10	1	10 ½
15	1	9	8 ¼	59	5	16	9 ¼		103	10	3	10 ¼
16	1	11	8	60	5	18	9		104	10	5	10
17	1	13	7 ¾	61	6	—	8 ¾		105	10	7	9 ¾
18	1	15	7 ½	62	6	2	8 ½		106	10	9	9 ½
19	1	17	7 ¼	63	6	4	8 ¼		107	10	11	9 ¼
20	1	19	7	64	6	6	8		108	10	13	9
21	2	1	6 ¾	65	6	8	7 ¾		109	10	15	8 ¾
22	2	3	6 ½	66	6	10	7 ½		110	10	17	8 ½
23	2	5	6 ¼	67	6	12	7 ¼	*	111	10	19	8 ¼
24	2	7	6	68	6	14	7	GH	112	11	1	8
25	2	9	5 ¾	69	6	16	6 ¾	Gr.	144	14	5	—
26	2	11	5 ½	70	6	18	6 ½		200	19	15	10
27	2	13	5 ¼	71	7	—	6 ¼	W.	256	25	6	8
[28]	2	15	5	72	7	2	6		300	29	13	9
29	2	17	4 ¾	73	7	4	5 ¾		400	39	11	8
30	2	19	4 ½	74	7	6	5 ½		500	49	9	7
31	3	1	4 ¼	75	7	8	5 ¼		600	59	7	6
32	3	3	4	76	7	10	5		700	69	5	5
33	3	5	3 ¾	77	7	12	4 ¾		800	79	3	4
34	3	7	3 ½	78	7	14	4 ½		900	89	1	3
35	3	9	3 ¼	79	7	16	4 ¼		1000	98	19	2
36	3	11	3	80	7	18	4		2000	197	18	4
37	3	13	2 ¾	81	8	—	3 ¾		3000	296	17	6
38	3	15	2 ½	82	8	2	3 ½		4000	395	16	8
39	3	17	2 ¼	83	8	4	3 ¼		5000	494	15	10
40	3	19	2	[84]	8	6	3		6000	593	15	—
41	4	1	1 ¾	85	8	8	2 ¾		7000	692	14	2
42	4	3	1 ½	86	8	10	2 ½		8000	791	13	4
43	4	5	1 ¼	87	8	12	2 ¼		9000	890	12	6
44	4	7	1	88	8	14	2		10000	989	11	8

272 Feet in a Rod, at 23d. ¾ per Foot, is 26l. 18s. 4d.
365 Days in a Year, at 23d. ¾ per Day, is 36l. 2s. 4d. ¾.

* *N. B.* GH stands for *Great Hundred*; Gr. signifies the *Gross*; and W. the *Wey*.

At 2s. per Pound, Yard, &c.

N.	l.	s.	d.	N.	l.	s.	d.	N.	l.	s.	d.
1	–	2	–	45	4	10	–	89	8	18	–
2	–	4	–	46	4	12	–	90	9	–	–
3	–	6	–	47	4	14	–	91	9	2	–
4	–	8	–	48	4	16	–	92	9	4	–
5	–	10	–	49	4	18	–	93	9	6	–
6	–	12	–	50	5	–	–	94	9	8	–
7	–	14	–	51	5	2	–	95	9	10	–
8	–	16	–	52	5	4	–	96	9	12	–
9	–	18	–	53	5	6	–	97	9	14	–
10	1	–	–	54	5	8	–	98	9	16	–
11	1	2	–	55	5	10	–	99	9	18	–
12	1	4	–	[56]	5	12	–	100	10	–	–
13	1	6	–	57	5	14	–	101	10	2	–
14	1	8	–	58	5	16	–	102	10	4	–
15	1	10	–	59	5	18	–	103	10	6	–
16	1	12	–	60	6	–	–	104	10	8	–
17	1	14	–	61	6	2	–	105	10	10	–
18	1	16	–	62	6	4	–	106	10	12	–
19	1	18	–	63	6	6	–	107	10	14	–
20	2	–	–	64	6	8	–	108	10	16	–
21	2	2	–	65	6	10	–	109	10	18	–
22	2	4	–	66	6	12	–	110	11	–	–
23	2	6	–	67	6	14	–	* 111	11	2	–
24	2	8	–	68	6	16	–	GH 112	11	4	–
25	2	10	–	69	6	18	–	Gr. 144	14	8	–
26	2	12	–	70	7	–	–	200	20	–	–
27	2	14	–	71	7	2	–	W. 250	25	12	–
28]	2	16	–	72	7	4	–	300	30	–	–
29	2	18	–	73	7	6	–	400	40	–	–
30	3	–	–	74	7	8	–	500	50	–	–
31	3	2	–	75	7	10	–	600	60	–	–
32	3	4	–	76	7	12	–	700	70	–	–
33	3	6	–	77	7	14	–	800	80	–	–
34	3	8	–	78	7	16	–	900	90	–	–
35	3	10	–	79	7	18	–	1000	100	–	–
36	3	12	–	80	8	–	–	2000	200	–	–
37	3	14	–	81	8	2	–	3000	300	–	–
38	3	16	–	82	8	4	–	4000	400	–	–
39	3	18	–	83	8	6	–	5000	500	–	–
40	4	–	–	[84]	8	8	–	6000	600	–	–
41	4	2	–	85	8	10	–	7000	700	–	–
42	4	4	–	86	8	12	–	8000	800	–	–
43	4	6	–	87	8	14	–	9000	900	–	–
44	4	8	–	88	8	16	–	10000	1000	–	–

* N. B. GH stands for *Great Hundred*; Gr. signifies the *Gross*; and W. the *W'g'*.

272 Feet in a Rod, at 2s. per Foot, is 27l. 4s.
365 Days in a Year, at 2s. per Day, is 36l. 10s.

K

At 2s. —d. ½ per Pound, Yard, &c.

N.	l.	s.	d.	N.	l.	s.	d.	N.	l.	s.	d.
1	–	2	— ½	45	4	11	10 ½	89	9	1	8½
2	–	4	1	46	4	13	11	90	9	3	9
3	–	6	1 ½	47	4	15	11 ½	91	9	5	9½
4	–	8	2	48	4	18	—	92	9	7	10
5	–	10	2 ½	49	5	—	— ½	93	9	9	10½
6	–	12	3	50	5	2	1	94	9	11	11
7	–	14	3 ½	51	5	4	1 ½	95	9	13	11½
8	–	16	4	52	5	6	2	96	9	16	—
9	–	18	4 ½	53	5	8	2 ½	97	9	18	— ½
10	1	—	5	54	5	10	3	98	10	—	1
11	1	2	5 ½	55	5	12	3 ½	99	10	2	1½
12	1	4	6	[56]	5	14	4	100	10	4	2
13	1	6	6 ½	57	5	16	4 ½	101	10	6	2½
14	1	8	7	58	5	18	5	102	10	8	3
15	1	10	7 ½	59	6	—	5 ½	103	10	10	3½
16	1	12	8	60	6	2	6	104	10	12	4
17	1	14	8 ½	61	6	4	6 ½	105	10	14	4½
18	1	16	9	62	6	6	7	106	10	16	5
19	1	18	9 ½	63	6	8	7 ½	107	10	18	5½
20	2	—	10	64	6	10	8	108	11	—	6
21	2	2	10 ½	65	6	12	8 ½	109	11	2	6½
22	2	4	11	66	6	14	9	110	11	4	7
23	2	6	11 ½	67	6	16	9 ½	* 111	11	6	7½
24	2	9	—	68	6	18	10	GH 112	11	8	8
25	2	11	— ½	69	7	—	10 ½	Gr. 144	14	14	—
26	2	13	1	70	7	2	11	200	20	8	4
27	2	15	1 ½	71	7	4	11 ½	W. 256	26	2	8
[28]	2	17	2	72	7	7	—	300	30	12	6
29	2	19	2 ½	73	7	9	— ½	400	40	16	8
30	3	1	3	74	7	11	1	500	51	—	10
31	3	3	3 ½	75	7	13	1 ½	600	61	5	—
32	3	5	4	76	7	15	2	700	71	9	2
33	3	7	4 ½	77	7	17	2 ½	800	81	13	4
34	3	9	5	78	7	19	3	900	91	17	6
35	3	11	5 ½	79	8	1	3 ½	1000	102	1	8
36	3	13	6	80	8	3	4	2000	204	3	4
37	3	15	6 ½	81	8	5	4 ½	3000	306	5	—
38	3	17	7	82	8	7	5	4000	408	6	8
39	3	19	7 ½	83	8	9	5 ½	5000	510	8	4
40	4	1	8	[84]	8	11	6	6000	612	10	—
41	4	3	8 ½	85	8	13	6 ½	7000	714	11	8
42	4	5	9	86	8	15	7	8000	816	13	4
43	4	7	9 ½	87	8	17	7 ½	9000	918	15	—
44	4	9	10	88	8	19	8	10000	1020	16	8

272 Feet in a Rod, at 2s. —d. ½ per Foot, is 27l. 15s. 4d.

365 Days in a Year, at 2s. —d. ½ per Day, is 37l. 5s. 2d. ½.

* *N. B.* GH stands for *Great Hundred*; Gr. signifies the *Gross*; and W. the *Wey*.

At 2s. 1d. per Pound, Yard, &c.

N.	l. s. d.	N.	l. s. d.	N.	l. s. d.
1	- 2 1	45	4 13 9	89	9 5 5
2	- 4 2	46	4 15 10	90	9 7 6
3	- 6 3	47	4 17 11	91	9 9 7
4	- 8 4	48	5 - -	92	9 11 8
5	- 10 5	49	5 2 1	93	9 13 9
6	- 12 6	50	5 4 2	94	9 15 10
7	- 14 7	51	5 6 3	95	9 17 11
8	- 16 8	52	5 8 4	96	10 - -
9	- 18 9	53	5 10 5	97	10 2 1
10	1 - 10	54	5 12 6	98	10 4 2
11	1 2 11	55	5 14 7	99	10 6 3
12	1 5 -	[56]	5 16 8	100	10 8 4
13	1 7 1	57	5 18 9	101	10 10 5
14	1 9 2	58	6 - 10	102	10 12 6
15	1 11 3	59	6 2 11	103	10 14 7
16	1 13 4	60	6 5 -	104	10 16 8
17	1 15 5	61	6 7 1	105	10 18 9
18	1 17 6	62	6 9 2	106	11 - 10
19	1 19 7	63	6 11 3	107	11 2 11
20	2 1 8	64	6 13 4	108	11 5 -
21	2 3 9	65	6 15 5	109	11 7 1
22	2 5 10	66	6 17 6	110	11 9 2
23	2 7 11	67	6 19 7	*111	11 11 3
24	2 10 -	68	7 1 8	GH 112	11 13 4
25	2 12 1	69	7 3 9	Gr. 144	15 - -
26	2 14 2	70	7 5 10	200	20 16 8
27	2 16 3	71	7 7 11	W. 256	26 13 4
[28]	2 18 4	72	7 10 -	300	31 5 -
29	3 - 5	73	7 12 1	400	41 13 4
30	3 2 6	74	7 14 2	500	52 1 8
31	3 4 7	75	7 16 3	600	62 10 -
32	3 6 8	76	7 18 4	700	72 18 4
33	3 8 9	77	8 - 5	800	83 6 8
34	3 10 10	78	8 2 6	900	93 15 -
35	3 12 11	79	8 4 7	1000	104 3 4
36	3 15 -	80	8 6 8	2000	208 6 8
37	3 17 1	81	8 8 9	3000	312 10 -
38	3 19 2	82	8 10 10	4000	416 13 4
39	4 1 3	83	8 12 11	5000	520 16 8
40	4 3 4	[84]	8 15 -	6000	625 - -
41	4 5 5	85	8 17 1	7000	729 3 4
42	4 7 6	86	8 19 2	8000	833 6 8
43	4 9 7	87	9 1 3	9000	937 10 -
44	4 11 8	88	9 3 4	10000	1041 13 4

*N. B. GH stands for *Great Hundred*; Gr. signifies the *Gross*; and W. the *Wey*.

272 Feet in a Rod, at 2s. 1d. per Foot, is 28l. 6s. 8d.
365 Days in a Year, at 2s. 1d. per Day, is 38l. —s. 8d.

At 2s 1d. ½ per Pound, Yard, &c.

N.	l.	s.	d.	N.	l.	s.	d.	N.	l.	s.	d.
1	—	2	1½	45	4	15	7½	89	9	9	1
2	—	4	3	46	4	17	9	90	9	11	3
3	—	6	4½	47	4	19	10½	91	9	13	4½
4	—	8	6	48	5	2	—	92	9	15	6
5	—	10	7½	49	5	4	1½	93	9	17	7½
6	—	12	9	50	5	6	3	94	9	19	9
7	—	14	10½	51	5	8	4½	95	10	1	10½
8	—	17	—	52	5	10	6	96	10	4	—
9	—	19	1½	53	5	12	7½	97	10	6	1½
10	1	1	3	54	5	14	9	98	10	8	3
11	1	3	4½	55	5	16	10½	99	10	10	4½
12	1	5	6	[56]	5	19	—	100	10	12	6
13	1	7	7½	57	6	1	1½	101	10	14	7½
14	1	9	9	58	6	3	3	102	10	16	9
15	1	11	10½	59	6	5	4½	103	10	18	10½
16	1	14	—	60	6	7	6	104	11	1	—
17	1	16	1½	61	6	9	7½	105	11	3	1½
18	1	18	3	62	6	11	9	106	11	5	3
19	2	—	4½	63	6	13	10½	107	11	7	4½
20	2	2	6	64	6	16	—	108	11	9	6
21	2	4	7½	65	6	18	1½	109	11	11	7½
22	2	6	9	66	7	—	3	110	11	13	9
23	2	8	10½	67	7	2	4½	*111	11	15	10
24	2	11	—	68	7	4	6	GH 112	11	18	—
25	2	13	1½	69	7	6	7½	Gr. 144	15	6	—
26	2	15	3	70	7	8	9	200	21	5	—
27	2	17	4½	71	7	10	10½	W. 256	27	4	—
28	2	19	6	72	7	13	—	300	31	17	6
29	3	1	7½	73	7	15	1½	400	42	10	—
30	3	3	9	74	7	17	3	500	53	2	6
31	3	5	10½	75	7	19	4½	600	63	15	—
32	3	8	—	76	8	1	6	700	74	7	6
33	3	10	1½	77	8	3	7½	800	85	—	—
34	3	12	3	78	8	5	9	900	95	12	6
35	3	14	4½	79	8	7	10½	1000	106	5	—
36	3	16	6	80	8	10	—	2000	212	10	—
37	3	18	7½	81	8	12	1½	3000	318	15	—
38	4	—	9	82	8	14	3	4000	425	—	—
39	4	2	10½	83	8	16	4½	5000	531	5	—
40	4	5	—	[84]	8	18	6	6000	637	10	—
41	4	7	1½	85	9	—	7½	7000	743	15	—
42	4	9	3	86	9	2	9	8000	850	—	—
43	4	11	4½	87	9	4	10½	9000	956	5	—
44	4	13	6	88	9	7	—	10000	1062	10	—

N. B. GH stands for Great Hundred; Gr. signifies the Gross; and W. the Wey.

272 Feet in a Rod, at 2s. 1d. ½ per Foot, is 28l. 18s.
365 Days in a Year, at 2s. 1d. ½ per Day, is 38l. 15s. 7d. ½.

At 2s. 2d. per Pound, Yard, &c.

N.	l.	s.	d.	N.	l.	s.	d.	N.	l.	s.	d.
1	–	2	2	45	4	17	6	89	9	12	10
2	–	4	4	46	4	19	8	90	9	15	–
3	–	6	6	47	5	1	10	91	9	17	2
4	–	8	8	48	5	4	–	92	9	19	4
5	–	10	10	49	5	6	2	93	10	1	6
6	–	13	–	50	5	8	4	94	10	3	8
7	–	15	2	51	5	10	6	95	10	5	10
8	–	17	4	52	5	12	8	96	10	8	–
9	–	19	6	53	5	14	10	97	10	10	2
10	1	1	8	54	5	17	–	98	10	12	4
11	1	3	10	55	5	19	2	99	10	14	6
12	1	6	–	[56]	6	1	4	100	10	16	8
13	1	8	2	57	6	3	6	101	10	18	10
14	1	10	4	58	6	5	8	102	11	1	–
15	1	12	6	59	6	7	10	103	11	3	2
16	1	14	8	60	6	10	–	104	11	5	4
17	1	16	10	61	6	12	2	105	11	7	6
18	1	19	–	62	6	14	4	106	11	9	8
19	2	1	2	63	6	16	6	107	11	11	10
20	2	3	4	64	6	18	8	108	11	14	–
21	2	5	6	65	7	–	10	109	11	16	2
22	2	7	8	66	7	3	–	110	11	18	4
23	2	9	10	67	7	5	2	*111	12	–	6
24	2	12	–	68	7	7	4	GH.112	12	2	8
25	2	14	2	69	7	9	6	Gr. 144	15	12	–
26	2	16	4	70	7	11	8	200	21	13	4
27	2	18	6	71	7	13	10	W. 256	27	14	8
28	3	–	8	72	7	16	–	300	32	10	–
29	3	2	10	73	7	18	2	400	43	6	8
30	3	5	–	74	8	–	4	500	54	3	4
31	3	7	2	75	8	2	6	600	65	–	–
32	3	9	4	76	8	4	8	700	75	16	8
33	3	11	6	77	8	6	10	800	86	13	4
34	3	13	8	78	8	9	–	900	97	10	–
35	3	15	10	79	8	11	2	1000	108	6	8
36	3	18	–	80	8	13	4	2000	216	13	4
37	4	–	2	81	8	15	6	3000	325	–	–
38	4	2	4	82	8	17	8	4000	433	6	8
39	4	4	6	83	8	19	10	5000	541	13	4
40	4	6	8	[84]	9	2	–	6000	650	–	–
41	4	8	10	85	9	4	2	7000	758	6	8
42	4	11	–	86	9	6	4	8000	866	13	4
43	4	13	2	87	9	8	6	9000	975	–	–
44	4	15	4	88	9	10	8	10000	1083	6	8

* N. B. GH stands for Great Hundred; Gr. signifies the Grofs; and W. the Wey.

272 Feet in a Rod, at 2s. 2d. per Foot, is 29l. 9s. 4d.
365 Days in a Year, at 2s. 2d. per Day, is 39l. 10s. 10d.

At 2s. 2d. ½ per Pound, Yard, &c.

N.	l. s. d.	N.	l. s. d.	N.	l. s. d.
1	– 2 2½	45	4 19 4½	89	9 16 6½
2	– 4 5	46	5 1 7	90	9 18 9
3	– 6 7½	47	5 3 9½	91	10 – 11½
4	– 8 10	48	5 6 –	92	10 3 2
5	– 11 – ½	49	5 8 2½	93	10 5 4½
6	– 13 3	50	5 10 5	94	10 7 7
7	– 15 5½	51	5 12 7½	95	10 9 9½
8	– 17 8	52	5 14 10	96	10 12 –
9	– 19 10½	53	5 17 – ½	97	10 14 2½
10	1 2 1	54	5 19 3	98	10 16 5
11	1 4 3½	55	6 1 5½	99	10 18 7½
12	1 6 6	[56]	6 3 8	100	11 – 10
13	1 8 8½	57	6 5 10½	101	11 3 – ½
14	1 10 11	58	6 8 1	102	11 5 3
15	1 13 1½	59	6 10 3½	103	11 7 5½
16	1 15 4	60	6 12 6	104	11 9 8
17	1 17 6½	61	6 14 8½	105	11 11 10½
18	1 19 9	62	6 16 11	106	11 14 1
19	2 1 11½	63	6 19 1½	107	11 16 3½
20	2 4 2	64	7 1 4	108	11 18 6
21	2 6 4½	65	7 3 6½	109	12 – 8½
22	2 8 7	66	7 5 9	110	12 2 11
23	2 10 9½	67	7 7 11½	111	12 5 1½
24	2 13 –	68	7 10 2	GH 112	12 7 4
25	2 15 2½	69	7 12 4½	Gr. 144	15 18 –
26	2 17 5	70	7 14 7	200	22 1 8
27	2 19 7½	71	7 16 9½	W. 256	28 5 4
[28]	3 1 10	72	7 19 –	300	33 2 6
29	3 4 – ½	73	8 1 2½	400	44 3 4
30	3 6 3	74	8 3 5	500	55 4 2
31	3 8 5½	75	8 5 7½	600	66 5 –
32	3 10 8	76	8 7 10	700	77 5 10
33	3 12 10½	77	8 10 – ½	800	88 6 8
34	3 15 1	78	8 12 3	900	99 7 6
35	3 17 3½	79	8 14 5½	1000	110 8 4
36	3 19 6	80	8 16 8	2000	220 16 8
37	4 1 8½	81	8 18 10½	3000	331 5 –
38	4 3 11	82	9 1 1	4000	441 13 4
39	4 6 1½	83	9 3 3½	5000	552 1 8
40	4 8 4	[84]	9 5 6	6000	662 10 –
41	4 10 6½	85	9 7 8½	7000	772 18 4
42	4 12 9	86	9 9 11	8000	883 6 8
43	4 14 11½	87	9 12 1½	9000	993 15 –
44	4 17 2	88	9 14 4	10000	1104 3 4

*N. B. GH stands for *Great Hundred*; Gr. signifies the *Grofs*; and W. the *Wey*.

272 Feet in a Rod, at 2s. 2d. ½ per Foot, is 30l. –s. 8d.
365 Days in a Year, at 2s. 2d. ½ per Day, is 40l. 6s. –d. ½.

At 2s. 3d. per Pound, Yard, &c.

N.	l.	s.	d.	N	l.	s.	d.	N.	l.	s.	d.
1	–	2	3	45	5	1	3	89	10	–	3
2	–	4	6	46	5	3	6	90	10	2	6
3	–	6	9	47	5	5	9	91	10	4	9
4	–	9	–	48	5	8	–	92	10	7	–
5	–	11	3	49	5	10	3	93	10	9	3
6	–	13	6	50	5	12	6	94	10	11	6
7	–	15	9	51	5	14	9	95	10	13	9
8	–	18	–	52	5	17	–	96	10	16	–
9	1	–	3	53	5	19	3	97	10	18	3
10	1	2	6	54	6	1	6	98	11	–	6
11	1	4	9	55	6	3	9	99	11	2	9
12	1	7	–	[56]	6	6	–	100	11	5	–
13	1	9	3	57	6	8	3	101	11	7	3
14	1	11	6	58	6	10	6	102	11	9	6
15	1	13	9	59	6	12	9	103	11	11	9
16	1	16	–	60	6	15	–	104	11	14	–
17	1	18	3	61	6	17	3	105	11	16	3
18	2	–	6	62	6	19	6	106	11	18	6
19	2	2	9	63	7	1	9	107	12	–	9
20	2	5	–	64	7	4	–	108	12	3	–
21	2	7	3	65	7	6	3	109	12	5	3
22	2	9	6	66	7	8	6	110	12	7	6
23	2	11	9	67	7	10	9	111	12	9	9
24	2	14	–	68	7	13	–	GH 112	12	12	–
25	2	16	3	69	7	15	3	Gr. 144	16	4	–
26	2	18	6	70	7	17	6	200	22	10	–
27	3	–	9	71	7	19	9	W. 256	28	16	–
[28]	3	3	–	72	8	2	–	300	33	15	–
29	3	5	3	73	8	4	3	400	45	–	–
30	3	7	6	74	8	6	6	500	56	5	–
31	3	9	9	75	8	8	9	600	67	10	–
32	3	12	–	76	8	11	–	700	78	15	–
33	3	14	3	77	8	13	3	800	90	–	–
34	3	16	6	78	8	15	6	900	101	5	–
35	3	18	9	79	8	17	9	1000	112	10	–
36	4	1	–	80	9	–	–	2000	225	–	–
37	4	3	3	81	9	2	3	3000	337	10	–
38	4	5	6	82	9	4	6	4000	450	–	–
39	4	7	9	83	9	6	9	5000	562	10	–
40	4	10	–	[84]	9	9	–	6000	675	–	–
41	4	12	3	85	9	11	3	7000	787	10	–
42	4	14	6	86	9	13	6	8000	900	–	–
43	4	16	9	87	9	15	9	9000	1012	10	–
44	4	19	–	88	9	18	–	10000	1125	–	–

*N. B. GH stands for *Great Hundred*; Gr. signifies the *Grofs*; and W. the *W*.*

272 Feet in a Rod, at 2s. 3d. per Foot, is 30l. 12s.
365 Days in a Year, at 2s. 3d. per Day, is 41l. 1s. 3d.

At 2s. 3d. ½ per Pound, Yard, &c.

N.	l.	s.	d.	N.	l.	s.	d.	N.	l.	s.	d.
1	-	2	3½	45	5	3	1½	89	10	3	11½
2	-	4	7	46	5	5	5	90	10	6	3
3	-	6	10½	47	5	7	8½	91	10	8	6½
4	-	9	2	48	5	10	—	92	10	10	10
5	-	11	5½	49	5	12	3½	93	10	13	1½
6	-	13	9	50	5	14	7	94	10	15	5
7	-	16	—½	51	5	16	10½	95	10	17	8½
8	-	18	4	52	5	19	2	96	11	—	—
9	1	—	7½	53	6	1	5½	97	11	2	3½
10	1	2	11	54	6	3	9	98	11	4	7
11	1	5	2½	55	6	6	—½	99	11	6	10½
12	1	7	6	[56]	6	8	4	100	11	9	2
13	1	9	9½	57	6	10	7½	101	11	11	5½
14	1	12	1	58	6	12	11	102	11	13	9
15	1	14	4½	59	6	15	2½	103	11	16	—½
16	1	16	8	60	6	17	6	104	11	18	4
17	1	18	11½	61	6	19	9½	105	12	—	7½
18	2	1	3	62	7	2	1	106	12	2	11
19	2	3	6½	63	7	4	4½	107	12	5	2½
20	2	5	10	64	7	6	8	108	12	7	6
21	2	8	1½	65	7	8	11½	109	12	9	9½
22	2	10	5	66	7	11	3	110	12	12	1
23	2	12	8½	67	7	13	6½	* 111	12	14	4½
24	2	15	—	68	7	15	10	GH 112	12	16	8
25	2	17	3½	69	7	18	1½	Gr. 144	16	10	—
26	2	19	7	70	8	—	5	200	22	18	4
27	3	1	10½	71	8	2	8½	W. 256	29	6	8
[28]	3	4	2	72	8	5	—	300	34	7	6
29	3	6	5½	73	8	7	3½	400	45	16	8
30	3	8	9	74	8	9	7	500	57	5	10
31	3	11	—½	75	8	11	10½	600	68	15	—
32	3	13	4	76	8	14	2	700	80	4	2
33	3	15	7½	77	8	16	5½	800	91	13	4
34	3	17	11	78	8	18	9	900	103	2	6
35	4	—	2½	79	9	1	—½	1000	114	11	8
36	4	2	6	80	9	3	4	2000	229	3	4
37	4	4	9½	81	9	5	7½	3000	343	15	—
38	4	7	1	82	9	7	11	4000	458	6	8
39	4	9	4½	83	9	10	2½	5000	572	18	4
40	4	11	8	[84]	9	12	6	6000	687	10	—
41	4	13	11½	85	9	14	9½	7000	802	1	8
42	4	16	3	86	9	17	1	8000	916	13	4
43	4	18	6½	87	9	19	4½	9000	1031	5	—
44	5	—	10	88	10	1	8	10000	1145	16	8

* *N. B.* GH stands for *Great Hundred*; **Gr.** signifies the *Groſs*; and W. the *Wey*.

272 Feet in a Rod, at 2s. 3d. ½ per Foot, is 31l. 3s. 4d.
365 Days in a Year, at 2s. 3d. ½ per Day, is 41l. 16s. 5d. ½.

At 2s. 4d. per Pound, Yard, &c.

N.	l.	s.	d.	N.	l.	s.	d.	N.	l.	s.	d.
1	–	2	4	45	5	5	–	89	10	7	8
2	–	4	8	46	5	7	4	90	10	10	–
3	–	7	–	47	5	9	8	91	10	12	4
4	–	9	4	48	5	12	–	92	10	14	8
5	–	11	8	49	5	14	4	93	10	17	–
6	–	14	–	50	5	16	8	94	10	19	4
7	–	16	4	51	5	19	–	95	11	1	8
8	–	18	8	52	6	1	4	96	11	4	–
9	1	1	–	53	6	3	8	97	11	6	4
10	1	3	4	54	6	6	–	98	11	8	8
11	1	5	8	55	6	8	4	99	11	11	–
12	1	8	–	[56]	6	10	8	100	11	13	4
13	1	10	4	57	6	13	–	101	11	15	8
14	1	12	8	58	6	15	4	102	11	18	–
15	1	15	–	59	6	17	8	103	12	–	4
16	1	17	4	60	7	–	–	104	12	2	8
17	1	19	8	61	7	2	4	105	12	5	–
18	2	2	–	62	7	4	8	106	12	7	4
19	2	4	4	63	7	7	–	107	12	9	8
20	2	6	8	64	7	9	4	108	12	12	–
21	2	9	–	65	7	11	8	109	12	14	4
22	2	11	4	66	7	14	–	110	12	16	8
23	2	13	8	67	7	16	4	*111	12	19	–
24	2	16	–	68	7	18	8	GH 112	13	1	4
25	2	18	4	69	8	1	–	Gr. 144	16	16	–
26	3	–	8	70	8	3	4	200	23	6	8
27	3	3	–	71	8	5	8	W. 256	29	17	4
[28]	3	5	4	72	8	8	–	300	35	–	–
29	3	7	8	73	8	10	4	400	46	13	4
30	3	10	–	74	8	12	8	500	58	6	8
31	3	12	4	75	8	15	–	600	70	–	–
32	3	14	8	76	8	17	4	700	81	13	4
33	3	17	–	77	8	19	8	800	93	6	8
34	3	19	4	78	9	2	–	900	105	–	–
35	4	1	8	79	9	4	4	1000	116	13	4
36	4	4	–	80	9	6	8	2000	233	6	8
37	4	6	4	81	9	9	–	3000	350	–	–
38	4	8	8	82	9	11	4	4000	466	13	4
39	4	11	–	83	9	13	8	5000	583	6	8
40	4	13	4	[84]	9	16	–	6000	700	–	–
41	4	15	8	85	9	18	4	7000	816	13	4
42	4	18	–	86	10	–	8	8000	933	6	8
43	5	–	4	87	10	3	–	9000	1050	–	–
44	5	2	8	88	10	5	4	10000	1166	13	4

*N. B. GH stands for *Great Hundred*; Gr. signifies the *Gross*; and W. the *Way*.

272 Feet in a Rod, at 2s. 4d. per Foot, is 31l. 14s. 8d.
365 Days in a Year, at 2s. 4d. per Day, is 42l. 11s. 8d.

At 2s. 4d. ½ per Pound, Yard, &c.

N.	l.	s.	d.	N.	l.	s.	d.	N.	l.	s.	d.
1	-	2	4½	45	5	6	10½	89	10	11	4½
2	-	4	9	46	5	9	3	90	10	13	9
3	-	7	1½	47	5	11	7½	91	10	16	1½
4	-	9	6	48	5	14	—	92	10	18	6
5	-	11	10½	49	5	16	4½	93	11	—	10½
6	-	14	3	50	5	18	9	94	11	3	3
7	-	16	7½	51	6	1	1½	95	11	5	7½
8	-	19	—	52	6	3	6	96	11	8	—
9	1	1	4½	53	6	5	10½	97	11	10	4½
10	1	3	9	54	6	8	3	98	11	12	9
11	1	6	1½	55	6	10	7½	99	11	15	1½
12	1	8	6	[56]	6	13	—	100	11	17	6
13	1	10	10½	57	6	15	4½	101	11	19	10½
14	1	13	3	58	6	17	9	102	12	2	3
15	1	15	7½	59	7	—	1½	103	12	4	7½
16	1	18	—	60	7	2	6	104	12	7	—
17	2	—	4½	61	7	4	10½	105	12	9	4½
18	2	2	9	62	7	7	3	106	12	11	9
19	2	5	1½	63	7	9	7½	107	12	14	1½
20	2	7	6	64	7	12	—	108	12	16	6
21	2	9	10½	65	7	14	4½	109	12	18	10½
22	2	12	3	66	7	16	9	110	13	1	3
23	2	14	7½	67	7	19	1½	* 111	13	3	7½
24	2	17	—	68	8	1	6	GH 112	13	6	—
25	2	19	4½	69	8	3	10½	Gr. 144	17	2	—
26	3	1	9	70	8	6	3	200	23	15	—
27	3	4	1½	71	8	8	7½	W. 256	30	8	—
28	3	6	6	72	8	11	—	300	35	12	6
29	3	8	10½	73	8	13	4½	400	47	10	—
30	3	11	3	74	8	15	9	500	59	7	6
31	3	13	7½	75	8	18	1½	600	71	5	—
32	3	16	—	76	9	—	6	700	83	2	6
33	3	18	4½	77	9	2	10½	800	95	—	—
34	4	—	9	78	9	5	3	900	106	17	6
35	4	3	1½	79	9	7	7½	1000	118	15	—
36	4	5	6	80	9	10	—	2000	237	10	—
37	4	7	10½	81	9	12	4½	3000	356	5	—
38	4	10	3	82	9	14	9	4000	475	—	—
39	4	12	7½	83	9	17	1½	5000	593	15	—
40	4	15	—	[84]	9	19	6	6000	712	10	—
41	4	17	4½	85	10	1	10½	7000	831	5	—
42	4	19	9	86	10	4	3	8000	950	—	—
43	5	2	1½	87	10	6	7½	9000	1068	15	—
44	5	4	6	88	10	9	—	10000	1187	10	—

272 Feet in a Rod, at 2s. 4d. ½ per Foot, is 32l. 6s.

365 Days in a Year, at 2s. 4d. ½ per Day, is 43l. 6s. 10d. ½.

* *N. B.* GH stands for *Great Hundred*; Gr. signifies the *Gross*; and W. the *Wey*.

At 2s. 5d. per Pound, Yard, &c.

N.	l.	s.	d.	N.	l.	s.	d.	N.	l.	s.	d.
1	–	2	5	45	5	8	9	89	10	15	1
2	–	4	10	46	5	11	2	90	10	17	6
3	–	7	3	47	5	13	7	91	10	19	11
4	–	9	8	48	5	16	–	92	11	2	4
5	–	12	1	49	5	18	5	93	11	4	9
6	–	14	6	50	6	–	10	94	11	7	2
7	–	16	11	51	6	3	3	95	11	9	7
8	–	19	4	52	6	5	8	96	11	12	–
9	1	1	9	53	6	8	1	97	11	14	5
10	1	4	2	54	6	10	6	98	11	16	10
11	1	6	7	55	6	12	11	99	11	19	3
12	1	9	–	[56]	6	15	4	100	12	1	8
13	1	11	5	57	6	17	9	101	12	4	1
14	1	13	10	58	7	–	2	102	12	6	6
15	1	16	3	59	7	2	7	103	12	8	11
16	1	18	8	60	7	5	–	104	12	11	4
17	2	1	1	61	7	7	5	105	12	13	9
18	2	3	6	62	7	9	10	106	12	16	2
19	2	5	11	63	7	12	3	107	12	18	7
20	2	8	4	64	7	14	8	108	13	1	–
21	2	10	9	65	7	17	1	109	13	3	5
22	2	13	2	66	7	19	6	110	13	5	10
23	2	15	7	67	8	1	11	*111	13	8	3
24	2	18	–	68	8	4	4	GH 112	13	10	8
25	3	–	5	69	8	6	9	Gr. 144	17	8	–
26	3	2	10	70	8	9	2	200	24	3	4
27	3	5	3	71	8	11	7	W. 256	30	18	8
[28]	3	7	8	72	8	14	–	300	36	5	–
29	3	10	1	73	8	16	5	400	48	6	8
30	3	12	6	74	8	18	10	500	60	8	4
31	3	14	11	75	9	1	3	600	72	10	–
32	3	17	4	76	9	3	8	700	84	11	8
33	3	19	9	77	9	6	1	800	96	13	4
34	4	2	2	78	9	8	6	900	108	15	–
35	4	4	7	79	9	10	11	1000	120	16	8
36	4	7	–	80	9	13	4	2000	241	13	4
37	4	9	5	81	9	15	9	3000	362	10	–
38	4	11	10	82	9	18	2	4000	483	6	8
39	4	14	3	83	10	–	7	5000	604	3	4
40	4	16	8	[84]	10	3	–	6000	725	–	–
41	4	19	1	85	10	5	5	7000	845	16	8
42	5	1	6	86	10	7	10	8000	966	13	4
43	5	3	11	87	10	10	3	9000	1087	10	–
44	5	6	4	88	10	12	8	10000	1208	6	8

* N. B. GH stands for *Great Hundred*; Gr. signifies the *Grofs*; and W. the *Wey*.

272 Feet in a Rod, at 2s. 5d. per Foot, is 32l. 17s. 4d.
365 Days in a Year, at 2s. 5d. per Day, is 44l. 2s. 1d.

At 2s. 5d. ½ per Pound, Yard, &c.

N.	l. s. d.	N.	l. s. d.	N.	l. s. d.
1	- 2 5 ½	45	5 10 7½	89	10 18 9½
2	- 4 11	46	5 13 1	90	11 1 3
3	- 7 4 ½	47	5 15 6½	91	11 3 8½
4	- 9 10	48	5 18 —	92	11 6 2
5	- 12 3 ½	49	6 — 5½	93	11 8 7½
6	- 14 9	50	6 2 11	94	11 11 1
7	- 17 2 ½	51	6 5 4½	95	11 13 6½
8	- 19 8	52	6 7 10	96	11 16 —
9	1 2 1 ½	53	6 10 3½	97	11 18 5½
10	1 4 7	54	6 12 9	98	12 — 11
11	1 7 — ½	55	6 15 2½	99	12 3 4½
12	1 9 6	[56]	6 17 8	100	12 5 10
13	1 11 11 ½	57	7 — 1½	101	12 8 3½
14	1 14 5	58	7 2 7	102	12 10 9
15	1 16 10 ½	59	7 5 —½	103	12 13 2½
16	1 19 4	60	7 7 6	104	12 15 8
17	2 1 9 ½	61	7 9 11½	105	12 18 1½
18	2 4 3	62	7 12 5	106	13 — 7
19	2 6 8 ½	63	7 14 10½	107	13 3 —½
20	2 9 2	64	7 17 4	108	13 5 6
21	2 11 7 ½	65	7 19 9½	109	13 7 11½
22	2 14 1	66	8 2 3	110	13 10 5
23	2 16 6 ½	67	8 4 8½	* 111	13 12 10½
24	2 19 —	68	8 7 2	GH 112	13 15 4
25	3 1 5 ½	69	8 9 7½	Gr. 144	17 14 —
26	3 3 11	70	8 12 1	200	24 11 8
27	3 6 4 ½	71	8 14 6½	W. 256	31 9 4
[28]	3 8 10	72	8 17 —	300	36 17 6
29	3 11 3 ½	73	8 19 5½	400	49 3 4
30	3 13 9	74	9 1 11	500	61 9 2
31	3 16 2 ½	75	9 4 4½	600	73 15 —
32	3 18 8	76	9 6 10	700	86 — 10
33	4 1 1 ½	77	9 9 3½	800	98 6 8
34	4 3 7	78	9 11 9	900	110 12 6
35	4 6 — ½	79	9 14 2½	1000	122 18 4
36	4 8 6	80	9 16 8	2000	245 16 8
37	4 10 11 ½	81	9 19 1½	3000	368 15 —
38	4 13 5	82	10 1 7	4000	491 13 4
39	4 15 10 ½	83	10 4 —½	5000	614 11 8
40	4 18 4	[84]	10 6 6	6000	737 10 —
41	5 — 9 ½	85	10 8 11½	7000	860 8 4
42	5 3 3	86	10 11 5	8000	983 6 8
43	5 5 8 ½	87	10 13 10½	9000	1106 5 —
44	5 8 2	88	10 16 4	10000	1229 3 4

* *N. B.* GH stands for *Great Hundred*; Gr. signifies the *Gross*; and W. the *Wey*.

272 Feet in a Rod, at 2s. 5d. ½ per Foot, is 33l. 8s. 8d.

365 Days in a Year, at 2s. 5d. ½ per Day, is 44l. 17s. 3d. ½.

At 2s. 6d. per Pound, Yard, &c.

N.	l.	s.	d.	N.	l.	s.	d.	N.	l.	s.	d.
1	–	2	6	45	5	12	6	89	11	2	6
2	–	5	–	46	5	15	–	90	11	5	–
3	–	7	6	47	5	17	6	91	11	7	6
4	–	10	–	48	6	–	–	92	11	10	–
5	–	12	6	49	6	2	6	93	11	12	6
6	–	15	–	50	6	5	–	94	11	15	–
7	–	17	6	51	6	7	6	95	11	17	6
8	1	–	–	52	6	10	–	96	12	–	–
9	1	2	6	53	6	12	6	97	12	2	6
10	1	5	–	54	6	15	–	98	12	5	–
11	1	7	6	55	6	17	6	99	12	7	6
12	1	10	–	[56]	7	–	–	100	12	10	–
13	1	12	6	57	7	2	6	101	12	12	6
14	1	15	–	58	7	5	–	102	12	15	–
15	1	17	6	59	7	7	6	103	12	17	6
16	2	–	–	60	7	10	–	104	13	–	–
17	2	2	6	61	7	12	6	105	13	2	6
18	2	5	–	62	7	15	–	106	13	5	–
19	2	7	6	63	7	17	6	107	13	7	6
20	2	10	–	64	8	–	–	108	13	10	–
21	2	12	6	65	8	2	6	109	13	12	6
22	2	15	–	66	8	5	–	110	13	15	–
23	2	17	6	67	8	7	6	*111	13	17	6
24	3	–	–	68	8	10	–	GH 112	14	–	–
25	3	2	6	69	8	12	6	Gr. 144	18	–	–
26	3	5	–	70	8	15	–	200	25	–	–
27	3	7	6	71	8	17	6	W. 256	32	–	–
[28]	3	10	–	72	9	–	–	300	37	10	–
29	3	12	6	73	9	2	6	400	50	–	–
30	3	15	–	74	9	5	–	500	62	10	–
31	3	17	6	75	9	7	6	600	75	–	–
32	4	–	–	76	9	10	–	700	87	10	–
33	4	2	6	77	9	12	6	800	100	–	–
34	4	5	–	78	9	15	–	900	112	10	–
35	4	7	6	79	9	17	6	1000	125	–	–
36	4	10	–	80	10	–	–	2000	250	–	–
37	4	12	6	81	10	2	6	3000	375	–	–
38	4	15	–	82	10	5	–	4000	500	–	–
39	4	17	6	83	10	7	6	5000	625	–	–
40	5	–	–	[84]	10	10	–	6000	750	–	–
41	5	2	6	85	10	12	6	7000	875	–	–
42	5	5	–	86	10	15	–	8000	1000	–	–
43	5	7	6	87	10	17	6	9000	1125	–	–
44	5	10	–	88	11	–	–	10000	1250	–	–

*N. B. GH stands for *Great Hundred*; Gr. signifies *Gross*; and W. the *Wey*.

272 Feet in a Rod, at 2s. 6d. per Foot, is 34l.
365 Days in a Year, at 2s. 6d. per Day, is 45l. 12s. 6d.

L

At 2s. 6d. ½ per Pound, Yard, &c.

N.	l.	s.	d.	N.	l.	s.	d.	N.	l.	s.	d.
1	–	2	6½	45	5	14	4½	89	11	6	2½
2	–	5	1	46	5	16	11	90	11	8	9
3	–	7	7½	47	5	19	5½	91	11	11	3½
4	–	10	2	48	6	2	–	92	11	13	10
5	–	12	8½	49	6	4	6½	93	11	16	4½
6	–	15	3	50	6	7	1	94	11	18	11
7	–	17	9½	51	6	9	7½	95	12	1	5½
8	1	–	4	52	6	12	2	96	12	4	–
9	1	2	10½	53	6	14	8½	97	12	6	6½
10	1	5	5	54	6	17	3	98	12	9	1
11	1	7	11½	55	6	19	9½	99	12	11	7½
12	1	10	6	[56]	7	2	4	100	12	14	2
13	1	13	–½	57	7	4	10½	101	12	16	8½
14	1	15	7	58	7	7	5	102	12	19	3
15	1	18	1½	59	7	9	11½	103	13	1	9½
16	2	–	8	60	7	12	6	104	13	4	4
17	2	3	2½	61	7	15	–½	105	13	6	10½
18	2	5	9	62	7	17	7	106	13	9	5
19	2	8	3½	63	8	–	1½	107	13	11	11½
20	2	10	10	64	8	2	8	108	13	14	6
21	2	13	4½	65	8	5	2½	109	13	17	–½
22	2	15	11	66	8	7	9	110	13	19	7
23	2	18	5½	67	8	10	3½	*111	14	2	1½
24	3	1	–	68	8	12	10	GH 112	14	4	8
25	3	3	6½	69	8	15	4½	Gr. 144	18	6	–
26	3	6	1	70	8	17	11	200	25	8	4
27	3	8	7½	71	9	–	5½	W. 256	32	10	8
[28]	3	11	2	72	9	3	–	300	38	2	6
29	3	13	8½	73	9	5	6½	400	50	16	8
30	3	16	3	74	9	8	1	500	63	10	10
31	3	18	9½	75	9	10	7½	600	76	5	–
32	4	1	4	76	9	13	2	700	88	19	2
33	4	3	10½	77	9	15	8½	800	101	13	4
34	4	6	5	78	9	18	3	900	114	7	6
35	4	8	11½	79	10	–	9½	1000	127	1	8
36	4	11	6	80	10	3	4	2000	254	3	4
37	4	14	–½	81	10	5	10½	3000	381	5	–
38	4	16	7	82	10	8	5	4000	508	6	8
39	4	19	1½	83	10	10	11½	5000	635	8	4
40	5	1	8	[84]	10	13	6	6000	762	10	–
41	5	4	2½	85	10	16	–½	7000	889	11	8
42	5	6	9	86	10	18	7	8000	1016	13	4
43	5	9	3½	87	11	1	1½	9000	1143	15	–
44	5	11	10	88	11	3	8	10000	1270	16	8

* N. B. GH stands for Great Hundred; Gr. signifies the Gross; and W. the Way.

272 Feet in a Rod, at 2s. 6d. ½ per Foot, is 34l. 11s. 4d.
365 Days in a Year, at 2s. 6d. ½ per Day, is 46l. 7s. 8d. ¼.

At 2s. 7d. per Pound, Yard, &c.

N.	l.	s.	d.	N.	l.	s.	d.	N.	l.	s.	d.
1	–	2	7	45	5	16	3	89	11	9	11
2	–	5	2	46	5	18	10	90	11	12	6
3	–	7	9	47	6	1	5	91	11	15	1
4	–	10	4	48	6	4	–	92	11	17	8
5	–	12	11	49	6	6	7	93	12	–	3
6	–	15	6	50	6	9	2	94	12	2	10
7	–	18	1	51	6	11	9	95	12	5	5
8	1	–	8	52	6	14	4	96	12	8	–
9	1	3	3	53	6	16	11	97	12	10	7
10	1	5	10	54	6	19	6	98	12	13	2
11	1	8	5	55	7	2	1	99	12	15	9
12	1	11	–	56	7	4	8	100	12	18	4
13	1	13	7	57	7	7	3	101	13	–	11
14	1	16	2	58	7	9	10	102	13	3	6
15	1	18	9	59	7	12	5	103	13	6	1
16	2	1	4	60	7	15	–	104	13	8	8
17	2	3	11	61	7	17	7	105	13	11	3
18	2	6	6	62	8	–	2	106	13	13	10
19	2	9	1	63	8	2	9	107	13	16	5
20	2	11	8	64	8	5	4	108	13	19	–
21	2	14	3	65	8	7	11	109	14	1	7
22	2	16	10	66	8	10	6	110	14	4	2
23	2	19	5	67	8	13	1	111	14	6	9
24	3	2	–	68	8	15	8	GH 112	14	9	4
25	3	4	7	69	8	18	3	Gr. 144	18	12	–
26	3	7	2	70	9	–	10	200	25	16	8
27	3	9	9	71	9	3	5	W. 250	33	1	4
28	3	12	4	72	9	6	–	300	38	15	–
29	3	14	11	73	9	8	7	400	51	13	4
30	3	17	6	74	9	11	2	500	64	11	8
31	4	–	1	75	9	13	9	600	77	10	–
32	4	2	8	76	9	16	4	700	90	8	4
33	4	5	3	77	9	18	11	800	103	6	8
34	4	7	10	78	10	1	6	900	116	5	–
35	4	10	5	79	10	4	1	1000	129	3	4
36	4	13	–	80	10	6	8	2000	258	6	8
37	4	15	7	81	10	9	3	3000	387	10	–
38	4	18	2	82	10	11	10	4000	516	13	4
39	5	–	9	83	10	14	5	5000	645	16	8
40	5	3	4	84	10	17	–	6000	775	–	–
41	5	5	11	85	10	19	7	7000	904	3	4
42	5	8	6	86	11	2	2	8000	1033	6	8
43	5	11	1	87	11	4	9	9000	1162	10	–
44	5	13	8	88	11	7	4	10000	1291	13	4

*N. B. GH stands for *Great Hundred*; Gr. signifies the *Grofs*; and W. the *Wey*.

272 Feet in a Rod, at 2s. 7d. per Foot, is 35l. 2s. 8d.
365 Days in a Year, at 2s. 7d. per Day, is 47l. 2s. 11d.

At 2s. 7d. ½ per Pound, Yard, &c.

N.	l.	s.	d.	N.	l.	s.	d.	N.	l.	s.	d.
1	—	2	7½	45	5	18	1½	89	11	13	7½
2	—	5	3	46	6	—	9	90	11	16	3
3	—	7	10½	47	6	3	4½	91	11	18	10½
4	—	10	6	48	6	6	—	92	12	1	6
5	—	13	1½	49	6	8	7½	93	12	4	1½
6	—	15	9	50	6	11	3	94	12	6	9
7	—	18	4½	51	6	13	10½	95	12	9	4½
8	1	1	—	52	6	16	6	96	12	12	—
9	1	3	7½	53	6	19	1½	97	12	14	7½
10	1	6	3	54	7	1	9	98	12	17	3
11	1	8	10½	55	7	4	4½	99	12	19	10½
12	1	11	6	[56]	7	7	—	100	13	2	6
13	1	14	1½	57	7	9	7½	101	13	5	1½
14	1	16	9	58	7	12	3	102	13	7	9
15	1	19	4½	59	7	14	10½	103	13	10	4½
16	2	2	—	60	7	17	6	104	13	13	—
17	2	4	7½	61	8	—	1½	105	13	15	7½
18	2	7	3	62	8	2	9	106	13	18	3
19	2	9	10½	63	8	5	4½	107	14	—	10½
20	2	12	6	64	8	8	—	108	14	3	6
21	2	15	1½	65	8	10	7½	109	14	6	1½
22	2	17	9	66	8	13	3	110	14	8	9
23	3	—	4½	67	8	15	10½	*111	14	11	4½
24	3	3	—	68	8	18	6	GH 112	14	14	—
25	3	5	7½	69	9	1	1½	Gr. 144	18	18	—
26	3	8	3	70	9	3	9	200	26	5	—
27	3	10	10½	71	9	6	4½	W. 256	33	12	—
28	3	13	6	72	9	9	—	300	39	7	6
29	3	16	1½	73	9	11	7½	400	52	10	—
30	3	18	9	74	9	14	3	500	65	12	6
31	4	1	4½	75	9	16	10½	600	78	15	—
32	4	4	—	76	9	19	6	700	91	17	6
33	4	6	7½	77	10	2	1½	800	105	—	—
34	4	9	3	78	10	4	9	900	118	2	6
35	4	11	10½	79	10	7	4½	1000	131	5	—
36	4	14	6	80	10	10	—	2000	262	10	—
37	4	17	1½	81	10	12	7½	3000	393	15	—
38	4	19	9	82	10	15	3	4000	525	—	—
39	5	2	4½	83	10	17	10½	5000	656	5	—
40	5	5	—	[84]	11	—	6	6000	787	10	—
41	5	7	7½	85	11	3	1½	7000	918	15	—
42	5	10	3	86	11	5	9	8000	1050	—	—
43	5	12	10½	87	11	8	4½	9000	1181	5	—
44	5	15	6	88	11	11	—	10000	1312	10	—

*N. B. GH stands for *Great Hundred*; Gr. signifies the *Gross* ⅔; and W. the *W'g't*.

272 Feet in a Rod, at 2s. 7d. ½ per Foot, is 35l. 14s.
365 Days in a Year, at 2s. 7d. ½ per Day, is 47l. 18s. 1d.

At 2s. 8d. per Pound, Yard, &c.

N.	l.	s.	d.	N.	l.	s.	d.	N.	l.	s.	d.
1	–	2	8	45	6	–	–	89	11	17	4
2	–	5	4	46	6	2	8	90	12	–	–
3	–	8	–	47	6	5	4	91	12	2	8
4	–	10	8	48	6	8	–	92	12	5	4
5	–	13	4	49	6	10	8	93	12	8	–
6	–	16	–	50	6	13	4	94	12	10	8
7	–	18	8	51	6	16	–	95	12	13	4
8	1	1	4	52	6	18	8	96	12	16	–
9	1	4	–	53	7	1	4	97	12	18	8
10	1	6	8	54	7	4	–	98	13	1	4
11	1	9	4	55	7	6	8	99	13	4	–
12	1	12	–	[56]	7	9	4	100	13	6	8
13	1	14	8	57	7	12	–	101	13	9	4
14	1	17	4	58	7	14	8	102	13	12	–
15	2	–	–	59	7	17	4	103	13	14	8
16	2	2	8	60	8	–	–	104	13	17	4
17	2	5	4	61	8	2	8	105	14	–	–
18	2	8	–	62	8	5	4	106	14	2	8
19	2	10	8	63	8	8	–	107	14	5	4
20	2	13	4	64	8	10	8	108	14	8	–
21	2	16	–	65	8	13	4	109	14	10	8
22	2	18	8	66	8	16	–	110	14	13	4
23	3	1	4	67	8	18	8	*111	14	16	–
24	3	4	–	68	9	1	4	GH 112	14	18	8
25	3	6	8	69	9	4	–	Gr. 144	19	4	–
26	3	9	4	70	9	6	8	200	26	13	4
27	3	12	–	71	9	9	4	W. 256	34	2	8
28	3	14	8	72	9	12	–	300	40	–	–
29	3	17	4	73	9	14	8	400	53	6	8
30	4	–	–	74	9	17	4	500	66	13	4
31	4	2	8	75	10	–	–	600	80	–	–
32	4	5	4	76	10	2	8	700	93	6	8
33	4	8	–	77	10	5	4	800	106	13	4
34	4	10	8	78	10	8	–	900	120	–	–
35	4	13	4	79	10	10	8	1000	133	6	8
36	4	16	–	80	10	13	4	2000	266	13	4
37	4	18	8	81	10	16	8	3000	400	–	–
38	5	1	4	82	10	18	8	4000	533	6	8
39	5	4	–	83	11	1	4	5000	666	13	4
40	5	6	8	[84]	11	4	–	6000	800	–	–
41	5	9	4	85	11	6	8	7000	933	6	8
42	5	12	–	86	11	9	4	8000	1066	13	4
43	5	14	8	87	11	12	–	9000	1200	–	–
44	5	17	4	88	11	14	8	10000	1333	6	8

* N. B. G H stands for *Great Hundred*; Gr. signifies the *Grofs*; and W. the *Wey*.

272 Feet in a Rod, at 2s. 8d. per Foot, is 36l. 5s. 4d.
365 Days in a Year, at 2s. 8d. per Day, is 48l. 13s. 4d.

At 2s. 8d. ½ per Pound, Yard, &c.

N.	l.	s.	d.	N.	l.	s.	d.	N.	l.	s.	d.
1	-	2	8½	45	6	1	10½	89	12	1	—½
2	-	5	5	46	6	4	7	90	12	3	9
3	-	8	1½	47	6	7	3½	91	12	6	5½
4	-	10	10	48	6	10	—	92	12	9	2
5	-	13	6½	49	6	12	8½	93	12	11	10½
6	-	16	3	50	6	15	5	94	12	14	7
7	-	18	11½	51	6	18	1½	95	12	17	3½
8	1	1	8	52	7	—	10	96	13	—	—
9	1	4	4½	53	7	3	6½	97	13	2	8½
10	1	7	1	54	7	6	3	98	13	5	5
11	1	9	9½	55	7	8	11½	99	13	8	1½
12	1	12	6	[56]	7	11	8	100	13	10	10
13	1	15	2½	57	7	14	4½	101	13	13	6½
14	1	17	11	58	7	17	1	102	13	16	3
15	2	—	7½	59	7	19	9½	103	13	18	11½
16	2	3	4	60	8	2	6	104	14	1	8
17	2	6	—½	61	8	5	2½	105	14	4	4½
18	2	8	9	62	8	7	11	106	14	7	1
19	2	11	5½	63	8	10	7½	107	14	9	9½
20	2	14	2	64	8	13	4	108	14	12	6
21	2	16	10½	65	8	16	—½	109	14	15	2½
22	2	19	7	66	8	18	9	110	14	17	11
23	3	2	3½	67	9	1	5½	111	15	—	7½
24	3	5	—	68	9	4	2	GH 112	15	3	4
25	3	7	8½	69	9	6	10½	Gr. 144	19	10	—
26	3	10	5	70	9	9	7	200	27	1	8
27	3	13	1½	71	9	12	3½	W. 256	34	13	4
[28]	3	15	10	72	9	15	—	300	40	12	6
29	3	18	6½	73	9	17	8½	400	54	3	4
30	4	1	3	74	10	—	5	500	67	14	2
31	4	3	11½	75	10	3	1½	600	81	5	—
32	4	6	8	76	10	5	10	700	94	15	10
33	4	9	4½	77	10	8	6½	800	108	6	8
34	4	12	1	78	10	11	3	900	121	17	6
35	4	14	9½	79	10	13	11½	1000	135	8	4
36	4	17	6	80	10	16	8	2000	270	16	8
37	5	—	2½	81	10	19	4½	3000	406	5	—
38	5	2	11	82	11	2	1	4000	541	13	4
39	5	5	7½	83	11	4	9½	5000	677	1	8
40	5	8	4	[84]	11	7	6	6000	812	10	—
41	5	11	—½	85	11	10	2½	7000	947	18	4
42	5	13	9	86	11	12	11	8000	1083	6	8
43	5	16	5½	87	11	15	7½	9000	1218	15	—
44	5	19	2	88	11	18	4	10000	1354	3	4

272 Feet in a Rod, at 2s. 8d. ½ per Foot, is 36l. 16s. 8d.
365 Days in a Year, at 2s. 8d. ½ per Day, is 49l. 8s. 6d. ½.

N. B. GH stands for *Great Hundred*; Gr. signifies the *Gross*; and W. the *Wey*.

At 2s. 9d. per Pound, Yard, &c.

N.	l.	s.	d.	N.	l.	s.	d.	N.	l.	s.	d.
1	–	2	9	45	6	3	9	89	12	4	9
2	–	5	6	46	6	6	6	90	12	7	6
3	–	8	3	47	6	9	3	91	12	10	3
4	–	11	–	48	6	12	–	92	12	13	–
5	–	13	9	49	6	14	9	93	12	15	9
6	–	16	6	50	6	17	6	94	12	18	6
7	–	19	3	51	7	–	3	95	13	1	3
8	1	2	–	52	7	3	–	96	13	4	–
9	1	4	9	53	7	5	9	97	13	6	9
10	1	7	6	54	7	8	6	98	13	9	6
11	1	10	3	55	7	11	3	99	13	12	3
12	1	13	–	[56]	7	14	–	100	13	15	–
13	1	15	9	57	7	16	9	101	13	17	9
14	1	18	6	58	7	19	6	102	14	–	6
15	2	1	3	59	8	2	3	103	14	3	3
16	2	4	–	60	8	5	–	104	14	6	–
17	2	6	9	61	8	7	9	105	14	8	9
18	2	9	6	62	8	10	6	106	14	11	6
19	2	12	3	63	8	13	3	107	14	14	3
20	2	15	–	64	8	16	–	108	14	17	–
21	2	17	9	65	8	18	9	109	14	19	9
22	3	–	6	66	9	1	6	110	15	2	6
23	3	3	3	67	9	4	3	111	15	5	3
24	3	6	–	68	9	7	–	GH 112	15	8	–
25	3	8	9	69	9	9	9	Gr. 144	19	16	–
26	3	11	6	70	9	12	6	200	27	10	–
27	3	14	3	71	9	15	3	W. 256	35	4	–
[28]	3	17	–	72	9	18	–	300	41	5	–
29	3	19	9	73	10	–	9	400	55	–	–
30	4	2	6	74	10	3	6	500	68	15	–
31	4	5	3	75	10	6	3	600	82	10	–
32	4	8	–	76	10	9	–	700	96	5	–
33	4	10	9	77	10	11	9	800	110	–	–
34	4	13	6	78	10	14	6	900	123	15	–
35	4	16	3	79	10	17	3	1000	137	10	–
36	4	19	–	80	11	–	–	2000	275	–	–
37	5	1	9	81	11	2	9	3000	412	10	–
38	5	4	6	82	11	5	6	4000	550	–	–
39	5	7	3	83	11	8	3	5000	687	10	–
40	5	10	–	[84]	11	11	–	6000	825	–	–
41	5	12	9	85	11	13	9	7000	962	10	–
42	5	15	6	86	11	16	6	8000	1100	–	–
43	5	18	3	87	11	19	3	9000	1237	10	–
44	6	1	–	88	12	2	–	10000	1375	–	–

N.B. GH stands for Great Hundred; Gr. signifies the Gross; and W. the Wey.

272 Feet in a Rod, at 2s. 9d. per Foot, is 37l. 8s.
365 Days in a Year, at 2s. 9d. per Day, is 50l. 3s. 9d.

At 2s. 9d. ½ per Pound, Yard, &c.

N.	l.	s.	d.	N.	l.	s.	d.	N.	l.	s.	d.
1	–	2	9½	45	6	5	7½	89	12	8	5½
2	–	5	7	46	6	8	5	90	12	11	3
3	–	8	4½	47	6	11	2½	91	12	14	— ½
4	–	11	2	48	6	14	—	92	12	16	10
5	–	13	11½	49	6	16	9½	93	12	19	7½
6	–	16	9	50	6	19	7	94	13	2	5
7	–	19	6½	51	7	2	4½	95	13	5	2½
8	1	2	4	52	7	5	2	96	13	8	—
9	1	5	1½	53	7	7	11½	97	13	10	9½
10	1	7	11	54	7	10	9	98	13	13	7
11	1	10	8½	55	7	13	6½	99	13	16	4½
12	1	13	6	[56]	7	16	4	100	13	19	2
13	1	16	3½	57	7	19	1½	101	14	1	11½
14	1	19	1	58	8	1	11	102	14	4	9
15	2	1	10½	59	8	4	8½	103	14	7	6½
16	2	4	8	60	8	7	6	104	14	10	4
17	2	7	5½	61	8	10	3½	105	14	13	1½
18	2	10	3	62	8	13	1	106	14	15	11
19	2	13	— ½	63	8	15	10½	107	14	18	8½
20	2	15	10	64	8	18	8	108	15	1	6
21	2	18	7½	65	9	1	5½	109	15	4	3½
22	3	1	5	66	9	4	3	110	15	7	1
23	3	4	2½	67	9	7	— ½	111	15	9	10½
24	3	7	—	68	9	9	10	GH 112	15	12	8
25	3	9	9½	69	9	12	7½	Gr. 144	20	2	—
26	3	12	7	70	9	15	5	200	27	18	4
27	3	15	4½	71	9	18	2½	W. 256	35	14	8
[28]	3	18	2	72	10	1	—	300	41	17	6
29	4	—	11½	73	10	3	9½	400	55	16	8
30	4	3	9	74	10	6	7	500	69	15	10
31	4	6	6½	75	10	9	4½	600	83	15	—
32	4	9	4	76	10	12	2	700	97	14	2
33	4	12	1½	77	10	14	11½	800	111	13	4
34	4	14	11	78	10	17	9	900	125	12	6
35	4	17	8½	79	11	—	6½	1000	139	11	8
36	5	—	6	80	11	3	4	2000	279	3	4
37	5	3	3½	81	11	6	1½	3000	418	15	—
38	5	6	1	82	11	8	11	4000	558	6	8
39	5	8	10½	83	11	11	8½	5000	697	18	4
40	5	11	8	[84]	11	14	6	6000	837	10	—
41	5	14	5½	85	11	17	3½	7000	977	1	8
42	5	17	3	86	12	—	1	8000	1116	13	4
43	6	—	— ½	87	12	2	10½	9000	1256	5	—
44	6	2	10	88	12	5	8	10000	1395	16	8

N.B. GH stands for Great Hundred; Gr. signifies the Gross; and W. the Wey.

272 Feet in a Rod, at 2s. 9d. ½ per Foot, is 37l. 19s. 4d.
365 Days in a Year, at 2s. 9d. ½ per Day, is 50l. 18s. 11d. ½.

At 2s. 10d. per Pound, Yard, &c.

N.	l.	s.	d.	N.	l.	s.	d.	N.	l.	s.	d.
1	—	2	10	45	6	7	6	89	12	12	2
2	—	5	8	46	6	10	4	90	12	15	—
3	—	8	6	47	6	13	2	91	12	17	10
4	—	11	4	48	6	16	—	92	13	—	8
5	—	14	2	49	6	18	10	93	13	3	6
6	—	17	—	50	7	1	8	94	13	6	4
7	—	19	10	51	7	4	6	95	13	9	2
8	1	2	8	52	7	7	4	96	13	12	—
9	1	5	6	53	7	10	2	97	13	14	10
10	1	8	4	54	7	13	—	98	13	17	8
11	1	11	2	55	7	15	10	99	14	—	6
12	1	14	—	[56]	7	18	8	100	14	3	4
13	1	16	10	57	8	1	6	101	14	6	2
14	1	19	8	58	8	4	4	102	14	9	—
15	2	2	6	59	8	7	2	103	14	11	10
16	2	5	4	60	8	10	—	104	14	14	8
17	2	8	2	61	8	12	10	105	14	17	6
18	2	11	—	62	8	15	8	106	15	—	4
19	2	13	10	63	8	18	6	107	15	3	2
20	2	16	8	64	9	1	4	108	15	6	—
21	2	19	6	65	9	4	2	109	15	8	10
22	3	2	4	66	9	7	—	110	15	11	8
23	3	5	2	67	9	9	10	*111	15	14	6
24	3	8	—	68	9	12	8	GH 112	15	17	4
25	3	10	10	69	9	15	6	Gr. 144	20	8	—
26	3	13	8	70	9	18	4	200	28	6	8
27	3	16	6	71	10	1	2	W. 256	36	5	4
[28]	3	19	4	72	10	4	—	300	42	10	—
29	4	2	2	73	10	6	10	400	56	13	4
30	4	5	—	74	10	9	8	500	70	16	8
31	4	7	10	75	10	12	6	600	85	—	—
32	4	10	8	76	10	15	4	700	99	3	4
33	4	13	6	77	10	18	2	800	113	6	8
34	4	16	4	78	11	1	—	900	127	10	—
35	4	19	2	79	11	3	10	1000	141	13	4
36	5	2	—	80	11	6	8	2000	283	6	8
37	5	4	10	81	11	9	6	3000	425	—	—
38	5	7	8	82	11	12	4	4000	566	13	4
39	5	10	6	83	11	15	2	5000	708	6	8
40	5	13	4	[84]	11	18	—	6000	850	—	—
41	5	16	2	85	12	—	10	7000	991	13	4
42	5	19	—	86	12	3	8	8000	1133	6	8
43	6	1	10	87	12	6	6	9000	1275	—	—
44	6	4	8	88	12	9	4	10000	1416	13	4

* N. B. GH stands for *Great Hundred*; Gr. signifies the *Gross*, and W. the *Way*.

272 Feet in a Rod, at 2s. 10d. per Foot, is 38l. 10s. 8d.
365 Days in a Year, at 2s. 10d. per Day, is 51l. 14s. 2d.

At 2s. 10d. ½ per Pound, Yard, &c.

N.	l.	s.	d.	N.	l.	s.	d.		N.	l.	s.	d.
1	-	2	10½	45	6	9	4½		89	12	15	10½
2	-	5	9	46	6	12	3		90	12	18	9
3	-	8	7½	47	6	15	1½		91	13	1	7½
4	-	11	6	48	6	18	—		92	13	4	6
5	-	14	4½	49	7	—	10½		93	13	7	4½
6	-	17	3	50	7	3	9		94	13	10	3
7	1	—	1½	51	7	6	7½		95	13	13	1½
8	1	3	—	52	7	9	6		96	13	16	—
9	1	5	10½	53	7	12	4½		97	13	18	10½
10	1	8	9	54	7	15	3		98	14	1	9
11	1	11	7½	55	7	18	1½		99	14	4	7½
12	1	14	6	[56]	8	1	—		100	14	7	6
13	1	17	4½	57	8	3	10½		101	14	10	4½
14	2	—	3	58	8	6	9		102	14	13	3
15	2	3	1½	59	8	9	7½		103	14	16	1½
16	2	6	—	60	8	12	6		104	14	19	—
17	2	8	10½	61	8	15	4½		105	15	1	10½
18	2	11	9	62	8	18	3		106	15	4	9
19	2	14	7½	63	9	1	1½		107	15	7	7½
20	2	17	6	64	9	4	—		108	15	10	6
21	3	—	4½	65	9	6	10½		109	15	13	4½
22	3	3	3	66	9	9	9		110	15	16	3
23	3	6	1½	67	9	12	7½	*	111	15	19	1½
24	3	9	—	68	9	15	6	GH	112	16	2	—
25	3	11	10½	69	9	18	4½	Gr.	144	20	14	—
26	3	14	9	70	10	1	3		200	28	15	—
27	3	17	7½	71	10	4	1½	W.	256	36	16	—
[28]	4	—	6	72	10	7	—		300	43	2	6
29	4	3	4½	73	10	9	10½		400	57	10	—
30	4	6	3	74	10	12	9		500	71	17	6
31	4	9	1½	75	10	15	7½		600	86	5	—
32	4	12	—	76	10	18	6		700	100	12	6
33	4	14	10½	77	11	1	4½		800	115	—	—
34	4	17	9	78	11	4	3		900	129	7	6
35	5	—	7½	79	11	7	1½		1000	143	15	—
36	5	3	6	80	11	10	—		2000	287	10	—
37	5	6	4½	81	11	12	10½		3000	431	5	—
38	5	9	3	82	11	15	9		4000	575	—	—
39	5	12	1½	83	11	18	7½		5000	718	15	—
40	5	15	—	[84]	12	1	6		6000	862	10	—
41	5	17	10½	85	12	4	4½		7000	1006	5	—
42	6	—	9	86	12	7	3		8000	1150	—	—
43	6	3	7½	87	12	10	1½		9000	1293	15	—
44	6	6	6	88	12	13	—		10000	1437	10	—

* N. B. GH stands for *Great Hundred*; Gr. signifies the *Gross*; and W. the *Wey*.

272 Feet in a Rod, at 2s. 10d. ½ per Foot, is 39l. 2s.
365 Days in a Year, at 2s. 10d. ½ per Day, is 52l. 9s. 4d. ½.

At 2s. 11d. per Pound, Yard, &c.

N.	l.	s.	d.	N.	l.	s.	d.	N.	l.	s.	d.
1	–	2	11	45	6	11	3	89	12	19	7
2	–	5	10	46	6	14	2	90	13	2	6
3	–	8	9	47	6	17	1	91	13	5	5
4	–	11	8	48	7	–	–	92	13	8	4
5	–	14	7	49	7	2	11	93	13	11	3
6	–	17	6	50	7	5	10	94	13	14	2
7	1	–	5	51	7	8	9	95	13	17	1
8	1	3	4	52	7	11	8	96	14	–	–
9	1	6	3	53	7	14	7	97	14	2	11
10	1	9	2	54	7	17	6	98	14	5	10
11	1	12	1	55	8	–	5	99	14	8	9
12	1	15	–	[56]	8	3	4	100	14	11	8
13	1	17	11	57	8	6	3	101	14	14	7
14	2	–	10	58	8	9	2	102	14	17	6
15	2	3	9	59	8	12	1	103	15	–	5
16	2	6	8	60	8	15	–	104	15	3	4
17	2	9	7	61	8	17	11	105	15	6	3
18	2	12	6	62	9	–	10	106	15	9	2
19	2	15	5	63	9	3	9	107	15	12	1
20	2	18	4	64	9	6	8	108	15	15	–
21	3	1	3	65	9	9	7	109	15	17	11
22	3	4	2	66	9	12	6	110	16	–	10
23	3	7	1	67	9	15	5	111	16	3	9
24	3	10	–	68	9	18	4	GH 112	16	6	8
25	3	12	11	69	10	1	3	Gr. 144	21	–	–
26	3	15	10	70	10	4	2	200	29	3	4
27	3	18	9	71	10	7	1	W. 256	37	6	8
[28]	4	1	8	72	10	10	–	300	43	15	–
29]	4	4	7	73	10	12	11	400	58	6	8
30	4	7	6	74	10	15	10	500	72	18	4
31	4	10	5	75	10	18	9	600	87	10	–
32	4	13	4	76	11	1	8	700	102	1	8
33	4	16	3	77	11	4	7	800	116	13	4
34	4	19	2	78	11	7	6	900	131	5	–
35	5	2	1	79	11	10	5	1000	145	16	8
36	5	5	–	80	11	13	4	2000	291	13	4
37	5	7	11	81	11	16	3	3000	437	10	–
38	5	10	10	82	11	19	2	4000	583	6	8
39	5	13	9	83	12	2	1	5000	729	3	4
40	5	16	8	[84]	12	5	–	6000	875	–	–
41	5	19	7	85	12	7	11	7000	1020	16	8
42	6	2	6	86	12	10	10	8000	1166	13	4
43	6	5	5	87	12	13	9	9000	1312	10	–
44	6	8	4	88	12	16	8	10000	1458	6	8

N. B. GH stands for Great Hundred; Gr. signifies the Grofs; and W. the Wey.

272 Feet in a Rod, at 2s. 11d. per Foot, is 39l. 13s. 4d.
365 Days in a Year, at 2s. 11d. per Day, is 53l. 4s. 7d.

At 2s. 11d. ½ per Pound, Yard, &c.

N.	l.	s.	d.	N.	l.	s.	d.	N.	l.	s.	d.
1	–	2	11 ½	45	6	13	1 ½	89	13	3	3 ½
2	–	5	11	46	6	16	1	90	13	6	3
3	–	8	10 ½	47	6	19	– ½	91	13	9	2 ½
4	–	11	10	48	7	2	–	92	13	12	2
5	–	14	9 ½	49	7	4	11 ½	93	13	15	1 ½
6	–	17	9	50	7	7	11	94	13	18	1
7	1	–	8 ½	51	7	10	10 ½	95	14	1	– ½
8	1	3	8	52	7	13	10	96	14	4	–
9	1	6	7 ½	53	7	16	9 ½	97	14	6	11 ½
10	1	9	7	54	7	19	9	98	14	9	11
11	1	12	6 ½	55	8	2	8 ½	99	14	12	10 ½
12	1	15	6	[56]	8	5	8	100	14	15	10
13	1	18	5 ½	57	8	8	7 ½	101	14	18	9 ½
14	2	1	5	58	8	11	7	102	15	1	9
15	2	4	4 ½	59	8	14	6 ½	103	15	4	8 ½
16	2	7	4	60	8	17	6	104	15	7	8
17	2	10	3 ½	61	9	–	5 ½	105	15	10	7 ½
18	2	13	3	62	9	3	5	106	15	13	7
19	2	16	2 ½	63	9	6	4 ½	107	15	16	6 ½
20	2	19	2	64	9	9	4	108	15	19	6
21	3	2	1 ½	65	9	12	3 ½	109	16	2	5 ½
22	3	5	1	66	9	15	3	110	16	5	5
23	3	8	– ½	67	9	18	2 ½	*111	16	8	4 ½
24	3	11	–	68	10	1	2	GH 112	16	11	4
25	3	13	11 ½	69	10	4	1 ½	Gr. 144	21	6	–
26	3	16	11	70	10	7	1	200	29	11	8
27	3	19	10 ½	71	10	10	– ½	W. 256	37	17	4
[28]	4	2	10	72	10	13	–	300	44	7	6
29	4	5	9 ½	73	10	15	11 ½	400	59	3	4
30	4	8	9	74	10	18	11	500	73	19	2
31	4	11	8 ½	75	11	1	10 ½	600	88	15	–
32	4	14	8	76	11	4	10	700	103	10	10
33	4	17	7 ½	77	11	7	9 ½	800	118	6	8
34	5	–	7	78	11	10	9	900	133	2	6
35	5	3	6 ½	79	11	13	8 ½	1000	147	18	4
36	5	6	6	80	11	16	8	2000	295	16	8
37	5	9	5 ½	81	11	19	7 ½	3000	443	15	–
38	5	12	5	82	12	2	7	4000	591	13	4
39	5	15	4 ½	83	12	5	6 ½	5000	739	11	8
40	5	18	4	[84]	12	8	6	6000	887	10	–
41	6	1	3 ½	85	12	11	5 ½	7000	1035	8	4
42	6	4	3	86	12	14	5	8000	1183	6	8
43	6	7	2 ½	87	12	17	4 ½	9000	1331	5	–
44	6	10	2	88	13	–	4	10000	1479	3	4

*N.B. GH stands for *Great Hundred*; Gr. signifies the *Gross*; and W. the *Wey*.

272 Feet in a Rod, at 2s. 11d. ½ per Foot, is 40l. 4s. 8d.
365 Days in a Year, at 2s. 11d. ½ per Day, is 53l. 19s. 9d. ½.

At 3s. per Pound, Yard, &c.

N.	l.	s.	d.	N.	l.	s	d.	N.	l.	s.	d.
1	-	3	-	45	6	15	-	89	13	7	-
2	-	6	-	46	6	18	-	90	13	10	-
3	-	9	-	47	7	1	-	91	13	13	-
4	-	12	-	48	7	4	-	92	13	16	-
5	-	15	-	49	7	7	-	93	13	19	-
6	-	18	-	50	7	10	-	94	14	2	-
7	1	1	-	51	7	13	-	95	14	5	-
8	1	4	-	52	7	16	-	96	14	8	-
9	1	7	-	53	7	19	-	97	14	11	-
10	1	10	-	54	8	2	-	98	14	14	-
11	1	13	-	55	8	5	-	99	14	17	-
12	1	16	-	[56]	8	8	-	100	15	-	-
13	1	19	-	57	8	11	-	101	15	3	-
14	2	2	-	58	8	14	-	102	15	6	-
15	2	5	-	59	8	17	-	103	15	9	-
16	2	8	-	60	9	-	-	104	15	12	-
17	2	11	-	61	9	3	-	105	15	15	-
18	2	14	-	62	9	6	-	106	15	18	-
19	2	17	-	63	9	9	-	107	16	1	-
20	3	-	-	64	9	12	-	108	16	4	-
21	3	3	-	65	9	15	-	109	16	7	-
22	3	6	-	66	9	18	-	110	16	10	-
23	3	9	-	67	10	1	-	* 111	16	13	-
24	3	12	-	68	10	4	-	GH 112	16	16	-
25	3	15	-	69	10	7	-	Gr. 144	21	12	-
26	3	18	-	70	10	10	-	200	30	-	-
27	4	1	-	71	10	13	-	W. 250	38	8	-
[28]	4	4	-	72	10	16	-	300	45	-	-
29	4	7	-	73	10	19	-	400	60	-	-
30	4	10	-	74	11	2	-	500	75	-	-
31	4	13	-	75	11	5	-	600	90	-	-
32	4	16	-	76	11	8	-	700	105	-	-
33	4	19	-	77	11	11	-	800	120	-	-
34	5	2	-	78	11	14	-	900	135	-	-
35	5	5	-	79	11	17	-	1000	150	-	-
36	5	8	-	80	12	-	-	2000	300	-	-
37	5	11	-	81	12	3	-	3000	450	-	-
38	5	14	-	82	12	6	-	4000	600	-	-
39	5	17	-	83	12	9	-	5000	750	-	-
40	6	-	-	[84]	12	12	-	6000	900	-	-
41	6	3	-	85	12	15	-	7000	1050	-	-
42	6	6	-	86	12	18	-	8000	1200	-	-
43	6	9	-	87	13	1	-	9000	1350	-	-
44	6	12	-	88	13	4	-	10000	1500	-	-

* N. B. GH stands for *Great Hundred*; Gr. signifies the *Gross*; and W. the *Weg*.

272 Feet in a Rod, at 3s. per Foot, is 40l. 16s.
365 Days in a Year, at 3s. per Day, is 54l. 15s.

At 3s. — d. ½ per Pound, Yard, &c.

N.	l.	s.	d.	N.	l.	s.	d.	N.	l.	s.	d.
1	—	3	—½	45	6	16	10½	89	13	10	8½
2	—	6	1	46	6	19	11	90	13	13	9
3	—	9	1½	47	7	2	11½	91	13	16	9½
4	—	12	2	48	7	6	—	92	13	19	10
5	—	15	2½	49	7	9	—½	93	14	2	10½
6	—	18	3	50	7	12	1	94	14	5	11
7	1	1	3½	51	7	15	1½	95	14	8	11½
8	1	4	4	52	7	18	2	96	14	12	—
9	1	7	4½	53	8	1	2½	97	14	15	—½
10	1	10	5	54	8	4	3	98	14	18	1
11	1	13	5½	55	8	7	3½	99	15	1	1½
12	1	16	6	[56]	8	10	4	100	15	4	2
13	1	19	6½	57	8	13	4½	101	15	7	2½
14	2	2	7	58	8	16	5	102	15	10	3
15	2	5	7½	59	8	19	5½	103	15	13	3½
16	2	8	8	60	9	2	6	104	15	16	4
17	2	11	8½	61	9	5	6½	105	15	19	4½
18	2	14	9	62	9	8	7	106	16	2	5
19	2	17	9½	63	9	11	7½	107	16	5	5½
20	3	—	10	64	9	14	8	108	16	8	6
21	3	3	10½	65	9	17	8½	109	16	11	6½
22	3	6	11	66	10	—	9	110	16	14	7
23	3	9	11½	67	10	3	9½	*111	16	17	7½
24	3	13	—	68	10	6	10	G H 112	17	—	8
25	3	16	—½	69	10	9	10½	Gr. 144	21	18	—
26	3	19	1	70	10	12	11	200	30	8	4
27	4	2	1½	71	10	15	11½	W. 256	38	18	8
[28]	4	5	2	72	10	19	—	300	45	12	6
29	4	8	2½	73	11	2	—½	400	60	16	8
30	4	11	3	74	11	5	1	500	76	—	10
31	4	14	3½	75	11	8	1½	600	91	5	—
32	4	17	4	76	11	11	2	700	106	9	2
33	5	—	4½	77	11	14	2½	800	121	13	4
34	5	3	5	78	11	17	3	900	136	17	6
35	5	6	5½	79	12	—	3½	1000	152	1	8
36	5	9	6	80	12	3	4	2000	304	3	4
37	5	12	6½	81	12	6	4½	3000	456	5	—
38	5	15	7	82	12	9	5	4000	608	6	8
39	5	18	7½	83	12	12	5½	5000	760	8	4
40	6	1	8	[84]	12	15	6	6000	912	10	—
41	6	4	8½	85	12	18	6½	7000	1064	11	8
42	6	7	9	86	13	1	7	8000	1216	13	4
43	6	10	9½	87	13	4	7½	9000	1368	15	—
44	6	13	10	88	13	7	8	10000	1520	16	8

* N. B. GH stands for *Great Hundred*; Gr. signifies the *Gross*; and W. the *Wey*.

272 Feet in a Rod, at 3s. —d. ½ per Foot, is 41l. 7s. 4d.
365 Days in a Year, at 3s. —d. ½ per Day, is 55l. 10s. 2d. ½.

At 3s. 1d. per Pound, Yard, &c.

N.	l.	s.	d.	N.	l.	s.	d.	N.	l.	s.	d.
1	–	3	1	45	0	18	9	89	13	14	5
2	–	6	2	46	7	1	10	90	13	17	6
3	–	9	3	47	7	4	11	91	14	–	7
4	–	12	4	48	7	8	–	92	14	3	8
5	–	15	5	49	7	11	1	93	14	6	9
6	–	18	6	50	7	14	2	94	14	9	10
7	1	1	7	51	7	17	3	95	14	12	11
8	1	4	8	52	8	–	4	96	14	16	–
9	1	7	9	53	8	3	5	97	14	19	1
10	1	10	10	54	8	6	6	98	15	2	2
11	1	13	11	55	8	9	7	99	15	5	3
12	1	17	–	[56]	8	12	8	100	15	8	4
13	2	–	1	57	8	15	9	101	15	11	5
14	2	3	2	58	8	18	10	102	15	14	6
15	2	6	3	59	9	1	11	103	15	17	7
16	2	9	4	60	9	5	–	104	16	–	8
17	2	12	5	61	9	8	1	105	16	3	9
18	2	15	6	62	9	11	2	106	16	6	10
19	2	18	7	63	9	14	3	107	16	9	11
20	3	1	8	64	9	17	4	108	16	13	–
21	3	4	9	65	10	–	5	109	16	16	1
22	3	7	10	66	10	3	6	110	16	19	2
23	3	10	11	67	10	6	7	111	17	2	3
24	3	14	–	68	10	9	8	GH 112	17	5	4
25	3	17	1	69	10	12	9	Gr. 144	22	4	–
26	4	–	2	70	10	15	10	200	30	16	8
27	4	3	3	71	10	18	11	W. 256	39	9	4
[28]	4	6	4	72	11	2	–	300	46	5	–
29	4	9	5	73	11	5	1	400	61	13	4
30	4	12	6	74	11	8	2	500	77	1	8
31	4	15	7	75	11	11	3	600	92	10	–
32	4	18	8	76	11	14	4	700	107	18	4
33	5	1	9	77	11	17	5	800	123	6	8
34	5	4	10	78	12	–	6	900	138	15	–
35	5	7	11	79	12	3	7	1000	154	3	4
36	5	11	–	80	12	6	8	2000	308	6	8
37	5	14	1	81	12	9	9	3000	462	10	–
38	5	17	2	82	12	12	10	4000	616	13	4
39	6	–	3	83	12	15	11	5000	770	16	8
40	6	3	4	[84]	12	19	–	6000	925	–	–
41	6	6	5	85	13	2	1	7000	1079	3	4
42	6	9	6	86	13	5	2	8000	1233	6	8
43	6	12	7	87	13	8	3	9000	1387	10	–
44	6	15	8	88	13	11	4	10000	1541	13	4

* N. B. GH stands for Great Hundred; Gr. signifies the Gross; and W. the Wey.

272 Feet in a Rod, at 3s. 1d. per Foot, is 41l. 18s. 8d.
365 Days in a Year, at 3s. 1d. per Day, is 56l. 5s. 5d.

At 3s. 1d. ½ per Pound, Yard, &c.

N.	l.	s.	d.	N.	l.	s.	d.	N.	l.	s.	d.
1	-	3	1½	45	7	—	7½	89	13	18	1½
2	-	6	3	46	7	3	9	90	14	1	3
3	-	9	4½	47	7	6	10½	91	14	4	4½
4	-	12	6	48	7	10	—	92	14	7	6
5	-	15	7½	49	7	13	1½	93	14	10	7½
6	-	18	9	50	7	16	3	94	14	13	9
7	1	1	10½	51	7	19	4½	95	14	16	10½
8	1	5	—	52	8	2	6	96	15	—	—
9	1	8	1½	53	8	5	7½	97	15	3	1½
10	1	11	3	54	8	8	9	98	15	6	3
11	1	14	4½	55	8	11	10½	99	15	9	4½
12	1	17	6	56	8	15	—	100	15	12	6
13	2	—	7½	57	8	18	1½	101	15	15	7½
14	2	3	9	58	9	1	3	102	15	18	9
15	2	6	10½	59	9	4	4½	103	16	1	10½
16	2	10	—	60	9	7	6	104	16	5	—
17	2	13	1½	61	9	10	7½	105	16	8	1½
18	2	16	3	62	9	13	9	106	16	11	3
19	2	19	4½	63	9	16	10½	107	16	14	4½
20	3	2	6	64	10	—	—	108	16	17	6
21	3	5	7½	65	10	3	1½	109	17	—	7½
22	3	8	9	66	10	6	3	110	17	3	9
23	3	11	10½	67	10	9	4½	* 111	17	6	10½
24	3	15	—	68	10	12	6	GH 112	17	10	—
25	3	18	1½	69	10	15	7½	Gr. 144	22	10	—
26	4	1	3	70	10	18	9	200	31	5	—
27	4	4	4½	71	11	1	10½	W. 256	40	—	—
28	4	7	6	72	11	5	—	300	46	17	6
29	4	10	7½	73	11	8	1½	400	62	10	—
30	4	13	9	74	11	11	3	500	78	2	6
31	4	16	10½	75	11	14	4½	600	93	15	—
32	5	—	—	76	11	17	6	700	109	7	6
33	5	3	1½	77	12	—	7½	800	125	—	—
34	5	6	3	78	12	3	9	900	140	12	6
35	5	9	4½	79	12	6	10½	1000	156	5	—
36	5	12	6	80	12	10	—	2000	312	10	—
37	5	15	7½	81	12	13	1½	3000	468	15	—
38	5	18	9	82	12	16	3	4000	625	—	—
39	6	1	10½	83	12	19	4½	5000	781	5	—
40	6	5	—	84	13	2	6	6000	937	10	—
41	6	8	1½	85	13	5	7½	7000	1093	15	—
42	6	11	3	86	13	8	9	8000	1250	—	—
43	6	14	4½	87	13	11	10½	9000	1406	5	—
44	6	17	6	88	13	15	—	10000	1562	10	—

272 Feet in a Rod, at 3s. 1d. ½ per Foot, is 42l. 10s.

365 Days in a Year, at 3s. 1d. ½ per Day, is 57l. —s. 7d. ½.

* N. B. GH stands for *Great Hundred*; Gr. signifies the *Gross*; and W. the *Way*.

At 3s. 2d. per Pound, Yard, &c.

N.	l.	s.	d.	N.	l.	s.	d.	N.	l.	s.	d.
1	–	3	2	45	7	2	6	89	14	1	10
2	–	6	4	46	7	5	8	90	14	5	–
3	–	9	6	47	7	8	10	91	14	8	2
4	–	12	8	48	7	12	–	92	14	11	4
5	–	15	10	49	7	15	2	93	14	14	6
6	–	19	–	50	7	18	4	94	14	17	8
7	1	2	2	51	8	1	6	95	15	–	10
8	1	5	4	52	8	4	8	96	15	4	–
9	1	8	6	53	8	7	10	97	15	7	2
10	1	11	8	54	8	11	–	98	15	10	4
11	1	14	10	55	8	14	2	99	15	13	6
12	1	18	–	[56]	8	17	4	100	15	16	8
13	2	1	2	57	9	–	6	101	15	19	10
14	2	4	4	58	9	3	8	102	16	3	–
15	2	7	6	59	9	6	10	103	16	6	2
16	2	10	8	60	9	10	–	104	16	9	4
17	2	13	10	61	9	13	2	105	16	12	6
18	2	17	–	62	9	16	4	106	16	15	8
19	3	–	2	63	9	19	6	107	16	18	10
20	3	3	4	64	10	2	8	108	17	2	–
21	3	6	6	65	10	5	10	109	17	5	2
22	3	9	8	66	10	9	–	110	17	8	4
23	3	12	10	67	10	12	2	*111	17	11	6
24	3	16	–	68	10	15	4	GH.112	17	14	8
25	3	19	2	69	10	18	6	Gr. 144	22	16	–
26	4	2	4	70	11	1	8	200	31	13	4
27	4	5	6	71	11	4	10	W. 256	40	10	8
28	4	8	8	72	11	8	–	300	47	10	–
29	4	11	10	73	11	11	2	400	63	6	8
30	4	15	–	74	11	14	4	500	79	3	4
31	4	18	2	75	11	17	6	600	95	–	–
32	5	1	4	76	12	–	8	700	110	16	8
33	5	4	6	77	12	3	10	800	126	13	4
34	5	7	8	78	12	7	–	900	142	10	–
35	5	10	10	79	12	10	2	1000	158	6	8
36	5	14	–	80	12	13	4	2000	316	13	4
37	5	17	2	81	12	16	6	3000	475	–	–
38	6	–	4	82	12	19	8	4000	633	6	8
39	6	3	6	83	13	2	10	5000	791	13	4
40	6	6	8	[84]	13	6	–	6000	950	–	–
41	6	9	10	85	13	9	2	7000	1108	6	8
42	6	13	–	86	13	12	4	8000	1266	13	4
43	6	16	2	87	13	15	6	9000	1425	–	–
44	6	19	4	88	13	18	8	10000	1583	6	8

N. B. GH stands for Great Hundred; Gr. signifies the Gross; and W. the Wey.

272 Feet in a Rod, at 3s. 2d. per Foot, is 43l. 1s. 4d.
365 Days in a Year, at 3s. 2d. per Day, is 57l. 15s. 10d.

M 3

At 3s. 2d. ½ per Pound, Yard, &c.

N.	l.	s.	d.	N.	l.	s.	d.	N.	l.	s.	d.
1	-	3	2 ½	45	7	4	4½	89	14	5	6½
2	-	6	5	46	7	7	7	90	14	8	9
3	-	9	7 ½	47	7	10	9½	91	14	11	11½
4	-	12	10	48	7	14	—	92	14	15	2
5	-	16	— ½	49	7	17	2½	93	14	18	4½
6	-	19	3	50	8	—	5	94	15	1	7
7	1	2	5 ½	51	8	3	7½	95	15	4	9½
8	1	5	8	52	8	6	10	96	15	8	—
9	1	8	10 ½	53	8	10	—½	97	15	11	2½
10	1	12	1	54	8	13	3	98	15	14	5
11	1	15	3 ½	55	8	16	5½	99	15	17	7½
12	1	18	6	56]	8	19	8	100	16	—	10
13	2	1	8 ½	57	9	2	10½	101	16	4	—½
14	2	4	11	58	9	6	1	102	16	7	3
15	2	8	1 ½	59	9	9	3½	103	16	10	5½
16	2	11	4	60	9	12	6	104	16	13	8
17	2	14	6 ½	61	9	15	8½	105	16	16	10½
18	2	17	9	62	9	18	11	106	17	—	1
19	3	—	11 ½	63	10	2	1½	107	17	3	3½
20	3	4	2	64	10	5	4	108	17	6	6
21	3	7	4 ½	65	10	8	6½	109	17	9	8½
22	3	10	7	66	10	11	9	110	17	12	11
23	3	13	9 ½	67	10	14	11½	* 111	17	16	1½
24	3	17	—	68	10	18	2	GH 112	17	19	4
25	4	—	2 ½	69	11	1	4½	Gr. 144	23	2	—
26	4	3	5	70	11	4	7	200	32	1	8
27	4	6	7 ½	71	11	7	9½	W. 256	41	1	4
28	4	9	10	72	11	11	—	300	48	2	6
29	4	13	— ½	73	11	14	2½	400	64	3	4
30	4	16	3	74	11	17	5	500	80	4	2
31	4	19	5 ½	75	12	—	7½	600	96	5	—
32	5	2	8	76	12	3	10	700	112	5	10
33	5	5	10 ½	77	12	7	—½	800	128	6	8
34	5	9	1	78	12	10	3	900	144	7	6
35	5	12	3 ½	79	12	13	5½	1000	160	8	4
36	5	15	6	80	12	16	8	2000	320	16	8
37	5	18	8 ½	81	12	19	10½	3000	481	5	—
38	6	1	11	82	13	3	1	4000	641	13	4
39	6	5	1 ½	83	13	6	3½	5000	802	1	8
40	6	8	4	[84]	13	9	6	6000	962	10	—
41	6	11	6 ½	85	13	12	8½	7000	1122	18	4
42	6	14	9	86	13	15	11	8000	1283	6	8
43	6	17	11 ½	87	13	19	1½	9000	1443	15	—
44	7	1	2	88	14	2	4	10000	1604	3	4

* *N. B.* GH stands for *Great Hundred*; Gr. signifies the *Gross*; and W. the *Wey*.

272 Feet in a Rod, at 3s. 2d. ½ per Foot, is 43l. 12s. 8d.
365 Days in a Year, at 3s. 2d. ½ per Day, is 58l. 11s. —d. ½.

At 3s. 3d. per Pound, Yard, &c.

N.	l.	s.	d.	N	l.	s.	d	N.	l.	s.	d.
1	–	3	3	45	7	6	3	89	14	9	3
2	–	6	6	46	7	9	6	90	14	12	6
3	–	9	9	47	7	12	9	91	14	15	9
4	–	13	–	48	7	16	–	92	14	19	–
5	–	16	3	49	7	19	3	93	15	2	3
6	–	19	6	50	8	2	6	94	15	5	6
7	1	2	9	51	8	5	9	95	15	8	9
8	1	6	–	52	8	9	–	96	15	12	–
9	1	9	3	53	8	12	3	97	15	15	3
10	1	12	6	54	8	15	6	98	15	18	6
11	1	15	9	55	8	18	9	99	16	1	9
12	1	19	–	[56]	9	2	–	100	16	5	–
13	2	2	3	57	9	5	3	101	16	8	3
14	2	5	6	58	9	8	6	102	16	11	6
15	2	8	9	59	9	11	9	103	16	14	9
16	2	12	–	60	9	15	–	104	16	18	–
17	2	15	3	61	9	18	3	105	17	1	3
18	2	18	6	62	10	1	6	106	17	4	6
19	3	1	9	63	10	4	9	107	17	7	9
20	3	5	–	64	10	8	–	108	17	11	–
21	3	8	3	65	10	11	3	109	17	14	3
22	3	11	6	66	10	14	6	110	17	17	6
23	3	14	9	67	10	17	9	*111	18	–	9
24	3	18	–	68	11	1	–	GH 112	18	4	–
25	4	1	3	69	11	4	3	Gr. 144	23	8	–
26	4	4	6	70	11	7	6	200	32	10	–
27	4	7	9	71	11	10	9	W. 256	41	12	–
[28]	4	11	–	72	11	14	–	300	48	15	–
29	4	14	3	73	11	17	3	400	65	–	–
30	4	17	6	74	12	–	6	500	81	5	–
31	5	–	9	75	12	3	9	600	97	10	–
32	5	4	–	76	12	7	–	700	113	15	–
33	5	7	3	77	12	10	3	800	130	–	–
34	5	10	6	78	12	13	6	900	146	5	–
35	5	13	9	79	12	16	9	1000	162	10	–
36	5	17	–	80	13	–	–	2000	325	–	–
37	6	–	3	81	13	3	3	3000	487	10	–
38	6	3	6	82	13	6	6	4000	650	–	–
39	6	6	9	83	13	9	9	5000	812	10	–
40	6	10	–	[84]	13	13	–	6000	975	–	–
41	6	13	3	85	13	16	3	7000	1137	10	–
42	6	16	6	86	13	19	6	8000	1300	–	–
43	6	19	9	87	14	2	9	9000	1462	10	–
44	7	3	–	88	14	6	–	10000	1625	–	–

N. B. GH stands for Great Hundred; Gr. signifies the Gross; and W. the Wey.

272 Feet in a Rod, at 3s. 3d. per Foot, is 44l. 4s.
365 Days in a Year, at 3s. 3d. per Day, is 59l. 6s. 3d.

At 3s. 3d. ½ per Pound, Yard, &c.

N.	l.	s.	d.	N.	l.	s.	d.	N.	l.	s.	d.
1	–	3	3½	45	7	8	1½	89	14	12	11½
2	–	6	7	46	7	11	5	90	14	16	3
3	–	9	10½	47	7	14	8½	91	14	19	6½
4	–	13	2	48	7	18	–	92	15	2	10
5	–	16	5½	49	8	1	3½	93	15	6	1½
6	–	19	9	50	8	4	7	94	15	9	5
7	1	3	–½	51	8	7	10½	95	15	12	8½
8	1	6	4	52	8	11	2	96	15	16	–
9	1	9	7½	53	8	14	5½	97	15	19	3½
10	1	12	11	54	8	17	9	98	16	2	7
11	1	16	2½	55	9	1	–½	99	16	5	10½
12	1	19	6	[56]	9	4	4	100	16	9	2
13	2	2	9½	57	9	7	7½	101	16	12	5½
14	2	6	1	58	9	10	11	102	16	15	9
15	2	9	4½	59	9	14	2½	103	16	19	–½
16	2	12	8	60	9	17	6	104	17	2	4
17	2	15	11½	61	10	–	9½	105	17	5	7½
18	2	19	3	62	10	4	1	106	17	8	11
19	3	2	6½	63	10	7	4½	107	17	12	2½
20	3	5	10	64	10	10	8	108	17	15	6
21	3	9	1½	65	10	13	11½	109	17	18	9½
22	3	12	5	66	10	17	3	110	18	2	1
23	3	15	8½	67	11	–	6½	*111	18	5	4½
24	3	19	–	68	11	3	10	GH 112	18	8	8
25	4	2	3½	69	11	7	1½	Gr. 144	23	14	–
26	4	5	7	70	11	10	5	200	32	18	4
27	4	8	10½	71	11	13	8½	W. 256	42	2	8
[28]	4	12	2	72	11	17	–	300	49	7	6
29	4	15	5½	73	12	–	3½	400	65	16	8
30	4	18	9	74	12	3	7	500	82	5	10
31	5	2	–½	75	12	6	10½	600	98	15	–
32	5	5	4	76	12	10	2	700	115	4	2
33	5	8	7½	77	12	13	5½	800	131	13	4
34	5	11	11	78	12	16	9	900	148	2	6
35	5	15	2½	79	13	–	–½	1000	164	11	8
36	5	18	6	80	13	3	4	2000	329	3	4
37	6	1	9½	81	13	6	7½	3000	493	15	–
38	6	5	1	82	13	9	11	4000	658	6	8
39	6	8	4½	83	13	13	2½	5000	822	18	4
40	6	11	8	[84]	13	16	6	6000	987	10	–
41	6	14	11½	85	13	19	9½	7000	1152	1	8
42	6	18	3	86	14	3	1	8000	1316	13	4
43	7	1	6½	87	14	6	4½	9000	1481	5	–
44	7	4	10	88	14	9	8	10000	1645	16	8

* N. B. GH stands for *Great Hundred*; Gr. signifies the *Grofs*; and W. the *Wy*.

272 Feet in a Rod, at 3s. 3d. ½ per Foot, is 44l. 15s. 4d.
365 Days in a Year, at 3s. 3d. ½ per Day, is 60l. 1s. 5d. ¼.

At 3s. 4d. per Pound, Yard, &c.

N.	l. s. d.	N.	l. s. d.	N.	l. s. d.
1	– 3 4	45	7 10 –	89	14 16 8
2	– 6 8	46	7 13 4	90	15 – –
3	– 10 –	47	7 16 8	91	15 3 4
4	– 13 4	48	8 – –	92	15 6 8
5	– 16 8	49	8 3 4	93	15 10 –
6	1 – –	50	8 6 8	94	15 13 4
7	1 3 4	51	8 10 –	95	15 16 8
8	1 6 8	52	8 13 4	96	16 – –
9	1 10 –	53	8 16 8	97	16 3 4
10	1 13 4	54	9 – –	98	16 6 8
11	1 16 8	55	9 3 4	99	16 10 –
12	2 – –	[56]	9 6 8	100	16 13 4
13	2 3 4	57	9 10 –	101	16 16 8
14	2 6 8	58	9 13 4	102	17 – –
15	2 10 –	59	9 16 8	103	17 3 4
16	2 13 4	60	10 – –	104	17 6 8
17	2 16 8	61	10 3 4	105	17 10 –
18	3 – –	62	10 6 8	106	17 13 4
19	3 3 4	63	10 10 –	107	17 16 8
20	3 6 8	64	10 13 4	108	18 – –
21	3 10 –	65	10 16 8	109	18 3 4
22	3 13 4	66	11 – –	110	18 6 8
23	3 16 8	67	11 3 4	111	18 10 –
24	4 – –	68	11 6 8	GH 112	18 13 4
25	4 3 4	69	11 10 –	Gr. 144	24 – –
26	4 6 8	70	11 13 4	200	33 6 8
27	4 10 –	71	11 16 8	W. 256	42 13 4
[28]	4 13 4	72	12 – –	300	50 – –
29	4 16 8	73	12 3 4	400	66 13 4
30	5 – –	74	12 6 8	500	83 6 8
31	5 3 4	75	12 10 –	600	100 – –
32	5 6 8	76	12 13 4	700	116 13 4
33	5 10 –	77	12 16 8	800	133 6 8
34	5 13 4	78	13 – –	900	150 – –
35	5 16 8	79	13 3 4	1000	166 13 4
36	6 – –	80	13 6 8	2000	333 6 8
37	6 3 4	81	13 10 –	3000	500 – –
38	6 6 8	82	13 13 4	4000	666 13 4
39	6 10 –	83	13 16 8	5000	833 6 8
40	6 13 4	[84]	14 – –	6000	1000 – –
41	6 16 8	85	14 3 4	7000	1166 13 4
42	7 – –	86	14 6 8	8000	1333 6 8
43	7 3 4	87	14 10 –	9000	1500 – –
44	7 6 8	88	14 13 4	10000	1666 13 4

*N.B. GH stands for Great Hundred; Gr. signifies the Gross; and W. the W'g.

272 Feet in a Rod, at 3s. 4d. per Foot, is 45l. 6s. 8d.
365 Days in a Year, at 3s. 4d. per Day, is 60l. 16s. 8d.

At 3s. 4d. ½ per Pound, Yard, &c.

N.	l.	s.	d.	N.	l.	s.	d.	N.	l.	s.	d.
1	–	3	4½	45	7	11	10½	89	15	–	4½
2	–	6	9	46	7	15	3	90	15	3	9
3	–	10	1½	47	7	18	7½	91	15	7	1½
4	–	13	6	48	8	2	–	92	15	10	6
5	–	16	10½	49	8	5	4½	93	15	13	10½
6	1	–	3	50	8	8	9	94	15	17	3
7	1	3	7½	51	8	12	1½	95	16	–	7½
8	1	7	–	52	8	15	6	96	16	4	–
9	1	10	4½	53	8	18	10½	97	16	7	4½
10	1	13	9	54	9	2	3	98	16	10	9
11	1	17	1½	55	9	5	7½	99	16	14	1½
12	2	–	6	[56]	9	9	–	100	16	17	6
13	2	3	10½	57	9	12	4½	101	17	–	10½
14	2	7	3	58	9	15	9	102	17	4	3
15	2	10	7½	59	9	19	1½	103	17	7	7½
16	2	14	–	60	10	2	6	104	17	11	–
17	2	17	4½	61	10	5	10½	105	17	14	4½
18	3	–	9	62	10	9	3	106	17	17	9
19	3	4	1½	63	10	12	7½	107	18	1	1½
20	3	7	6	64	10	16	–	108	18	4	6
21	3	10	10½	65	10	19	4½	109	18	7	10½
22	3	14	3	66	11	2	9	110	18	11	3
23	3	17	7½	67	11	6	1½	111	18	14	7½
24	4	1	–	68	11	9	6	GH 112	18	18	–
25	4	4	4½	69	11	12	10½	Gr. 144	24	6	–
26	4	7	9	70	11	16	3	200	33	15	–
27	4	11	1½	71	11	19	7½	W. 256	43	4	–
28	4	14	6	72	12	3	–	300	50	12	6
29	4	17	10½	73	12	6	4½	400	67	10	–
30	5	1	3	74	12	9	9	500	84	7	6
31	5	4	7½	75	12	13	1½	600	101	5	–
32	5	8	–	76	12	16	6	700	118	2	6
33	5	11	4½	77	12	19	10½	800	135	–	–
34	5	14	9	78	13	3	3	900	151	17	6
35	5	18	1½	79	13	6	7½	1000	168	15	–
36	6	1	6	80	13	10	–	2000	337	10	–
37	6	4	10½	81	13	13	4½	3000	506	5	–
38	6	8	3	82	13	16	9	4000	675	–	–
39	6	11	7½	83	14	–	1½	5000	843	15	–
40	6	15	–	[84]	14	3	6	6000	1012	10	–
41	6	18	4½	85	14	6	10½	7000	1181	5	–
42	7	1	9	86	14	10	3	8000	1350	–	–
43	7	5	1½	87	14	13	7½	9000	1518	15	–
44	7	8	6	88	14	17	–	10000	1687	10	–

N. B. GH stands for Great Hundred; Gr. signifies the Gross; and W. the W'gy.

272 Feet in a Rod, at 3s. 4d. ½ per Foot, is 45l. 18s.
365 Days in a Year, at 3s. 4d. ½ per Day, is 61l. 11s. 10d. ½.

At 3s. 5d. per Pound, Yard, &c.

N.	l.	s.	d.	N.	l.	s.	d.	N.	l.	s.	d.
1	—	3	5	45	7	13	9	89	15	4	1
2	—	6	10	46	7	17	2	90	15	7	6
3	—	10	3	47	8	—	7	91	15	10	11
4	—	13	8	48	8	4	—	92	15	14	4
5	—	17	1	49	8	7	5	93	15	17	9
6	1	—	6	50	8	10	10	94	16	1	2
7	1	3	11	51	8	14	3	95	16	4	7
8	1	7	4	52	8	17	8	96	16	8	—
9	1	10	9	53	9	1	1	97	16	11	5
10	1	14	2	54	9	4	6	98	16	14	10
11	1	17	7	55	9	7	11	99	16	18	3
12	2	1	—	[56]	9	11	4	100	17	1	8
13	2	4	5	57	9	14	9	101	17	5	1
14	2	7	10	58	9	18	2	102	17	8	6
15	2	11	3	59	10	1	7	103	17	11	11
16	2	14	8	60	10	5	—	104	17	15	4
17	2	18	1	61	10	8	5	105	17	18	9
18	3	1	6	62	10	11	10	106	18	2	2
19	3	4	11	63	10	15	3	107	18	5	7
20	3	8	4	64	10	18	8	108	18	9	—
21	3	11	9	65	11	2	1	109	18	12	5
22	3	15	2	66	11	5	6	110	18	15	10
23	3	18	7	67	11	8	11	*111	18	19	3
24	4	2	—	68	11	12	4	GH 112	19	2	8
25	4	5	5	69	11	15	9	Gr. 144	24	12	—
26	4	8	10	70	11	19	2	200	34	3	4
27	4	12	3	71	12	2	7	W. 256	43	14	8
[28]	4	15	8	72	12	6	—	300	51	5	—
29	4	19	1	73	12	9	5	400	68	6	8
30	5	2	6	74	12	12	10	500	85	8	4
31	5	5	11	75	12	16	3	600	102	10	—
32	5	9	4	76	12	19	8	700	119	11	8
33	5	12	9	77	13	3	1	800	136	13	4
34	5	16	2	78	13	6	6	900	153	15	—
35	5	19	7	79	13	9	11	1000	170	16	8
36	6	3	—	80	13	13	4	2000	341	13	4
37	6	6	5	81	13	16	9	3000	512	10	—
38	6	9	10	82	14	—	2	4000	683	6	8
39	6	13	3	83	14	3	7	5000	854	3	4
40	6	16	8	[84]	14	7	—	6000	1025	—	—
41	7	—	1	85	14	10	5	7000	1195	16	8
42	7	3	6	86	14	13	10	8000	1366	13	4
43	7	6	11	87	14	17	3	9000	1537	10	—
44	7	10	4	88	15	—	8	10000	1708	6	8

* N. B. GH stands for *Great Hundred*; Gr. signifies the *Gross*; and W. the *Wey*.

272 Feet in a Rod, at 3s. 5d. per Foot, is 46l. 9s. 4d.
365 Days in a Year, at 3s. 5d. per Day, is 62l. 7s. 1d.

At 3s. 5d. ½ per Pound, Yard, &c.

N.	l.	s.	d.	N.	l.	s.	d.	N.	l.	s.	d.
1	–	3	5½	45	7	15	7½	89	15	7	9½
2	–	6	11	46	7	19	1	90	15	11	3
3	–	10	4½	47	8	2	6½	91	15	14	8½
4	–	13	10	48	8	6	–	92	15	18	2
5	–	17	3½	49	8	9	5½	93	16	1	7½
6	1	–	9	50	8	12	11	94	16	5	1
7	1	4	2½	51	8	16	4½	95	16	8	6½
8	1	7	8	52	8	19	10	96	16	12	–
9	1	11	1½	53	9	3	3½	97	16	15	5½
10	1	14	7	54	9	6	9	98	16	18	11
11	1	18	– ½	55	9	10	2½	99	17	2	4½
12	2	1	6	[56]	9	13	8	100	17	5	10
13	2	4	11½	57	9	17	1½	101	17	9	3½
14	2	8	5	58	10	–	7	102	17	12	9
15	2	11	10½	59	10	4	–½	103	17	16	2½
16	2	15	4	60	10	7	6	104	17	19	8
17	2	18	9½	61	10	10	11½	105	18	3	1½
18	3	2	3	62	10	14	5	106	18	6	7
19	3	5	8½	63	10	17	10½	107	18	10	–½
20	3	9	2	64	11	1	4	108	18	13	6
21	3	12	7½	65	11	4	9½	109	18	10	11½
22	3	16	1	66	11	8	3	110	19	–	5
23	3	19	6½	67	11	11	8½	*111	19	3	10½
24	4	3	–	68	11	15	2	GH 112	19	7	4
25	4	6	5½	69	11	18	7½	Gr. 144	24	18	–
26	4	9	11	70	12	2	1	200	34	11	8
27	4	13	4½	71	12	5	6½	W. 256	44	5	4
[28]	4	10	10	72	12	9	–	300	51	17	6
29	5	–	3½	73	12	12	5½	400	69	3	4
30	5	3	9	74	12	15	11	500	86	9	2
31	5	7	2½	75	12	19	4½	600	103	15	–
32	5	10	8	76	13	2	10	700	121	–	10
33	5	14	1½	77	13	6	3½	800	138	6	8
34	5	17	7	78	13	9	9	900	155	12	6
35	6	1	– ½	79	13	13	2½	1000	172	18	4
36	6	4	6	80	13	16	8	2000	345	16	8
37	6	7	11½	81	14	–	1½	3000	518	15	–
38	6	11	5	82	14	3	7	4000	691	13	4
39	6	14	10½	83	14	7	–½	5000	804	11	8
40	6	18	4	[84]	14	10	6	6000	1037	10	–
41	7	1	9½	85	14	13	11½	7000	1210	8	4
42	7	5	3	86	14	17	5	8000	1383	6	8
43	7	8	8½	87	15	–	10½	9000	1556	5	–
44	7	12	2	88	15	4	4	10000	1729	3	4

N.B. GH stands for Great Hundred; Gr. signifies the Gross; and W. the Wey.

2½ Feet in a Rod, at 3s. 5d. ½ per Foot, is 47l. —s. 8d.
365 Days in a Year, at 3s. 5d. ½ per Day, is 63l. 2s. 3d. ⅛.

At 3s. 6d. per Pound, Yard, &c.

N.	l.	s.	d.	N.	l.	s.	d.	N.	l.	s.	d.
1	–	3	6	45	7	17	6	89	15	11	6
2	–	7	–	46	8	1	–	90	15	15	–
3	–	10	6	47	8	4	6	91	15	18	6
4	–	14	–	48	8	8	–	92	16	2	–
5	–	17	6	49	8	11	6	93	16	5	6
6	1	1	–	50	8	15	–	94	16	9	–
7	1	4	6	51	8	18	6	95	16	12	6
8	1	8	–	52	9	2	–	96	16	16	–
9	1	11	6	53	9	5	6	97	16	19	6
10	1	15	–	54	9	9	–	98	17	3	–
11	1	18	6	55	9	12	6	99	17	6	6
12	2	2	–	[56]	9	16	–	100	17	10	–
13	2	5	6	57	9	19	6	101	17	13	6
14	2	9	–	58	10	3	–	102	17	17	–
15	2	12	6	59	10	6	6	103	18	–	6
16	2	16	–	60	10	10	–	104	18	4	–
17	2	19	6	61	10	13	6	105	18	7	6
18	3	3	–	62	10	17	–	106	18	11	–
19	3	6	6	63	11	–	6	107	18	14	6
20	3	10	–	64	11	4	–	108	18	18	–
21	3	13	6	65	11	7	6	109	19	1	6
22	3	17	–	66	11	11	–	110	19	5	–
23	4	–	6	67	11	14	6	111	19	8	6
24	4	4	–	68	11	18	–	G H 112	19	12	–
25	4	7	6	69	12	1	6	Gr. 144	25	4	–
26	4	11	–	70	12	5	–	200	35	–	–
27	4	14	6	71	12	8	6	W. 256	44	16	–
[28]	4	18	–	72	12	12	–	300	52	10	–
29	5	1	6	73	12	15	6	400	70	–	–
30	5	5	–	74	12	19	–	500	87	10	–
31	5	8	6	75	13	2	6	600	105	–	–
32	5	12	–	76	13	6	–	700	122	10	–
33	5	15	6	77	13	9	6	800	140	–	–
34	5	19	–	78	13	13	–	900	157	10	–
35	6	2	6	79	13	16	6	1000	175	–	–
36	6	6	–	80	14	–	–	2000	350	–	–
37	6	9	6	81	14	3	6	3000	525	–	–
38	6	13	–	82	14	7	–	4000	700	–	–
39	6	16	6	83	14	10	6	5000	875	–	–
40	7	–	–	84	14	14	–	6000	1050	–	–
41	7	3	6	85	14	17	6	7000	1225	–	–
42	7	7	–	86	15	1	–	8000	1400	–	–
43	7	10	6	87	15	4	6	9000	1575	–	–
44	7	14	–	88	15	8	–	10000	1750	–	–

N. B. G H stands for Great Hundred; Gr. signifies Gross; and W. the Wey.

272 Feet in a Rod, at 3s. 6d. per Foot, is 47l. 12s.
365 Days in a Year, at 3s. 6d. per Day, is 63l. 17s. 6d.

At 3s. 6d. ½ per Pound, Yard, &c.

N.	l.	s.	d.	N.	l.	s.	d.	N.	l.	s.	d.
1	—	3	6½	45	7	19	4½	89	15	15	2½
2	—	7	1	46	8	2	11	90	15	18	9
3	—	10	7½	47	8	6	5½	91	16	2	3½
4	—	14	2	48	8	10	—	92	16	5	10
5	—	17	8½	49	8	13	6½	93	16	9	4½
6	1	1	3	50	8	17	1	94	16	12	11
7	1	4	9½	51	9	—	7½	95	16	16	5½
8	1	8	4	52	9	4	2	96	17	—	—
9	1	11	10½	53	9	7	8½	97	17	3	6½
10	1	15	5	54	9	11	3	98	17	7	1
11	1	18	11½	55	9	14	9½	99	17	10	7½
12	2	2	6	[56]	9	18	4	100	17	14	2
13	2	6	—½	57	10	1	10½	101	17	17	8½
14	2	9	7	58	10	5	5	102	18	1	3
15	2	13	1½	59	10	8	11½	103	18	4	9½
16	2	16	8	60	10	12	6	104	18	8	4
17	3	—	2½	61	10	16	—½	105	18	11	10½
18	3	3	9	62	10	19	7	106	18	15	5
19	3	7	3½	63	11	3	1½	107	18	18	11½
20	3	10	10	64	11	6	8	108	19	2	6
21	3	14	4½	65	11	10	2½	109	19	6	—½
22	3	17	11	66	11	13	9	110	19	9	7
23	4	1	5½	67	11	17	3½	111	19	13	1½
24	4	5	—	68	12	—	10	GH 112	19	16	8
25	4	8	6½	69	12	4	4½	Gr. 144	25	10	—
26	4	12	1	70	12	7	11	200	35	8	4
27	4	15	7½	71	12	11	5½	W. 256	45	6	8
[28]	4	19	2	72	12	15	—	300	53	2	6
29	5	2	8½	73	12	18	6½	400	70	16	8
30	5	6	3	74	13	2	1	500	88	10	10
31	5	9	9½	75	13	5	7½	600	106	5	—
32	5	13	4	76	13	9	2	700	123	19	2
33	5	16	10½	77	13	12	8½	800	141	13	4
34	6	—	5	78	13	16	3	900	159	7	6
35	6	3	11½	79	13	19	9½	1000	177	1	8
36	6	7	6	80	14	3	4	2000	354	3	4
37	6	11	—½	81	14	6	10½	3000	531	5	—
38	6	14	7	82	14	10	5	4000	708	6	8
39	6	18	1½	83	14	13	11½	5000	885	8	4
40	7	1	8	[84]	14	17	6	6000	1062	10	—
41	7	5	2½	85	15	1	—½	7000	1239	11	8
42	7	8	9	86	15	4	7	8000	1416	13	4
43	7	12	3½	87	15	8	1½	9000	1593	15	—
44	7	15	10	88	15	11	8	10000	1770	16	8

* N. B. GH stands for Great Hundred; Gr. signifies the Gross; and W. the Wey.

272 Feet in a Rod, at 3s. 6d. ½ per Foot, is 48l. 3s. 4d.
365 Days in a Year, at 3s. 6d. ½ per Day, is 64l. 12s. 8½d. ¼

At 3s. 7d. per Pound, Yard, &c.

N.	l.	s.	d.	N.	l.	s.	d.	N.	l.	s.	d.
1	–	3	7	45	8	1	3	89	15	18	11
2	–	7	2	46	8	4	10	90	16	2	6
3	–	10	9	47	8	8	5	91	16	6	1
4	–	14	4	48	8	12	–	92	16	9	8
5	–	17	11	49	8	15	7	93	16	13	3
6	1	1	6	50	8	19	2	94	16	16	10
7	1	5	1	51	9	2	9	95	17	–	5
8	1	8	8	52	9	6	4	96	17	4	–
9	1	12	3	53	9	9	11	97	17	7	7
10	1	15	10	54	9	13	6	98	17	11	2
11	1	19	5	55	9	17	1	99	17	14	9
12	2	3	–	[56]	10	–	8	100	17	18	4
13	2	6	7	57	10	4	3	101	18	1	11
14	2	10	2	58	10	7	10	102	18	5	6
15	2	13	9	59	10	11	5	103	18	9	1
16	2	17	4	60	10	15	–	104	18	12	8
17	3	–	11	61	10	18	7	105	18	16	3
18	3	4	6	62	11	2	2	106	18	19	10
19	3	8	1	63	11	5	9	107	19	3	5
20	3	11	8	64	11	9	4	108	19	7	–
21	3	15	3	65	11	12	11	109	19	10	7
22	3	18	10	66	11	16	6	110	19	14	2
23	4	2	5	67	12	–	1	111	19	17	9
24	4	6	–	68	12	3	8	GH 112	20	1	4
25	4	9	7	69	12	7	3	Gr. 144	25	16	–
26	4	13	2	70	12	10	10	200	35	16	8
27	4	16	9	71	12	14	5	W. 256	45	17	4
[28]	5	–	4	72	12	18	–	300	53	15	–
29	5	3	11	73	13	1	7	400	71	13	4
30	5	7	6	74	13	5	2	500	89	11	8
31	5	11	1	75	13	8	9	600	107	10	–
32	5	14	8	76	13	12	4	700	125	8	4
33	5	18	3	77	13	15	11	800	143	6	8
34	6	1	10	78	13	19	6	900	161	5	–
35	6	5	5	79	14	3	1	1000	179	3	4
36	6	9	–	80	14	6	8	2000	358	6	8
37	6	12	7	81	14	10	3	3000	537	10	–
38	6	16	2	82	14	13	10	4000	716	13	4
39	6	19	9	83	14	17	5	5000	895	16	8
40	7	3	4	[84]	15	1	–	6000	1075	–	–
41	7	6	11	85	15	4	7	7000	1254	3	4
42	7	10	6	86	15	8	2	8000	1433	6	8
43	7	14	1	87	15	11	9	9000	1612	10	–
44	7	17	8	88	15	15	4	10000	1791	13	4

* *N. B.* GH stands for *Great Hundred*; Gr. signifies the *Gross*; and W. the *Wig*.

272 Feet in a Rod, at 3s. 7d. per Foot, is 48l. 14s. 8d.
365 Days in a Year, at 3s. 7d. per Day, is 65l. 7s. 11d.

At 3s. 7d. ½ per Pound, Yard, &c.

N.	l.	s.	d.	N.	l.	s.	d.	N.	l.	s.	d.
1	—	3	7½	45	8	3	1½	89	16	2	7½
2	—	7	3	46	8	6	9	90	16	6	3
3	—	10	10½	47	8	10	4½	91	16	9	10½
4	—	14	6	48	8	14	—	92	16	13	6
5	—	18	1½	49	8	17	7½	93	16	17	1½
6	1	1	9	50	9	1	3	94	17	—	9
7	1	5	4½	51	9	4	10½	95	17	4	4½
8	1	9	—	52	9	8	6	96	17	8	—
9	1	12	7½	53	9	12	1½	97	17	11	7½
10	1	16	3	54	9	15	9	98	17	15	3
11	1	19	10½	55	9	19	4½	99	17	18	10½
12	2	3	6	[56]	10	3	—	100	18	2	6
13	2	7	1½	57	10	6	7½	101	18	6	1½
14	2	10	9	58	10	10	3	102	18	9	9
15	2	14	4½	59	10	13	10½	103	18	13	4½
16	2	18	—	60	10	17	6	104	18	17	—
17	3	1	7½	61	11	1	1½	105	19	—	7½
18	3	5	3	62	11	4	9	106	19	4	3
19	3	8	10½	63	11	8	4½	107	19	7	10½
20	3	12	6	64	11	12	—	108	19	11	6
21	3	16	1½	65	11	15	7½	109	19	15	1½
22	3	19	9	66	11	19	3	110	19	18	9
23	4	3	4½	67	12	2	10½	111	20	2	4½
24	4	7	—	68	12	6	6	GH 112	20	6	—
25	4	10	7½	69	12	10	1½	Gr. 144	26	2	—
26	4	14	3	70	12	13	9	200	36	5	—
27	4	17	10½	71	12	17	4½	W. 256	46	8	—
[28]	5	1	6	72	13	1	—	300	54	7	6
29	5	5	1½	73	13	4	7½	400	72	10	—
30	5	8	9	74	13	8	3	500	90	12	6
31	5	12	4½	75	13	11	10½	600	108	15	—
32	5	16	—	76	13	15	6	700	126	17	6
33	5	19	7½	77	13	19	1½	800	145	—	—
34	6	3	3	78	14	2	9	900	163	2	6
35	6	6	10½	79	14	6	4½	1000	181	5	—
36	6	10	6	80	14	10	—	2000	362	10	—
37	6	14	1½	81	14	13	7½	3000	543	15	—
38	6	17	9	82	14	17	3	4000	725	—	—
39	7	1	4½	83	15	—	10½	5000	906	5	—
40	7	5	—	[84]	15	4	6	6000	1087	10	—
41	7	8	7½	85	15	8	1½	7000	1268	15	—
42	7	12	3	86	15	11	9	8000	1450	—	—
43	7	15	10½	87	15	15	4½	9000	1631	5	—
44	7	19	6	88	15	19	—	10000	1812	10	—

N. B. GH stands for Great Hundred; Gr. signifies the Grofs; and W. the Wey.

272 Feet in a Rod, at 3s. 7d. ½ per Foot, is 49l. 6s.
365 Days in a Year, at 3s. 7d. ½ per Day, is 66l. 3s. 1d. ¼

At 3s. 8d. per Pound, Yard, &c.

N.	l. s. d.	N.	l. s. d.	N.	l. s. d.
1	- 3 8	45	8 5 -	89	16 6 4
2	- 7 4	46	8 8 8	90	16 10 -
3	- 11 -	47	8 12 4	91	16 13 8
4	- 14 8	48	8 16 -	92	16 17 4
5	- 18 4	49	8 19 8	93	17 1 -
6	1 2 -	50	9 3 4	94	17 4 8
7	1 5 8	51	9 7 -	95	17 8 4
8	1 9 4	52	9 10 8	96	17 12 -
9	1 13 -	53	9 14 4	97	17 15 8
10	1 16 8	54	9 18 -	98	17 19 4
11	2 - 4	55	10 1 8	99	18 3 -
12	2 4 -	[56]	10 5 4	100	18 6 8
13	2 7 8	57	10 9 -	101	18 10 4
14	2 11 4	58	10 12 8	102	18 14 -
15	2 15 -	59	10 16 4	103	18 17 8
16	2 18 8	60	11 - -	104	19 1 4
17	3 2 4	61	11 3 8	105	19 5 -
18	3 6 -	62	11 7 4	106	19 8 8
19	3 9 8	63	11 11 -	107	19 12 4
20	3 13 4	64	11 14 8	108	19 16 -
21	3 17 -	65	11 18 4	109	19 19 8
22	4 - 8	66	12 2 -	110	20 3 4
23	4 4 4	67	12 5 8	111	20 7 -
24	4 8 -	68	12 9 4	GH 112	20 10 8
25	4 11 8	69	12 13 -	Gr. 144	26 8 -
26	4 15 4	70	12 16 8	200	36 13 4
27	4 19 -	71	13 - 4	W. 256	46 18 8
28	5 2 8	72	13 4 -	300	55 - -
29	5 6 4	73	13 7 8	400	73 6 8
30	5 10 -	74	13 11 4	500	91 13 4
31	5 13 8	75	13 15 -	600	110 - -
32	5 17 4	76	13 18 8	700	128 6 8
33	6 1 -	77	14 2 4	800	146 13 4
34	6 4 8	78	14 6 -	900	165 - -
35	6 8 4	79	14 9 8	1000	183 6 8
36	6 12 -	80	14 13 4	2000	366 13 4
37	6 15 8	81	14 17 -	3000	550 - -
38	6 19 4	82	15 - 8	4000	733 6 8
39	7 3 -	83	15 4 4	5000	916 13 4
40	7 6 8	[84]	15 8 -	6000	1100 - -
41	7 10 4	85	15 11 8	7000	1283 6 8
42	7 14 -	86	15 15 4	8000	1466 13 4
43	7 17 8	87	15 19 -	9000	1650 - -
44	8 1 4	88	16 2 8	10000	1833 6 8

* N. B. G H ſtands for Great Hundred; Gr. ſignifies the Groſs; and W. the Wey.

272 Feet in a Rod, at 3s. 8d. per Foot, is 49l. 17s. 4d.
365 Days in a Year, at 3s. 8d. per Day, is 66l. 18s. 4d.

At 3s. 8d. ½ per Pound, Yard, &c.

N.	l.	s.	d.	N.	l.	s.	d.	N.	l.	s.	d.
1	–	3	8½	45	8	6	10½	89	16	10	–½
2	–	7	5	46	8	10	7	90	16	13	9
3	–	11	1½	47	8	14	3½	91	16	17	5½
4	–	14	10	48	8	18	–	92	17	1	2
5	–	18	6½	49	9	1	8½	93	17	4	10½
6	1	2	3	50	9	5	5	94	17	8	7
7	1	5	11½	51	9	9	1½	95	17	12	3½
8	1	9	8	52	9	12	10	96	17	16	–
9	1	13	4½	53	9	16	6½	97	17	19	8½
10	1	17	1	54	10	–	3	98	18	3	5
11	2	–	9½	55	10	3	11½	99	18	7	1½
12	2	4	6	[56]	10	7	8	100	18	10	10
13	2	8	2½	57	10	11	4½	101	18	14	6½
14	2	11	11	58	10	15	1	102	18	18	3
15	2	15	7½	59	10	18	9½	103	19	1	11½
16	2	19	4	60	11	2	6	104	19	5	8
17	3	3	–½	61	11	6	2½	105	19	9	4½
18	3	6	9	62	11	9	11	106	19	13	1
19	3	10	5½	63	11	13	7½	107	19	16	9½
20	3	14	2	64	11	17	4	108	20	–	6
21	3	17	10½	65	12	1	–½	109	20	4	2½
22	4	1	7	66	12	4	9	110	20	7	11
23	4	5	3½	67	12	8	5½	111	20	11	7½
24	4	9	–	68	12	12	2	GH 112	20	15	4
25	4	12	8½	69	12	15	10½	Gr. 144	26	14	–
26	4	16	5	70	12	19	7	200	37	1	8
27	5	–	1½	71	13	3	3½	W. 256	47	9	4
[28]	5	3	10	72	13	7	–	300	55	12	6
29	5	7	6½	73	13	10	8½	400	74	3	4
30	5	11	3	74	13	14	5	500	92	14	2
31	5	14	11½	75	13	18	1½	600	111	5	–
32	5	18	8	76	14	1	10	700	129	15	10
33	6	2	4½	77	14	5	6½	800	148	6	8
34	6	6	1	78	14	9	3	900	166	17	6
35	6	9	9½	79	14	12	11½	1000	185	8	4
36	6	13	6	80	14	16	8	2000	370	16	8
37	6	17	2½	81	15	–	4½	3000	556	5	–
38	7	–	11	82	15	4	1	4000	741	13	4
39	7	4	7½	83	15	7	9½	5000	927	1	8
40	7	8	4	[84]	15	11	6	6000	1112	10	–
41	7	12	–½	85	15	15	2½	7000	1297	18	4
42	7	15	9	86	15	18	11	8000	1483	6	8
43	7	19	5½	87	16	2	7½	9000	1668	15	–
44	8	3	2	88	16	6	4	10000	1854	3	4

*N.B. GH stands for *Great Hundred*; Gr. signifies the *Gross*; and W. the *Way*.

272 Feet in a Rod, at 3s. 8d. ½ per Foot, is 50l. 8s. 8d.
365 Days in a Year, at 3s. 8d. ½ per Day, is 67l. 13s. 6d. ¾.

At 3s. 9d. per Pound, Yard, &c.

N.	l.	s.	d.	N.	l.	s.	d.	N.	l.	s.	d.
1	–	3	9	45	8	8	9	89	16	13	9
2	–	7	6	46	8	12	6	90	16	17	6
3	–	11	3	47	8	16	3	91	17	1	3
4	–	15	–	48	9	–	–	92	17	5	–
5	–	18	9	49	9	3	9	93	17	8	9
6	1	2	6	50	9	7	6	94	17	12	6
7	1	6	3	51	9	11	3	95	17	16	3
8	1	10	–	52	9	15	–	96	18	–	–
9	1	13	9	53	9	18	9	97	18	3	9
10	1	17	6	54	10	2	6	98	18	7	6
11	2	1	3	55	10	6	3	99	18	11	3
12	2	5	–	56	10	10	–	100	18	15	–
13	2	8	9	57	10	13	9	101	18	18	9
14	2	12	6	58	10	17	6	102	19	2	6
15	2	16	3	59	11	1	3	103	19	6	3
16	3	–	–	60	11	5	–	104	19	10	–
17	3	3	9	61	11	8	9	105	19	13	9
18	3	7	6	62	11	12	6	106	19	17	6
19	3	11	3	63	11	16	3	107	20	1	3
20	3	15	–	64	12	–	–	108	20	5	–
21	3	18	9	65	12	3	9	109	20	8	9
22	4	2	6	66	12	7	6	110	20	12	6
23	4	6	3	67	12	11	3	*111	20	16	3
24	4	10	–	68	12	15	–	GH 112	21	–	–
25	4	13	9	69	12	18	9	Gr. 144	27	–	–
26	4	17	6	70	13	2	6	200	37	10	–
27	5	1	3	71	13	6	3	W. 256	48	–	–
[28]	5	5	–	72	13	10	–	300	56	5	–
29	5	8	9	73	13	13	9	400	75	–	–
30	5	12	6	74	13	17	6	500	93	15	–
31	5	16	3	75	14	1	3	600	112	10	–
32	6	–	–	76	14	5	–	700	131	5	–
33	6	3	9	77	14	8	9	800	150	–	–
34	6	7	6	78	14	12	6	900	168	15	–
35	6	11	3	79	14	16	3	1000	187	10	–
36	6	15	–	80	15	–	–	2000	375	–	–
37	6	18	9	81	15	3	9	3000	562	10	–
38	7	2	6	82	15	7	6	4000	750	–	–
39	7	6	3	83	15	11	3	5000	937	10	–
40	7	10	–	[84]	15	15	–	6000	1125	–	–
41	7	13	9	85	15	18	9	7000	1312	10	–
42	7	17	6	86	16	2	6	8000	1500	–	–
43	8	1	3	87	16	6	3	9000	1687	10	–
44	8	5	–	88	16	10	–	10000	1875	–	–

* N. B. GH stands for Great Hundred; Gr. signifies the Grofs; and W. the Wey.

272 Feet in a Rod, at 3s. 9d. per Foot, is 51l. —s.
365 Days in a Year, at 3s. 9d. per Day, is 68l. 8s. 9d.

At 3s. 9d. ½ per Pound, Yard, &c.

N.	l.	s.	d.	N.	l.	s.	d.	N.	l.	s.	d.
1	-	3	9½	45	8	10	7½	89	16	17	5½
2	-	7	7	46	8	14	5	90	17	1	3
3	-	11	4½	47	8	18	2½	91	17	5	—½
4	-	15	2	48	9	2	—	92	17	8	10
5	-	18	11½	49	9	5	9½	93	17	12	7½
6	1	2	9	50	9	9	7	94	17	16	5
7	1	6	6½	51	9	13	4½	95	18	—	2½
8	1	10	4	52	9	17	2	96	18	4	—
9	1	14	1½	53	10	—	11½	97	18	7	9½
10	1	17	11	54	10	4	9	98	18	11	7
11	2	1	8½	55	10	8	6½	99	18	15	4½
12	2	5	6	[56]	10	12	4	100	18	19	2
13	2	9	3½	57	10	16	1½	101	19	2	11½
14	2	13	1	58	10	19	11	102	19	6	9
15	2	16	10½	59	11	3	8½	103	19	10	6½
16	3	—	8	60	11	7	6	104	19	14	4
17	3	4	5½	61	11	11	3½	105	19	18	1½
18	3	8	3	62	11	15	1	106	20	1	11
19	3	12	—½	63	11	18	10½	107	20	5	8½
20	3	15	10	64	12	2	8	108	20	9	6
21	3	19	7½	65	12	6	5½	109	20	13	3½
22	4	3	5	66	12	10	3	110	20	17	1
23	4	7	2½	67	12	14	—½	* 111	21	—	10½
24	4	11	—	68	12	17	10	GH 112	21	4	8
25	4	14	9½	69	13	1	7½	Gr. 144	27	6	—
26	4	18	7	70	13	5	5	200	37	18	4
27	5	2	4½	71	13	9	2½	W. 256	48	10	8
[28]	5	6	2	72	13	13	—	300	56	17	6
29	5	9	11½	73	13	16	9½	400	75	16	8
30	5	13	9	74	14	—	7	500	94	15	10
31	5	17	6½	75	14	4	4½	600	113	15	—
32	6	1	4	76	14	8	2	700	132	14	2
33	6	5	1½	77	14	11	11½	800	151	13	4
34	6	8	11	78	14	15	9	900	170	12	6
35	6	12	8½	79	14	19	6½	1000	189	11	8
36	6	16	6	80	15	3	4	2000	379	3	4
37	7	—	3½	81	15	7	1½	3000	568	15	—
38	7	4	1	82	15	10	11	4000	758	6	8
39	7	7	10½	83	15	14	8½	5000	947	18	4
40	7	11	8	[84]	15	18	6	6000	1137	10	—
41	7	15	5½	85	16	2	3½	7000	1327	1	8
42	7	19	3	86	16	6	1	8000	1516	13	4
43	8	3	—½	87	16	9	10½	9000	1706	5	—
44	8	6	10	88	16	13	8	10000	1895	16	8

272 Feet in a Rod, at 3s. 9d. ½ per Foot, is 51l. 11s. 4d.
365 Days in a Year, at 3s. 9d. ½ per Day, is 69l. 3s. 11d. ½.

* *N. B.* GH stands for *Great Hundred*; Gr. signifies the *Gross*; and W. the *Wey*.

At 3s. 10d. per Pound, Yard, &c.

N.	l.	s.	d.	N.	l.	s.	d.	N.	l.	s.	d.
1	–	3	10	45	8	12	6	89	17	1	2
2	–	7	8	46	8	16	4	90	17	5	–
3	–	11	6	47	9	–	2	91	17	8	10
4	–	15	4	48	9	4	–	92	17	12	8
5	–	19	2	49	9	7	10	93	17	16	6
6	1	3	–	50	9	11	8	94	18	–	4
7	1	6	10	51	9	15	6	95	18	4	2
8	1	10	8	52	9	19	4	96	18	8	–
9	1	14	6	53	10	3	2	97	18	11	10
10	1	18	4	54	10	7	–	98	18	15	8
11	2	2	2	55	10	10	10	99	18	19	6
12	2	6	–	[56]	10	14	8	100	19	3	4
13	2	9	10	57	10	18	6	101	19	7	2
14	2	13	8	58	11	2	4	102	19	11	–
15	2	17	6	59	11	6	2	103	19	14	10
16	3	1	4	60	11	10	–	104	19	18	8
17	3	5	2	61	11	13	10	105	20	2	6
18	3	9	–	62	11	17	8	106	20	6	4
19	3	12	10	63	12	1	6	107	20	10	2
20	3	16	8	64	12	5	4	108	20	14	–
21	4	–	6	65	12	9	2	109	20	17	10
22	4	4	4	66	12	13	–	110	21	1	8
23	4	8	2	67	12	16	10	*111	21	5	6
24	4	12	–	68	13	–	8	GH 112	21	9	4
25	4	15	10	69	13	4	6	Gr. 144	27	12	–
26	4	19	8	70	13	8	4	200	38	6	8
27	5	3	6	71	13	12	2	W. 256	49	1	4
[28]	5	7	4	72	13	16	–	300	57	10	–
29	5	11	2	73	13	19	10	400	76	13	4
30	5	15	–	74	14	3	8	500	95	16	8
31	5	18	10	75	14	7	6	600	115	–	–
32	6	2	8	76	14	11	4	700	134	3	4
33	6	6	6	77	14	15	2	800	153	6	8
34	6	10	4	78	14	19	–	900	172	10	–
35	6	14	2	79	15	2	10	1000	191	13	4
36	6	18	–	80	15	6	8	2000	383	6	8
37	7	1	10	81	15	10	6	3000	575	–	–
38	7	5	8	82	15	14	4	4000	766	13	4
39	7	9	6	83	15	18	2	5000	958	6	8
40	7	13	4	[84]	16	2	–	6000	1150	–	–
41	7	17	2	85	16	5	10	7000	1341	13	4
42	8	1	–	86	16	9	8	8000	1533	6	8
43	8	4	10	87	16	13	6	9000	1725	–	–
44	8	8	8	88	16	17	4	10000	1916	13	4

*N. B. GH stands for *Great Hundred*; Gr. signifies the *Grofs*; and W. the *Wey*.

272 Feet in a Rod, at 3s. 10d. per Foot, is 52l. 2s. 8d.
365 Days in a Year, at 3s. 10d. per Day, is 69l. 19s. 2d.

At 3s. 10d. ½ per Pound, Yard, &c.

N.	l. s. d.	N.	l. s. d.	N.	l. s. d.
1	· 3 10 ½	45	8 14 4 ½	89	17 4 10 ½
2	· 7 9	46	8 18 3	90	17 8 9
3	· 11 7 ½	47	9 2 1 ½	91	17 12 7 ½
4	· 15 6	48	9 6 —	92	17 16 6
5	· 19 4 ½	49	9 9 10 ½	93	18 — 4 ½
6	1 3 3	50	9 13 9	94	18 4 3
7	1 7 1 ½	51	9 17 7 ½	95	18 8 1 ½
8	1 11 —	52	10 1 6	96	18 12 —
9	1 14 10 ½	53	10 5 4 ½	97	18 15 10 ½
10	1 18 9	54	10 9 3	98	18 19 9
11	2 2 7 ½	55	10 13 1 ½	99	19 3 7 ½
12	2 6 6	[56]	10 17 —	100	19 7 6
13	2 10 4 ½	57	11 — 10 ½	101	19 11 4 ½
14	2 14 3	58	11 4 9	102	19 15 3
15	2 18 1 ½	59	11 8 7 ½	103	19 19 1 ½
16	3 2 —	60	11 12 6	104	20 3 —
17	3 5 10 ½	61	11 16 4 ½	105	20 6 10 ½
18	3 9 9	62	12 — 3	106	20 10 9
19	3 13 7 ½	63	12 4 1 ½	107	20 14 7 ½
20	3 17 6	64	12 8 —	108	20 18 6
21	4 1 4 ½	65	12 11 10 ½	109	21 2 4 ½
22	4 5 3	66	12 15 9	110	21 6 3
23	4 9 1 ½	67	12 19 7 ½	111	21 10 1 ½
24	4 13 —	68	13 3 6	GH 112	21 14 —
25	4 16 10 ½	69	13 7 4 ½	Gr. 144	27 18 —
26	5 — 9	70	13 11 3	200	38 15 —
27	5 4 7 ½	71	13 15 1 ½	W. 256	49 12 —
[28]	5 8 6	72	13 19 —	300	58 2 6
29	5 12 4 ½	73	14 2 10 ½	400	77 10 —
30	5 16 3	74	14 6 9	500	96 17 6
31	6 — 1 ½	75	14 10 7 ½	600	116 5 —
32	6 4 —	76	14 14 6	700	135 12 6
33	6 7 10 ½	77	14 18 4 ½	800	155 — —
34	6 11 9	78	15 2 3	900	174 7 6
35	6 15 7 ½	79	15 6 1 ½	1000	193 15 —
36	6 19 6	80	15 10 —	2000	387 10 —
37	7 3 4 ½	81	15 13 10 ½	3000	581 5 —
38	7 7 3	82	15 17 9	4000	775 — —
39	7 11 1 ½	83	16 1 7 ½	5000	968 15 —
40	7 15 —	[84]	16 5 6	6000	1162 10 —
41	7 18 10 ½	85	16 9 4 ½	7000	1356 5 —
42	8 2 9	86	16 13 3	8000	1550 — —
43	8 6 7 ½	87	16 17 1 ½	9000	1743 15 —
44	8 10 6	88	17 1 —	10000	1937 10 —

* N. B. GH stands for *Great Hundred*; Gr. signifies the *Gross*; and W. the *Wey*.

272 Feet in a Rod, at 3s. 10d. ½ per Foot, is 52l. 14s.
365 Days in a Year, at 3s. 10d. ½ per Day, is 70l. 14s. 4d. ½.

At 3s. 11d. per Pound, Yard, &c.

N.	l.	s.	d.	N.	l.	s.	d.	N.	l.	s.	d.
1	—	3	11	45	8	16	3	89	17	8	7
2	—	7	10	46	9	—	2	90	17	12	6
3	—	11	9	47	9	4	1	91	17	16	5
4	—	15	8	48	9	8	—	92	18	—	4
5	—	19	7	49	9	11	11	93	18	4	3
6	1	3	6	50	9	15	10	94	18	8	2
7	1	7	5	51	9	19	9	95	18	12	1
8	1	11	4	52	10	3	8	96	18	16	—
9	1	15	3	53	10	7	7	97	18	19	11
10	1	19	2	54	10	11	6	98	19	3	10
11	2	3	1	55	10	15	5	99	19	7	9
12	2	7	—	[56]	10	19	4	100	19	11	8
13	2	10	11	57	11	3	3	101	19	15	7
14	2	14	10	58	11	7	2	102	19	19	6
15	2	18	9	59	11	11	1	103	20	3	5
16	3	2	8	60	11	15	—	104	20	7	4
17	3	6	7	61	11	18	11	105	20	11	3
18	3	10	6	62	12	2	10	106	20	15	2
19	3	14	5	63	12	6	9	107	20	19	1
20	3	18	4	64	12	10	8	108	21	3	—
21	4	2	3	65	12	14	7	109	21	6	11
22	4	6	2	66	12	18	6	110	21	10	10
23	4	10	1	67	13	2	5	*111	21	14	9
24	4	14	—	68	13	6	4	GH 112	21	18	8
25	4	17	11	69	13	10	3	Gr. 144	28	4	—
26	5	1	10	70	13	14	2	200	39	3	4
27	5	5	9	71	13	18	1	W. 256	50	2	8
[28]	5	9	8	72	14	2	—	300	58	15	—
29	5	13	7	73	14	5	11	400	78	6	8
30	5	17	6	74	14	9	10	500	97	18	4
31	6	1	5	75	14	13	9	600	117	10	—
32	6	5	4	76	14	17	8	700	137	1	8
33	6	9	3	77	15	1	7	800	156	13	4
34	6	13	2	78	15	5	6	900	176	5	—
35	6	17	1	79	15	9	5	1000	195	16	8
36	7	1	—	80	15	13	4	2000	391	13	4
37	7	4	11	81	15	17	3	3000	587	10	—
38	7	8	10	82	16	1	2	4000	783	6	8
39	7	12	9	83	16	5	1	5000	979	3	4
40	7	16	8	[84]	16	9	—	6000	1175	—	—
41	8	—	7	85	16	12	11	7000	1370	16	8
42	8	4	6	86	16	16	10	8000	1566	13	4
43	8	8	5	87	17	—	9	9000	1762	10	—
44	8	12	4	88	17	4	8	10000	1958	6	8

*N. B. GH stands for *Great Hundred*; Gr. signifies the *Grofs*; and W. the *Way*.

272 Feet in a Rod, at 3s. 11d. per Foot, is 53l. 5s. 4d.
365 Days in a Year, at 3s. 11d. per Day, is 71l. 9s. 7d.

At 3s. 11d. ½ per Pound, Yard, &c.

N.	l.	s.	d.	N.	l.	s.	d.	N.	l.	s.	d.
1	-	3	11 ½	45	8	18	1½	89	17	12	3½
2	-	7	11	46	9	2	1	90	17	16	3
3	-	11	10 ½	47	9	6	— ½	91	18	—	2½
4	-	15	10	48	9	10	—	92	18	4	2
5	-	19	9 ½	49	9	13	11½	93	18	8	1½
6	1	3	9	50	9	17	11	94	18	12	1
7	1	7	8 ½	51	10	1	10½	95	18	16	— ½
8	1	11	8	52	10	5	10	96	19	—	—
9	1	15	7 ½	53	10	9	9½	97	19	3	11½
10	1	19	7	54	10	13	9	98	19	7	11
11	2	3	6 ½	55	10	17	8½	99	19	11	10½
12	2	7	6	[56	11	1	8	100	19	15	10
13	2	11	5 ½	57	11	5	7½	101	19	19	9½
14	2	15	5	58	11	9	7	102	20	3	9
15	2	19	4 ½	59	11	13	6½	103	20	7	8½
16	3	3	4	60	11	17	6	104	20	11	8
17	3	7	3 ½	61	12	1	5½	105	20	15	7½
18	3	11	3	62	12	5	5	106	20	19	7
19	3	15	2 ½	63	12	9	4½	107	21	3	6½
20	3	19	2	64	12	13	4	108	21	7	6
21	4	3	1 ½	65	12	17	3½	109	21	11	5½
22	4	7	1	66	13	1	3	110	21	15	5
23	4	11	— ½	67	13	5	2½	* 111	21	19	4½
24	4	15	—	68	13	9	2	GH 112	22	3	4
25	4	18	11 ½	69	13	13	1½	Gr. 144	28	10	—
26	5	2	11	70	13	17	1	200	39	11	8
27	5	6	10 ½	71	14	1	— ½	W. 256	50	13	4
[28]	5	10	10	72	14	5	—	300	59	7	6
29	5	14	9 ½	73	14	8	11½	400	79	3	4
30	5	18	9	74	14	12	11	500	98	19	2
31	6	2	8 ½	75	14	16	10½	600	118	15	—
32	6	6	8	76	15	—	10	700	138	10	10
33	6	10	7 ½	77	15	4	9½	800	158	6	8
34	6	14	7	78	15	8	9	900	178	2	6
35	6	18	6 ½	79	15	12	8½	1000	197	18	4
36	7	2	6	80	15	16	8	2000	395	16	8
37	7	6	5 ½	81	16	—	7½	3000	593	15	—
38	7	10	5	82	16	4	7	4000	791	13	4
39	7	14	4 ½	83	16	8	6½	5000	989	11	8
40	7	18	4	[84]	16	12	6	6000	1187	10	—
41	8	2	3 ½	85	16	16	5½	7000	1385	8	4
42	8	6	3	86	17	—	5	8000	1583	6	8
43	8	10	2 ½	87	17	4	4½	9000	1781	5	—
44	8	14	2	88	17	8	4	10000	1979	3	4

* N. B. GH stands for *Great Hundred*; Gr. signifies the *Gross*; and W. the *Wey*.

272 Feet in a Rod, at 3s. 11d. ½ per Foot, is 53l. 16s. 8d.
365 Days in a Year, at 3s. 11d. ½ per Day, is 72l. 4s. 9d. ½.

At 4s. per Pound, Yard, &c.

N.	l.	s.	d.	N.	l.	s	d	N.	l.	s.	d
1	–	4	–	45	9	–	–	89	17	16	–
2	–	8	–	46	9	4	–	90	18	–	–
3	–	12	–	47	9	8	–	91	18	4	–
4	–	16	–	48	9	12	–	92	18	8	–
5	1	–	–	49	9	16	–	93	18	12	–
6	1	4	–	50	10	–	–	94	18	16	–
7	1	8	–	51	10	4	–	95	19	–	–
8	1	12	–	52	10	8	–	96	19	4	–
9	1	16	–	53	10	12	–	97	19	8	–
10	2	–	–	54	10	16	–	98	19	12	–
11	2	4	–	55	11	–	–	99	19	16	–
12	2	8	–	[56]	11	4	–	100	20	–	–
13	2	12	–	57	11	8	–	101	20	4	–
14	2	16	–	58	11	12	–	102	20	8	–
15	3	–	–	59	11	16	–	103	20	12	–
16	3	4	–	60	12	–	–	104	20	16	–
17	3	8	–	61	12	4	–	105	21	–	–
18	3	12	–	62	12	8	–	106	21	4	–
19	3	16	–	63	12	12	–	107	21	8	–
20	4	–	–	64	12	16	–	108	21	12	–
21	4	4	–	65	13	–	–	109	21	16	–
22	4	8	–	66	13	4	–	110	22	–	–
23	4	12	–	67	13	8	–	111	22	4	–
24	4	16	–	68	13	12	–	GH 112	22	8	–
25	5	–	–	69	13	16	–	Gr. 144	28	16	–
26	5	4	–	70	14	–	–	200	40	–	–
27	5	8	–	71	14	4	–	W. 256	51	4	–
[28]	5	12	–	72	14	8	–	300	60	–	–
29	5	16	–	73	14	12	–	400	80	–	–
30	6	–	–	74	14	16	–	500	100	–	–
31	6	4	–	75	15	–	–	600	120	–	–
32	6	8	–	76	15	4	–	700	140	–	–
33	6	12	–	77	15	8	–	800	160	–	–
34	6	16	–	78	15	12	–	900	180	–	–
35	7	–	–	79	15	16	–	1000	200	–	–
36	7	4	–	80	16	–	–	2000	400	–	–
37	7	8	–	81	16	4	–	3000	600	–	–
38	7	12	–	82	16	8	–	4000	800	–	–
39	7	16	–	83	16	12	–	5000	1000	–	–
40	8	–	–	[84]	16	16	–	6000	1200	–	–
41	8	4	–	85	17	–	–	7000	1400	–	–
42	8	8	–	86	17	4	–	8000	1600	–	–
43	8	12	–	87	17	8	–	9000	1800	–	–
44	8	16	–	88	17	12	–	10000	2000	–	–

* *N. B.* GH stands for *Great Hundred*; Gr. signifies the *Gross*; and W. the *Way*.

272 Feet in a Rod, at 4s. per Foot, is 54l. 8s.
365 Days in a Year, at 4s. per Day, is 73l. —s.

O

At 4s. —d. ½ per Pound, Yard, &c.

N.	l.	s.	d.	N	l.	s.	d.	N.	l.	s.	d.
1	-	4	— ½	45	9	1	10½	89	17	19	8½
2	-	8	1	46	9	5	11	90	18	3	9
3	-	12	1½	47	9	9	11½	91	18	7	9
4	-	16	2	48	9	14	—	92	18	11	10
5	1	—	2½	49	9	18	—½	93	18	15	10½
6	1	4	3	50	10	2	1	94	18	19	11
7	1	8	3½	51	10	6	1½	95	19	3	11½
8	1	12	4	52	10	10	2	96	19	8	—
9	1	16	4½	53	10	14	2½	97	19	12	—½
10	2	—	5	54	10	18	3	98	19	16	1
11	2	4	5½	55	11	2	3½	99	20	—	1½
12	2	8	6	[56]	11	6	4	100	20	4	2
13	2	12	6½	57	11	10	4½	101	20	8	2½
14	2	16	7	58	11	14	5	102	20	12	3
15	3	—	7½	59	11	18	5½	103	20	16	3½
16	3	4	8	60	12	2	6	104	21	—	4
17	3	8	8½	61	12	6	6½	105	21	4	4½
18	3	12	9	62	12	10	7	106	21	8	5
19	3	16	9½	63	12	14	7½	107	21	12	5½
20	4	—	10	64	12	18	8	108	21	16	6
21	4	4	10½	65	13	2	8½	109	22	—	6½
22	4	8	11	66	13	6	9	110	22	4	7
23	4	12	11½	67	13	10	9½	* 111	22	8	7½
24	4	17	—	68	13	14	10	GH 112	22	12	8
25	5	1	—½	69	13	18	10½	Gr. 144	29	2	—
26	5	5	1	70	14	2	11	200	40	8	4
27	5	9	1½	71	14	6	11½	W. 256	51	14	8
[28]	5	13	2	72	14	11	—	300	60	12	6
29	5	17	2½	73	14	15	—½	400	80	16	8
30	6	1	3	74	14	19	1	500	101	—	10
31	6	5	3½	75	15	3	1½	600	121	5	—
32	6	9	4	76	15	7	2	700	141	9	2
33	6	13	4½	77	15	11	2½	800	161	13	4
34	6	17	5	78	15	15	3	900	181	17	6
35	7	1	5½	79	15	19	3½	1000	202	1	8
36	7	5	6	80	16	3	4	2000	404	3	4
37	7	9	6½	81	16	7	4½	3000	606	5	—
38	7	13	7	82	16	11	5	4000	808	6	8
39	7	17	7½	83	16	15	5½	5000	1010	8	4
40	8	1	8	[84]	16	19	6	6000	1212	10	—
41	8	5	8½	85	17	3	6½	7000	1414	11	8
42	8	9	9	86	17	7	7	8000	1616	13	4
43	8	13	9½	87	17	11	7½	9000	1818	15	—
44	8	17	10	88	17	15	8	10000	2020	16	8

* *N. B.* GH stands for *Great Hundred*; Gr. signifies the *Gross*; and W. the *Wey*.

272 Feet in a Rod, at 4s. —d. ½ per Foot, is 54l. 19s. 4d.
365 Days in a Year, at 4s. —d. ½ per Day, is 73l. 15s. 2d. ½.

At 4s. 1d. per Pound, Yard, &c.

N.	l.	s.	d.	N.	l.	s.	d.	N.	l.	s.	d.
1	–	4	1	45	9	3	9	89	18	3	5
2	–	8	2	46	9	7	10	90	18	7	6
3	–	12	3	47	9	11	11	91	18	11	7
4	–	16	4	48	9	16	–	92	18	15	8
5	1	–	5	49	10	–	1	93	18	19	9
6	1	4	6	50	10	4	2	94	19	3	10
7	1	8	7	51	10	8	3	95	19	7	11
8	1	12	8	52	10	12	4	96	19	12	–
9	1	16	9	53	10	16	5	97	19	16	1
10	2	–	10	54	11	–	6	98	20	–	2
11	2	4	11	55	11	4	7	99	20	4	3
12	2	9	–	[56]	11	8	8	100	20	8	4
13	2	13	1	57	11	12	9	101	20	12	5
14	2	17	2	58	11	16	10	102	20	16	6
15	3	1	3	59	12	–	11	103	21	–	7
16	3	5	4	60	12	5	–	104	21	4	8
17	3	9	5	61	12	9	1	105	21	8	9
18	3	13	6	62	12	13	2	106	21	12	10
19	3	17	7	63	12	17	3	107	21	16	11
20	4	1	8	64	13	1	4	108	22	1	–
21	4	5	9	65	13	5	5	109	22	5	1
22	4	9	10	66	13	9	6	110	22	9	2
23	4	13	11	67	13	13	7	*111	22	13	3
24	5	–	–	68	13	17	8	GH 112	22	17	4
25	5	2	1	69	14	1	9	Gr. 144	29	8	–
26	5	6	2	70	14	5	10	200	40	16	8
27	5	10	3	71	14	9	11	W. 256	52	5	4
[28]	5	14	4	72	14	14	–	300	61	5	–
29	5	18	5	73	14	18	1	400	81	13	4
30	6	2	6	74	15	2	2	500	102	1	8
31	6	6	7	75	15	6	3	600	122	10	–
32	6	10	8	76	15	10	4	700	142	18	4
33	6	14	9	77	15	14	5	800	163	6	8
34	6	18	10	78	15	18	6	900	183	15	–
35	7	2	11	79	16	2	7	1000	204	3	4
36	7	7	–	80	16	6	8	2000	408	6	8
37	7	11	1	81	16	10	9	3000	612	10	–
38	7	15	2	82	16	14	10	4000	816	13	4
39	7	19	3	83	16	18	11	5000	1020	16	8
40	8	3	4	[84]	17	3	–	6000	1225	–	–
41	8	7	5	85	17	7	1	7000	1429	3	4
42	8	11	6	86	17	11	2	8000	1633	6	8
43	8	15	7	87	17	15	3	9000	1837	10	–
44	8	19	8	88	17	19	4	10000	2041	13	4

* *N. B. GH stands for Great Hundred; Gr. signifies the Gross; and W. the Wey.*

27½ Feet in a Rod, at 4s. 1d. per Foot, is 55l. 10s. 8d.
365 Days in a Year, at 4s. 1d. per Day, is 74l. 10s. 5d.

At 4s. 1d. ½ per Pound, Yard, &c.

N.	l. s. d.	N.	l. s. d.	N.	l. s. d.
1	– 4 1½	45	9 5 7½	89	18 7 1
2	– 8 3	46	9 9 9	90	18 11 3
3	– 12 4½	47	9 13 10½	91	18 15 4½
4	– 16 6	48	9 18 –	92	18 19 6
5	1 – 7½	49	10 2 1½	93	19 3 7½
6	1 4 9	50	10 6 3	94	19 7 9
7	1 8 10½	51	10 10 4½	95	19 11 10½
8	1 13 –	52	10 14 6	96	19 16 –
9	1 17 1½	53	10 18 7½	97	20 – 1½
10	2 1 3	54	11 2 9	98	20 4 3
11	2 5 4½	55	11 6 10½	99	20 8 4½
12	2 9 6	[56]	11 11 –	100	20 12 6
13	2 13 7½	57	11 15 1½	101	20 16 7½
14	2 17 9	58	11 19 3	102	21 – 9
15	3 1 10½	59	12 3 4½	103	21 4 10½
16	3 6 –	60	12 7 6	104	21 9 –
17	3 10 1½	61	12 11 7½	105	21 13 1½
18	3 14 3	62	12 15 9	106	21 17 3
19	3 18 4½	63	12 19 10½	107	22 1 4½
20	4 2 6	64	13 4 –	108	22 5 6
21	4 6 7½	65	13 8 1½	109	22 9 7½
22	4 10 9	66	13 12 3	110	22 13 9
23	4 14 10½	67	13 16 4½	111	22 17 10½
24	4 19 –	68	14 – –	GH Gr. 144	29 14 –
25	5 3 1½	69	14 4 7½		
26	5 7 3	70	14 8 9	200	41 5 –
27	5 11 4½	71	14 12 10½	W. 256	52 16 –
[28]	5 15 6	72	14 17 –	300	61 17 6
29	5 19 7½	73	15 1 1½	400	82 10 –
30	6 3 9	74	15 5 3	500	103 2 6
31	6 7 10½	75	15 9 4½	600	123 15 –
32	6 12 –	76	15 13 6	700	144 7 6
33	6 16 1½	77	15 17 7½	800	165 – –
34	7 – 3	78	16 1 9	900	185 12 6
35	7 4 4½	79	16 5 10½	1000	206 5 –
36	7 8 6	80	16 10 –	2000	412 10 –
37	7 12 7½	81	16 14 1½	3000	618 15 –
38	7 16 9	82	16 18 3	4000	825 – –
39	8 – 10½	83	17 2 4½	5000	1031 5 –
40	8 5 –	[84]	17 6 6	6000	1237 10 –
41	8 9 1½	85	17 10 7½	7000	1443 15 –
42	8 13 3	86	17 14 9	8000	1650 – –
43	8 17 4½	87	17 18 10½	9000	1856 5 –
44	9 1 6	88	18 3 –	10000	2062 10 –

N. B. GH stands for Great Hundred; Gr. signifies the Gross; and W. the Wey.

272 Feet in a Rod, at 4s. 1d. ½ per Foot, is 56l. 2s.
365 Days in a Year, at 4s. 1d. ½ per Day, is 75l. 5s. 7½d.

At 4s. 2d. per Pound, Yard, &c.

N.	l.	s.	d.	N.	l.	s.	d.	N.	l.	s.	d.
1	–	4	2	45	9	7	6	89	18	10	10
2	–	8	4	46	9	11	8	90	18	15	–
3	–	12	6	47	9	15	10	91	18	19	2
4	–	16	8	48	10	–	–	92	19	3	4
5	1	–	10	49	10	4	2	93	19	7	6
6	1	5	–	50	10	8	4	94	19	11	8
7	1	9	2	51	10	12	6	95	19	15	10
8	1	13	4	52	10	16	8	96	20	–	–
9	1	17	6	53	11	–	10	97	20	4	2
10	2	1	8	54	11	5	–	98	20	8	4
11	2	5	10	55	11	9	2	99	20	12	6
12	2	10	–	[56]	11	13	4	100	20	16	8
13	2	14	2	57	11	17	6	101	21	–	10
14	2	18	4	58	12	1	8	102	21	5	–
15	3	2	6	59	12	5	10	103	21	9	2
16	3	6	8	60	12	10	–	104	21	13	4
17	3	10	10	61	12	14	2	105	21	17	6
18	3	15	–	62	12	18	4	106	22	1	8
19	3	19	2	63	13	2	6	107	22	5	10
20	4	3	4	64	13	6	8	108	22	10	–
21	4	7	6	65	13	10	10	109	22	14	2
22	4	11	8	66	13	15	–	110	22	18	4
23	4	15	10	67	13	19	2	111	23	2	6
24	5	–	–	68	14	3	4	GH 112	23	6	8
25	5	4	2	69	14	7	6	Gr. 144	30	–	–
26	5	8	4	70	14	11	8	200	41	13	4
27	5	12	6	71	14	15	10	W. 256	53	6	8
28	5	16	8	72	15	–	–	300	62	10	–
29	6	–	10	73	15	4	2	400	83	6	8
30	6	5	–	74	15	8	4	500	104	3	4
31	6	9	2	75	15	12	6	600	125	–	–
32	6	13	4	76	15	16	8	700	145	16	8
33	6	17	6	77	16	–	10	800	166	13	4
34	7	1	8	78	16	5	–	900	187	10	–
35	7	5	10	79	16	9	2	1000	208	6	8
36	7	10	–	80	16	13	4	2000	416	13	4
37	7	14	2	81	16	17	6	3000	625	–	–
38	7	18	4	82	17	1	8	4000	833	6	8
39	8	2	6	83	17	5	10	5000	1041	13	4
40	8	6	8	[84]	17	10	–	6000	1250	–	–
41	8	10	10	85	17	14	2	7000	1458	6	8
42	8	15	–	86	17	18	4	8000	1666	13	4
43	8	19	2	87	18	2	6	9000	1875	–	–
44	9	3	4	88	18	6	8	10000	2083	6	8

272 Feet in a Rod, at 4s. 2d. per Foot, is 56l. 13s. 4d.
365 Days in a Year, at 4s. 2d. per Day, is 76l. —s. 10d.

N. B. GH stands for Great Hundred; Gr. signifies the Gross; and W. the Wey.

At 4s. 2d. ½ per Pound, Yard, &c.

N.	l.	s.	d.	N.	l.	s.	d.	N.	l.	s.	d.
1	—	4	2½	45	9	9	4½	89	18	14	6½
2	—	8	5	46	9	13	7	90	18	18	9
3	—	12	7½	47	9	17	9½	91	19	2	11½
4	—	16	10	48	10	2	—	92	19	7	2
5	1	1	— ½	49	10	6	2½	93	19	11	4½
6	1	5	3	50	10	10	5	94	19	15	7
7	1	9	5½	51	10	14	7½	95	19	19	9½
8	1	13	8	52	10	18	10	96	20	4	—
9	1	17	10½	53	11	3	— ½	97	20	8	2½
10	2	2	1	54	11	7	3	98	20	12	5
11	2	6	3½	55	11	11	5½	99	20	16	7½
12	2	10	6	[56]	11	15	8	100	21	—	10
13	2	14	8½	57	11	19	10½	101	21	5	— ½
14	2	18	11	58	12	4	1	102	21	9	3
15	3	3	1½	59	12	8	3½	103	21	13	5½
16	3	7	4	60	12	12	6	104	21	17	8
17	3	11	6½	61	12	16	8½	105	22	1	10½
18	3	15	9	62	13	—	11	106	22	6	1
19	3	19	11½	63	13	5	1½	107	22	10	3½
20	4	4	2	64	13	9	4	108	22	14	6
21	4	8	4½	65	13	13	6½	109	22	18	8½
22	4	12	7	66	13	17	9	110	23	2	11
23	4	16	9½	67	14	1	11½	111	23	7	1½
24	5	1	—	68	14	6	2	GH 112	23	11	4
25	5	5	2½	69	14	10	4½	Gr. 144	30	6	—
26	5	9	5	70	14	14	7	200	42	1	8
27	5	13	7½	71	14	18	9½	W. 256	53	17	4
[28]	5	17	10	72	15	3	—	300	63	2	6
29	6	2	— ½	73	15	7	2½	400	84	3	4
30	6	6	3	74	15	11	5	500	105	4	2
31	6	10	5½	75	15	15	7½	600	126	5	—
32	6	14	8	76	15	19	10	700	147	5	10
33	6	18	10½	77	16	4	— ½	800	168	6	8
34	7	3	1	78	16	8	3	900	189	7	6
35	7	7	3½	79	16	12	5½	1000	210	8	4
36	7	11	6	80	16	16	8	2000	420	10	8
37	7	15	8½	81	17	—	10½	3000	631	5	—
38	7	19	11	82	17	5	1	4000	841	13	4
39	8	4	1½	83	17	9	3½	5000	1052	1	8
40	8	8	4	[84]	17	13	6	6000	1262	10	—
41	8	12	6½	85	17	17	8½	7000	1472	18	4
42	8	16	9	86	18	1	11	8000	1683	6	8
43	9	—	11½	87	18	6	1½	9000	1893	15	—
44	9	5	2	88	18	10	4	10000	2104	3	4

N. B. GH stands for Great Hundred; Gr. signifies the Gross; and W. the W'sy.

272 Feet in a Rod, at 4s. 2d. ½ per Foot, is 57l. 4s. 8d.
365 Days in a Year, at 4s. 2d. ½ per Day, is 76l. 16s. —d. ½.

At 4s. 3d. per Pound, Yard, &c.

N.	l.	s.	d.	N	l.	s.	d.	N.	l.	s.	d.
1	—	4	3	45	9	11	3	89	18	18	3
2	—	8	6	46	9	15	6	90	19	2	6
3	—	12	9	47	9	19	9	91	19	6	9
4	—	17	—	48	10	4	—	92	19	11	—
5	1	1	3	49	10	8	3	93	19	15	3
6	1	5	6	50	10	12	6	94	19	19	6
7	1	9	9	51	10	16	9	95	20	3	9
8	1	14	—	52	11	1	—	96	20	8	—
9	1	18	3	53	11	5	3	97	20	12	3
10	2	2	6	54	11	9	6	98	20	16	6
11	2	6	9	55	11	13	9	99	21	—	9
12	2	11	—	[56]	11	18	—	100	21	5	—
13	2	15	3	57	12	2	3	101	21	9	3
14	2	19	6	58	12	6	6	102	21	13	6
15	3	3	9	59	12	10	9	103	21	17	9
16	3	8	—	60	12	15	—	104	22	2	—
17	3	12	3	61	12	19	3	105	22	6	3
18	3	16	6	62	13	3	6	106	22	10	6
19	4	—	9	63	13	7	9	107	22	14	9
20	4	5	—	64	13	12	—	108	22	19	—
21	4	9	3	65	13	16	3	109	23	3	3
22	4	13	6	66	14	—	6	110	23	7	6
23	4	17	9	67	14	4	9	111	23	11	9
24	5	2	—	68	14	9	—	GH 112	23	16	6
25	5	6	3	69	14	13	3	Gr. 144	30	12	—
26	5	10	6	70	14	17	6	200	42	10	—
27	5	14	9	71	15	1	9	W. 256	54	8	—
[28]	5	19	—	72	15	6	—	300	63	15	—
29	6	3	3	73	15	10	3	400	85	—	—
30	6	7	6	74	15	14	6	500	106	5	—
31	6	11	9	75	15	18	9	600	127	10	—
32	6	16	—	76	16	3	—	700	148	5	—
33	7	—	3	77	16	7	3	800	170	—	—
34	7	4	6	78	16	11	6	900	191	5	—
35	7	8	9	79	16	15	9	1000	212	10	—
36	7	13	—	80	17	—	—	2000	425	—	—
37	7	17	3	81	17	4	3	3000	637	10	—
38	8	1	6	82	17	8	6	4000	850	—	—
39	8	5	9	83	17	12	9	5000	1062	10	—
40	8	10	—	[84]	17	17	—	6000	1275	—	—
41	8	14	3	85	18	1	3	7000	1487	10	—
42	8	18	6	86	18	5	6	8000	1700	—	—
43	9	2	9	87	18	9	9	9000	1912	10	—
44	9	7	—	88	18	14	—	10000	2125	—	—

N. B. GH stands for Great Hundred; Gr. signifies the Gross; and W. the Wey.

272 Feet in a Rod, at 4s. 3d. per Foot, is 57l. 16s.
365 Days in a Year, at 4s. 3d. per Day, is 77l. 11s. 3d.

At 4s. 3d. ½ per Pound, Yard, &c.

N.	l.	s.	d.	N.	l.	s.	d.	N.	l.	s.	d.
1	—	4	3½	45	9	13	1½	89	19	1	11½
2	—	8	7	46	9	17	5	90	19	6	3
3	—	12	10½	47	10	1	8½	91	19	10	6½
4	—	17	2	48	10	6	—	92	19	14	10
5	1	1	5½	49	10	10	3½	93	19	19	1½
6	1	5	9	50	10	14	7	94	20	3	5
7	1	10	— ½	51	10	18	10½	95	20	7	8½
8	1	14	4	52	11	3	2	96	20	12	—
9	1	18	7½	53	11	7	5½	97	20	16	3½
10	2	2	11	54	11	11	9	98	21	—	7
11	2	7	2½	55	11	16	— ½	99	21	4	10½
12	2	11	6	[56]	12	—	4	100	21	9	2
13	2	15	9½	57	12	4	7½	101	21	13	5½
14	3	—	1	58	12	8	11	102	21	17	9
15	3	4	4½	59	12	13	2½	103	22	2	— ½
16	3	8	8	60	12	17	6	104	22	6	4
17	3	12	11½	61	13	1	9½	105	22	10	7½
18	3	17	3	62	13	6	1	106	22	14	11
19	4	1	6½	63	13	10	4½	107	22	19	2½
20	4	5	10	64	13	14	8	108	23	3	6
21	4	10	1½	65	13	18	11½	109	23	7	9½
22	4	14	5	66	14	3	3	110	23	12	1
23	4	18	8½	67	14	7	6½	* 111	23	16	4½
24	5	3	—	68	14	11	10	GH 112	24	—	8
25	5	7	3½	69	14	16	1½	Gr. 144	30	18	—
26	5	11	7	70	15	—	5	200	42	18	4
27	5	15	10½	71	15	4	8½	W. 256	54	18	8
[28]	6	—	2	72	15	9	—	300	64	7	6
29	6	4	5½	73	15	13	3½	400	85	16	8
30	6	8	9	74	15	17	7	500	107	5	10
31	6	13	— ½	75	16	1	10½	600	128	15	—
32	6	17	4	76	16	6	2	700	150	4	2
33	7	1	7½	77	16	10	5½	800	171	13	4
34	7	5	11	78	16	14	9	900	193	2	6
35	7	10	2½	79	16	19	— ½	1000	214	11	8
36	7	14	6	80	17	3	4	2000	429	3	4
37	7	18	9½	81	17	7	7½	3000	643	15	—
38	8	3	1	82	17	11	11	4000	858	6	8
39	8	7	4½	83	17	16	2½	5000	1072	18	4
40	8	11	8	[84]	18	—	6	6000	1287	10	—
41	8	15	11½	85	18	3	9½	7000	1502	1	8
42	9	—	3	86	18	9	1	8000	1716	13	4
43	9	4	6½	87	18	13	4½	9000	1931	5	—
44	9	8	10	88	18	17	8	10000	2145	16	8

N.B. GH stands for Great Hundred; Gr. signifies the Gross; and W. the Way.

272 Feet in a Rod, at 4s. 3d. ½ per Foot, is 58l. 7s. 4d.
365 Days in a Year, at 4s. 3d. ½ per Day, is 78l. 6s. 5d. ½.

At 4s. 4d. per Pound, Yard, &c.

N.	l.	s.	d.	N.	l.	s.	d.	N.	l.	s.	d.
1	-	4	4	45	9	15	-	89	19	5	8
2	-	8	8	46	9	19	4	90	19	10	-
3	-	13	-	47	10	3	8	91	19	14	4
4	-	17	4	48	10	8	-	92	19	18	8
5	1	1	8	49	10	12	4	93	20	3	-
6	1	6	-	50	10	16	8	94	20	7	4
7	1	10	4	51	11	1	-	95	20	11	8
8	1	14	8	52	11	5	4	96	20	16	-
9	1	19	-	53	11	9	8	97	21	-	4
10	2	3	4	54	11	14	-	98	21	4	8
11	2	7	8	55	11	18	4	99	21	9	-
12	2	12	-	[56]	12	2	8	100	21	13	4
13	2	16	4	57	12	7	-	101	21	17	8
14	3	-	8	58	12	11	4	102	22	2	-
15	3	5	-	59	12	15	8	103	22	6	4
16	3	9	4	60	13	-	-	104	22	10	8
17	3	13	8	61	13	4	4	105	22	15	-
18	3	18	-	62	13	8	8	106	22	19	4
19	4	2	4	63	13	13	-	107	23	3	8
20	4	6	8	64	13	17	4	108	23	8	-
21	4	11	-	65	14	1	8	109	23	12	4
22	4	15	4	66	14	6	-	110	23	16	8
23	4	19	8	67	14	10	4	*111	24	1	-
24	5	4	-	68	14	14	8	GH 112	24	5	4
25	5	8	4	69							
26	5	12	8	70	15	3	4	200	43	6	8
27	5	17	-	71	15	7	8	W. 256	55	9	4
[28]	6	1	4	72	15	12	-	300	65	-	-
29	6	5	8	73	15	16	4	400	86	13	4
30	6	10	-	74	16	-	8	500	108	6	8
31	6	14	4	75	16	5	-	600	130	-	-
32	6	18	8	76	16	9	4	700	151	13	4
33	7	3	-	77	16	13	8	800	173	6	8
34	7	7	4	78	16	18	-	900	195	-	-
35	7	11	8	79	17	2	4	1000	216	13	4
36	7	16	-	80	17	6	8	2000	433	6	8
37	8	-	4	81	17	11	-	3000	650	-	-
38	8	4	8	82	17	15	4	4000	866	13	4
39	8	9	-	83	17	19	8	5000	1083	6	8
40	8	13	4	[84]	18	4	-	6000	1300	-	-
41	8	17	8	85	18	8	4	7000	1516	13	4
42	9	2	-	86	18	12	8	8000	1733	6	8
43	9	6	4	87	18	17	-	9000	1950	-	-
44	9	10	8	88	19	1	4	10000	2166	13	4

*N. B. GH stands for Gr. Hundred; Gr. signifies the Gross; and W. the Wey.

272 Feet in a Rod, at 4s. 4d. per Foot, is 58l. 18s. 8d.
365 Days in a Year, at 4s. 4d. per Day, is 79l. 1s. 8d.

At 4s. 4d. ½ per Pound, Yard, &c.

N.	l.	s.	d.	N.	l.	s.	d.	N.	l.	s.	d.
1	-	4	4½	45	9	16	10½	89	19	9	4½
2	-	8	9	46	10	1	3	90	19	13	9
3	-	13	1½	47	10	5	7½	91	19	18	1½
4	-	17	6	48	10	10	—	92	20	2	6
5	1	1	10½	49	10	14	4½	93	20	6	10½
6	1	6	3	50	10	18	9	94	20	11	3
7	1	10	7½	51	11	3	1½	95	20	15	7½
8	1	15	—	52	11	7	6	96	21	—	—
9	1	19	4½	53	11	11	10½	97	21	4	4½
10	2	3	9	54	11	16	3	98	21	8	9
11	2	8	1½	55	12	—	7½	99	21	13	1½
12	2	12	6	[56]	12	5	—	100	21	17	6
13	2	16	10½	57	12	9	4½	101	22	1	10½
14	3	1	3	58	12	13	9	102	22	6	3
15	3	5	7½	59	12	18	1½	103	22	10	7½
16	3	10	—	60	13	2	6	104	22	15	—
17	3	14	4½	61	13	6	10½	105	22	19	4½
18	3	18	9	62	13	11	3	106	23	3	9
19	4	3	1½	63	13	15	7½	107	23	8	1½
20	4	7	6	64	14	—	—	108	23	12	6
21	4	11	10½	65	14	4	4½	109	23	16	10½
22	4	16	3	66	14	8	9	110	24	1	3
23	5	—	7½	67	14	13	1½	* 111	24	5	7½
24	5	9	4½	69	15	1	10½	Gr. 144	31	10	—
26	5	13	9	70	15	6	3	200	43	15	—
27	5	18	1½	71	15	10	7½	W. 256	56	—	—
28	6	2	6	72	15	15	—	300	65	12	6
29	6	6	10½	73	15	19	4½	400	87	10	—
30	6	11	3	74	16	3	9	500	109	7	6
31	6	15	7½	75	16	8	1½	600	131	5	—
32	7	—	—	76	16	12	6	700	153	2	6
33	7	4	4½	77	16	16	10½	800	175	—	—
34	7	8	9	78	17	1	3	900	196	17	6
35	7	13	1½	79	17	5	7½	1000	218	15	—
36	7	17	6	80	17	10	—	2000	437	10	—
37	8	1	10½	81	17	14	4½	3000	656	5	—
38	8	6	3	82	17	18	9	4000	875	—	—
39	8	10	7½	83	18	3	1½	5000	1093	15	—
40	8	15	—	[84]	18	7	6	6000	1312	10	—
41	8	19	4½	85	18	11	10½	7000	1531	5	—
42	9	3	9	86	18	16	3	8000	1750	—	—
43	9	8	1½	87	19	—	7½	9000	1968	15	—
44	9	12	6	88	19	5	—	10000	2187	10	—

* *N. B.* GH stands for *Great Hund.*; Gr. signifies the *Gross*; and W. the *Wey*.

272 Feet in a Rod, at 4s. 4d. ½ per Foot, is 59l. 10s.
365 Days in a Year, at 4s. 4d. ½ per Day, is 79l. 16s. 10d. ½.

At 4s. 5d. per Pound, Yard, &c.

N.	l.	s.	d.	N.	l.	s.	d.	N.	l.	s.	d.
1	–	4	5	45	9	18	9	89	19	13	1
2	–	8	10	46	10	3	2	90	19	17	6
3	–	13	3	47	10	7	7	91	20	1	11
4	–	17	8	48	10	12	–	92	20	6	4
5	1	2	1	49	10	16	5	93	20	10	9
6	1	6	6	50	11	–	10	94	20	15	2
7	1	10	11	51	11	5	3	95	20	19	7
8	1	15	4	52	11	9	8	96	21	4	–
9	1	19	9	53	11	14	1	97	21	8	5
10	2	4	2	54	11	18	6	98	21	12	10
11	2	8	7	55	12	2	11	99	21	17	3
12	2	13	–	[56]	12	7	4	100	22	1	8
13	2	17	5	57	12	11	9	101	22	6	1
14	3	1	10	58	12	16	2	102	22	10	6
15	3	6	3	59	13	–	7	103	22	14	11
16	3	10	8	60	13	5	–	104	22	19	4
17	3	15	1	61	13	9	5	105	23	3	9
18	3	19	6	62	13	13	10	106	23	8	2
19	4	3	11	63	13	18	3	107	23	12	7
20	4	8	4	64	14	2	8	108	23	17	–
21	4	12	9	65	14	7	1	109	24	1	5
22	4	17	2	66	14	11	6	110	24	5	10
23	5	1	7	67	14	15	11	111	24	10	3
24	5	6	–	68	15	–	4	*GH 112	24	14	8
25	5	10	5	69	15	4	9	Gr. 144	31	16	–
26	5	14	10	70	15	9	2	200	44	3	4
27	5	19	3	71	15	13	7	W. 256	56	10	8
[28]	6	3	8	72	15	18	–	300	66	5	–
29	6	8	1	73	16	2	5	400	88	6	8
30	6	12	6	74	16	6	10	500	110	8	4
31	6	16	11	75	16	11	3	600	132	10	–
32	7	1	4	76	16	15	8	700	154	11	8
33	7	5	9	77	17	–	1	800	176	13	4
34	7	10	2	78	17	4	6	900	198	15	–
35	7	14	7	79	17	8	11	1000	220	16	8
36	7	19	–	80	17	13	4	2000	441	13	4
37	8	3	5	81	17	17	9	3000	662	10	–
38	8	7	10	82	18	2	2	4000	883	6	8
39	8	12	3	83	18	6	7	5000	1104	3	4
40	8	16	8	[84]	18	11	–	6000	1325	–	–
41	9	1	1	85	18	15	5	7000	1545	16	8
42	9	5	6	86	18	19	10	8000	1766	13	4
43	9	9	11	87	19	4	3	9000	1987	10	–
44	9	14	4	88	19	8	8	10000	2208	6	8

N. B. GH stands for Great Hundred; Gr. signifies the Grofs; and W. the Wey.

272 Feet in a Rod, at 4s. 5d. per Foot, is 60l. 1s. 4d.
365 Days in a Year, at 4s. 5d. per Day, is 80l. 12s. 1d.

At 4s. 5d. ½ per Pound, Yard, &c.

N.	l.	s.	d.	N.	l.	s.	d.	N.	l.	s.	d.
1	-	4	5½	45	10	—	7	89	19	16	9
2	-	8	11	46	10	5	1	90	20	1	3
3	-	13	4½	47	10	9	6½	91	20	5	8½
4	-	17	10	48	10	14	—	92	20	10	2
5	1	2	3½	49	10	18	5½	93	20	14	7½
6	1	6	9	50	11	2	11	94	20	19	1
7	1	11	2½	51	11	7	4½	95	21	3	6½
8	1	15	8	52	11	11	10	96	21	8	—
9	2	—	1½	53	11	16	3½	97	21	12	5½
10	2	4	7	54	12	—	9	98	21	16	11
11	2	9	—½	55	12	5	2½	99	22	1	4½
12	2	13	6	[56]	12	9	8	100	22	5	10
13	2	17	11½	57	12	14	1½	101	22	10	3½
14	3	2	5	58	12	18	7	102	22	14	9
15	3	6	10½	59	13	3	—½	103	22	19	2½
16	3	11	4	60	13	7	6	104	23	3	8
17	3	15	9½	61	13	11	11½	105	23	8	1½
18	4	—	3	62	13	16	5	106	23	12	7
19	4	4	8½	63	14	—	10½	107	23	17	—½
20	4	9	2	64	14	5	4	108	24	1	6
21	4	13	7½	65	14	9	9½	109	24	5	11½
22	4	18	1	66	14	14	3	110	24	10	5
23	5	2	6½	67	14	18	8½	* 111	24	14	10½
24	5	7	—	68	15	3	2	GH 112	24	19	4
25	5	11	5½	69	15	7	7½	Gr. 144	32	2	—
26	5	15	11	70	15	12	1	200	44	11	8
27	6	—	4½	71	15	16	6½	W. 256	57	1	4
28]	6	4	10	72	16	1	—	300	66	17	6
29	6	9	3½	73	16	5	5½	400	89	3	4
30	6	13	9	74	16	9	11	500	111	9	2
31	6	18	2½	75	16	14	4½	600	133	15	—
32	7	2	8	76	16	18	10	700	156	—	10
33	7	7	1½	77	17	3	3½	800	178	6	8
34	7	11	7	78	17	7	9	900	200	12	6
35	7	16	—½	79	17	12	2½	1000	222	18	4
36	8	—	6	80	17	16	8	2000	445	16	8
37	8	4	11½	81	18	1	1½	3000	668	15	—
38	8	9	5	82	18	5	7	4000	891	13	4
39	8	13	10½	83	18	10	—½	5000	1114	11	8
40	8	18	4	[84]	18	14	6	6000	1337	10	—
41	9	2	9½	85	18	18	11½	7000	1560	8	4
42	9	7	3	86	19	3	5	8000	1783	6	8
43	9	11	8½	87	19	7	10½	9000	2006	5	—
44	9	16	2	88	19	12	4	10000	2229	3	4

272 Feet in a Rod, at 4s. 5d. ½ per Foot, is 60l. 12s. 8d.
365 Days in a Year, at 4s. 5d. ½ per Day, is 81l. 7s. 3d. ½.

* *N. B.* GH stands for *Great Hundred*; Gr. signifies the *Gross*; and W. the *Weigh*.

At 4s. 6d. per Pound, Yard, &c.

N.	l.	s.	d.	N.	l.	s.	d.	N.	l.	s.	d.
1	—	4	6	45	10	2	6	89	20	—	6
2	—	9	—	46	10	7	—	90	20	5	—
3	—	13	6	47	10	11	6	91	20	9	6
4	—	18	—	48	10	16	—	92	20	14	—
5	1	2	6	49	11	—	6	93	20	18	6
6	1	7	—	50	11	5	—	94	21	3	—
7	1	11	6	51	11	9	6	95	21	7	6
8	1	16	—	52	11	14	—	96	21	12	—
9	2	—	6	53	11	18	6	97	21	16	6
10	2	5	—	54	12	3	—	98	22	1	—
11	2	9	6	55	12	7	6	99	22	5	6
12	2	14	—	56	12	12	—	100	22	10	—
13	2	18	6	57	12	16	6	101	22	14	6
14	3	3	—	58	13	1	—	102	22	19	—
15	3	7	6	59	13	5	6	103	23	3	6
16	3	12	—	60	13	10	—	104	23	8	—
17	3	16	6	61	13	14	6	105	23	12	6
18	4	1	—	62	13	19	—	106	23	17	—
19	4	5	6	63	14	3	6	107	24	1	6
20	4	10	—	64	14	8	—	108	24	6	—
21	4	14	6	65	14	12	6	109	24	10	6
22	4	19	—	66	14	17	—	110	24	15	—
23	5	3	6	67	15	1	6	*111	24	19	6
24	5	8	—	68	15	6	—	GH 112	25	4	—
25	5	12	6	69	15	10	6	Gr. 144	32	8	—
26	5	17	—	70	15	15	—	200	45	—	—
27	6	1	6	71	15	19	6	W. 256	57	12	—
[28]	6	6	—	72	16	4	—	300	67	10	—
29	6	10	6	73	16	8	6	400	90	—	—
30	6	15	—	74	16	13	—	500	112	10	—
31	6	19	6	75	16	17	6	600	135	—	—
32	7	4	—	76	17	2	—	700	157	10	—
33	7	8	6	77	17	6	6	800	180	—	—
34	7	13	—	78	17	11	—	900	202	10	—
35	7	17	6	79	17	15	6	1000	225	—	—
36	8	2	—	80	18	—	—	2000	450	—	—
37	8	6	6	81	18	4	6	3000	675	—	—
38	8	11	—	82	18	9	—	4000	900	—	—
39	8	15	6	83	18	13	6	5000	1125	—	—
40	9	—	—	[84]	18	18	—	6000	1350	—	—
41	9	4	6	85	19	2	6	7000	1575	—	—
42	9	9	—	86	19	7	—	8000	1800	—	—
43	9	13	6	87	19	11	6	9000	2025	—	—
44	9	18	—	88	19	16	—	10000	2250	—	—

*N. B. GH stands for *Great Hundred*; Gr. signifies *Gross*; and W. the *Wey*.

272 Feet in a Rod, at 4s. 6d. per Foot, is 61l. 4s.
365 Days in a Year, at 4s. 6d. per Day, is 82l. 2s. 6d.

At 4s. 6d. ½ per Pound, Yard, &c.

N.	l.	s.	d.	N.	l.	s.	d.	N.	l.	s.	d.
1	–	4	6½	45	10	4	4½	89	20	4	2½
2	–	9	1	46	10	8	11	90	20	8	9
3	–	13	7½	47	10	13	5½	91	20	13	3½
4	–	18	2	48	10	18	—	92	20	17	10
5	1	2	8½	49	11	2	6½	93	21	2	4½
6	1	7	3	50	11	7	1	94	21	0	11
7	1	11	9½	51	11	11	7½	95	21	11	5½
8	1	16	4	52	11	16	2	96	21	16	—
9	2	—	10½	53	12	—	8½	97	22	—	6½
10	2	5	5	54	12	5	3	98	22	5	1
11	2	9	11½	55	12	9	9½	99	22	9	7½
12	2	14	6	[56]	12	14	4	100	22	14	2
13	2	19	—½	57	12	18	10½	101	22	18	8½
14	3	3	7	58	13	3	5	102	23	3	3
15	3	8	1½	59	13	7	11½	103	23	7	9½
16	3	12	8	60	13	12	6	104	23	12	4
17	3	17	2½	61	13	17	—½	105	23	16	10½
18	4	1	9	62	14	1	7	106	24	1	5
19	4	6	3½	63	14	6	1½	107	24	5	11½
20	4	10	10	64	14	10	8	108	24	10	6
21	4	15	4½	65	14	15	2½	109	24	15	—½
22	4	19	11	66	14	19	9	110	24	19	7
23	5	4	5½	67	15	4	3½	* 111	25	4	1½
24	5	9	—	68	15	8	10	GH 112	25	8	8
25	5	13	6½	69	15	13	4½	Gr. 144	32	14	—
26	5	18	1	70	15	17	11	200	45	8	4
27	6	2	7½	71	16	2	5½	W. 256	58	2	8
[28]	6	7	2	72	16	7	—	300	68	2	6
29	6	11	8½	73	16	11	6½	400	90	16	8
30	6	16	3	74	16	16	1	500	113	10	10
31	7	—	9½	75	17	—	7½	600	136	5	—
32	7	5	4	76	17	5	2	700	158	19	2
33	7	9	10½	77	17	9	8½	800	181	13	4
34	7	14	5	78	17	14	3	900	204	7	6
35	7	18	11½	79	17	18	9½	1000	227	1	8
36	8	3	6	80	18	3	4	2000	454	3	4
37	8	8	—½	81	18	7	10½	3000	681	5	—
38	8	12	7	82	18	12	5	4000	908	6	8
39	8	17	1½	83	18	16	11½	5000	1135	8	4
40	9	1	8	[84]	19	1	6	6000	1362	10	—
41	9	6	2½	85	19	6	—½	7000	1589	11	8
42	9	10	9	86	19	10	7	8000	1816	13	4
43	9	15	3½	87	19	15	1½	9000	2043	15	—
44	9	19	10	88	19	19	8	10000	2270	16	8

272 Feet in a Rod, at 4s. 6d. ½ per Foot, is 61l. 15s. 4d.
365 Days in a Year, at 4s. 6d. ½ per Day, is 82l. 17s. 8d. ½.

* *N. B.* GH stands for *Great Hundred*; Gr. signifies the *Gross*; and W. the *Wey*.

At 4s. 7d. per Pound, Yard, &c.

N.	l.	s.	d.	N.	l.	s.	d.	N.	l.	s.	d.
1	–	4	7	45	10	6	3	89	20	7	11
2	–	9	2	46	10	10	10	90	20	12	6
3	–	13	9	47	10	15	5	91	20	17	1
4	–	18	4	48	11	–	–	92	21	1	8
5	1	2	11	49	11	4	7	93	21	6	3
6	1	7	6	50	11	9	2	94	21	10	10
7	1	12	1	51	11	13	9	95	21	15	5
8	1	16	8	52	11	18	4	96	22	–	–
9	2	1	3	53	12	2	11	97	22	4	7
10	2	5	10	54	12	7	6	98	22	9	2
11	2	10	5	55	12	12	1	99	22	13	9
12	2	15	–	[56]	12	16	8	100	22	18	4
13	2	19	7	57	13	1	3	101	23	2	11
14	3	4	2	58	13	5	10	102	23	7	6
15	3	8	9	59	13	10	5	103	23	12	1
16	3	13	4	60	13	15	–	104	23	16	8
17	3	17	11	61	13	19	7	105	24	1	3
18	4	2	6	62	14	4	2	106	24	5	10
19	4	7	1	63	14	8	9	107	24	10	5
20	4	11	8	64	14	13	4	108	24	15	–
21	4	16	3	65	14	17	11	109	24	19	7
22	5	–	10	66	15	2	6	110	25	4	2
23	5	5	5	67	15	7	1	*111	25	8	9
24	5	10	–	68	15	11	8	GH 112	25	13	4
25	5	14	7	69	15	16	3	Gr. 144	33	–	–
26	5	19	2	70	16	–	10	200	45	16	8
27	6	3	9	71	16	5	5	W. 256	58	13	4
[28]	6	8	4	72	16	10	–	300	68	15	–
29	6	12	11	73	16	14	7	400	91	13	4
30	6	17	6	74	16	19	2	500	114	11	8
31	7	2	1	75	17	3	9	600	137	10	–
32	7	6	8	76	17	8	4	700	160	8	4
33	7	11	3	77	17	12	11	800	183	6	8
34	7	15	10	78	17	17	6	900	206	5	–
35	8	–	5	79	18	2	1	1000	229	3	4
36	8	5	–	80	18	6	8	2000	458	6	8
37	8	9	7	81	18	11	3	3000	687	10	–
38	8	14	2	82	18	15	10	4000	916	13	4
39	8	18	9	83	19	–	5	5000	1145	16	8
40	9	3	4	[84]	19	5	–	6000	1375	–	–
41	9	7	11	85	19	9	7	7000	1604	3	4
42	9	12	6	86	19	14	2	8000	1833	6	8
43	9	17	1	87	19	18	9	9000	2062	10	–
44	10	1	8	88	20	3	4	10000	2291	13	4

* N. B. GH stands for *Great Hundred*; Gr. signifies the *Gross*; and W. the *Wey*.

272 Feet in a Rod, at 4s. 7d. per Foot, is 62l. 6s. 8d.
365 Days in a Year, at 4s. 7d. per Day, is 83l. 12s. 11d.

At 4s. 7d. ½ per Pound, Yard, &c.

N.	l.	s.	d.	N.	l.	s.	d.	N.	l.	s.	d.
1	-	4	7½	45	10	8	1½	89	20	11	7½
2	-	9	3	46	10	12	9	90	20	16	3
3	-	13	10½	47	10	17	4½	91	21	—	10½
4	-	18	6	48	11	2	—	92	21	5	6
5	1	3	1½	49	11	6	7½	93	21	13	1½
6	1	7	9	50	11	11	3	94	21	14	9
7	1	12	4½	51	11	15	10½	95	21	19	4½
8	1	17	—	52	12	—	6	96	22	4	—
9	2	1	7½	53	12	5	1½	97	22	8	7½
10	2	6	3	54	12	9	9	98	22	13	3
11	2	10	10½	55	12	14	4½	99	22	17	10½
12	2	15	6	[56]	12	19	—	100	23	2	6
13	3	—	1½	57	13	3	7½	101	23	7	1½
14	3	4	9	58	13	8	3	102	23	11	9
15	3	9	4½	59	13	12	10½	103	23	16	4½
16	3	14	—	60	13	17	6	104	24	1	—
17	3	18	7½	61	14	2	1½	105	24	5	7½
18	4	3	3	62	14	6	9	106	24	10	3
19	4	7	10½	63	14	11	4½	107	24	14	10½
20	4	12	6	64	14	16	—	108	24	19	6
21	4	17	1½	65	15	—	7½	109	25	4	1½
22	5	1	9	66	15	5	3	110	25	8	9
23	5	6	4½	67	15	9	10½	* 111	25	13	4½
24	5	11	—	68	15	14	6	GH 112	25	18	—
25	5	15	7½	69	15	19	1½	Gr. 144	33	6	—
26	6	—	3	70	16	3	9	200	46	5	—
27	6	4	10½	71	16	8	4½	W. 256	59	4	—
[28]	6	9	6	72	16	13	—	300	69	7	6
29	6	14	1½	73	16	17	7½	400	92	10	—
30	6	18	9	74	17	2	3	500	115	12	6
31	7	3	4½	75	17	6	10½	600	138	15	—
32	7	8	—	76	17	11	6	700	161	17	6
33	7	12	7½	77	17	16	1½	800	185	—	—
34	7	17	3	78	18	—	9	900	208	2	6
35	8	1	10½	79	18	5	4½	1000	231	5	—
36	8	6	6	80	18	10	—	2000	462	10	—
37	8	11	1½	81	18	14	7½	3000	693	15	—
38	8	15	9	82	18	19	3	4000	925	—	—
39	9	—	4½	83	19	3	10½	5000	1156	5	—
40	9	5	—	[84]	19	8	6	6000	1387	10	—
41	9	9	7½	85	19	13	1½	7000	1618	15	—
42	9	14	3	86	19	17	9	8000	1850	—	—
43	9	18	10½	87	20	2	4½	9000	2081	5	—
44	10	3	6	88	20	7	—	10000	2312	10	—

272 Feet in a Rod, at 4s. 7d. ½ per Foot, is 62l. 18s.
365 Days in a Year, at 4s. 7d. ½ per Day, is 84l. 8s. 1d. ½.

* *N. B.* GH stands for *Great Hundred*; Gr. signifies the *Gross*; and W. the *Wey*.

At 4s. 8d. per Pound, Yard, &c.

N.	l.	s.	d.	N.	l.	s.	d.	N.	l.	s.	d.
1	–	4	8	45	10	10	–		89	20	15	4
2	–	9	4	46	10	14	8		90	21	–	–
3	–	14	–	47	10	19	4		91	21	4	8
4	–	18	8	48	11	4	–		92	21	9	4
5	1	3	4	49	11	8	8		93	21	14	–
6	1	8	–	50	11	13	4		94	21	18	8
7	1	12	8	51	11	18	–		95	22	3	4
8	1	17	4	52	12	2	8		96	22	8	–
9	2	2	–	53	12	7	4		97	22	12	8
10	2	6	8	54	12	12	–		98	22	17	4
11	2	11	4	55	12	16	8		99	23	2	–
12	2	16	–	[56]	13	1	4		100	23	6	8
13	3	–	8	57	13	6	–		101	23	11	4
14	3	5	4	58	13	10	8		102	23	16	–
15	3	10	–	59	13	15	4		103	24	–	8
16	3	14	8	60	14	–	–		104	24	5	4
17	3	19	4	61	14	4	8		105	24	10	–
18	4	4	–	62	14	9	4		106	24	14	8
19	4	8	8	63	14	14	–		107	24	19	4
20	4	13	4	64	14	18	8		108	25	4	–
21	4	18	–	65	15	3	4		109	25	8	8
22	5	2	8	66	15	8	–		110	25	13	4
23	5	7	4	67	15	12	8	*	111	25	18	–
24	5	12	–	68	15	17	4	GH	112	26	2	8
25	5	16	8	69	16	2	–	Gr.	144	33	12	–
26	6	1	4	70	16	6	8		200	46	13	4
27	6	6	–	71	16	11	4	W.	256	59	14	8
28	6	10	8	72	16	16	–		300	70	–	–
29	6	15	4	73	17	–	8		400	93	6	8
30	7	–	–	74	17	5	4		500	116	13	4
31	7	4	8	75	17	10	–		600	140	–	–
32	7	9	4	76	17	14	8		700	163	6	8
33	7	14	–	77	17	19	4		800	186	13	4
34	7	18	8	78	18	4	–		900	210	–	–
35	8	3	4	79	18	8	8		1000	233	6	8
36	8	8	–	80	18	13	4		2000	466	13	4
37	8	12	8	81	18	18	–		3000	700	–	–
38	8	17	4	82	19	2	8		4000	933	6	8
39	9	2	–	83	19	7	4		5000	1166	13	4
40	9	6	8	[84]	19	12	–		6000	1400	–	–
41	9	11	4	85	19	16	8		7000	1633	6	8
42	9	16	–	86	20	1	4		8000	1866	13	4
43	10	–	8	87	20	6	–		9000	2100	–	–
44	10	5	4	88	20	10	8		10000	2333	6	8

* N. B. G H stands for *Great Hundred*; Gr. signifies the *Grofs*; and W. the *Wey*.

272 Feet in a Rod, at 4s. 8d. per Foot, is 63l. 9s. 4d.
365 Days in a Year, at 4s. 8d. per Day, is 85l. 3s. 4d.

At 4s. 8d. ½ per Pound, Yard, &c.

N.	l.	s.	d.	N.	l.	s.	d.	N.	l.	s.	d.
1	–	4	8½	45	10	11	10½	89	20	19	–½
2	–	9	5	46	10	16	7	90	21	3	9
3	–	14	1½	47	11	1	3½	91	21	7	5½
4	–	18	10	48	11	6	–	92	21	13	2
5	1	3	6½	49	11	10	8½	93	21	17	10½
6	1	8	3	50	11	15	5	94	22	2	7
7	1	12	11½	51	12	–	1½	95	22	8	3½
8	1	17	8	52	12	4	10	96	22	12	–
9	2	2	4½	53	12	9	6½	97	22	16	8½
10	2	7	1	54	12	14	3	98	23	1	5
11	2	11	9½	55	12	18	11½	99	23	6	1½
12	2	16	6	[56]	13	3	8	100	23	10	10
13	3	1	2½	57	13	8	4½	101	23	15	6½
14	3	5	11	58	13	13	1	102	24	–	3
15	3	10	7½	59	13	17	9½	103	24	4	11½
16	3	15	4	60	14	2	6	104	24	9	8
17	4	–	–½	61	14	7	2½	105	24	14	4½
18	4	4	9	62	14	11	11	106	24	19	1
19	4	9	5½	63	14	16	7½	107	25	3	9½
20	4	14	2	64	15	1	4	108	25	8	6
21	4	18	10½	65	15	6	–½	109	25	13	2½
22	5	3	7	66	15	10	9	110	25	17	11
23	5	8	3½	67	15	15	5½	*111	26	2	7½
24	5	13	–	68	16	–	2	GH 112	26	7	4
25	5	17	8½	69	16	4	10½	Gr. 144	33	18	–
26	6	2	5	70	16	9	7	200	47	1	8
27	6	7	1½	71	16	14	3½	W. 256	60	5	4
[28]	6	11	10	72	16	19	–	300	70	12	6
29	6	16	6½	73	17	3	8½	400	94	3	4
30	7	1	3	74	17	8	5	500	117	14	2
31	7	5	11½	75	17	13	1½	600	141	5	–
32	7	10	8	76	17	17	10	700	164	15	10
33	7	15	4½	77	18	2	6½	800	188	6	8
34	8	–	1	78	18	7	3	900	211	17	6
35	8	4	9½	79	18	11	11½	1000	235	8	4
36	8	9	6	80	18	16	8	2000	470	16	8
37	8	14	2½	81	19	1	4½	3000	706	5	–
38	8	18	11	82	19	6	1	4000	941	13	4
39	9	3	7½	83	19	10	9½	5000	1177	1	8
40	9	8	4	[84]	19	15	6	6000	1412	10	–
41	9	13	–½	85	20	–	2½	7000	1647	18	4
42	9	17	9	86	20	4	11	8000	1883	6	8
43	10	2	5½	87	20	9	7½	9000	2118	15	–
44	10	7	2	88	20	14	4	10000	2354	3	4

* N.B. GH stands for *Great Hundred*; Gr. signifies the *Gross*; and W. the *W'y*.

272 Feet in a Rod, at 4s. 8d. ½ per Foot, is 64l. — s. 8d.
365 Days in a Year, at 4s. 8d. ½ per Day, is 85l. 18s. 6d. ½

At 4s. 9d. per Pound, Yard, &c.

N.	l.	s.	d.	N.	l.	s.	d.	N.	l.	s.	d.
1	—	4	9	45	10	13	9	89	21	2	9
2	—	9	6	46	10	18	6	90	21	7	6
3	—	14	3	47	11	3	3	91	21	12	3
4	—	19	—	48	11	8	—	92	21	17	—
5	1	3	9	49	11	12	9	93	22	1	9
6	1	8	6	50	11	17	6	94	22	6	6
7	1	13	3	51	12	2	3	95	22	11	3
8	1	18	—	52	12	7	—	96	22	16	—
9	2	2	9	53	12	11	9	97	23	—	9
10	2	7	6	54	12	16	6	98	23	5	6
11	2	12	3	55	13	1	3	99	23	10	3
12	2	17	—	[56]	13	6	—	100	23	15	—
13	3	1	9	57	13	10	9	101	23	19	9
14	3	6	6	58	13	15	6	102	24	4	6
15	3	11	3	59	14	—	3	103	24	9	3
16	3	16	—	60	14	5	—	104	24	14	—
17	4	—	9	61	14	9	9	105	24	18	9
18	4	5	6	62	14	14	6	106	25	3	6
19	4	10	3	63	14	19	3	107	25	8	3
20	4	15	—	64	15	4	—	108	25	13	—
21	4	19	9	65	15	8	9	109	25	17	9
22	5	4	6	66	15	13	6	110	26	2	6
23	5	9	3	67	15	18	3	111	26	7	3
24	5	14	—	68	16	3	—	GH 112	26	12	—
25	5	18	9	69	16	7	9	Gr. 144	34	4	—
26	6	3	6	70	16	12	6	200	47	10	—
27	6	8	3	71	16	17	3	W. 256	60	16	—
[28]	6	13	—	72	17	2	—	300	71	5	—
29	6	17	9	73	17	6	9	400	95	—	—
30	7	2	6	74	17	11	6	500	118	15	—
31	7	7	3	75	17	16	3	600	142	10	—
32	7	12	—	76	18	1	—	700	166	5	—
33	7	16	9	77	18	5	9	800	190	—	—
34	8	1	6	78	18	10	6	900	213	15	—
35	8	6	3	79	18	15	3	1000	237	10	—
36	8	11	—	80	19	—	—	2000	475	—	—
37	8	15	9	81	19	4	9	3000	712	10	—
38	9	—	6	82	19	9	6	4000	950	—	—
39	9	5	3	83	19	14	3	5000	1187	10	—
40	9	10	—	[84]	19	19	—	6000	1425	—	—
41	9	14	9	85	20	3	9	7000	1662	10	—
42	9	19	6	86	20	8	6	8000	1900	—	—
43	10	4	3	87	20	13	3	9000	2137	10	—
44	10	9	—	88	20	18	—	10000	2375	—	—

* N.B. GH stands for *Great Hundred*; Gr. signifies the *Grofs*; and W. the *Wg*.

272 Feet in a Rod, at 4s. 9d. per Foot, is 64l. 12s.
365 Days in a Year, at 4s. 9d. per Day, is 86l. 13s. 9d.

At 4s. 9d. ½ per Pound, Yard, &c.

N.	l.	s.	d.	N.	l.	s.	d.	N.	l.	s.	d.
1	-	4	9½	45	10	15	7½	89	21	6	5½
2	-	9	7	46	11	—	5	90	21	11	3
3	-	14	4½	47	11	5	2½	91	21	16	—½
4	-	19	2	48	11	10	—	92	22	—	10
5	1	3	11½	49	11	14	9½	93	22	5	7½
6	1	8	9	50	11	19	7	94	22	10	5
7	1	13	6½	51	12	4	4½	95	22	15	2½
8	1	18	4	52	12	9	2	96	23	—	—
9	2	3	1½	53	12	13	11½	97	23	4	9½
10	2	7	11	54	12	18	9	98	23	9	7
11	2	12	8½	55	13	3	6½	99	23	14	4½
12	2	17	6	[56]	13	8	4	100	23	19	2
13	3	2	3½	57	13	13	1½	101	24	3	11½
14	3	7	1	58	13	17	11	102	24	8	9
15	3	11	10½	59	14	2	8½	103	24	13	6½
16	3	16	8	60	14	7	6	104	24	18	4
17	4	1	5½	61	14	12	3½	105	25	3	1½
18	4	6	3	62	14	17	1	106	25	7	11
19	4	11	—½	63	15	1	10½	107	25	12	8½
20	4	15	10	64	15	6	8	108	25	17	6
21	5	—	7½	65	15	11	5½	109	26	2	3½
22	5	5	5	66	15	16	3	110	26	7	1
23	5	10	2½	67	16	1	—½	* 111	26	11	10½
24	5	15	—	68	16	5	10	GH 112	26	16	8
25	5	19	9½	69	16	10	7½	Gr. 144	34	10	—
26	6	4	7	70	16	15	5	200	47	18	4
27	6	9	4½	71	17	—	2½	W. 256	61	6	8
[28]	6	14	2	72	17	5	—	300	71	17	6
29	6	18	11½	73	17	9	9½	400	95	16	8
30	7	3	9	74	17	14	7	500	119	15	10
31	7	8	6½	75	17	19	4½	600	143	15	—
32	7	13	4	76	18	4	2	700	167	14	2
33	7	18	1½	77	18	8	11½	800	191	13	4
34	8	2	11	78	18	13	9	900	215	12	6
35	8	7	8½	79	18	18	6½	1000	239	11	8
36	8	12	6	80	19	3	4	2000	479	3	4
37	8	17	3½	81	19	8	1½	3000	718	15	—
38	9	2	1	82	19	12	11	4000	958	6	8
39	9	6	10½	83	19	17	8½	5000	1197	18	4
40	9	11	8	[84]	20	2	6	6000	1437	10	—
41	9	16	5½	85	20	7	3½	7000	1677	1	8
42	10	1	3	86	20	12	1	8000	1916	13	4
43	10	6	—½	87	20	16	10½	9000	2156	5	—
44	10	10	10	88	21	1	8	10000	2395	16	8

* *N. B.* GH stands for *Great Hundred*; Gr. signifies the *Gross*; and W. the *Way*.

272 Feet in a Rod, at 4s. 9d. ½ per Foo , is 65l. 3s. 4d.
365 Days in a Year, at 4s. 9d. ½ per Day, is 87l. 8s. 11d. ½.

At 4s. 10d. per Pound, Yard, &c.

N.	l.	s.	d.	N.	l.	s.	d.	N.	l.	s.	d.
1	—	4	10	45	10	17	6	89	21	10	2
2	—	9	8	46	11	2	4	90	21	15	—
3	—	14	6	47	11	7	2	91	21	19	10
4	—	19	4	48	11	12	—	92	22	4	8
5	1	4	2	49	11	16	10	93	22	9	6
6	1	9	—	50	12	1	8	94	22	14	4
7	1	13	10	51	12	6	6	95	22	19	2
8	1	18	8	52	12	11	4	96	23	4	—
9	2	3	6	53	12	16	2	97	23	8	10
10	2	8	4	54	13	1	—	98	23	13	8
11	2	13	2	55	13	5	10	99	23	18	6
12	2	18	—	[56]	13	10	8	100	24	3	4
13	3	2	10	57	13	15	6	101	24	8	2
14	3	7	8	58	14	—	4	102	24	13	—
15	3	12	6	59	14	5	2	103	24	17	10
16	3	17	4	60	14	10	—	104	25	2	8
17	4	2	2	61	14	14	10	105	25	7	6
18	4	7	—	62	14	19	8	106	25	12	4
19	4	11	10	63	15	4	6	107	25	17	2
20	4	16	8	64	15	9	4	108	26	2	—
21	5	1	6	65	15	14	2	109	26	6	10
22	5	6	4	66	15	19	—	110	26	11	8
23	5	11	2	67	16	3	10	*111	26	16	6
24	5	16	—	68	16	8	8	GH 112	27	1	4
25	6	—	10	69	16	13	6	Gr. 144	34	16	—
26	6	5	8	70	16	18	4	200	48	6	8
27	6	10	6	71	17	3	2	W. 256	61	17	4
[28]	6	15	4	72	17	8	—	300	72	10	—
29	7	—	2	73	17	12	10	400	96	13	4
30	7	5	—	74	17	17	8	500	120	16	8
31	7	9	10	75	18	2	6	600	145	—	—
32	7	14	8	76	18	7	4	700	169	3	4
33	7	19	6	77	18	12	2	800	193	6	8
34	8	4	4	78	18	17	—	900	217	10	—
35	8	9	2	79	19	1	10	1000	241	13	4
36	8	14	—	80	19	6	8	2000	483	6	8
37	8	18	10	81	19	11	6	3000	725	—	—
38	9	3	8	82	19	16	4	4000	966	13	4
39	9	8	6	83	20	1	2	5000	1208	6	8
40	9	13	4	[84]	20	6	—	6000	1450	—	—
41	9	18	2	85	20	10	10	7000	1691	13	4
42	10	3	—	86	20	15	8	8000	1933	6	8
43	10	7	10	87	21	—	6	9000	2175	—	—
44	10	12	8	88	21	5	4	10000	2416	13	4

* N. B. GH stands for *Great Hundred*; Gr. signifies the *Gross*; and W. the *W*.

272 Feet in a Rod, at 4s. 10d. per Foot, is 65l. 14s. 8d.
365 Days in a Year, at 4s. 10d. per Day, is 88l. 4s. 2d.

At 4s. 10d. ½ per Pound, Yard, &c.

N.	l.	s.	d.	N.	l.	s.	d.	N.	l.	s.	d.
1	—	4	10½	45	10	19	4½	89	21	13	10½
2	—	9	9	46	11	4	3	90	21	18	9
3	—	14	7½	47	11	9	1½	91	22	3	7½
4	—	19	6	48	11	14	—	92	22	8	6
5	1	4	4½	49	11	18	10½	93	22	13	4½
6	1	9	3	50	12	3	9	94	22	18	3
7	1	14	1½	51	12	8	7½	95	23	3	1½
8	1	19	—	52	12	13	6	96	23	8	—
9	2	3	10½	53	12	18	4½	97	23	12	10½
10	2	8	9	54	13	3	3	98	23	17	9
11	2	13	7½	55	13	8	1½	99	24	2	7½
12	2	18	6	[56]	13	13	—	100	24	7	6
13	3	3	4½	57	13	17	10½	101	24	12	4½
14	3	8	3	58	14	2	9	102	24	17	3
15	3	13	1½	59	14	7	7½	103	25	2	1½
16	3	18	—	60	14	12	6	104	25	7	—
17	4	2	10½	61	14	17	4½	105	25	11	10½
18	4	7	9	62	15	2	3	106	25	16	9
19	4	12	7½	63	15	7	1½	107	26	1	7½
20	4	17	6	64	15	12	—	108	26	6	6
21	5	2	4½	65	15	16	10½	109	26	11	4½
22	5	7	3	66	16	1	9	110	26	16	3
23	5	12	1½	67	16	6	7½	*111	27	1	1½
24	5	17	—	68	16	11	6	G H 112	27	6	—
25	6	1	10½	69	16	16	4½	Gr. 144	35	2	—
26	6	6	9	70	17	1	3	200	48	15	—
27	6	11	7½	71	17	6	1½	W. 256	62	8	—
[28]	6	16	6	72	17	11	—	300	73	2	6
29	7	1	4½	73	17	15	10½	400	97	10	—
30	7	6	3	74	18	—	9	500	121	17	6
31	7	11	1½	75	18	5	7½	600	146	5	—
32	7	16	—	76	18	10	6	700	170	12	6
33	8	—	10½	77	18	15	4½	800	195	—	—
34	8	5	9	78	19	—	3	900	219	7	6
35	8	10	7½	79	19	5	1½	1000	243	15	—
36	8	15	6	80	19	10	—	2000	487	10	—
37	9	—	4½	81	19	14	10½	3000	731	5	—
38	9	5	3	82	19	19	9	4000	975	—	—
39	9	10	1½	83	20	4	7½	5000	1218	15	—
40	9	15	—	[84]	20	9	6	6000	1462	10	—
41	9	19	10½	85	20	14	4½	7000	1706	5	—
42	0	4	9	86	20	19	3	8000	1950	—	—
43	0	9	7½	87	21	4	1½	9000	2193	15	—
44	0	14	6	88	21	9	—	10000	2437	10	—

* N. B. G H stands for *Great Hundred*; Gr. signifies the *Grofs*; and W. the *Wey*.

272 Feet in a Rod, at 4s. 10d. ½ per Foot, is 66l. 6s.
365 Days in a Year, at 4s. 10d. ½ per Day, is 88l. 19s. 4d. ½.

At 4s. 11d. per Pound, Yard, &c.

N.	l.	s.	d.	N.	l.	s.	d.	N.	l.	s.	d.
1	–	4	11	45	11	1	3	89	21	17	7
2	–	9	10	46	11	6	2	90	22	2	6
3	–	14	9	47	11	11	1	91	22	7	5
4	–	19	8	48	11	16	–	92	22	12	4
5	1	4	7	49	12	–	11	93	22	17	3
6	1	9	6	50	12	5	10	94	23	2	2
7	1	14	5	51	12	10	9	95	23	7	1
8	1	19	4	52	12	15	8	96	23	12	–
9	2	4	3	53	13	–	7	97	23	16	11
10	2	9	2	54	13	5	6	98	24	1	10
11	2	14	1	55	13	10	5	99	24	6	9
12	2	19	–	[56]	13	15	4	100	24	11	8
13	3	3	11	57	14	–	3	101	24	16	7
14	3	8	10	58	14	5	2	102	25	1	6
15	3	13	9	59	14	10	1	103	25	6	5
16	3	18	8	60	14	15	–	104	25	11	4
17	4	3	7	61	14	19	11	105	25	16	3
18	4	8	6	62	15	4	10	106	26	1	2
19	4	13	5	63	15	9	9	107	26	6	1
20	4	18	4	64	15	14	8	108	26	11	–
21	5	3	3	65	15	19	7	109	26	15	11
22	5	8	2	66	16	4	6	110	27	–	10
23	5	13	1	67	16	9	5	*111	27	5	9
24	5	18	–	68	16	14	4	GH 112	27	10	8
25	6	2	11	69	16	19	3	Gr. 144	35	8	–
26	6	7	10	70	17	4	2	200	49	3	4
27	6	12	9	71	17	9	1	W. 250	62	18	8
[28]	6	17	8	72	17	14	–	300	73	15	–
29	7	2	7	73	17	18	11	400	98	6	8
30	7	7	6	74	18	3	10	500	122	18	4
31	7	12	5	75	18	8	9	600	147	10	–
32	7	17	4	76	18	13	8	700	172	1	8
33	8	2	3	77	18	18	7	800	196	13	4
34	8	7	2	78	19	3	6	900	221	5	–
35	8	12	1	79	19	8	5	1000	245	16	8
36	8	17	–	80	19	13	4	2000	491	13	4
37	9	1	11	81	19	18	3	3000	737	10	–
38	9	6	10	82	20	3	2	4000	983	6	8
39	9	11	9	83	20	8	1	5000	1229	3	4
40	9	16	8	[84]	20	13	–	6000	1475	–	–
41	10	1	7	85	20	17	11	7000	1720	16	8
42	10	6	6	86	21	2	10	8000	1966	13	4
43	10	11	5	87	21	7	9	9000	2212	10	–
44	10	16	4	88	21	12	8	10000	2458	6	8

* N.B. GH stands for *Great Hundred*; Gr. signifies the *Gross*; and W. the *Wey*.

272 Feet in a Rod at 4s. 11d. per Foot, is 66l. 17s. 4d.
365 Days in a Year, at 4s. 11d. per Day, is 89l. 14s. 7d.

At 4s. 11d. ½ per Pound, Yard, &c.

N.	l.	s.	d.	N.	l.	s.	d.	N.	l.	s.	d.
1	–	4	11½	45	11	3	1½	89	22	1	3½
2	–	9	11	46	11	8	1	90	22	6	3
3	–	14	10½	47	11	13	–½	91	22	11	2½
4	–	19	10	48	11	18	–	92	22	16	2
5	1	4	9½	49	12	2	11½	93	23	1	1½
6	1	9	9	50	12	7	11	94	23	6	1
7	1	14	8½	51	12	12	10½	95	23	11	–½
8	1	19	8	52	12	17	10	96	23	16	–
9	2	4	7½	53	13	2	9½	97	24	–	11½
10	2	9	7	54	13	7	9	98	24	5	11
11	2	14	6½	55	13	12	8½	99	24	10	10½
12	2	19	6	[56]	13	17	8	100	24	15	10
13	3	4	5½	57	14	2	7½	101	25	–	9½
14	3	9	5	58	14	7	7	102	25	5	9
15	3	14	4½	59	14	12	6½	103	25	10	8½
16	3	19	4	60	14	17	6	104	25	15	8
17	4	4	3½	61	15	2	5½	105	26	–	7½
18	4	9	3	62	15	7	5	106	26	5	7
19	4	14	2½	63	15	12	4½	107	26	10	6½
20	4	19	2	64	15	17	4	108	26	15	6
21	5	4	1½	65	16	2	3½	109	27	–	5½
22	5	9	1	66	16	7	3	110	27	5	5
23	5	14	–½	67	16	12	2½	111	27	10	4½
24	5	19	–	68	16	17	2	G H 112	27	15	4
25	6	3	11½	69	17	2	1½	Gr. 144	35	14	–
26	6	8	11	70	17	7	1	200	49	11	8
27	6	13	10½	71	17	12	–½	W. 256	63	9	4
[28]	6	18	10	72	17	17	–	300	74	7	6
29	7	3	9½	73	18	1	11½	400	99	3	4
30	7	8	9	74	18	6	11	500	123	19	2
31	7	13	8½	75	18	11	10½	600	148	15	–
32	7	18	8	76	18	16	10	700	173	10	10
33	8	3	7½	77	19	1	9½	800	198	6	8
34	8	8	7	78	19	6	9	900	223	2	6
35	8	13	6½	79	19	11	8½	1000	247	18	4
36	8	18	6	80	19	16	8	2000	495	16	8
37	9	3	5½	81	20	1	7½	3000	743	15	–
38	9	8	5	82	20	6	7	4000	991	13	4
39	9	13	4½	83	20	11	6½	5000	1239	11	8
40	9	18	4	[84]	20	16	6	6000	1487	10	–
41	10	3	3½	85	21	1	5½	7000	1735	8	4
42	10	8	3	86	21	6	5	8000	1983	6	8
43	10	13	2½	87	21	11	4½	9000	2231	5	–
44	10	18	2	88	21	16	4	10000	2479	3	4

N. B. GH stands for *Great Hundred*; Gr. signifies the *Grofs*; and W. the *W*°*g*.

272 Feet in a Rod, at 4s. 11d. ½ per Foot, is 67l. 8s. 8d.
365 Days in a Year, at 4s. 11d. ½ per Day, is 90l. 9s. 9d. ½.

At 5s. per Pound, Yard, &c.

N.	l.	s.	d.	N.	l.	s.	d.	N.	l.	s.	d.
1	–	5	–	45	11	5	–	89	22	5	–
2	–	10	–	46	11	10	–	90	22	10	–
3	–	15	–	47	11	15	–	91	22	15	–
4	1	–	–	48	12	–	–	92	23	–	–
5	1	15	–	49	12	5	–	93	23	5	–
6	1	10	–	50	12	10	–	94	23	10	–
7	1	15	–	51	12	15	–	95	23	15	–
8	2	–	–	52	13	–	–	96	24	–	–
9	2	5	–	53	13	5	–	97	24	5	–
10	2	10	–	54	13	10	–	98	24	10	–
11	2	15	–	55	13	15	–	99	24	15	–
12	3	–	–	[56]	14	–	–	100	25	–	–
13	3	5	–	57	14	5	–	101	25	5	–
14	3	10	–	58	14	10	–	102	25	10	–
15	3	15	–	59	14	15	–	103	25	15	–
16	4	–	–	60	15	–	–	104	26	–	–
17	4	5	–	61	15	5	–	105	26	5	–
18	4	10	–	62	15	10	–	106	26	10	–
19	4	15	–	63	15	15	–	107	26	15	–
20	5	–	–	64	16	–	–	108	27	–	–
21	5	5	–	65	16	5	–	109	27	5	–
22	5	10	–	66	16	10	–	110	27	10	–
23	5	15	–	67	16	15	–	* 111	27	15	–
24	6	–	–	68	17	–	–	GH 112	28	–	–
25	6	5	–	69	17	5	–	Gr. 144	36	–	–
26	6	10	–	70	17	10	–	200	50	–	–
27	6	15	–	71	17	15	–	W. 256	64	–	–
[28]	7	–	–	72	18	–	–	300	75	–	–
29	7	5	–	73	18	5	–	400	100	–	–
30	7	10	–	74	18	10	–	500	125	–	–
31	7	15	–	75	18	15	–	600	150	–	–
32	8	–	–	76	19	–	–	700	175	–	–
33	8	5	–	77	19	5	–	800	200	–	–
34	8	10	–	78	19	10	–	900	225	–	–
35	8	15	–	79	19	15	–	1000	250	–	–
36	9	–	–	80	20	–	–	2000	500	–	–
37	9	5	–	81	20	5	–	3000	750	–	–
38	9	10	–	82	20	10	–	4000	1000	–	–
39	9	15	–	83	20	15	–	5000	1250	–	–
40	10	–	–	[84]	21	–	–	6000	1500	–	–
41	10	5	–	85	21	5	–	7000	1750	–	–
42	10	10	–	86	21	10	–	8000	2000	–	–
43	10	15	–	87	21	15	–	9000	2250	–	–
44	11	–	–	88	22	–	–	10000	2500	–	–

* N. B. GH stands for *Great Hundred*; Gr. signifies the *Gross*; and W. the *Wey*.

272 Feet in a Rod, at 5s. per Foot, is 68 l.
365 Days in a Year, at 5s. per Day, is 91 l. 5s.

At 5s. 1d. per Pound, Yard, &c.

N.	l.	s.	d.	N.	l.	s.	d.	N.	l.	s.	d.
1	—	5	1	45	11	8	9	89	22	12	5
2	—	10	2	46	11	13	10	90	22	17	6
3	—	15	3	47	11	18	11	91	23	2	7
4	1	—	4	48	12	4	—	92	23	7	8
5	1	5	5	49	12	9	1	93	23	12	9
6	1	10	6	50	12	14	2	94	23	17	10
7	1	15	7	51	12	19	3	95	24	2	11
8	2	—	8	52	13	4	4	96	24	8	—
9	2	5	9	53	13	9	5	97	24	13	1
10	2	10	10	54	13	14	6	98	24	18	2
11	2	15	11	55	13	19	7	99	25	3	3
12	3	1	—	[56]	14	4	8	100	25	8	4
13	3	6	1	57	14	9	9	101	25	13	5
14	3	11	2	58	14	14	10	102	25	18	6
15	3	16	3	59	14	19	11	103	26	3	7
16	4	1	4	60	15	5	—	104	26	8	8
17	4	6	5	61	15	10	1	105	26	13	9
18	4	11	6	62	15	15	2	106	26	18	10
19	4	16	7	63	16	—	3	107	27	3	11
20	5	1	8	64	16	5	4	108	27	9	—
21	5	6	9	65	16	10	5	109	27	14	1
22	5	11	10	66	16	15	6	110	27	19	2
23	5	16	11	67	17	—	7	111	28	4	3
24	6	2	—	68	17	5	8	GH 112	28	9	4
25	6	7	1	69	17	10	9	Gr. 144	36	12	—
26	6	12	2	70	17	15	10	200	50	16	8
27	6	17	3	71	18	—	11	W. 256	65	1	4
[28]	7	2	4	72	18	6	—	300	76	5	—
29	7	7	5	73	18	11	1	400	101	13	4
30	7	12	6	74	18	16	2	500	127	1	8
31	7	17	7	75	19	1	3	600	152	10	—
32	8	2	8	76	19	6	4	700	177	18	4
33	8	7	9	77	19	11	5	800	203	6	8
34	8	12	10	78	19	16	6	900	228	15	—
35	8	17	11	79	20	1	7	1000	254	3	4
36	9	3	—	80	20	6	8	2000	508	0	8
37	9	8	1	81	20	11	9	3000	762	10	—
38	9	13	2	82	20	16	10	4000	1016	13	4
39	9	18	3	83	21	1	11	5000	1270	16	8
40	10	3	4	[84]	21	7	—	6000	1525	—	—
41	10	8	5	85	21	12	1	7000	1779	3	4
42	10	13	6	86	21	17	2	8000	2033	6	8
43	10	18	7	87	22	2	3	9000	2287	10	—
44	11	3	8	88	22	7	4	10000	2541	13	4

* *N. B.* GH stands for *Great Hundred*; Gr. signifies the *Gross*; and W. the *Wey*.

272 Feet in a Rod, at 5s. 1d. per Foot, is 69l. 2s. 8d.
365 Days in a Year, at 5s. 1d. per Day, is 92l. 15s. 5d.

At 5s. 2d. per Pound, Yard, &c.

N.	l.	s.	d.	N.	l.	s.	d.	N.	l.	s.	d.
1	–	5	2	45	11	12	6	89	22	19	10
2	–	10	4	46	11	17	8	90	23	5	–
3	–	15	6	47	12	2	10	91	23	10	2
4	1	–	8	48	12	8	–	92	23	15	4
5	1	5	10	49	12	13	2	93	24	–	6
6	1	11	–	50	12	18	4	94	24	5	8
7	1	16	2	51	13	3	6	95	24	10	10
8	2	1	4	52	13	8	8	96	24	16	–
9	2	6	6	53	13	13	10	97	25	1	2
10	2	11	8	54	13	19	–	98	25	6	4
11	2	16	10	55	14	4	2	99	25	11	6
12	3	2	–	[56]	14	9	4	100	25	16	8
13	3	7	2	57	14	14	6	101	26	1	10
14	3	12	4	58	14	19	8	102	26	7	–
15	3	17	6	59	15	4	10	103	26	12	2
16	4	2	8	60	15	10	–	104	26	17	4
17	4	7	10	61	15	15	2	105	27	2	6
18	4	13	–	62	16	–	4	106	27	7	8
19	4	18	2	63	16	5	6	107	27	12	10
20	5	3	4	64	16	10	8	108	27	18	–
21	5	8	6	65	16	15	10	109	28	3	2
22	5	13	8	66	17	1	–	110	28	8	4
23	5	18	10	67	17	6	2	111	28	13	6
24	6	4	–	68	17	11	4	G H 112	28	18	8
25	6	9	2	69	17	16	6	Gr. 144	37	4	–
26	6	14	4	70	18	1	8	200	51	13	4
27	6	19	6	71	18	6	10	W. 256	66	2	8
[28]	7	4	8	72	18	12	–	300	77	10	–
29	7	9	10	73	18	17	2	400	103	6	8
30	7	15	–	74	19	2	4	500	129	3	4
31	8	–	2	75	19	7	6	600	155	–	–
32	8	5	4	76	19	12	8	700	180	16	8
33	8	10	6	77	19	17	10	800	206	13	4
34	8	15	8	78	20	3	–	900	232	10	–
35	9	–	10	79	20	8	2	1000	258	6	8
36	9	6	–	80	20	13	4	2000	516	13	4
37	9	11	2	81	20	18	6	3000	775	–	–
38	9	16	4	82	21	3	8	4000	1033	6	8
39	10	1	6	83	21	8	10	5000	1291	13	4
40	10	6	8	[84]	21	14	–	6000	1550	–	–
41	10	11	10	85	21	19	2	7000	1808	6	8
42	10	17	–	86	22	4	4	8000	2066	13	4
43	11	2	2	87	22	9	6	9000	2325	–	–
44	11	7	4	88	22	14	8	10000	2583	6	8

N. 2. G H stands for Great Hundred; Gr. signifies the Gross; and W. the Weigh.

16½ Feet in a Rod, at 5s. 2d. per Foot, is 70l. 5s. 4d.
365 Days in a Year, at 5s. 2d. per Day, is 94l. 5s. 10d.

At 5s. 3d. per Pound, Yard, &c.

N.	l.	s.	d.	N.	l.	s.	d.	N.	l.	s.	d.
1	–	5	3	45	11	16	3	89	23	7	3
2	–	10	6	46	12	1	6	90	23	12	6
3	–	15	9	47	12	6	9	91	23	17	9
4	1	1	–	48	12	12	–	92	24	3	–
5	1	6	3	49	12	17	3	93	24	8	3
6	1	11	6	50	13	2	6	94	24	13	6
7	1	16	9	51	13	7	9	95	24	18	9
8	2	2	–	52	13	13	–	96	25	4	–
9	2	7	3	53	13	18	3	97	25	9	3
10	2	12	6	54	14	3	6	98	25	14	6
11	2	17	9	55	14	8	9	99	25	19	9
12	3	3	–	[56]	14	14	–	100	26	5	–
13	3	8	3	57	14	19	3	101	26	10	3
14	3	13	6	58	15	4	6	102	26	15	6
15	3	18	9	59	15	9	9	103	27	–	9
16	4	4	–	60	15	15	–	104	27	6	–
17	4	9	3	61	16	–	3	105	27	11	3
18	4	14	6	62	16	5	6	106	27	16	6
19	4	19	9	63	16	10	9	107	28	1	9
20	5	5	–	64	16	16	–	108	28	7	–
21	5	10	3	65	17	1	3	109	28	12	3
22	5	15	6	66	17	6	6	110	28	17	6
23	6	–	9	67	17	11	9	*111	29	2	9
24	6	6	–	68	17	17	–	GH 112	29	8	–
25	6	11	3	69	18	2	3	Gr. 144	37	16	–
26	6	16	6	70	18	7	6	200	52	10	–
27	7	1	9	71	18	12	9	W. 256	67	4	–
[28]	7	7	–	72	18	18	–	300	78	15	–
29	7	12	3	73	19	3	3	400	105	–	–
30	7	17	6	74	19	8	6	500	131	5	–
31	8	2	9	75	19	13	9	600	157	10	–
32	8	8	–	76	19	19	–	700	183	15	–
33	8	13	3	77	20	4	3	800	210	–	–
34	8	18	6	78	20	9	6	900	236	5	–
35	9	3	9	79	20	14	9	1000	262	10	–
36	9	9	–	80	21	–	–	2000	525	–	–
37	9	14	3	81	21	5	3	3000	787	10	–
38	9	19	6	82	21	10	6	4000	1050	–	–
39	10	4	9	83	21	15	9	5000	1312	10	–
40	10	10	–	[84]	22	1	–	6000	1575	–	–
41	10	15	3	85	22	6	3	7000	1837	10	–
42	11	–	6	86	22	11	6	8000	2100	–	–
43	11	5	9	87	22	16	9	9000	2362	10	–
44	11	11	–	88	23	2	–	10000	2625	–	–

* *N. B.* GH stands for Great Hundred; Gr. signifies the *Gross*; and W. the *W*g.

27½ Feet in a Rod, at 5s. 3d. per Foot, is 7l. 8s.
365 Days in a Year, at 5s. 3d. per Day, is 95l. 16s. 3d.

At 5s. 4d. per Pound, Yard, &c.

N.	l.	s.	d.	N.	l.	s.	d.	N.	l.	s.	d.
1	–	5	4	45	12	–	–	89	23	14	8
2	–	10	8	46	12	5	4	90	24	–	–
3	–	16	–	47	12	10	8	91	24	5	4
4	1	1	4	48	12	16	–	92	24	10	8
5	1	6	8	49	13	1	4	93	24	16	–
6	1	12	–	50	13	6	8	94	25	1	4
7	1	17	4	51	13	12	–	95	25	6	8
8	2	2	8	52	13	17	4	96	25	12	–
9	2	8	–	53	14	2	8	97	25	17	4
10	2	13	4	54	14	8	–	98	26	2	8
11	2	18	8	55	14	13	4	99	26	8	–
12	3	4	–	[56]	14	18	8	100	26	13	4
13	3	9	4	57	15	4	–	101	26	18	8
14	3	14	8	58	15	9	4	102	27	4	–
15	4	–	–	59	15	14	8	103	27	9	4
16	4	5	4	60	16	–	–	104	27	14	8
17	4	10	8	61	16	5	4	105	28	–	–
18	4	16	–	62	16	10	8	106	28	5	4
19	5	1	4	63	16	16	–	107	28	10	8
20	5	6	8	64	17	1	4	108	28	16	–
21	5	12	–	65	17	6	8	109	29	1	4
22	5	17	4	66	17	12	–	110	29	6	8
23	6	2	8	67	17	17	4	111	29	12	–
24	6	8	–	68	18	2	8	GH 112	29	17	4
25	6	13	4	69	18	8	–	Gr. 144	38	8	–
26	6	18	8	70	18	13	4	200	53	6	8
27	7	4	–	71	18	18	8	W. 256	68	5	4
[28]	7	9	4	72	19	4	–	300	80	–	–
29	7	14	8	73	19	9	4	400	106	13	4
30	8	–	–	74	19	14	8	500	133	6	8
31	8	5	4	75	20	–	–	600	160	–	–
32	8	10	8	76	20	5	4	700	186	13	4
33	8	16	–	77	20	10	8	800	213	6	8
34	9	1	4	78	20	16	–	900	240	–	–
35	9	6	8	79	21	1	4	1000	266	13	4
36	9	12	–	80	21	6	8	2000	533	6	8
37	9	17	4	81	21	12	–	3000	800	–	–
38	10	2	8	82	21	17	4	4000	1066	13	4
39	10	8	–	83	22	2	8	5000	1333	6	8
40	10	13	4	[84]	22	8	–	6000	1600	–	–
41	10	18	8	85	22	13	4	7000	1866	13	4
42	11	4	–	86	22	18	8	8000	2133	6	8
43	11	9	4	87	23	4	–	9000	2400	–	–
44	11	14	8	88	23	9	4	10000	2666	13	4

* N. B. GH stands for Great Hundred; Gr. signifies the Gross, and W. the Wey.

272 Feet in a Rod, at 5s. 4d. per Foot, is 72 l. 10s. 8d.
365 Days in a Year, at 5s. 4d. per Day, is 97 l. 6s. 8d.

At 5s. 5d. per Pound, Yard, &c.

N.	l.	s.	d.	N.	l.	s.	d.	N.	l.	s.	d.
1	-	5	5	45	12	3	9	89	24	2	1
2	-	10	10	46	12	9	2	90	24	7	6
3	-	16	3	47	12	14	7	91	24	12	11
4	1	1	8	48	13	—	—	92	24	18	4
5	1	7	1	49	13	5	5	93	25	3	9
6	1	12	6	50	13	10	10	94	25	9	2
7	1	17	11	51	13	16	3	95	25	14	7
8	2	3	4	52	14	1	8	96	26	—	—
9	2	8	9	53	14	7	1	97	26	5	5
10	2	14	2	54	14	12	6	98	26	10	10
11	2	19	7	55	14	17	11	99	26	16	3
12	3	5	—	56	15	3	4	100	27	1	8
13	3	10	5	57	15	8	9	101	27	7	1
14	3	15	10	58	15	14	2	102	27	12	6
15	4	1	3	59	15	19	7	103	27	17	11
16	4	6	8	60	16	5	—	104	28	3	4
17	4	12	1	61	16	10	5	105	28	8	9
18	4	17	6	62	16	15	10	106	28	14	2
19	5	2	11	63	17	1	3	107	28	19	7
20	5	8	4	64	17	6	8	108	29	5	—
21	5	13	9	65	17	12	1	109	29	10	5
22	5	19	2	66	17	17	6	110	29	15	10
23	6	4	7	67	18	2	11	*111	30	1	3
24	6	10	—	68	18	8	4	GH 112	30	6	8
25	6	15	5	69	18	13	9	Gr. 144	39	—	—
26	7	—	10	70	18	19	2	200	54	3	4
27	7	6	3	71	19	4	7	W. 256	69	6	8
[28]	7	11	8	72	19	10	—	300	81	5	—
29	7	17	1	73	19	15	5	400	108	6	8
30	8	2	6	74	20	—	10	500	135	8	4
31	8	7	11	75	20	6	3	600	162	10	—
32	8	13	4	76	20	11	8	700	189	11	8
33	8	18	9	77	20	17	1	800	216	13	4
34	9	4	2	78	21	2	6	900	243	15	—
35	9	9	7	79	21	7	11	1000	270	16	8
36	9	15	—	80	21	13	4	2000	541	13	4
37	10	—	5	81	21	18	9	3000	812	10	—
38	10	5	10	82	22	4	2	4000	1083	6	8
39	10	11	3	83	22	9	7	5000	1354	3	4
40	10	16	8	[84]	22	15	—	6000	1625	—	—
41	11	2	1	85	23	—	5	7000	1895	16	8
42	11	7	6	86	23	5	10	8000	2166	13	4
43	11	12	11	87	23	11	3	9000	2437	10	—
44	11	18	4	88	23	16	8	10000	2708	6	8

* *N. B.* GH ſtands for *Great Hundred*; Gr. ſignifies the *Groſs*; and W. the *Way.*

2-2 Feet in a Rod, at 5s. 5d. per Foot, is 73l. 13s. 4d.
365 Days in a Year, at 5s. 5d. per Day, is 98l. 17s. 1d.

At 5s. 6d. per Pound, Yard, &c.

N.	l.	s.	d.	N.	l.	s.	d.	N.	l.	s.	d.
1	–	5	6	45	12	7	6	89	24	9	6
2	–	11	–	46	12	13	–	90	24	15	–
3	–	16	6	47	12	18	6	91	25	–	6
4	1	2	–	48	13	4	–	92	25	6	–
5	1	7	6	49	13	9	6	93	25	11	6
6	1	13	–	50	13	15	–	94	25	17	–
7	1	18	6	51	14	–	6	95	26	2	6
8	2	4	–	52	14	6	–	96	26	8	–
9	2	9	6	53	14	11	6	97	26	13	6
10	2	15	–	54	14	17	–	98	26	19	–
11	3	–	6	55	15	2	6	99	27	4	6
12	3	6	–	[56]	15	8	–	100	27	10	–
13	3	11	6	57	15	13	6	101	27	15	6
14	3	17	–	58	15	19	–	102	28	1	–
15	4	2	6	59	16	4	6	103	28	6	6
16	4	8	–	60	16	10	–	104	28	12	–
17	4	13	6	61	16	15	6	105	28	17	6
18	4	19	–	62	17	1	–	106	29	3	–
19	5	4	6	63	17	6	6	107	29	8	6
20	5	10	–	64	17	12	–	108	29	14	–
21	5	15	6	65	17	17	6	109	29	19	6
22	6	1	–	66	18	3	–	110	30	5	–
23	6	6	6	67	18	8	6	*111	30	10	6
24	6	12	–	68	18	14	–	GH 112	30	16	–
25	6	17	6	69	18	19	6	Gr. 144	39	12	–
26	7	3	–	70	19	5	–	200	55	–	–
27	7	8	6	71	19	10	6	W. 256	70	8	–
[28]	7	14	–	72	19	16	–	300	82	10	–
29	7	19	6	73	20	1	6	400	110	–	–
30	8	5	–	74	20	7	–	500	137	10	–
31	8	10	6	75	20	12	6	600	165	–	–
32	8	16	–	76	20	18	–	700	192	10	–
33	9	1	6	77	21	3	6	800	220	–	–
34	9	7	–	78	21	9	–	900	247	10	–
35	9	12	6	79	21	14	6	1000	275	–	–
36	9	18	–	80	22	–	–	2000	550	–	–
37	10	3	6	81	22	5	6	3000	825	–	–
38	10	9	–	82	22	11	–	4000	1100	–	–
39	10	14	6	83	22	16	6	5000	1375	–	–
40	11	–	–	[84]	23	2	–	6000	1650	–	–
41	11	5	6	85	23	7	6	7000	1925	–	–
42	11	11	–	86	23	13	–	8000	2200	–	–
43	11	16	6	87	23	18	6	9000	2475	–	–
44	12	2	–	88	24	4	–	10000	2750	–	–

*N.B. GH stands for *Great Hundred*; Gr. signifies the *Gross*; and W. the *Wey*.

272 Feet in a Rod, at 5s. 6d. per Foot, is 74l. 16s.
365 Days in a Year, at 5s. 6d. per Day, is 100l. 7s. 6d.

At 5s. 7d. per Pound, Yard, &c.

N.	l.	s.	d.	N.	l.	s.	d.	N.	l.	s.	d.
1	–	5	7	45	12	11	3	89	24	16	11
2	–	11	2	46	12	16	10	90	25	2	6
3	–	16	9	47	13	2	5	91	25	8	1
4	1	2	4	48	13	8	–	92	25	13	8
5	1	7	11	49	13	13	7	93	25	19	3
6	1	13	6	50	13	19	2	94	26	4	10
7	1	19	1	51	14	4	9	95	26	10	5
8	2	4	8	52	14	10	4	96	26	16	–
9	2	10	3	53	14	15	11	97	27	1	7
10	2	15	10	54	15	1	6	98	27	7	2
11	3	1	5	55	15	7	1	99	27	12	9
12	3	7	–	[56]	15	12	8	100	27	18	4
13	3	12	7	57	15	18	3	101	28	3	11
14	3	18	2	58	16	3	10	102	28	9	6
15	4	3	9	59	16	9	5	103	28	15	1
16	4	9	4	60	16	15	–	104	29	–	8
17	4	14	11	61	17	–	7	105	29	6	3
18	5	–	6	62	17	6	2	106	29	11	10
19	5	6	1	63	17	11	9	107	29	17	5
20	5	11	8	64	17	17	4	108	30	3	–
21	5	17	3	65	18	2	11	109	30	8	7
22	6	2	10	66	18	8	6	110	30	14	2
23	6	8	5	67	18	14	1	*111	30	19	9
24	6	14	–	68	18	19	8	GH 112	31	5	4
25	6	19	7	69	19	5	3	Gr. 144	40	4	–
26	7	5	2	70	19	10	10	200	55	16	8
27	7	10	9	71	19	16	5	W. 256	71	9	4
[28]	7	16	4	72	20	2	–	300	83	15	–
29	8	1	11	73	20	7	7	400	111	13	4
30	8	7	6	74	20	13	2	500	139	11	8
31	8	13	1	75	20	18	9	600	167	10	–
32	8	18	8	76	21	4	4	700	195	8	4
33	9	4	3	77	21	9	11	800	223	6	8
34	9	9	10	78	21	15	6	900	251	5	–
35	9	15	5	79	22	1	1	1000	279	3	4
36	10	1	–	80	22	6	8	2000	558	6	8
37	10	6	7	81	22	12	3	3000	837	10	–
38	10	12	2	82	22	17	10	4000	1116	13	4
39	10	17	9	83	23	3	5	5000	1395	16	8
40	11	3	4	[84]	23	9	–	6000	1675	–	–
41	11	8	11	85	23	14	7	7000	1954	3	4
42	11	14	6	86	24	–	2	8000	2233	6	8
43	12	–	1	87	24	5	9	9000	2512	10	–
44	12	5	8	88	24	11	4	10000	2791	13	4

N. B. GH stands for *Great Hundred*; Gr. signifies the *Gross*; and W. the *Wey*.

272 Feet in a Rod, at 5s. 7d. per Foot, is 75l. 18s. 8d.
365 Days in a Year, at 5s. 7d. per Day, is 101l. 17s. 11d.

At 5s. 8d. per Pound, Yard, &c.

N.	l.	s.	d.	N.	l.	s.	d.	N.	l.	s.	d.
1	–	5	8	45	12	15	–	89	25	4	4
2	–	11	4	46	13	–	8	90	25	10	–
3	–	17	–	47	13	6	4	91	25	15	8
4	1	2	8	48	13	12	–	92	26	1	4
5	1	8	4	49	13	17	8	93	26	7	–
6	1	14	–	50	14	3	4	94	26	12	8
7	1	19	8	51	14	9	–	95	26	18	4
8	2	5	4	52	14	14	8	96	27	4	–
9	2	11	–	53	15	–	4	97	27	9	8
10	2	16	8	54	15	6	–	98	27	15	4
11	3	2	4	55	15	11	8	99	28	1	–
12	3	8	–	[56]	15	17	4	100	28	6	8
13	3	13	8	57	16	3	–	101	28	12	4
14	3	19	4	58	16	8	8	102	28	18	–
15	4	5	–	59	16	14	4	103	29	3	8
16	4	10	8	60	17	–	–	104	29	9	4
17	4	16	4	61	17	5	8	105	29	15	–
18	5	2	–	62	17	11	4	106	30	–	8
19	5	7	8	63	17	17	–	107	30	6	4
20	5	13	4	64	18	2	8	108	30	12	–
21	5	19	–	65	18	8	4	109	30	17	8
22	6	4	8	66	18	14	–	110	31	3	4
23	6	10	4	67	18	19	8	*111	31	9	–
24	6	16	–	68	19	5	4	GH 112	31	14	8
25	7	1	8	69	19	11	–	Gr. 144	40	16	–
26	7	7	4	70	19	16	8	200	56	13	4
27	7	13	–	71	20	2	4	W. 256	72	10	8
[28]	7	18	8	72	20	8	–	300	85	–	–
29	8	4	4	73	20	13	8	400	113	6	8
30	8	10	–	74	20	19	4	500	141	13	4
31	8	15	8	75	21	5	–	600	170	–	–
32	9	1	4	76	21	10	8	700	198	6	8
33	9	7	–	77	21	16	4	800	226	13	4
34	9	12	8	78	22	2	–	900	255	–	–
35	9	18	4	79	22	7	8	1000	283	6	8
36	10	4	–	80	22	13	4	2000	566	13	4
37	10	9	8	81	22	19	–	3000	850	–	–
38	10	15	4	82	23	4	8	4000	1133	6	8
39	11	1	–	83	23	10	4	5000	1416	13	4
40	11	6	8	[84]	23	16	–	6000	1700	–	–
41	11	12	4	85	24	1	8	7000	1983	6	8
42	11	18	–	86	24	7	4	8000	2266	13	4
43	12	3	8	87	24	13	–	9000	2550	–	–
44	12	9	4	88	24	18	8	10000	2833	6	8

*N. B. GH stands for Great Hundred; Gr. signifies the Grofs; and W. the Wey.

272 Feet in a Rod, at 5s. 8d. per Foot, is 77l. 1s. 4d.
365 Days in a Year, at 5s. 8d. per Day, is 103l. 8s. 4d.

At 5s. 9d. per Pound, Yard, &c.

N.	l.	s.	d.	N.	l.	s.	d.	N.	l.	s.	d.
1	–	5	9	45	12	18	9	89	25	11	9
2	–	11	6	46	13	4	6	90	25	17	6
3	–	17	3	47	13	10	3	91	26	3	3
4	1	3	–	48	13	16	–	92	26	9	–
5	1	8	9	49	14	1	9	93	26	14	9
6	1	14	6	50	14	7	6	94	27	–	6
7	2	–	3	51	14	13	3	95	27	6	3
8	2	6	–	52	14	19	–	96	27	12	–
9	2	11	9	53	15	4	9	97	27	17	9
10	2	17	6	54	15	10	6	98	28	3	6
11	3	3	3	55	15	16	3	99	28	9	3
12	3	9	–	[56]	16	2	–	100	28	15	–
13	3	14	9	57	16	7	9	101	29	–	9
14	4	–	6	58	16	13	6	102	29	6	6
15	4	6	3	59	16	19	3	103	29	12	3
16	4	12	–	60	17	5	–	104	29	18	–
17	4	17	9	61	17	10	9	105	30	3	9
18	5	3	6	62	17	16	6	106	30	9	6
19	5	9	3	63	18	2	3	107	30	15	3
20	5	15	–	64	18	8	–	108	31	1	–
21	6	–	9	65	18	13	9	109	31	6	9
22	6	6	6	66	18	19	6	110	31	12	6
23	6	12	3	67	19	5	3	111	31	18	3
24	6	18	–	68	19	11	–	GH 112	32	4	–
25	7	3	9	69	19	16	9	Gr. 144	41	8	–
26	7	9	6	70	20	2	6	200	57	10	–
27	7	15	3	71	20	8	3	W. 256	73	12	–
28	8	1	–	72	20	14	–	300	86	5	–
29	8	6	9	73	20	19	9	400	115	–	–
30	8	12	6	74	21	5	6	500	143	15	–
31	8	18	3	75	21	11	3	600	172	10	–
32	9	4	–	76	21	17	–	700	201	5	–
33	9	9	9	77	22	2	9	800	230	–	–
34	9	15	6	78	22	8	6	900	258	15	–
35	10	1	3	79	22	14	3	1000	287	10	–
36	10	7	–	80	23	–	–	2000	575	–	–
37	10	12	9	81	23	5	9	3000	862	10	–
38	10	18	6	82	23	11	6	4000	1150	–	–
39	11	4	3	83	23	17	3	5000	1437	10	–
40	11	10	–	[84]	24	3	–	6000	1725	–	–
41	11	15	9	85	24	8	9	7000	2012	10	–
42	12	1	6	86	24	14	6	8000	2300	–	–
43	12	7	3	87	25	–	3	9000	2587	10	–
44	12	13	–	88	25	6	–	10000	2875	–	–

N. B. GH stands for Great Hundred; Gr. signifies the Gross; and W. the Wey.

272 Feet in a Rod, at 5s. 9d. per Foot, is 78l. 4s.
365 Days in a Year, at 5s. 9d. per Day, is 104l. 18s. 9d.

At 5s. 10d. per Pound, Yard, &c.

N.	l.	s.	d.	N.	l.	s.	d.	N.	l.	s.	d.
1	—	5	10	45	13	2	6	89	25	19	2
2	—	11	8	46	13	8	4	90	26	5	—
3	—	17	6	47	13	14	2	91	26	10	10
4	1	3	4	48	14	—	—	92	26	16	8
5	1	9	2	49	14	5	10	93	27	2	6
6	1	15	—	50	14	11	8	94	27	8	4
7	2	—	10	51	14	17	6	95	27	14	2
8	2	6	8	52	15	3	4	96	28	—	—
9	2	12	6	53	15	9	2	97	28	5	10
10	2	18	4	54	15	15	—	98	28	11	8
11	3	4	2	55	16	—	10	99	28	17	6
12	3	10	—	[56]	16	6	8	100	29	3	4
13	3	15	10	57	16	12	6	101	29	9	2
14	4	1	8	58	16	18	4	102	29	15	—
15	4	7	6	59	17	4	2	103	30	—	10
16	4	13	4	60	17	10	—	104	30	6	8
17	4	19	2	61	17	15	10	105	30	12	6
18	5	5	—	62	18	1	8	106	30	18	4
19	5	10	10	63	18	7	6	107	31	4	2
20	5	16	8	64	18	13	4	108	31	10	—
21	6	2	6	65	18	19	2	109	31	15	10
22	6	8	4	66	19	5	—	110	32	1	8
23	6	14	2	67	19	10	10	*111	32	7	6
24	7	—	—	68	19	16	8	GH 112	32	13	4
25	7	5	10	69	20	2	6	Gr. 144	42	—	—
26	7	11	8	70	20	8	4	200	58	6	8
27	7	17	6	71	20	14	2	W. 256	74	13	4
28	8	3	4	72	21	—	—	300	87	10	—
29	8	9	2	73	21	5	10	400	116	13	4
30	8	15	—	74	21	11	8	500	145	10	8
31	9	—	10	75	21	17	6	600	175	—	—
32	9	6	8	76	22	3	4	700	204	3	4
33	9	12	6	77	22	9	2	800	233	6	8
34	9	18	4	78	22	15	—	900	262	10	—
35	10	4	2	79	23	—	10	1000	291	13	4
36	10	10	—	80	23	6	8	2000	583	6	8
37	10	15	10	81	23	12	6	3000	875	—	—
38	11	1	8	82	23	18	4	4000	1166	13	4
39	11	7	6	83	24	4	2	5000	1458	6	8
40	11	13	4	[84]	24	10	—	6000	1750	—	—
41	11	19	2	85	24	15	10	7000	2041	13	4
42	12	5	—	86	25	1	8	8000	2333	6	8
43	12	10	10	87	25	7	6	9000	2625	—	—
44	12	16	8	88	25	13	4	10000	2916	13	4

N.B. GH stands for *Great hundred*; Gr. signifies the *Gross*; and W. the *Wey*.

272 Feet in a Rod, at 5s. 10d. per Foot, is 79l. 6s. 8d.
365 Days in a Year, at 5s. 10d. per Day, is 106l. 9s. 2d.

At 5s. 11d. per Pound, Yard, &c.

N.	l.	s.	d.	N.	l.	s.	d.	N.	l.	s.	d.
1	-	5	11	45	13	6	3	89	26	6	7
2	-	11	10	46	13	12	2	90	26	12	6
3	-	17	9	47	13	18	1	91	26	18	5
4	1	3	8	48	14	4	-	92	27	4	4
5	1	9	7	49	14	9	11	93	27	10	3
6	1	15	6	50	14	15	10	94	27	16	2
7	2	1	5	51	15	1	9	95	28	2	1
8	2	7	4	52	15	7	8	96	28	8	-
9	2	13	3	53	15	13	7	97	28	13	11
10	2	19	2	54	15	19	6	98	28	19	10
11	3	5	1	55	16	5	5	99	29	5	9
12	3	11	-	[56]	16	11	4	100	29	11	8
13	3	16	11	57	16	17	3	101	29	17	7
14	4	2	10	58	17	3	2	102	30	3	6
15	4	8	9	59	17	9	1	103	30	9	5
16	4	14	8	60	17	15	-	104	30	15	4
17	5	-	7	61	18	-	11	105	31	1	3
18	5	6	6	62	18	6	10	106	31	7	2
19	5	12	5	63	18	12	9	107	31	13	1
20	5	18	4	64	18	18	8	108	31	19	-
21	6	4	3	65	19	4	7	109	32	4	11
22	6	10	2	66	19	10	6	110	32	10	10
23	6	16	1	67	19	16	5	*111	32	16	9
24	7	2	-	68	20	2	4	GH 112	33	2	8
25	7	7	11	69	20	8	3	Gr. 144	42	12	-
26	7	13	10	70	20	14	2	200	59	3	4
27	7	19	9	71	21	-	1	W. 256	75	14	8
[28]	8	5	8	72	21	6	-	300	88	15	-
29	8	11	7	73	21	11	11	400	118	6	8
30	8	17	6	74	21	17	10	500	147	18	4
31	9	3	5	75	22	3	9	600	177	10	-
32	9	9	4	76	22	9	8	700	207	1	8
33	9	15	3	77	22	15	7	800	236	13	4
34	10	1	2	78	23	1	6	900	266	5	-
35	10	7	1	79	23	7	5	1000	295	16	8
36	10	13	-	80	23	13	4	2000	591	13	4
37	10	18	11	81	23	19	3	3000	887	10	-
38	11	4	10	82	24	5	2	4000	1183	6	8
39	11	10	9	83	24	11	1	5000	1479	3	4
40	11	16	8	[84]	24	17	-	6000	1775	-	-
41	12	2	7	85	25	2	11	7000	2070	16	8
42	12	8	6	86	25	8	10	8000	2366	13	4
43	12	14	5	87	25	14	9	9000	2662	10	-
44	13	-	4	88	26	-	8	10000	2958	6	8

* N. B. GH stands for *Great Hundred*; Gr. signifies the *Grofs*; and W. the *Wey*.

272 Feet in a Rod, at 5s. 11d. per Foot, is 80l. 9s. 4d.
365 Days in a Year, at 5s. 11d. per Day, is 107l. 19s. 7d.

At 6s. per Pound, Yard, &c.

N.	l.	s.	d.	N.	l.	s.	d.	N.	l.	s.	d.
1	—	6	—	45	13	10	—	89	26	14	—
2	—	12	—	46	13	16	—	90	27	—	—
3	—	18	—	47	14	2	—	91	27	6	—
4	1	4	—	48	14	8	—	92	27	12	—
5	1	10	—	49	14	14	—	93	27	18	—
6	1	16	—	50	15	—	—	94	28	4	—
7	2	2	—	51	15	6	—	95	28	10	—
8	2	8	—	52	15	12	—	96	28	16	—
9	2	14	—	53	15	18	—	97	29	2	—
10	3	—	—	54	16	4	—	98	29	8	—
11	3	6	—	55	16	10	—	99	29	14	—
12	3	12	—	[56]	16	16	—	100	30	—	—
13	3	18	—	57	17	2	—	101	30	6	—
14	4	4	—	58	17	8	—	102	30	12	—
15	4	10	—	59	17	14	—	103	30	18	—
16	4	16	—	60	18	—	—	104	31	4	—
17	5	2	—	61	18	6	—	105	31	10	—
18	5	8	—	62	18	12	—	106	31	16	—
19	5	14	—	63	18	18	—	107	32	2	—
20	6	—	—	64	19	4	—	108	32	8	—
21	6	6	—	65	19	10	—	109	32	14	—
22	6	12	—	66	19	16	—	110	33	—	—
23	6	18	—	67	20	2	—	111	33	6	—
24	7	4	—	68	20	8	—	G H 112	33	12	—
25	7	10	—	69	20	14	—	Gr. 144	43	4	—
26	7	16	—	70	21	—	—	200	60	—	—
27	8	2	—	71	21	6	—	W. 250	75	16	—
[28]	8	8	—	72	21	12	—	300	90	—	—
29	8	14	—	73	21	18	—	400	120	—	—
30	9	—	—	74	22	4	—	500	150	—	—
31	9	6	—	75	22	10	—	600	180	—	—
32	9	12	—	76	22	16	—	700	210	—	—
33	9	18	—	77	23	2	—	800	240	—	—
34	10	4	—	78	23	8	—	900	270	—	—
35	10	10	—	79	23	14	—	1000	300	—	—
36	10	16	—	80	24	—	—	2000	600	—	—
37	11	2	—	81	24	6	—	3000	900	—	—
38	11	8	—	82	24	12	—	4000	1200	—	—
39	11	14	—	83	24	18	—	5000	1500	—	—
40	12	—	—	[84]	25	4	—	6000	1800	—	—
41	12	6	—	85	25	10	—	7000	2100	—	—
42	12	12	—	86	25	16	—	8000	2400	—	—
43	12	18	—	87	26	2	—	9000	2700	—	—
44	13	4	—	88	26	8	—	10000	3000	—	—

* N. B. GH stands for Great Hundred; Gr. signifies Gross; and W. the Big.

272 Feet in a Rod, at 6s. per Foot, is 81l. 12s.
365 Days in a Year, at 6s. per Day, is 109l. 10s.

R

At 6s. 1d. per Pound, Yard, &c.

N.	l.	s.	d.	N.	l.	s.	d.	N.	l.	s.	d.
1	–	0	1	45	13	13	9	89	27	1	5
2	–	12	2	46	13	19	10	90	27	7	6
3	–	18	3	47	14	5	11	91	27	13	7
4	1	4	4	48	14	12	–	92	27	19	8
5	1	10	5	49	14	18	1	93	28	5	9
6	1	16	6	50	15	4	2	94	28	11	10
7	2	2	7	51	15	10	3	95	28	17	11
8	2	8	8	52	15	16	4	96	29	4	–
9	2	14	9	53	16	2	5	97	29	10	1
10	3	–	10	54	16	8	6	98	29	16	2
11	3	6	11	55	16	14	7	99	30	2	3
12	3	13	–	56	17	–	8	100	30	8	4
13	3	19	1	57	17	6	9	101	30	14	5
14	4	5	2	58	17	12	10	102	31	–	6
15	4	11	3	59	17	18	11	103	31	6	7
16	4	17	4	60	18	5	–	104	31	12	8
17	5	3	5	61	18	11	1	105	31	18	9
18	5	9	6	62	18	17	2	106	32	4	10
19	5	15	7	63	19	3	3	107	32	10	11
20	6	1	8	64	19	9	4	108	32	17	–
21	6	7	9	65	19	15	5	109	33	3	1
22	6	13	10	66	20	1	6	110	33	9	2
23	6	19	11	67	20	7	7	*111	33	15	3
24	7	6	–	68	20	13	8	GH 112	34	1	4
25	7	12	1	69	20	19	9	Gr. 144	43	16	–
26	7	18	2	70	21	5	10	200	60	16	8
27	8	4	3	71	21	11	11	W. 256	77	17	4
28	8	10	4	72	21	18	–	300	91	5	–
29	8	16	5	73	22	4	1	400	121	13	4
30	9	2	6	74	22	10	2	500	152	1	8
31	9	8	7	75	22	16	3	600	182	10	–
32	9	14	8	76	23	2	4	700	212	18	4
33	10	–	9	77	23	8	5	800	243	6	8
34	10	6	10	78	23	14	6	900	273	15	–
35	10	12	11	79	24	–	7	1000	304	3	4
36	10	19	–	80	24	6	8	2000	608	6	8
37	11	5	1	81	24	12	9	3000	912	10	–
38	11	11	2	82	24	18	10	4000	1216	13	4
39	11	17	3	83	25	4	11	5000	1520	16	8
40	12	3	4	84	25	11	–	6000	1825	–	–
41	12	9	5	85	25	17	1	7000	2129	3	4
42	12	15	6	86	26	3	2	8000	2433	6	8
43	13	1	7	87	26	9	3	9000	2737	10	–
44	13	7	8	88	26	15	4	10000	3041	13	4

N.E. GH stands for Great Hundred; Gr. signifies the Gross; and W. the Wig.

272 Feet in a Rod, at 6s. 1d. per Foot, is 82l. 14s. 8d.
365 Days in a Year, at 6s. 1d. per Day, is 111l. —s. 5d.

At 6s. 2d. per Pound, Yard, &c.

N.	l.	s.	d.	N.	l.	s.	d.	N.	l.	s.	d.
1	–	6	2	45	13	17	6	89	27	8	10
2	–	12	4	46	14	3	8	90	27	15	–
3	–	18	6	47	14	9	10	91	28	1	2
4	1	4	8	48	14	16	–	92	28	7	4
5	1	10	10	49	15	2	2	93	28	13	6
6	1	17	–	50	15	8	4	94	28	19	8
7	2	3	2	51	15	14	6	95	29	5	10
8	2	9	4	52	16	–	8	96	29	12	–
9	2	15	6	53	16	6	10	97	29	18	2
10	3	1	8	54	16	13	–	98	30	4	4
11	3	7	10	55	16	19	2	99	30	10	6
12	3	14	–	[56]	17	5	4	100	30	16	8
13	4	–	2	57	17	11	6	101	31	2	10
14	4	6	4	58	17	17	8	102	31	9	–
15	4	12	6	59	18	3	10	103	31	15	2
16	4	18	8	60	18	10	–	104	32	1	4
17	5	4	10	61	18	16	2	105	32	7	6
18	5	11	–	62	19	2	4	106	32	13	8
19	5	17	2	63	19	8	6	107	32	19	10
20	6	3	4	64	19	14	8	108	33	6	–
21	6	9	6	65	20	–	10	109	33	12	2
22	6	15	8	66	20	7	–	110	33	18	4
23	7	1	10	67	20	13	2	111	34	4	6
24	7	8	–	68	20	19	4	GH 112	34	10	8
25	7	14	2	69	21	5	6	Gr. 144	44	8	–
26	8	–	4	70	21	11	8	200	61	13	4
27	8	6	6	71	21	17	10	W. 256	78	13	8
[28]	8	12	8	72	22	4	–	300	92	10	–
29	8	18	10	73	22	10	2	400	123	6	8
30	9	5	–	74	22	16	4	500	154	3	4
31	9	11	2	75	23	2	6	600	185	–	–
32	9	17	4	76	23	8	8	700	215	16	8
33	10	3	6	77	23	14	10	800	246	13	4
34	10	9	8	78	24	1	–	900	277	10	–
35	10	15	10	79	24	7	2	1000	308	6	8
36	11	2	–	80	24	13	4	2000	616	13	4
37	11	8	2	81	24	19	6	3000	925	–	–
38	11	14	4	82	25	5	8	4000	1233	6	8
39	12	–	6	83	25	11	10	5000	1541	13	4
40	12	6	8	[84]	25	18	–	6000	1850	–	–
41	12	12	10	85	26	4	2	7000	2158	6	8
42	12	19	–	86	26	10	4	8000	2466	13	4
43	13	5	2	87	26	16	6	9000	2775	–	–
44	13	11	4	88	27	2	8	10000	3083	6	8

* N. B. GH stands for Great Hundred; Gr. signifies the Gross, and W. the *wey*.

272 Feet in a Rod, at 6s. 2d. per Foot, is 83l. 17s. 4d.
365 Days in a Year, at 6s. 2d. per Day, is 112l. 10s. 10d.

At 6s. 3d. per Pound, Yard, &c.

N.	l.	s.	d.	N.	l.	s.	d.	N.	l.	s.	d.
1	-	6	3	45	14	1	3	89	27	16	3
2	-	12	6	46	14	7	6	90	28	2	6
3	-	18	9	47	14	13	9	91	28	8	9
4	1	5	-	48	15	—	-	92	28	15	-
5	1	11	3	49	15	6	3	93	29	1	3
6	1	17	6	50	15	12	6	94	29	7	6
7	2	3	9	51	15	18	9	95	29	13	9
8	2	10	-	52	16	5	-	96	30	—	-
9	2	16	3	53	16	11	3	97	30	6	3
10	3	2	6	54	16	17	6	98	30	12	6
11	3	8	9	55	17	3	9	99	30	18	9
12	3	15	-	[56]	17	10	-	100	31	5	-
13	4	1	3	57	17	16	3	101	31	11	3
14	4	7	6	58	18	2	6	102	31	17	6
15	4	13	9	59	18	8	9	103	32	3	9
16	5	—	-	60	18	15	-	104	32	10	-
17	5	6	3	61	19	1	3	105	32	16	3
18	5	12	6	62	19	7	6	106	33	2	6
19	5	18	9	63	19	13	9	107	33	8	9
20	6	5	-	64	20	—	-	108	33	15	-
21	6	11	3	65	20	6	3	109	34	1	3
22	6	17	6	66	20	12	6	110	34	7	6
23	7	3	9	67	20	18	9	*111	34	13	9
24	7	10	-	68	21	5	-	GH 112	35	—	-
25	7	16	3	69	21	11	3	Gr. 144	45	—	-
26	8	2	6	70	21	17	6	200	62	10	-
27	8	8	9	71	22	3	9	W. 256	80	—	-
[28]	8	15	-	72	22	10	-	300	93	15	-
29	9	1	3	73	22	16	3	400	125	—	-
30	9	7	6	74	23	2	6	500	156	5	-
31	9	13	9	75	23	8	9	600	187	10	-
32	10	—	-	76	23	15	-	700	218	15	-
33	10	6	3	77	24	1	3	800	250	—	-
34	10	12	6	78	24	7	6	900	281	5	-
35	10	18	9	79	24	13	9	1000	312	10	-
36	11	5	-	80	25	—	-	2000	625	—	-
37	11	11	3	81	25	6	3	3000	937	10	-
38	11	17	6	82	25	12	6	4000	1250	—	-
39	12	3	9	83	25	18	9	5000	1562	10	-
40	12	10	-	[84]	26	5	-	6000	1875	—	-
41	12	16	3	85	26	11	3	7000	2187	10	-
42	13	2	6	86	26	17	6	8000	2500	—	-
43	13	8	9	87	27	3	9	9000	2812	10	-
44	13	15	-	88	27	10	-	10000	3125	—	-

* N. B. GH stands for Great Hundred; Gr. signifies the Gross, and W. the Wey.

27½ Feet in a Rod, at 6s. 3d. per Foot, is 8s l.
365 Days in a Year, at 6s. 3d. per Day, is 114l. 1s. 3d.

At 6s. 4d. per Pound, Yard, &c.

N.	l.	s.	d.	N.	l.	s.	d.	N.	l.	s.	d.
1	–	6	4	45	14	5	–	89	28	3	8
2	–	12	8	46	14	11	4	90	28	10	–
3	–	19	–	47	14	17	8	91	28	16	4
4	1	5	4	48	15	4	–	92	29	2	8
5	1	11	8	49	15	10	4	93	29	9	–
6	1	18	–	50	15	16	8	94	29	15	4
7	2	4	4	51	16	3	–	95	30	1	8
8	2	10	8	52	16	9	4	96	30	8	–
9	2	17	–	53	16	15	8	97	30	14	4
10	3	3	4	54	17	2	–	98	31	–	8
11	3	9	8	55	17	8	4	99	31	7	–
12	3	16	–	56	17	14	8	100	31	13	4
13	4	2	4	57	18	1	–	101	31	19	8
14	4	8	8	58	18	7	4	102	32	6	–
15	4	15	–	59	18	13	8	103	32	12	4
16	5	1	4	60	19	–	–	104	32	18	8
17	5	7	8	61	19	6	4	105	33	5	–
18	5	14	–	62	19	12	8	106	33	11	4
19	6	–	4	63	19	19	–	107	33	17	8
20	6	6	8	64	20	5	4	108	34	4	–
21	6	13	–	65	20	11	8	109	34	10	4
22	6	19	4	66	20	18	–	110	34	16	8
23	7	5	8	67	21	4	4	111	35	3	–
24	7	12	–	68	21	10	8	GH 112	35	9	4
25	7	18	4	69	21	17	–	Gr. 144	45	12	–
26	8	4	8	70	22	3	4	200	63	6	8
27	8	11	–	71	22	9	8	W. 256	81	1	4
[28]	8	17	4	72	22	16	–	300	95	–	–
29	9	3	8	73	23	2	4	400	126	13	4
30	9	10	–	74	23	8	8	500	158	6	8
31	9	16	4	75	23	15	–	600	190	–	–
32	10	2	8	76	24	1	4	700	221	13	4
33	10	9	–	77	24	7	8	800	253	6	8
34	10	15	4	78	24	14	–	900	285	–	–
35	11	1	8	79	25	–	4	1000	316	13	4
36	11	8	–	80	25	6	8	2000	633	6	8
37	11	14	4	81	25	13	–	3000	950	–	–
38	12	–	8	82	25	19	4	4000	1266	13	4
39	12	7	–	83	26	5	8	5000	1583	6	8
40	12	13	4	[84]	26	12	–	6000	1900	–	–
41	12	19	8	85	26	18	4	7000	2216	13	4
42	13	6	–	86	27	4	8	8000	2533	6	8
43	13	12	4	87	27	11	–	9000	2850	–	–
44	13	18	8	88	27	17	4	10000	3166	13	4

* N.B. CH stands for *Great Hundred*; Gr. signifies the *Grofs*; and W. see H 9.

272 Feet in a Rod, at 6s. 4d. per Foot, is 86l. 2s. 8d.
365 Days in a Year, at 6s. 4d. per Day, is 115l. 11s. 8d.

At 6s. 5d. per Pound, Yard, &c.

N.	l.	s.	d.	N.	l.	s.	d.	N.	l.	s.	d.
1	-	6	5	45	14	8	9		8	28	11	1
2	-	12	10	46	14	15	2		9	28	17	6
3	-	19	3	47	15	1	7		91	29	3	11
4	1	5	8	48	15	8	-		92	29	10	4
5	1	12	1	49	15	14	5		93	29	16	9
6	1	18	6	50	16	-	10		94	30	3	2
7	2	4	11	51	16	7	3		95	30	9	7
8	2	11	4	52	16	13	8		96	30	16	-
9	2	17	9	53	17	-	1		97	31	2	5
10	3	4	2	54	17	6	6		98	31	8	10
11	3	10	7	55	17	12	11		99	31	15	3
12	3	17	-	56	17	19	4		100	32	1	8
13	4	3	5	57	18	5	9		101	32	8	1
14	4	9	10	58	18	12	2		102	32	14	6
15	4	16	3	59	18	18	7		103	33	-	11
16	5	2	8	60	19	5	-		104	33	7	4
17	5	9	1	61	19	11	5		105	33	13	9
18	5	15	6	62	19	17	10		106	34	-	2
19	6	1	11	63	20	4	3		107	34	6	7
20	6	8	4	64	20	10	8		108	34	13	-
21	6	14	9	65	20	17	1		109	34	19	5
22	7	1	2	66	21	3	6		110	35	5	10
23	7	7	7	67	21	9	11		111	35	12	3
24	7	14	-	68	21	16	4		GH 112	35	18	8
25	8	-	5	69	22	2	9		Gr. 144	46	4	-
26	8	6	10	70	22	9	2		200	64	3	4
27	8	13	3	71	22	15	7		W. 256	82	2	8
28	8	19	8	72	23	2	-		300	96	5	-
29	9	6	1	73	23	8	5		400	128	6	8
30	9	12	6	74	23	14	10		500	160	8	4
31	9	18	11	75	24	1	3		600	192	10	-
32	10	5	4	76	24	7	8		700	224	11	8
33	10	11	9	77	24	14	1		800	256	13	4
34	10	18	2	78	25	-	6		900	288	15	-
35	11	4	7	79	25	6	11		1000	320	16	8
36	11	11	-	80	25	13	4		2000	641	13	4
37	11	17	5	81	25	19	9		3000	962	10	-
38	12	3	10	82	26	6	2		4000	1283	6	8
39	12	10	3	83	26	12	7		5000	1604	3	4
40	12	16	8	[84]	26	19	-		6000	1925	-	-
41	13	3	1	85	27	5	5		7000	2245	10	8
42	13	9	6	86	27	11	10		8000	2566	13	4
43	13	15	11	87	27	18	3		9000	2887	10	-
44	14	2	4	88	28	4	8		10000	3208	6	8

N. B. GH stands for Great Hundred; Gr. signifies the Gross; and W. the Wey.

272 Feet in a Rod, at 6s. 5d. per Foot, is 87l. 5s. 4d.
365 Days in a Year, at 6s. 5d. per Day, is 117l. 2s. 1d.

At 6s. 6d. per Pound, Yard, &c.

N.	l.	s.	d.	N.	l.	s.	d.	N.	l.	s.	d.
1	–	6	6	45	14	12	6	89	28	18	6
2	–	13	–	46	14	19	–	90	29	5	–
3	–	19	6	47	15	5	6	91	29	11	6
4	1	6	–	48	15	12	–	92	29	18	–
5	1	12	6	49	15	18	6	93	30	4	6
6	1	19	–	50	16	5	–	94	30	11	–
7	2	5	6	51	16	11	6	95	30	17	6
8	2	12	–	52	16	18	–	96	31	4	–
9	2	18	6	53	17	4	6	97	31	10	6
10	3	5	–	54	17	11	–	98	31	17	–
11	3	11	6	55	17	17	6	99	32	3	6
12	3	18	–	[56]	18	4	–	100	32	10	–
13	4	4	6	57	18	10	6	101	32	16	6
14	4	11	–	58	18	17	–	102	33	3	–
15	4	17	6	59	19	3	6	103	33	9	6
16	5	4	–	60	19	10	–	104	33	16	–
17	5	10	6	61	19	16	6	105	34	2	6
18	5	17	–	62	20	3	–	106	34	9	–
19	6	3	6	63	20	9	6	107	34	15	6
20	6	10	–	64	20	16	–	108	35	2	–
21	6	16	6	65	21	2	6	109	35	8	6
22	7	3	–	66	21	9	–	110	35	15	–
23	7	9	6	67	21	15	6	*111	36	1	6
24	7	16	–	68	22	2	–	GH 112	36	8	–
25	8	2	6	69	22	8	6	Gr. 144	46	16	–
26	8	9	–	70	22	15	–	200	65	–	–
27	8	15	6	71	23	1	6	W. 256	83	4	–
28	9	2	–	72	23	8	–	300	97	10	–
29	9	8	6	73	23	14	6	400	130	–	–
30	9	15	–	74	24	1	–	500	162	10	–
31	10	1	6	75	24	7	6	600	195	–	–
32	10	8	–	76	24	14	–	700	227	10	–
33	10	14	6	77	25	–	6	800	260	–	–
34	11	1	–	78	25	7	–	900	292	10	–
35	11	7	6	79	25	13	6	1000	325	–	–
36	11	14	–	80	26	–	–	2000	650	–	–
37	12	–	6	81	26	6	6	3000	975	–	–
38	12	7	–	82	26	13	–	4000	1300	–	–
39	12	13	6	83	26	19	6	5000	1625	–	–
40	13	–	–	[84]	27	6	–	6000	1950	–	–
41	13	6	6	85	27	12	6	7000	2275	–	–
42	13	13	–	86	27	19	–	8000	2600	–	–
43	13	19	6	87	28	5	6	9000	2925	–	–
44	14	6	–	88	28	12	–	10000	3250	–	–

* N. B. G H stands for *Great Hundred*; Gr. signifies the *Gross*; and W. the *Wey*.

272 Feet in a Rod, at 6s. 6d. per Foot, is 88l. 8s.
365 Days in a Year, at 6s. 6d. per Day, is 118l. 12s. 6d.

At 6s. 7d. per Pound, Yard, &c.

N.	l.	s.	d.	N.	l.	s.	d.	N.	l.	s.	d.
1	–	6	7	45	14	10	3	89	29	5	11
2	–	13	2	46	15	2	10	90	29	12	6
3	–	19	9	47	15	9	5	91	29	19	1
4	1	6	4	48	15	16	–	92	30	5	8
5	1	12	11	49	16	2	7	93	30	12	3
6	1	19	6	50	16	9	2	94	30	18	10
7	2	6	1	51	16	15	9	95	31	5	5
8	2	12	8	52	17	2	4	96	31	12	–
9	2	19	3	53	17	8	11	97	31	18	7
10	3	5	10	54	17	15	6	98	32	5	2
11	3	12	5	55	18	2	1	99	32	11	9
12	3	19	–	[56]	18	8	8	100	32	18	4
13	4	5	7	57	18	15	3	101	33	4	11
14	4	12	2	58	19	1	10	102	33	11	6
15	4	18	9	59	19	8	5	103	33	18	1
16	5	5	4	60	19	15	–	104	34	4	8
17	5	11	11	61	20	1	7	105	34	11	3
18	5	18	6	62	20	8	2	106	34	17	10
19	6	5	1	63	20	14	9	107	35	4	5
20	6	11	8	64	21	1	4	108	35	11	–
21	6	18	3	65	21	7	11	109	35	17	7
22	7	4	10	66	21	14	6	110	36	4	2
23	7	11	5	67	22	1	1	*111	36	10	9
24	7	18	–	68	22	7	8	GH 112	36	17	4
25	8	4	7	69	22	14	3	Gr. 144	47	8	–
26	8	11	2	70	23	–	10	200	65	16	8
27	8	17	9	71	23	7	5	W. 256	84	5	4
[28]	9	4	4	72	23	14	–	300	98	15	–
29	9	10	11	73	24	–	7	400	131	13	4
30	9	17	6	74	24	7	2	500	164	11	8
31	10	4	1	75	24	13	9	600	197	10	–
32	10	10	8	76	25	–	4	700	230	8	4
33	10	17	3	77	25	6	11	800	263	6	8
34	11	3	10	78	25	13	6	900	296	5	–
35	11	10	5	79	26	–	1	1000	329	3	4
36	11	17	–	80	26	6	8	2000	658	6	8
37	12	3	7	81	26	13	3	3000	987	10	–
38	12	10	2	82	26	19	10	4000	1316	13	4
39	12	16	9	83	27	6	5	5000	1645	16	8
40	13	3	4	[84]	27	13	–	6000	1975	–	–
41	13	9	11	85	27	19	7	7000	2304	3	4
42	13	16	6	86	28	6	2	8000	2633	6	8
43	14	3	1	87	28	12	9	9000	2962	10	–
44	14	9	8	88	28	19	4	10000	3291	13	4

N. B. GH stands for *Great Hundred*; Gr. signifies the *Gross*; and W. the *W'gy*.

272 Feet in a Rod, at 6s. 7d. per Foot, is 89l. 10s. 8d.
365 Days in a Year, at 6s. 7d. per Day, is 120l. 2s. 11d.

At 6s. 8d. per Pound, Yard, &c.

N.	l.	s.	d.	N.	l.	s.	d.	N.	l.	s.	d.
1	–	6	8	45	15	–	–	89	29	13	4
2	–	13	4	46	15	6	8	90	30	–	–
3	1	–	–	47	15	13	4	91	30	6	8
4	1	6	8	48	16	–	–	92	30	13	4
5	1	13	4	49	16	6	8	93	31	–	–
6	2	–	–	50	16	13	4	94	31	6	8
7	2	6	8	51	17	–	–	95	31	13	4
8	2	13	4	52	17	6	8	96	32	–	–
9	3	–	–	53	17	13	4	97	32	6	8
10	3	6	8	54	18	–	–	98	32	13	4
11	3	13	4	55	18	6	8	99	33	–	–
12	4	–	–	[56]	18	13	4	100	33	6	8
13	4	6	8	57	19	–	–	101	33	13	4
14	4	13	4	58	19	6	8	102	34	–	–
15	5	–	–	59	19	13	4	103	34	6	8
16	5	6	8	60	20	–	–	104	34	13	4
17	5	13	4	61	20	6	8	105	35	–	–
18	6	–	–	62	20	13	4	106	35	6	8
19	6	6	8	63	21	–	–	107	35	13	4
20	6	13	4	64	21	6	8	108	36	–	–
21	7	–	–	65	21	13	4	109	36	6	8
22	7	6	8	66	22	–	–	110	36	13	4
23	7	13	4	67	22	6	8	*111	37	–	–
24	8	–	–	68	22	13	4	GH 112	37	6	8
25	8	6	8	69	23	–	–	Gr. 144	48	–	–
26	8	13	4	70	23	6	8	200	66	13	4
27	9	–	–	71	23	13	4	W. 256	85	6	8
[28]	9	6	8	72	24	–	–	300	100	–	–
29	9	13	4	73	24	6	8	400	133	6	8
30	10	–	–	74	24	13	4	500	166	13	4
31	10	6	8	75	25	–	–	600	200	–	–
32	10	13	4	76	25	6	8	700	233	6	8
33	11	–	–	77	25	13	4	800	266	13	4
34	11	6	8	78	26	–	–	900	300	–	–
35	11	13	4	79	26	6	8	1000	333	6	8
36	12	–	–	80	26	13	4	2000	666	13	4
37	12	6	8	81	27	–	–	3000	1000	–	–
38	12	13	4	82	27	6	8	4000	1333	6	8
39	13	–	–	83	27	13	4	5000	1666	13	4
40	13	6	8	[84]	28	–	–	6000	2000	–	–
41	13	13	4	85	28	6	8	7000	2333	6	8
42	14	–	–	86	28	13	4	8000	2666	13	4
43	14	6	8	87	29	–	–	9000	3000	–	–
44	14	13	4	88	29	6	8	10000	3333	6	8

N. B. GH stands for *Great Hundred*; Gr. signifies the *Gross*; and W. the *Wey*.

272 Feet in a Rod, at 6s. 8d. per Foot, is 90l. 13s. 4d.
365 Days in a Year, at 6s. 8d. per Day, is 121l. 13s. 4d.

At 6s. 9d. per Pound, Yard, &c.

N.	l.	s.	d.	N.	l.	s.	d.	N.	l.	s.	d.
1	–	6	9	45	15	3	9	89	30	–	9
2	–	13	6	46	15	10	6	90	30	7	6
3	1	–	3	47	15	17	3	91	30	14	3
4	1	7	–	48	16	4	–	92	31	1	–
5	1	13	9	49	16	10	9	93	31	7	9
6	2	–	6	50	16	17	6	94	31	14	6
7	2	7	3	51	17	4	3	95	32	1	3
8	2	14	–	52	17	11	–	96	32	8	–
9	3	–	9	53	17	17	9	97	32	14	9
10	3	7	6	54	18	4	6	98	33	1	6
11	3	4	3	55	18	11	3	99	33	8	3
12	4	1	–	[56]	18	18	–	100	33	15	–
13	4	7	9	57	19	4	9	101	34	1	9
14	4	14	6	58	19	11	6	102	34	8	6
15	5	1	3	59	19	18	3	103	34	15	3
16	5	8	–	60	20	5	–	104	35	2	–
17	5	14	9	61	20	11	9	105	35	8	9
18	6	1	6	62	20	18	6	106	35	15	6
19	6	8	3	63	21	5	3	107	36	2	3
20	6	15	–	64	21	12	–	108	36	9	–
21	7	1	9	65	21	18	9	109	36	15	9
22	7	8	6	66	22	5	6	110	37	2	6
23	7	15	3	67	22	12	3	*111	37	9	3
24	8	2	–	68	22	19	–	GH 112	37	16	–
25	8	8	9	69	23	5	9	Gr. 144	48	12	–
26	8	15	6	70	23	12	6	200	67	10	–
27	9	2	3	71	23	19	3	W. 256	86	8	–
[28]	9	9	–	72	24	6	–	300	101	5	–
29	9	15	9	73	24	12	9	400	135	–	–
30	10	2	6	74	24	19	6	500	168	15	–
31	10	9	3	75	25	6	3	600	202	10	–
32	10	16	–	76	25	13	–	700	236	5	–
33	11	2	9	77	25	19	9	800	270	–	–
34	11	9	6	78	26	6	6	900	303	15	–
35	11	16	3	79	26	13	3	1000	337	10	–
36	12	3	–	80	27	–	–	2000	675	–	–
37	12	9	9	81	27	6	9	3000	1012	10	–
38	12	16	6	82	27	13	6	4000	1350	–	–
39	13	3	3	83	28	–	3	5000	1687	10	–
40	13	10	–	[84]	28	7	–	6000	2025	–	–
41	13	16	9	85	28	13	9	7000	2362	10	–
42	14	3	6	86	29	–	6	8000	2700	–	–
43	14	10	3	87	29	7	3	9000	3037	10	–
44	14	17	–	88	29	14	–	10000	3375	–	–

N. B. GH stands for Great Hundred; Gr. signifies the Gross; and W. the Way.

272 Feet in a Rod, at 6s. 9d. per Foot, is 91l. 16s.
365 Days in a Year, at 6s. 9d. per Day, is 123l. 3s. 9d.

At 6s. 10d. per Pound, Yard, &c.

N.	l.	s.	d.	N.	l.	s.	d.	N.	l.	s.	d.
1	–	6	10	45	15	7	6	89	30	8	2
2	–	13	8	46	15	14	4	90	30	15	–
3	1	–	6	47	16	1	2	91	31	1	10
4	1	7	4	48	16	8	–	92	31	8	8
5	1	14	2	49	16	14	10	93	31	15	6
6	2	1	–	50	17	1	8	94	32	2	4
7	2	7	10	51	17	8	6	95	32	9	2
8	2	14	8	52	17	15	4	96	32	16	–
9	3	1	6	53	18	2	2	97	33	2	10
10	3	8	4	54	18	9	–	98	33	9	8
11	3	15	2	55	18	15	10	99	33	16	6
12	4	2	–	[56]	19	2	8	100	34	3	4
13	4	8	10	57	19	9	6	101	34	10	2
14	4	15	8	58	19	16	4	102	34	17	–
15	5	2	6	59	20	3	2	103	35	3	10
16	5	9	4	60	20	10	–	104	35	10	8
17	5	16	2	61	20	16	10	105	35	17	6
18	6	3	–	62	21	3	8	106	36	4	4
19	6	9	10	63	21	10	6	107	36	11	2
20	6	16	8	64	21	17	4	108	36	18	–
21	7	3	6	65	22	4	2	109	37	4	10
22	7	10	4	66	22	11	–	110	37	11	8
23	7	17	2	67	22	17	10	*111	37	18	6
24	8	4	–	68	23	4	8	GH 112	38	5	4
25	8	10	10	69	23	11	6	Gr. 144	49	4	–
26	8	17	8	70	23	18	4	200	68	6	8
27	9	4	6	71	24	5	2	W. 256	87	9	4
[28]	9	11	4	72	24	12	–	300	102	10	–
29	9	18	2	73	24	18	10	400	136	13	4
30	10	5	–	74	25	5	8	500	170	10	8
31	10	11	10	75	25	12	6	600	205	–	–
32	10	18	8	76	25	19	4	700	239	3	4
33	11	5	6	77	26	6	2	800	273	6	8
34	11	12	4	78	26	13	–	900	307	10	–
35	11	19	2	79	26	19	10	1000	341	13	4
36	12	6	–	80	27	6	8	2000	683	6	8
37	12	12	10	81	27	13	6	3000	1025	–	–
38	12	19	8	82	28	–	4	4000	1366	13	4
39	13	6	6	83	28	7	2	5000	1708	6	8
40	13	13	4	[84]	28	14	–	6000	2050	–	–
41	14	–	2	85	29	–	10	7000	2391	13	4
42	14	7	–	86	29	7	8	8000	2733	6	8
43	14	13	10	87	29	14	6	9000	3075	–	–
44	15	–	8	88	30	1	4	10000	3416	13	4

* *N. B.* GH stands for *Great Hundred*; Gr. signifies the *Gross*; and W. the *Wey*.

272 Feet in a Rod, at 6s. 10d. per Foot, is 92l. 18s. 8d.
365 Days in a Year, at 6s. 10d. per Day, is 124l. 14s. 2d.

At 6s. 11d. per Pound, Yard, &c.

N.	l.	s.	d.	N.	l.	s.	d.	N.	l.	s.	d.
1	–	6	11	45	15	11	3	89	30	15	7
2	–	13	10	46	15	18	2	90	31	2	6
3	1	–	9	47	16	5	1	91	31	9	5
4	1	7	8	48	16	12	–	92	31	16	4
5	1	14	7	49	16	18	11	93	32	3	3
6	2	1	6	50	17	5	10	94	32	10	2
7	2	8	5	51	17	12	9	95	32	17	1
8	2	15	4	52	17	19	8	96	33	4	–
9	3	2	3	53	18	6	7	97	33	10	11
10	3	9	2	54	18	13	6	98	33	17	10
11	3	16	1	55	19	–	5	99	34	4	9
12	4	3	–	[56]	19	7	4	100	34	11	8
13	4	9	11	57	19	14	3	101	34	18	7
14	4	16	10	58	20	1	2	102	35	5	6
15	5	3	9	59	20	8	1	103	35	12	5
16	5	10	8	60	20	15	–	104	35	19	4
17	5	17	7	61	21	1	11	105	36	6	3
18	6	4	6	62	21	8	10	106	36	13	2
19	6	11	5	63	21	15	9	107	37	–	1
20	6	18	4	64	22	2	8	108	37	7	–
21	7	5	3	65	22	9	7	109	37	13	11
22	7	12	2	66	22	16	6	110	38	–	10
23	7	19	1	67	23	3	5	*111	38	7	9
24	8	6	–	68	23	10	4	GH 112	38	14	8
25	8	12	11	69	23	17	3	Gr. 144	49	16	–
26	8	19	10	70	24	4	2	200	69	3	4
27	9	6	9	71	24	11	1	W. 256	88	10	8
[28]	9	13	8	72	24	18	–	300	103	15	–
29	10	–	7	73	25	4	11	400	138	6	8
30	10	7	6	74	25	11	10	500	172	18	4
31	10	14	5	75	25	18	9	600	207	10	–
32	11	1	4	76	26	5	8	700	242	1	8
33	11	8	3	77	26	12	7	800	276	13	4
34	11	15	2	78	26	19	6	900	311	5	–
35	12	2	1	79	27	6	5	1000	345	16	8
36	12	9	–	80	27	13	4	2000	691	13	4
37	12	15	11	81	28	–	3	3000	1037	10	–
38	13	2	10	82	28	7	2	4000	1383	6	8
39	13	9	9	83	28	14	1	5000	1729	3	4
40	13	16	8	[84]	29	1	–	6000	2075	–	–
41	14	3	7	85	29	7	11	7000	2420	16	8
42	14	10	6	86	29	14	10	8000	2766	13	4
43	14	17	5	87	30	1	9	9000	3112	10	–
44	15	4	4	88	30	8	8	10000	3458	6	8

* N. B. G H stands for *Great Hundred*; Gr. signifies the *Gross*; and W. the *Wey*.

272 Feet in a Rod, at 6s. 11d. per Foot, is 94l. 1s. 4d.
365 Days in a Year, at 6s. 11d. per Day, is 126l. 4s. 7d.

At 7s. per Pound, Yard, &c.

N.	l.	s.	d.	N.	l.	s.	d.	N.	l.	s.	d.
1	–	7	–	45	15	15	–	89	31	3	–
2	–	14	–	46	16	2	–	90	31	10	–
3	1	1	–	47	16	9	–	91	31	17	–
4	1	8	–	48	16	16	–	92	32	4	–
5	1	15	–	49	17	3	–	93	32	11	–
6	2	2	–	50	17	10	–	94	32	18	–
7	2	9	–	51	17	17	–	95	33	5	–
8	2	16	–	52	18	4	–	96	33	12	–
9	3	3	–	53	18	11	–	97	33	19	–
10	3	10	–	54	18	18	–	98	34	6	–
11	3	17	–	55	19	5	–	99	34	13	–
12	4	4	–	[56]	19	12	–	100	35	–	–
13	4	11	–	57	19	19	–	101	35	7	–
14	4	18	–	58	20	6	–	102	35	14	–
15	5	5	–	59	20	13	–	103	36	1	–
16	5	12	–	60	21	–	–	104	36	8	–
17	5	19	–	61	21	7	–	105	36	15	–
18	6	6	–	62	21	14	–	106	37	2	–
19	6	13	–	63	22	1	–	107	37	9	–
20	7	–	–	64	22	8	–	108	37	16	–
21	7	7	–	65	22	15	–	109	38	3	–
22	7	14	–	66	23	2	–	110	38	10	–
23	8	1	–	67	23	9	–	*111	38	17	–
24	8	8	–	68	23	16	–	GH 112	39	4	–
25	8	15	–	69	24	3	–	Gr. 144	50	8	–
26	9	2	–	70	24	10	–	200	70	–	–
27	9	9	–	71	24	17	–	W. 256	89	12	–
[28]	9	16	–	72	25	4	–	300	105	–	–
29	10	3	–	73	25	11	–	400	140	–	–
30	10	10	–	74	25	18	–	500	175	–	–
31	10	17	–	75	26	5	–	600	210	–	–
32	11	4	–	76	26	12	–	700	245	–	–
33	11	11	–	77	26	19	–	800	280	–	–
34	11	18	–	78	27	6	–	900	315	–	–
35	12	5	–	79	27	13	–	1000	350	–	–
36	12	12	–	80	28	–	–	2000	700	–	–
37	12	19	–	81	28	7	–	3000	1050	–	–
38	13	6	–	82	28	14	–	4000	1400	–	–
39	13	13	–	83	29	1	–	5000	1750	–	–
40	14	–	–	[84]	29	8	–	6000	2100	–	–
41	14	7	–	85	29	15	–	7000	2450	–	–
42	14	14	–	86	30	2	–	8000	2800	–	–
43	15	1	–	87	30	9	–	9000	3150	–	–
44	15	8	–	88	30	16	–	10000	3500	–	–

N. B. GH stands for Great Hundred; Gr. signifies the Cross; and W. the Weight.

272 Feet in a Rod, at 7s. per Foot, is 95l. 4s.
365 Days in a Year, at 7s. per Day, is 127l. 15s.

At 7s. 1d. per Pound, Yard, &c.

N.	l.	s.	d.	N.	l.	s.	d.	N.	l.	s.	d.
1	–	7	1	45	15	18	9	89	31	10	5
2	–	14	2	46	16	5	10	90	31	17	6
3	1	1	3	47	16	12	11	91	32	4	7
4	1	8	4	48	17	–	–	92	32	11	8
5	1	15	5	49	17	7	1	93	32	18	9
6	2	2	6	50	17	14	2	94	33	5	10
7	2	9	7	51	18	1	3	95	33	12	11
8	2	16	8	52	18	8	4	96	34	–	–
9	3	3	9	53	18	15	5	97	34	7	1
10	3	10	10	54	19	2	6	98	34	14	2
11	3	17	11	55	19	9	7	99	35	1	3
12	4	5	–	[56]	19	16	8	100	35	8	4
13	4	12	1	57	20	3	9	101	35	15	5
14	4	19	2	58	20	10	10	102	36	2	6
15	5	6	3	59	20	17	11	103	36	9	7
16	5	13	4	60	21	5	–	104	36	16	8
17	6	–	5	61	21	12	1	105	37	3	9
18	6	7	6	62	21	19	2	106	37	10	10
19	6	14	7	63	22	6	3	107	37	17	11
20	7	1	8	64	22	13	4	108	38	5	–
21	7	8	9	65	23	–	5	109	38	12	1
22	7	15	10	66	23	7	6	110	38	19	2
23	8	2	11	67	23	14	7	* 111	39	6	3
24	8	10	–	68	24	1	8	GH 112	39	13	4
25	8	17	1	69	24	8	9	Gr. 144	51	–	–
26	9	4	2	70	24	15	10	200	70	16	8
27	9	11	3	71	25	2	11	W. 256	90	13	4
[28]	9	18	4	72	25	10	–	300	106	5	–
29	10	5	5	73	25	17	1	400	141	13	4
30	10	12	6	74	26	4	2	500	177	1	8
31	10	19	7	75	26	11	3	600	212	10	–
32	11	6	8	76	26	18	4	700	247	18	4
33	11	13	9	77	27	5	5	800	283	6	8
34	12	–	10	78	27	12	6	900	318	15	–
35	12	7	11	79	27	19	7	1000	354	3	4
36	12	15	–	80	28	6	8	2000	708	6	8
37	13	2	1	81	28	13	9	3000	1062	10	–
38	13	9	2	82	29	–	10	4000	1416	13	4
39	13	16	3	83	29	7	11	5000	1770	16	8
40	14	3	4	[84]	29	15	–	6000	2125	–	–
41	14	10	5	85	30	2	1	7000	2479	3	4
42	14	17	6	86	30	9	2	8000	2833	6	8
43	15	4	7	87	30	16	3	9000	3187	10	–
44	15	11	8	88	31	3	4	10000	3541	13	4

N. B. GH stands for Great Hundred; Gr. signifies the Gross; and W. the Wey.

2½ Feet in a Rod, at 7s. 1d. per Foot, is 96l. 6s. 8d.
365 Days in a Year, at 7s. 1d. per Day, is 129l. 5s. 5d.

At 7s. 2d. per Pound, Yard, &c.

N.	l.	s.	d.	N.	l.	s.	d.	N.	l.	s.	d.
1	–	7	2	45	16	2	6	89	31	17	10
2	–	14	4	46	16	9	8	90	32	5	–
3	1	1	6	47	16	16	10	91	32	12	2
4	1	8	8	48	17	4	–	92	32	19	4
5	1	15	10	49	17	11	2	93	33	6	6
6	2	3	–	50	17	18	4	94	33	13	8
7	2	10	2	51	18	5	6	95	34	–	10
8	2	17	4	52	18	12	8	96	34	8	–
9	3	4	6	53	18	19	10	97	34	15	2
10	3	11	8	54	19	7	–	98	35	2	4
11	3	18	10	55	19	14	2	99	35	9	6
12	4	6	–	[56]	20	1	4	100	35	16	8
13	4	13	2	57	20	8	6	101	36	3	10
14	5	–	4	58	20	15	8	102	36	11	–
15	5	7	6	59	21	2	10	103	36	18	2
16	5	14	8	60	21	10	–	104	37	5	4
17	6	1	10	61	21	17	2	105	37	12	6
18	6	9	–	62	22	4	4	106	37	19	8
19	6	16	2	63	22	11	6	107	38	6	10
20	7	3	4	64	22	18	8	108	38	14	–
21	7	10	6	65	23	5	10	109	39	1	2
22	7	17	8	66	23	13	–	110	39	8	4
23	8	4	10	67	24	–	2	111	39	15	6
24	8	12	–	68	24	7	4	G H 112	40	2	8
25	8	19	2	69	24	14	6	Gr. 144	51	12	–
26	9	6	4	70	25	1	8	200	71	13	4
27	9	13	6	71	25	8	10	W. 256	91	14	8
[28]	10	–	8	72	25	16	–	300	107	10	–
29	10	7	10	73	26	3	2	400	143	6	8
30	10	15	–	74	26	10	4	500	179	3	4
31	11	2	2	75	26	17	6	600	215	–	–
32	11	9	4	76	27	4	8	700	250	16	8
33	11	16	6	77	27	11	10	800	286	13	4
34	12	3	8	78	27	19	–	900	322	10	–
35	12	10	10	79	28	6	2	1000	358	6	8
36	12	18	–	80	28	13	4	2000	716	13	4
37	13	5	2	81	29	–	6	3000	1075	–	–
38	13	12	4	82	29	7	8	4000	1433	6	8
39	13	19	6	83	29	14	10	5000	1791	13	4
40	14	6	8	[84]	30	2	–	6000	2150	–	–
41	14	13	10	85	30	9	2	7000	2508	6	8
42	15	1	–	86	30	16	4	8000	2866	13	4
43	15	8	2	87	31	3	6	9000	3225	–	–
44	15	15	4	88	31	10	8	10000	3583	6	8

* N. E. GH stands for *Great Hundred*; Gr. signifies the *Gross*; and W. the *Way*.

272 Feet in a Rod, at 7s. 2d. per Foot, is 97l. 9s. 4d.
365 Days in a Year, at 7s. 2d. per Day, is 130l. 15s. 10d.

At 7s. 3d. per Pound, Yard, &c.

N.	l.	s.	d.	N.	l.	s.	d.	N.	l.	s.	d.
1	–	7	3	45	16	6	3	89	32	5	3
2	–	14	6	46	16	13	6	90	32	12	6
3	1	1	9	47	17	–	9	91	32	19	9
4	1	9	–	48	17	8	–	92	33	7	–
5	1	16	3	49	17	15	3	93	33	14	3
6	2	3	6	50	18	2	6	94	34	1	6
7	2	10	9	51	18	9	9	95	34	8	9
8	2	18	–	52	18	17	–	96	34	16	–
9	3	5	3	53	19	4	3	97	35	3	3
10	3	12	6	54	19	11	6	98	35	10	6
11	3	19	9	55	19	18	9	99	35	17	9
12	4	7	–	[56]	20	6	–	100	36	5	–
13	4	14	3	57	20	13	3	101	36	12	3
14	5	1	6	58	21	–	6	102	36	19	6
15	5	8	9	59	21	7	9	103	37	6	9
16	5	16	–	60	21	15	–	104	37	14	–
17	6	3	3	61	22	2	3	105	38	1	3
18	6	10	6	62	22	9	6	106	38	8	6
19	6	17	9	63	22	16	9	107	38	15	9
20	7	5	–	64	23	4	–	108	39	3	–
21	7	12	3	65	23	11	3	109	39	10	3
22	7	19	6	66	23	18	6	110	39	17	6
23	8	6	9	67	24	5	9	*111	40	4	9
24	8	14	–	68	24	13	–	GH 112	40	12	–
25	9	1	3	69	25	–	3	Gr. 144	52	4	–
26	9	8	6	70	25	7	6	200	72	10	–
27	9	15	9	71	25	14	9	W. 256	92	16	–
[28]	10	3	–	72	26	2	–	300	108	15	–
29	10	10	3	73	26	9	3	400	145	–	–
30	10	17	6	74	26	16	6	500	181	5	–
31	11	4	9	75	27	3	9	600	217	10	–
32	11	12	–	76	27	11	–	700	253	15	–
33	11	19	3	77	27	18	3	800	290	–	–
34	12	6	6	78	28	5	6	900	326	5	–
35	12	13	9	79	28	12	9	1000	362	10	–
36	13	1	–	80	29	–	–	2000	725	–	–
37	13	8	3	81	29	7	3	3000	1087	10	–
38	13	15	6	82	29	14	6	4000	1450	–	–
39	14	2	9	83	30	1	9	5000	1812	10	–
40	14	10	–	[84]	30	9	–	6000	2175	–	–
41	14	17	3	85	30	16	3	7000	2537	10	–
42	15	4	6	86	31	3	6	8000	2900	–	–
43	15	11	9	87	31	10	9	9000	3262	10	–
44	15	19	–	88	31	18	–	10000	3625	–	–

N. B. GH stands for *Great Hundred*; Gr. signifies the *Grofs*; and W. the *Wg*.

272 Feet in a Rod, at 7s. 3d. per Foot, is 98l. 12s.
365 Days in a Year, at 7s. 3d. per Day, is 132l. 6s. 3d.

At 7s. 4d. per Pound, Yard, &c.

N	l.	s.	d.	N.	l.	s.	d.	N.	l.	s.	d.
1	-	7	4	45	16	10	-	89	32	12	8
2	-	14	8	46	16	17	4	90	33	-	-
3	1	2	-	47	17	4	8	91	33	7	4
4	1	9	4	48	17	12	-	92	33	14	8
5	1	16	8	49	17	19	4	93	34	2	-
6	2	4	-	50	18	6	8	94	34	9	4
7	2	11	4	51	18	14	-	95	34	16	8
8	2	18	8	52	19	1	4	96	35	4	-
9	3	6	-	53	19	8	8	97	35	11	4
10	3	13	4	54	19	16	-	98	35	18	8
11	4	-	8	55	20	3	4	99	36	6	-
12	4	8	-	[56]	20	10	8	100	36	13	4
13	4	15	4	57	20	18	-	101	37	-	8
14	5	2	8	58	21	5	4	102	37	8	-
15	5	10	-	59	21	12	8	103	37	15	4
16	5	17	4	60	22	-	-	104	38	2	8
17	6	4	8	61	22	7	4	105	38	10	-
18	6	12	-	62	22	14	8	106	38	17	4
19	6	19	4	63	23	2	-	107	39	4	8
20	7	6	8	64	23	9	4	108	39	12	-
21	7	14	-	65	23	16	8	109	39	19	4
22	8	1	4	66	24	4	-	110	40	6	8
23	8	8	8	67	24	11	4	*111	40	14	-
24	8	16	-	68	24	18	8	GH 112	41	1	4
25	9	3	4	69	25	6	-	Gr. 144	52	16	-
26	9	10	8	70	25	13	4	200	73	6	8
27	9	18	-	71	26	-	8	W. 250	93	17	4
[28]	10	5	4	72	26	8	-	300	110	-	-
29	10	12	8	73	26	15	4	400	146	13	4
30	11	-	-	74	27	2	8	500	183	6	8
31	11	7	4	75	27	10	-	600	220	-	-
32	11	14	8	76	27	17	4	700	256	13	4
33	12	2	-	77	28	4	8	800	293	6	8
34	12	9	4	78	28	12	-	900	330	-	-
35	12	16	8	79	28	19	4	1000	366	13	4
36	13	4	-	80	29	6	8	2000	733	6	8
37	13	11	4	81	29	14	-	3000	1100	-	-
38	13	18	8	82	30	1	4	4000	1466	13	4
39	14	6	-	83	30	8	8	5000	1833	6	8
40	14	13	4	84	30	16	-	6000	2200	-	-
41	15	-	8	85	31	3	4	7000	2566	13	4
42	15	8	-	86	31	10	8	8000	2933	6	8
43	15	15	4	87	31	18	-	9000	3300	-	-
44	16	2	8	88	32	5	4	10000	3666	13	4

*N. B. GH stands for Great Hundred; Gr. signifies the Gross; and W. the Way.

272 Feet in a Rod, at 7s. 4d. per Foot, is 99l. 14s. 8d.
365 Days in a Year, at 7s. 4d. per Day, is 133l. 16s. 8d.

At 7s. 5d. per Pound, Yard, &c.

N.	l. s. d.	N.	l. s. d.	N.	l. s. d.
1	– 7 5	45	16 13 9	89	33 – 1
2	– 14 10	46	17 1 2	90	33 7 6
3	1 2 3	47	17 8 7	91	33 14 11
4	1 9 8	48	17 16 –	92	34 2 4
5	1 17 1	49	18 3 5	93	34 9 9
6	2 4 6	50	18 10 10	94	34 17 2
7	2 11 11	51	18 18 3	95	35 4 7
8	2 19 4	52	19 5 8	96	35 12 –
9	3 6 9	53	19 13 1	97	35 19 5
10	3 14 2	54	20 – 6	98	36 6 10
11	4 1 7	55	20 7 11	99	36 14 3
12	4 9 –	56	20 15 4	100	37 1 8
13	4 16 5	57	21 2 9	101	37 9 1
14	5 3 10	58	21 10 2	102	37 16 6
15	5 11 3	59	21 17 7	103	38 3 11
16	5 18 8	60	22 5 –	104	38 11 4
17	6 6 1	61	22 12 5	105	38 18 9
18	6 13 6	62	22 19 10	106	39 6 2
19	7 – 11	63	23 7 3	107	39 13 7
20	7 8 4	64	23 14 8	108	40 1 –
21	7 15 9	65	24 2 1	109	40 8 5
22	8 3 2	66	24 9 6	110	40 15 10
23	8 10 7	67	24 16 11	* 111	41 3 3
24	8 18 –	68	25 4 4	GH 112	41 10 8
25	9 5 5	69	25 11 9	Gr. 144	53 8 –
26	9 12 10	70	25 19 2	200	74 3 4
27	10 – 3	71	26 6 7	W. 256	94 18 8
28	10 7 8	72	26 14 –	300	111 5 –
29	10 15 1	73	27 1 5	400	148 6 8
30	11 2 6	74	27 8 10	500	185 8 4
31	11 9 11	75	27 16 3	600	222 10 –
32	11 17 4	76	28 3 8	700	259 11 8
33	12 4 9	77	28 11 1	800	296 13 4
34	12 12 2	78	28 18 6	900	333 15 –
35	12 19 7	79	29 5 11	1000	370 16 8
36	13 7 –	80	29 13 4	2000	741 13 4
37	13 14 5	81	30 – 9	3000	1112 10 –
38	14 1 10	82	30 8 2	4000	1483 6 8
39	14 9 3	83	30 15 7	5000	1854 3 4
40	14 16 8	[84]	31 3 –	6000	2225 – –
41	15 4 1	85	31 10 5	7000	2595 16 8
42	15 11 6	86	31 17 10	8000	2966 13 4
43	15 18 11	87	32 5 3	9000	3337 10 –
44	16 6 4	88	32 12 8	10000	3708 6 8

* N. B. GH stands for *Great Hundred* ; Gr. signifies the *Grofs* ; and W. the *Wy*.

272 Feet in a Rod, at 7s. 5d. per Foot, is 100l. 17s. 4d.
365 Days in a Year, at 7s. 5d. per Day, is 135l. 7s. 1d.

At 7s. 6d. per Pound, Yard, &c.

N.	l.	s.	d.	N.	l.	s.	d.	N.	l.	s.	d.
1	–	7	6	45	16	17	6	89	33	7	0
2	–	15	–	46	17	5	–	90	33	15	–
3	1	2	6	47	17	12	6	91	34	2	6
4	1	10	–	48	18	–	–	92	34	10	–
5	1	17	6	49	18	7	6	93	34	17	6
6	2	5	–	50	18	15	–	94	35	5	–
7	2	12	6	51	19	2	6	95	35	12	6
8	3	–	–	52	19	10	–	96	36	–	–
9	3	7	6	53	19	17	6	97	36	7	6
10	3	15	–	54	20	5	–	98	36	15	–
11	4	2	6	55	20	12	6	99	37	2	6
12	4	10	–	[56]	21	–	–	100	37	10	–
13	4	17	6	57	21	7	6	101	37	17	6
14	5	5	–	58	21	15	–	102	38	5	–
15	5	12	6	59	22	2	6	103	38	12	6
16	6	–	–	60	22	10	–	104	39	–	–
17	6	7	6	61	22	17	6	105	39	7	6
18	6	15	–	62	23	5	–	106	39	15	–
19	7	2	6	63	23	12	6	107	40	2	6
20	7	10	–	64	24	–	–	108	40	10	–
21	7	17	6	65	24	7	6	109	40	17	6
22	8	5	–	66	24	15	–	110	41	5	–
23	8	12	6	67	25	2	6	111	41	12	6
24	9	–	–	68	25	10	–	GH 112	42	–	–
25	9	7	6	69	25	17	6	Gr. 144	54	–	–
26	9	15	–	70	26	5	–	200	75	–	–
27	10	2	6	71	26	12	6	W. 256	96	–	–
[28]	10	10	–	72	27	–	–	300	112	10	–
29	10	17	6	73	27	7	6	400	150	–	–
30	11	5	–	74	27	15	–	500	187	10	–
31	11	12	6	75	28	2	6	600	225	–	–
32	12	–	–	76	28	10	–	700	262	10	–
33	12	7	6	77	28	17	6	800	300	–	–
34	12	15	–	78	29	5	–	900	337	10	–
35	13	2	6	79	29	12	6	1000	375	–	–
36	13	10	–	80	30	–	–	2000	750	–	–
37	13	17	6	81	30	7	6	3000	1125	–	–
38	14	5	–	82	30	15	–	4000	1500	–	–
39	14	12	6	83	31	2	6	5000	1875	–	–
40	15	–	–	[84]	31	10	–	6000	2250	–	–
41	15	7	6	85	31	17	6	7000	2625	–	–
42	15	15	–	86	32	5	–	8000	3000	–	–
43	16	2	6	87	32	12	6	9000	3375	–	–
44	16	10	–	88	33	–	–	10000	3750	–	–

*N.B. GH stands for *Great Hundred*; Gr. signifies the *Gross*; and W. the *Wey*.

272 Feet in a Rod, at 7s. 6d. per Foot, is 102l.
365 Days in a Year, at 7s. 6d. per Day, is 136l. 17s. 6d.

At 7s. 7d. per Pound, Yard, &c.

N.	l.	s.	d.	N.	l.	s.	d.	N.	l.	s.	d.
1	–	7	7	45	17	1	3	89	33	14	11
2	–	15	2	46	17	8	10	90	34	2	6
3	1	2	9	47	17	16	5	91	34	10	1
4	1	10	4	48	18	4	–	92	34	17	8
5	1	17	11	49	18	11	7	93	35	5	3
6	2	5	6	50	18	19	2	94	35	12	10
7	2	13	1	51	19	6	9	95	36	–	5
8	3	–	8	52	19	14	4	96	36	8	–
9	3	8	3	53	20	1	11	97	36	15	7
10	3	15	10	54	20	9	6	98	37	3	2
11	4	3	5	55	20	17	1	99	37	10	9
12	4	11	–	[56]	21	4	8	100	37	18	4
13	4	18	7	57	21	12	3	101	38	5	11
14	5	6	2	58	21	19	10	102	38	13	6
15	5	13	9	59	22	7	5	103	39	1	1
16	6	1	4	60	22	15	–	104	39	8	8
17	6	8	11	61	23	2	7	105	39	16	3
18	6	16	6	62	23	10	2	106	40	3	10
19	7	4	1	63	23	17	9	107	40	11	5
20	7	11	8	64	24	5	4	108	40	19	–
21	7	19	3	65	24	12	11	109	41	6	7
22	8	6	10	66	25	–	6	110	41	14	2
23	8	14	5	67	25	8	1	*111	42	1	9
24	9	2	–	68	25	15	8	GH 112	42	9	4
25	9	9	7	69	26	3	3	Gr. 144	54	12	–
26	9	17	2	70	26	10	10	200	75	16	8
27	10	4	9	71	26	18	5	W. 256	97	1	4
28	10	12	4	72	27	6	–	300	113	15	–
29	10	19	11	73	27	13	7	400	151	13	4
30	11	7	6	74	28	1	2	500	189	11	8
31	11	15	1	75	28	8	9	600	227	10	–
32	12	2	8	76	28	16	4	700	265	8	4
33	12	10	3	77	29	3	11	800	303	6	8
34	12	17	10	78	29	11	6	900	341	5	–
35	13	5	5	79	29	19	1	1000	379	3	4
36	13	13	–	80	30	6	8	2000	758	6	8
37	14	–	7	81	30	14	3	3000	1137	10	–
38	14	8	2	82	31	1	10	4000	1516	13	4
39	14	15	9	83	31	9	5	5000	1895	16	8
40	15	3	4	[84]	31	17	–	6000	2275	–	–
41	15	10	11	85	32	4	7	7000	2654	3	4
42	15	18	6	86	32	12	2	8000	3033	6	8
43	16	6	1	87	32	19	9	9000	3412	10	–
44	16	13	8	88	33	7	4	10000	3791	13	4

N. B. GH stands for *Great Hundred*; Gr. signifies the *Grofs*; and W. the *Wey*.

272 Feet in a Rod, at 7s. 7d. per Foot, is 103l. 2s. 8d.
365 Days in a Year, at 7s. 7d. per Day, is 138l. 7s. 11d.

At 7s. 8d. per Pound, Yard, &c.

N.	l.	s.	d.	N.	l.	s.	d.	N.	l.	s.	d.
1	–	7	8	45	17	5	–	89	34	2	4
2	–	15	4	46	17	12	8	90	34	10	–
3	1	3	–	47	18	–	4	91	34	17	8
4	1	10	8	48	18	8	–	92	35	5	4
5	1	18	4	49	18	15	8	93	35	13	–
6	2	6	–	50	19	3	4	94	36	–	8
7	2	13	8	51	19	11	–	95	36	8	4
8	3	1	4	52	19	18	8	96	36	16	–
9	3	9	–	53	20	6	4	97	37	3	8
10	3	16	8	54	20	14	–	98	37	11	4
11	4	4	4	55	21	1	8	99	37	19	–
12	4	12	–	[56]	21	9	4	100	38	6	8
13	4	19	8	57	21	17	–	101	38	14	4
14	5	7	4	58	22	4	8	102	39	2	–
15	5	15	–	59	22	12	4	103	39	9	8
16	6	2	8	60	23	–	–	104	39	17	4
17	6	10	4	61	23	7	8	105	40	5	–
18	6	18	–	62	23	15	4	106	40	12	8
19	7	5	8	63	24	3	–	107	41	–	4
20	7	13	4	64	24	10	8	108	41	8	–
21	8	1	–	65	24	18	4	109	41	15	8
22	8	8	8	66	25	6	–	110	42	3	4
23	8	16	4	67	25	13	8	* 111	42	11	–
24	9	4	–	68	26	1	4	GH 112	42	18	8
25	9	11	8	69	26	9	–	Gr. 144	55	4	–
26	9	19	4	70	26	16	8	200	76	13	4
27	10	7	–	71	27	4	4	W. 256	98	2	8
[28]	10	14	8	72	27	12	–	300	115	–	–
29	11	2	4	73	27	19	8	400	153	6	8
30	11	10	–	74	28	7	4	500	191	13	4
31	11	17	8	75	28	15	–	600	230	–	–
32	12	5	4	76	29	2	8	700	268	6	8
33	12	13	–	77	29	10	4	800	306	13	4
34	13	1	8	78	29	18	–	900	345	–	–
35	13	9	4	79	30	5	8	1000	383	6	8
36	13	16	–	80	30	13	4	2000	765	13	4
37	14	3	8	81	31	1	–	3000	1150	–	–
38	14	11	4	82	31	8	8	4000	1533	6	8
39	14	19	–	83	31	16	4	5000	1916	13	4
40	15	6	8	[84]	32	4	–	6000	2300	–	–
41	15	14	4	85	32	11	8	7000	2683	6	8
42	16	2	–	86	32	19	4	8000	3066	13	4
43	16	9	8	87	33	7	–	9000	3450	–	–
44	16	17	4	88	33	14	8	10000	3833	6	8

*N. B. GH stands for *Great Hundred*; Gr. signifies the *Grofs*; and W. the *Wg*.

272 Feet in a Rod, at 7s. 8d. per Foot, is 104l. 5s. 4d.
365 Days in a Year, at 7s. 8d. per Day, is 139l. 18s. 4d.

At 7s. 9d. per Pound, Yard, &c.

N.	l.	s.	d.	N.	l.	s.	d.	N.	l.	s.	d.
1	-	7	9	45	17	8	9	89	34	9	9
2	-	15	6	46	17	16	6	90	34	17	6
3	1	3	3	47	18	4	3	91	35	5	3
4	1	11	-	48	18	12	-	92	35	13	-
5	1	18	9	49	18	19	9	93	36	-	9
6	2	6	6	50	19	7	6	94	36	8	6
7	2	14	3	51	19	15	3	95	36	16	3
8	3	2	-	52	20	3	-	96	37	4	-
9	3	9	9	53	20	10	9	97	37	11	9
10	3	17	6	54	20	18	6	98	37	19	6
11	4	5	3	55	21	6	3	99	38	7	3
12	4	13	-	[56]	21	14	-	100	38	15	-
13	5	-	9	57	22	1	9	101	39	2	9
14	5	8	6	58	22	9	6	102	39	10	6
15	5	16	3	59	22	17	3	103	39	18	3
16	6	4	-	60	23	5	-	104	40	6	-
17	6	11	9	61	23	12	9	105	40	13	9
18	6	19	6	62	24	-	6	106	41	1	6
19	7	7	3	63	24	8	3	107	41	9	3
20	7	15	-	64	24	16	-	108	41	17	-
21	8	2	9	65	25	3	9	109	42	4	9
22	8	10	6	66	25	11	6	110	42	12	6
23	8	18	3	67	25	19	3	* 111	43	-	3
24	9	6	-	68	26	7	-	GH 112	43	8	-
25	9	13	9	69	26	14	9	Gr. 144	55	16	-
26	10	1	6	70	27	2	6	200	77	10	-
27	10	9	3	71	27	10	3	W. 256	99	4	-
28	10	17	-	72	27	18	-	300	116	5	-
29	11	4	9	73	28	5	9	400	155	-	-
30	11	12	6	74	28	13	6	500	193	15	-
31	12	-	3	75	29	1	3	600	232	10	-
32	12	8	-	76	29	9	-	700	271	5	-
33	12	15	9	77	29	16	9	800	310	-	-
34	13	3	6	78	30	4	6	900	348	15	-
35	13	11	3	79	30	12	3	1000	387	10	-
36	13	19	-	80	31	-	-	2000	775	-	-
37	14	6	9	81	31	7	9	3000	1162	10	-
38	14	14	6	82	31	15	6	4000	1550	-	-
39	15	2	3	83	32	3	3	5000	1937	10	-
40	15	10	-	[84]	32	11	-	6000	2325	-	-
41	15	17	9	85	32	18	9	7000	2712	10	-
42	16	5	6	86	33	6	6	8000	3100	-	-
43	16	13	3	87	33	14	3	9000	3487	10	-
44	17	1	-	88	34	2	-	10000	3875	-	-

N. B. GH stands for *Great Hundred*; Gr. signifies the *Gross*; and W. the *W'g*.

272 Feet in a Rod, at 7s. 9d. per Foot, is 105l. 8s.
365 Days in a Year, at 7s. 9d. per Day, is 141l. 8s. 9d.

At 7s. 10d. per Pound, Yard, &c.

N.	l.	s.	d.	N.	l.	s.	d.	N.	l.	s.	d.
1	–	7	10	45	17	12	6	89	34	17	2
2	–	15	8	46	18	–	4	90	35	5	–
3	1	3	6	47	18	8	2	91	35	12	10
4	1	11	4	48	18	16	–	92	36	–	8
5	1	19	2	49	19	3	10	93	36	8	6
6	2	7	–	50	19	11	8	94	36	16	4
7	2	14	10	51	19	19	6	95	37	4	2
8	3	2	8	52	20	7	4	96	37	12	–
9	3	10	6	53	20	15	2	97	37	19	10
10	3	18	4	54	21	3	–	98	38	7	8
11	4	6	2	55	21	10	10	99	38	15	6
12	4	14	–	[56]	21	18	8	100	39	3	4
13	5	1	10	57	22	6	6	101	39	11	2
14	5	9	8	58	22	14	4	102	39	19	–
15	5	17	6	59	23	2	2	103	40	6	10
16	6	5	4	60	23	10	–	104	40	14	8
17	6	13	2	61	23	17	10	105	41	2	6
18	7	1	–	62	24	5	8	106	41	10	4
19	7	8	10	63	24	13	6	107	41	18	2
20	7	16	8	64	25	1	4	108	42	6	–
21	8	4	6	65	25	9	2	109	42	13	10
22	8	12	4	66	25	17	–	110	43	1	8
23	9	–	2	67	26	4	10	*111	43	9	6
24	9	8	–	68	26	12	8	GH 112	43	17	4
25	9	15	10	69	27	–	6	Gr. 144	56	8	–
26	10	3	8	70	27	8	4	200	78	6	8
27	10	11	6	71	27	16	2	W. 256	100	5	4
28	10	19	4	72	28	4	–	300	117	10	–
29	11	7	2	73	28	11	10	400	156	13	4
30	11	15	–	74	28	19	8	500	195	16	8
31	12	2	10	75	29	7	6	600	235	–	–
32	12	10	8	76	29	15	4	700	274	3	4
33	12	18	6	77	30	3	2	800	313	6	8
34	13	6	4	78	30	11	–	900	352	10	–
35	13	14	2	79	30	18	10	1000	391	13	4
36	14	2	–	80	31	6	8	2000	783	6	8
37	14	9	10	81	31	14	6	3000	1175	–	–
38	14	17	8	82	32	2	4	4000	1566	13	4
39	15	5	6	83	32	10	2	5000	1958	6	8
40	15	13	4	[84]	32	18	–	6000	2350	–	–
41	16	1	2	85	33	5	10	7000	2741	13	4
42	16	9	–	86	33	13	8	8000	3133	6	8
43	16	16	10	87	34	1	6	9000	3525	–	–
44	17	4	8	88	34	9	4	10000	3916	13	4

*N. B. GH stands for *Great Hundred*; Gr. signifies the *Gross*; and W. the *Wey*.

272 Feet in a Rod, at 7s. 10d. per Foot, is 106l. 10s. 8d.
365 Days in a Year, at 7s. 10d. per Day, is 142l. 19s. 2d.

At 7s. 11d. per Pound, Yard, &c.

N.	l.	s.	d.	N.	l.	s.	d.	N.	l.	s.	d.
1	–	7	11	45	17	10	3	89	35	4	7
2	–	15	10	46	18	4	2	90	35	12	6
3	1	3	9	47	18	12	1	91	36	–	5
4	1	11	8	48	19	–	–	92	36	8	4
5	1	19	7	49	19	7	11	93	36	16	3
6	2	7	6	50	19	15	10	94	37	4	2
7	2	15	5	51	20	3	9	95	37	12	1
8	3	3	4	52	20	11	8	96	38	–	–
9	3	11	3	53	20	19	7	97	38	7	11
10	3	19	2	54	21	7	6	98	38	15	10
11	4	7	1	55	21	15	5	99	39	3	9
12	4	15	–	[56]	22	3	4	100	39	11	8
13	5	2	11	57	22	11	3	101	39	19	7
14	5	10	10	58	22	19	2	102	40	7	6
15	5	18	9	59	23	7	1	103	40	15	5
16	6	6	8	60	23	15	–	104	41	3	4
17	6	14	7	61	24	2	11	105	41	11	3
18	7	2	6	62	24	10	10	106	41	19	2
19	7	10	5	63	24	18	9	107	42	7	1
20	7	18	4	64	25	6	8	108	42	15	–
21	8	6	3	65	25	14	7	109	43	2	11
22	8	14	2	66	26	2	6	110	43	10	10
23	9	2	1	67	26	10	5	* 111	43	18	9
24	9	10	–	68	26	18	4	GH 112	44	6	8
25	9	17	11	69	27	6	3	Gr. 144	57	–	–
26	10	5	10	70	27	14	2	200	79	3	4
27	10	13	9	71	28	2	1	W. 256	101	6	8
[28]	11	1	8	72	28	10	–	300	118	15	–
29	11	9	7	73	28	17	11	400	158	6	8
30	11	17	6	74	29	5	10	500	197	18	4
31	12	5	5	75	29	13	9	600	237	10	–
32	12	13	4	76	30	1	8	700	277	1	8
33	13	1	3	77	30	9	7	800	316	13	4
34	13	9	2	78	30	17	6	900	356	5	–
35	13	17	1	79	31	5	5	1000	395	16	8
36	14	5	–	80	31	13	4	2000	791	13	4
37	14	12	11	81	32	1	3	3000	1187	10	–
38	15	–	10	82	32	9	2	4000	1583	6	8
39	15	8	9	83	32	17	1	5000	1979	3	4
40	15	16	8	[84]	33	5	–	6000	2375	–	–
41	16	4	7	85	33	12	11	7000	2770	16	8
42	16	12	6	86	34	–	10	8000	3166	13	4
43	17	–	5	87	34	8	9	9000	3562	10	–
44	17	8	4	88	34	16	8	10000	3958	6	8

* N. B. GH stands for *Great Hundred*; Gr. signifies the *Gross*; and W. the *W'gt*.

272 Feet in a Rod, at 7s. 11d. per Foot, is 107l. 13s. 4d.
365 Days in a Year, at 7s. 11d. per Day, is 144l. 9s. 7d.

At 8s. per Pound, Yard, &c.

N.	l.	s.	d.	N.	l.	s.	d.	N.	l.	s.	d.
1	–	8	–	45	18	–	–	89	35	12	–
2	–	16	–	46	18	8	–	90	36	–	–
3	1	4	–	47	18	16	–	91	36	8	–
4	1	12	–	48	19	4	–	92	36	16	–
5	2	–	–	49	19	12	–	93	37	4	–
6	2	8	–	50	20	–	–	94	37	12	–
7	2	16	–	51	20	8	–	95	38	–	–
8	3	4	–	52	20	16	–	96	38	8	–
9	3	12	–	53	21	4	–	97	38	16	–
10	4	–	–	54	21	12	–	98	39	4	–
11	4	8	–	55	22	–	–	99	39	12	–
12	4	16	–	[56]	22	8	–	100	40	–	–
13	5	4	–	57	22	16	–	101	40	8	–
14	5	12	–	58	23	4	–	102	40	16	–
15	6	–	–	59	23	12	–	103	41	4	–
16	6	8	–	60	24	–	–	104	41	12	–
17	6	16	–	61	24	8	–	105	42	–	–
18	7	4	–	62	24	16	–	106	42	8	–
19	7	12	–	63	25	4	–	107	42	16	–
20	8	–	–	64	25	12	–	108	43	4	–
21	8	8	–	65	26	–	–	109	43	12	–
22	8	16	–	66	26	8	–	110	44	–	–
23	9	4	–	67	26	16	–	111	44	8	–
24	9	12	–	68	27	4	–	GH 112	44	16	–
25	10	–	–	69	27	12	–	Gr. 144	57	12	–
26	10	8	–	70	28	–	–	200	80	–	–
27	10	16	–	71	28	8	–	W. 256	102	8	–
[28]	11	4	–	72	28	16	–	300	120	–	–
29	11	12	–	73	29	4	–	400	160	–	–
30	12	–	–	74	29	12	–	500	200	–	–
31	12	8	–	75	30	–	–	600	240	–	–
32	12	16	–	76	30	8	–	700	280	–	–
33	13	4	–	77	30	16	–	800	320	–	–
34	13	12	–	78	31	4	–	900	360	–	–
35	14	–	–	79	31	12	–	1000	400	–	–
36	14	8	–	80	32	–	–	2000	800	–	–
37	14	16	–	81	32	8	–	3000	1200	–	–
38	15	4	–	82	32	16	–	4000	1600	–	–
39	15	12	–	83	33	4	–	5000	2000	–	–
40	16	–	–	[84]	33	12	–	6000	2400	–	–
41	16	8	–	85	34	–	–	7000	2800	–	–
42	16	16	–	86	34	8	–	8000	3200	–	–
43	17	4	–	87	34	16	–	9000	3600	–	–
44	17	12	–	88	35	4	–	10000	4000	–	–

N. B. GH stands for *Great Hundred*; Gr. signifies the *Gross*; and W. the *Wey*.

272 Feet in a Rod, at 8s. per Foot, is 108l. 16s.
365 Days in a Year, at 8s. per Day, is 146l.

At 8s. 1d. per Pound, Yard, &c.

N.	l.	s.	d.	N.	l.	s.	d.	N.	l.	s.	d.
1	–	8	1	45	18	3	9	89	35	19	5
2	–	16	2	46	18	11	10	90	36	7	6
3	1	4	3	47	18	19	11	91	36	15	7
4	1	12	4	48	19	8	–	92	37	3	8
5	2	–	5	49	19	16	1	93	37	11	9
6	2	8	6	50	20	4	2	94	37	19	10
7	2	16	7	51	20	12	3	95	38	7	11
8	3	4	8	52	21	–	4	96	38	16	–
9	3	12	9	53	21	8	5	97	39	4	1
10	4	–	10	54	21	16	6	98	39	12	2
11	4	8	11	55	22	4	7	99	40	–	3
12	4	17	–	56	22	12	8	100	40	8	4
13	5	5	1	57	23	–	9	101	40	16	5
14	5	13	2	58	23	8	10	102	41	4	6
15	6	1	3	59	23	16	11	103	41	12	7
16	6	9	4	60	24	5	–	104	42	–	8
17	6	17	5	61	24	13	1	105	42	8	9
18	7	5	6	62	25	1	2	106	42	16	10
19	7	13	7	63	25	9	3	107	43	4	11
20	8	1	8	64	25	17	4	108	43	13	–
21	8	9	9	65	26	5	5	109	44	1	1
22	8	17	10	66	26	13	6	110	44	9	2
23	9	5	11	67	27	1	7	111	44	17	3
24	9	14	–	68	27	9	8	GH 112	45	5	4
25	10	2	1	69	27	17	9	Gr. 144	58	4	–
26	10	10	2	70	28	5	10	200	80	16	8
27	10	18	3	71	28	13	11	W. 256	103	9	4
[28]	11	6	4	72	29	2	–	300	121	5	–
29	11	14	5	73	29	10	1	400	161	13	4
30	12	2	6	74	29	18	2	500	202	1	8
31	12	10	7	75	30	6	3	600	242	10	–
32	12	18	8	76	30	14	4	700	282	18	4
33	13	6	9	77	31	2	5	800	323	6	8
34	13	14	10	78	31	10	6	900	363	15	–
35	14	2	11	79	31	18	7	1000	404	3	4
36	14	11	–	80	32	6	8	2000	808	6	8
37	14	19	1	81	32	14	9	3000	1212	10	–
38	15	7	2	82	33	2	10	4000	1616	13	4
39	15	15	3	83	33	10	11	5000	2020	16	8
40	16	3	4	[84]	33	19	–	6000	2425	–	–
41	16	11	5	85	34	7	1	7000	2829	3	4
42	16	19	6	86	34	15	2	8000	3233	6	8
43	17	7	7	87	35	3	3	9000	3637	10	–
44	17	15	8	88	35	11	4	10000	4041	13	4

N. B. GH stands for *Great Hundred*; Gr. signifies the *Gross*; and W. the *Weight*.

272 Feet in a Rod, at 8s. 1d. per Foot, is 109l. 18s. 8d.
365 Days in a Year, at 8s. 1d. per Day, is 147l. 10s. 5d.

At 8s. 2d. per Pound, Yard, &c.

N.	l.	s.	d.	N.	l.	s.	d.	N.	l.	s.	d.
1	-	8	2	45	18	7	6	89	36	6	10
2	-	16	4	46	18	15	8	90	36	15	—
3	1	4	6	47	19	3	10	91	37	3	2
4	1	12	8	48	19	12	—	92	37	11	4
5	2	—	10	49	20	—	2	93	37	19	6
6	2	9	—	50	20	8	4	94	38	7	8
7	2	17	2	51	20	16	6	95	38	15	10
8	3	5	4	52	21	4	8	96	39	4	—
9	3	13	6	53	21	12	10	97	39	12	2
10	4	1	8	54	22	1	—	98	40	—	4
11	4	9	10	55	22	9	2	99	40	8	6
12	4	18	—	[56]	22	17	4	100	40	16	8
13	5	6	2	57	23	5	6	101	41	4	10
14	5	14	4	58	23	13	8	102	41	13	—
15	6	2	6	59	24	1	10	103	42	1	2
16	6	10	8	60	24	10	—	104	42	9	4
17	6	18	10	61	24	18	2	105	42	17	6
18	7	7	—	62	25	6	4	106	43	5	8
19	7	15	2	63	25	14	6	107	43	13	10
20	8	3	4	64	26	2	8	108	44	2	—
21	8	11	6	65	26	10	10	109	44	10	2
22	8	19	8	66	26	19	—	110	44	18	4
23	9	7	10	67	27	7	2	111	45	6	6
24	9	16	—	68	27	15	4	GH 112	45	14	8
25	10	4	2	69	28	3	6	G. 144	58	16	—
26	10	12	4	70	28	11	8	200	81	13	4
27	11	—	6	71	28	19	10	W. 250	104	10	8
[28]	11	8	8	72	29	8	—	300	122	10	—
29	11	16	10	73	29	16	2	400	163	6	8
30	12	5	—	74	30	4	4	500	204	3	4
31	12	13	2	75	30	12	6	600	245	—	—
32	13	1	4	76	31	—	8	700	285	16	8
33	13	9	6	77	31	8	10	800	326	13	4
34	13	17	8	78	31	17	—	900	367	10	—
35	14	5	10	79	32	5	2	1000	408	6	8
36	14	14	—	80	32	13	4	2000	816	13	4
37	15	2	2	81	33	1	6	3000	1225	—	—
38	15	10	4	82	33	9	8	4000	1633	6	8
39	15	18	6	83	33	17	10	5000	2041	13	4
40	16	6	8	[84]	34	6	—	6000	2450	—	—
41	16	14	10	85	34	14	2	7000	2858	6	8
42	17	3	—	86	35	2	4	8000	3266	13	4
43	17	11	2	87	35	10	6	9000	3675	—	—
44	17	19	4	88	35	18	8	10000	4083	6	8

* N. B. GH stands for Great Hundred; Gr. signifies the Gross; and W. the Weigh.

272 Feet in a Rod, at 8s. 2d. per Foot, is 111l. 1s. 4d.
365 Days in a Year, at 8s. 2d. per Day, is 149l. — s. 10d.

At 8s. 3d. per Pound, Yard, &c.

N.	l.	s.	d.	N.	l.	s.	d.	N.	l.	s.	d.
1	–	8	3	45	18	11	3	89	36	14	3
2	–	16	6	46	18	19	6	90	37	2	6
3	1	4	9	47	19	7	9	91	37	10	9
4	1	13	–	48	19	16	–	92	37	19	–
5	2	1	3	49	20	4	3	93	38	7	3
6	2	9	6	50	20	12	6	94	38	15	6
7	2	17	9	51	21	—	9	95	39	3	9
8	3	6	–	52	21	9	–	96	39	12	–
9	3	14	3	53	21	17	3	97	40	—	3
10	4	2	6	54	22	5	6	98	40	8	6
11	4	10	9	55	22	13	9	99	40	16	9
12	4	19	–	[56]	23	2	–	100	41	5	–
13	5	7	3	57	23	10	3	101	41	13	3
14	5	15	6	58	23	18	6	102	42	1	6
15	6	3	9	59	24	6	9	103	42	9	9
16	6	12	–	60	24	15	–	104	42	18	–
17	7	—	3	61	25	3	3	105	43	6	3
18	7	8	6	62	25	11	6	106	43	14	6
19	7	16	9	63	25	19	9	107	44	2	9
20	8	5	–	64	26	8	–	108	44	11	–
21	8	13	3	65	26	16	3	109	44	19	3
22	9	1	6	66	27	4	6	110	45	7	6
23	9	9	9	67	27	12	9	*111	45	15	9
24	9	18	–	68	28	1	–	GH 112	46	4	–
25	10	6	3	69	28	9	3	Gr. 144	59	8	–
26	10	14	6	70	28	17	6	200	82	10	–
27	11	2	9	71	29	5	9	W. 256	105	12	–
[28]	11	11	–	72	29	14	–	300	123	15	–
29	11	19	3	73	30	2	3	400	165	—	–
30	12	7	6	74	30	10	6	500	206	5	–
31	12	15	9	75	30	18	9	600	247	10	–
32	13	4	–	76	31	7	–	700	288	15	–
33	13	12	3	77	31	15	3	800	330	—	–
34	14	—	6	78	32	3	6	900	371	5	–
35	14	8	9	79	32	11	9	1000	412	10	–
36	14	17	–	80	33	—	–	2000	825	—	–
37	15	5	3	81	33	8	3	3000	1237	10	–
38	15	13	6	82	33	16	6	4000	1650	—	–
39	16	1	9	83	34	4	9	5000	2062	10	–
40	16	10	–	84	34	13	–	6000	2475	—	–
41	16	18	3	85	35	1	3	7000	2887	10	–
42	17	6	6	86	35	9	6	8000	3300	—	–
43	17	14	9	87	35	17	9	9000	3712	10	–
44	18	3	–	88	36	6	–	10000	4125	—	–

*N. B. GH stands for *Great Hundred*; Gr. signifies the *Grofs*; and W. the *Wey*.

27½ Feet in a Rod, at 8s. 3d. per Foot, is 112l. 4s.
365 Days in a Year, at 8s. 3d. per Day, is 150l. 11s. 3d.

At 8s. 4d. per Pound, Yard, &c.

N.	l.	s.	d.	N.	l.	s.	d.	N.	l.	s.	d.
1	—	8	4	45	18	15	—	89	37	1	8
2	—	16	8	46	19	3	4	90	37	10	—
3	1	5	—	47	19	11	8	91	37	18	4
4	1	13	4	48	20	—	—	92	38	6	8
5	2	1	8	49	20	8	4	93	38	15	—
6	2	10	—	50	20	16	8	94	39	3	4
7	2	18	4	51	21	5	—	95	39	11	8
8	3	6	8	52	21	13	4	96	40	—	—
9	3	15	—	53	22	1	8	97	40	8	4
10	4	3	4	54	22	10	—	98	40	16	8
11	4	11	8	55	22	18	4	99	41	5	—
12	5	—	—	[56]	23	6	8	100	41	13	4
13	5	8	4	57	23	15	—	101	42	1	8
14	5	16	8	58	24	3	4	102	42	10	—
15	6	5	—	59	24	11	8	103	42	18	4
16	6	13	4	60	25	—	—	104	43	6	8
17	7	1	8	61	25	8	4	105	43	15	—
18	7	10	—	62	25	16	8	106	44	3	4
19	7	18	4	63	26	5	—	107	44	11	8
20	8	6	8	64	26	13	4	108	45	—	—
21	8	15	—	65	27	1	8	109	45	8	4
22	9	3	4	66	27	10	—	110	45	16	8
23	9	11	8	67	27	18	4	111	46	5	—
24	10	—	—	68	28	6	8	GH 112	46	13	4
25	10	8	4	69	28	15	—	Gr. 144	60	—	—
26	10	16	8	70	29	3	4	200	83	6	8
27	11	5	—	71	29	11	8	W. 256	106	13	4
[28]	11	13	4	72	30	—	—	300	125	—	—
29	12	1	8	73	30	8	4	400	166	13	4
30	12	10	—	74	30	16	8	500	208	6	8
31	12	18	4	75	31	5	—	600	250	—	—
32	13	6	8	76	31	13	4	700	291	13	4
33	13	15	—	77	32	1	8	800	333	6	8
34	14	3	4	78	32	10	—	900	375	—	—
35	14	11	8	79	32	18	4	1000	416	13	4
36	15	—	—	80	33	6	8	2000	833	6	8
37	15	8	4	81	33	15	—	3000	1250	—	—
38	15	16	8	82	34	3	4	4000	1666	13	4
39	16	5	—	83	34	11	8	5000	2083	6	8
40	16	13	4	[84]	35	—	—	6000	2500	—	—
41	17	1	8	85	35	8	4	7000	2916	13	4
42	17	10	—	86	35	16	8	8000	3333	6	8
43	17	18	4	87	36	5	—	9000	3750	—	—
44	18	6	8	88	36	13	4	10000	4166	13	4

* *N.B. GH stands for Great Hundred; Gr. signifies the Grofs; and W. the Wey.*

272 Feet in a Rod, at 8s. 4d. per Foot, is 113l. 6s. 8d.
365 Days in a Year, at 8s. 4d. per Day, is 152l. 1s. 8d.

At 8s. 5d. per Pound, Yard, &c.

N.	l.	s.	d.	N.	l.	s.	d.	N.	l.	s.	d.
1	–	8	5	45	18	18	9	89	37	9	1
2	–	16	10	46	19	7	2	90	37	17	6
3	1	5	3	47	19	15	7	91	38	5	11
4	1	13	8	48	20	4	–	92	38	14	4
5	2	2	1	49	20	12	5	93	39	2	9
6	2	10	6	50	21	–	10	94	39	11	2
7	2	18	11	51	21	9	3	95	39	19	7
8	3	7	4	52	21	17	8	96	40	8	–
9	3	15	9	53	22	6	1	97	40	16	5
10	4	4	2	54	22	14	6	98	41	4	10
11	4	12	7	55	23	2	11	99	41	13	3
12	5	1	–	56	23	11	4	100	42	1	8
13	5	9	5	57	23	19	9	101	42	10	1
14	5	17	10	58	24	8	2	102	42	18	6
15	6	6	3	59	24	16	7	103	43	6	11
16	6	14	8	60	25	5	–	104	43	15	4
17	7	3	1	61	25	13	5	105	44	3	9
18	7	11	6	62	26	1	10	106	44	12	2
19	7	19	11	63	26	10	3	107	45	–	7
20	8	8	4	64	26	18	8	108	45	9	–
21	8	16	9	65	27	7	1	109	45	17	5
22	9	5	2	66	27	15	6	110	46	5	10
23	9	13	7	67	28	3	11	111	46	14	3
24	10	2	–	68	28	12	4	G H 112	47	2	8
25	10	10	5	69	29	–	9	Gr. 144	60	12	–
26	10	18	10	70	29	9	2	200	84	3	4
27	11	7	3	71	29	17	7	W. 256	107	14	8
[28]	11	15	8	72	30	6	–	300	126	5	–
29	12	4	1	73	30	14	5	400	168	6	8
30	12	12	6	74	31	2	10	500	210	8	4
31	13	–	11	75	31	11	3	600	252	10	–
32	13	9	4	76	31	19	8	700	294	11	8
33	13	17	9	77	32	8	1	800	336	13	4
34	14	6	2	78	32	16	6	900	378	15	–
35	14	14	7	79	33	4	11	1000	420	16	8
36	15	3	–	80	33	13	4	2000	841	13	4
37	15	11	5	81	34	1	9	3000	1262	10	–
38	15	19	10	82	34	10	2	4000	1683	6	8
39	16	8	3	83	34	18	7	5000	2104	3	4
40	16	16	8	[84]	35	7	–	6000	2525	–	–
41	17	5	1	85	35	15	5	7000	2945	16	8
42	17	13	6	86	36	3	10	8000	3366	13	4
43	18	1	11	87	36	12	3	9000	3787	10	–
44	18	10	4	88	37	–	8	10000	4208	6	8

* N. B. GH stands for Great Hundred; Gr. signifies the Gross; and W. the Wey.

272 Feet in a Rod, at 8s. 5d. per Foot, is 114l. 9s. 4d.
365 Days in a Year, at 8s. 5d. per Day, is 153l. 12s. 1d.

At 8s. 6d. per Pound, Yard, &c.

N.	l.	s.	d.	N.	l.	s.	d.	N.	l.	s.	d.
1	–	8	6	45	19	2	6	89	37	16	–
2	–	17	–	46	19	11	–	90	38	5	–
3	1	5	6	47	19	19	6	91	38	13	6
4	1	14	–	48	20	8	–	92	39	2	–
5	2	2	6	49	20	16	6	93	39	10	6
6	2	11	–	50	21	5	–	94	39	19	–
7	2	19	6	51	21	13	6	95	40	7	6
8	3	8	–	52	22	2	–	96	40	16	–
9	3	16	6	53	22	10	6	97	41	4	6
10	4	5	–	54	22	19	–	98	41	13	–
11	4	13	6	55	23	7	6	99	42	1	6
12	5	2	–	[56]	23	16	–	100	42	10	–
13	5	10	6	57	24	4	6	101	42	18	6
14	5	19	–	58	24	13	–	102	43	7	–
15	6	7	6	59	25	1	6	103	43	15	6
16	6	16	–	60	25	10	–	104	44	4	–
17	7	4	6	61	25	18	6	105	44	12	6
18	7	13	–	62	26	7	–	106	45	1	–
19	8	1	6	63	26	15	6	107	45	9	6
20	8	10	–	64	27	4	–	108	45	18	–
21	8	18	6	65	27	12	6	109	46	6	6
22	9	7	–	66	28	1	–	110	46	15	–
23	9	15	6	67	28	9	6	* 111	47	3	6
24	10	4	–	68	28	18	–	GH 112	47	12	–
25	10	12	6	69	29	6	6	Gr. 144	61	4	–
26	11	1	–	70	29	15	–	200	85	–	–
27	11	9	6	71	30	3	6	W. 256	108	16	–
28	11	18	–	72	30	12	–	300	127	10	–
29	12	6	6	73	31	–	6	400	170	–	–
30	12	15	–	74	31	9	–	500	212	10	–
31	13	3	6	75	31	17	6	600	255	–	–
32	13	12	–	76	32	6	–	700	297	10	–
33	14	–	6	77	32	14	6	800	340	–	–
34	14	9	–	78	33	3	–	900	382	10	–
35	14	17	6	79	33	11	6	1000	425	–	–
36	15	6	–	80	34	–	–	2000	850	–	–
37	15	14	6	81	34	8	6	3000	1275	–	–
38	16	3	–	82	34	17	–	4000	1700	–	–
39	16	11	6	83	35	5	6	5000	2125	–	–
40	17	–	–	[84]	35	14	–	6000	2550	–	–
41	17	8	6	85	36	2	6	7000	2975	–	–
42	17	17	–	86	36	11	–	8000	3400	–	–
43	18	5	6	87	36	19	6	9000	3825	–	–
44	18	14	–	88	37	8	–	10000	4250	–	–

*N. B. GH stands for *Great Hundred*; Gr. signifies the *Gross*; and W. the *Wey*.

272 Feet in a Rod, at 8s. 6d. per Foot, is 115l. 12s.
365 Days in a Year, at 8s. 6d. per Day, is 155l. 2s. 6d.

At 8s. 7d. per Pound, Yard, &c.

N.	l.	s.	d.	N.	l.	s.	d.	N.	l.	s.	d.
1	–	8	7	45	19	6	3	89	38	3	11
2	–	17	2	46	19	14	10	90	38	12	6
3	1	5	9	47	20	3	5	91	39	1	1
4	1	14	4	48	20	12	–	92	39	9	8
5	2	2	11	49	21	–	7	93	39	18	3
6	2	11	6	50	21	9	2	94	40	6	10
7	3	–	1	51	21	17	9	95	40	15	5
8	3	8	8	52	22	6	4	96	41	4	–
9	3	17	3	53	22	14	11	97	41	12	7
10	4	5	10	54	23	3	6	98	42	1	2
11	4	14	5	55	23	12	1	99	42	9	9
12	5	3	–	[56]	24	–	8	100	42	18	4
13	5	11	7	57	24	9	3	101	43	6	11
14	6	–	2	58	24	17	10	102	43	15	6
15	6	8	9	59	25	6	5	103	44	4	1
16	6	17	4	60	25	15	–	104	44	12	8
17	7	5	11	61	26	3	7	105	45	1	3
18	7	14	6	62	26	12	2	106	45	9	10
19	8	3	1	63	27	–	9	107	45	18	5
20	8	11	8	64	27	9	4	108	46	7	–
21	9	–	3	65	27	17	11	109	46	15	7
22	9	8	10	66	28	6	6	110	47	4	2
23	9	17	5	67	28	15	1	111	47	12	9
24	10	6	–	68	29	3	8	GH 112	48	1	4
25	10	14	7	69	29	12	3	Gr. 144	61	16	–
26	11	3	2	70	30	–	10	200	85	16	8
27	11	11	9	71	30	9	5	W. 256	109	17	4
[28]	12	–	4	72	30	18	–	300	128	15	–
29	12	8	11	73	31	6	7	400	171	13	4
30	12	17	6	74	31	15	2	500	214	11	8
31	13	6	1	75	32	3	9	600	257	10	–
32	13	14	8	76	32	12	4	700	300	8	4
33	14	3	3	77	33	–	11	800	343	6	8
34	14	11	10	78	33	9	6	900	386	5	–
35	15	–	5	79	33	18	1	1000	429	3	4
36	15	9	–	80	34	6	8	2000	858	6	8
37	15	17	7	81	34	15	3	3000	1287	10	–
38	16	6	2	82	35	3	10	4000	1716	13	4
39	16	14	9	83	35	12	5	5000	2145	16	8
40	17	3	4	[84]	36	1	–	6000	2575	–	–
41	17	11	11	85	36	9	7	7000	3004	3	4
42	18	–	6	86	36	18	2	8000	3433	6	8
43	18	9	1	87	37	6	9	9000	3862	10	–
44	18	17	8	88	37	15	4	10000	4291	13	4

*N. B. GH stands for Great Hundred; Gr. signifies the Gross; and W. the Wey.

272 Feet in a Rod, at 8s. 7d. per Foot, is 116l. 14s. 8d.
365 Days in a Year at 8s. 7d. per Day, is 156l. 12s. 11d.

At 8s. 8d. per Pound, Yard, &c.

N.	l.	s.	d.	N.	l.	s.	d.	N.	l.	s.	d.
1	–	8	8	45	19	10	–	80	38	11	4
2	–	17	4	46	19	18	8	90	39	–	–
3	1	6	–	47	20	7	4	91	39	8	8
4	1	14	8	48	20	16	–	92	39	17	4
5	2	3	4	49	21	4	8	93	40	6	–
6	2	12	–	50	21	13	4	94	40	14	8
7	3	–	8	51	22	2	–	95	41	3	4
8	3	9	4	52	22	10	8	96	41	12	–
9	3	18	–	53	22	19	4	97	42	–	8
10	4	6	8	54	23	8	–	98	42	9	4
11	4	15	4	55	23	16	8	99	42	18	–
12	5	4	–	56	24	5	4	100	43	6	8
13	5	12	8	57	24	14	–	101	43	15	4
14	6	1	4	58	25	2	8	102	44	4	–
15	6	10	–	59	25	11	4	103	44	12	8
16	6	18	8	60	26	–	–	104	45	1	4
17	7	7	4	61	26	8	8	105	45	10	–
18	7	16	–	62	26	17	4	106	45	18	8
19	8	4	8	63	27	6	–	107	46	7	4
20	8	13	4	64	27	14	8	108	46	16	–
21	9	2	–	65	28	3	4	109	47	4	8
22	9	10	8	66	28	12	–	110	47	13	4
23	9	19	4	67	29	–	8	*111	48	2	–
24	10	8	–	68	29	9	4	G H 112	48	10	8
25	10	16	8	69	29	18	–	Gr. 144	62	8	–
26	11	5	4	70	30	6	8	200	86	13	4
27	11	14	–	71	30	15	4	W. 256	110	18	8
28	12	2	8	72	31	4	–	300	130	–	–
29	12	11	4	73	31	12	8	400	173	6	8
30	13	–	–	74	32	1	4	500	216	13	4
31	13	8	8	75	32	10	–	600	260	–	–
32	13	17	4	76	32	18	8	700	303	6	8
33	14	6	–	77	33	7	4	800	346	13	4
34	14	14	8	78	33	16	–	900	390	–	–
35	15	3	4	79	34	4	8	1000	433	6	8
36	15	12	–	80	34	13	4	2000	866	13	4
37	16	–	8	81	35	2	–	3000	1300	–	–
38	16	9	4	82	35	10	8	4000	1733	6	8
39	16	18	–	83	35	19	4	5000	2166	13	4
40	17	6	8	84	36	8	–	6000	2600	–	–
41	17	15	4	85	36	16	8	7000	3033	6	8
42	18	4	–	86	37	5	4	8000	3466	13	4
43	18	12	8	87	37	14	–	9000	3900	–	–
44	19	1	4	88	38	2	8	10000	4333	6	8

* N.B. GH stands for *Great Hundred*; Gr. signifies the *Gross*; and W. the *Way*.

272 Feet in a Rod, at 8s. 8d. per Foot, is 117l. 17s. 4d.
365 Days in a Year, at 8s. 8d. per Day, is 158l. 3s. 4d.

At 8s. 9d. per Pound, Yard, &c.

N.	l.	s.	d.	N.	l.	s.	d.	N.	l.	s.	d.
1	–	8	9	45	19	13	9	89	38	18	9
2	–	17	6	46	20	2	6	90	39	7	6
3	1	6	3	47	20	11	3	91	39	16	3
4	1	15	–	48	21	–	–	92	40	5	–
5	2	3	9	49	21	8	9	93	40	13	9
6	2	12	6	50	21	17	6	94	41	2	6
7	3	1	3	51	22	6	3	95	41	11	3
8	3	10	–	52	22	15	–	96	42	–	–
9	3	18	9	53	23	3	9	97	42	8	9
10	4	7	6	54	23	12	6	98	42	17	6
11	4	16	3	55	24	1	3	99	43	6	3
12	5	5	–	[56]	24	10	–	100	43	15	–
13	5	13	9	57	24	18	9	101	44	3	9
14	6	2	6	58	25	7	6	102	44	12	6
15	6	11	3	59	25	16	3	103	45	1	3
16	7	–	–	60	26	5	–	104	45	10	–
17	7	8	9	61	26	13	9	105	45	18	9
18	7	17	6	62	27	2	6	106	46	7	6
19	8	6	3	63	27	11	3	107	46	16	3
20	8	15	–	64	28	–	–	108	47	5	–
21	9	3	9	65	28	8	9	109	47	13	9
22	9	12	6	66	28	17	6	110	48	2	6
23	10	1	3	67	29	6	3	*111	48	11	3
24	10	10	–	68	29	15	–	GH 112	49	–	–
25	10	18	9	69	30	3	9	Gr. 144	63	–	–
26	11	7	6	70	30	12	6	200	87	10	–
27	11	16	3	71	31	1	3	W. 250	112	–	–
[28]	12	5	–	72	31	10	–	300	131	5	–
29	12	13	9	73	31	18	9	400	175	–	–
30	13	2	6	74	32	7	6	500	218	15	–
31	13	11	3	75	32	10	3	600	262	10	–
32	14	–	–	76	33	5	–	700	306	5	–
33	14	8	9	77	33	13	9	800	350	–	–
34	14	17	6	78	34	2	6	900	393	15	–
35	15	6	3	79	34	11	3	1000	437	10	–
36	15	15	–	80	35	–	–	2000	875	–	–
37	16	3	9	81	35	8	9	3000	1312	10	–
38	16	12	6	82	35	17	6	4000	1750	–	–
39	17	1	3	83	36	6	3	5000	2187	10	–
40	17	10	–	[84]	36	15	–	6000	2625	–	–
41	17	18	9	85	37	3	9	7000	3062	10	–
42	18	7	6	86	37	12	6	8000	3500	–	–
43	18	16	3	87	38	1	3	9000	3937	10	–
44	19	5	–	88	38	10	–	10000	4375	–	–

*N. B. GH stands for *Great Hundred*; Gr. signifies the *Grofs*; and W. the *Way*.

272 Feet in a Rod, at 8s. 9d. per Foot, is 119l.
365 Days in a Year, at 8s. 9d. per Day, is 159l. 13s. 9d.

At 8s. 10d. per Pound, Yard, &c.

N.	l. s. d.	N.	l. s. d.	N.	l. s. d.
1	– 8 10	45	19 17 6	89	39 6 2
2	– 17 8	46	20 6 4	90	39 15 –
3	1 6 6	47	20 15 2	91	40 3 10
4	1 15 4	48	21 4 –	92	40 12 8
5	2 4 2	49	21 12 10	93	41 1 6
6	2 13 –	50	22 1 8	94	41 10 4
7	3 1 10	51	22 10 6	95	41 19 2
8	3 10 8	52	22 19 4	96	42 8 –
9	3 19 6	53	23 8 2	97	42 16 10
10	4 8 4	54	23 17 –	98	43 5 8
11	4 17 2	55	24 5 10	99	43 14 6
12	5 6 –	[56]	24 14 8	100	44 3 4
13	5 14 10	57	25 3 6	101	44 12 2
14	6 3 8	58	25 12 4	102	45 1 –
15	6 12 6	59	26 1 2	103	45 9 10
16	7 1 4	60	26 10 –	104	45 18 8
17	7 10 2	61	26 18 10	105	46 7 6
18	7 19 –	62	27 7 8	106	46 16 4
19	8 7 10	63	27 16 6	107	47 5 2
20	8 16 8	64	28 5 4	108	47 14 –
21	9 5 6	65	28 14 2	109	48 2 10
22	9 14 4	66	29 3 –	110	48 11 8
23	10 3 2	67	29 11 10	111	49 – 6
24	10 12 –	68	30 – 8	G H 112	49 9 4
25	11 – 10	69	30 9 6	Gr. 144	63 12 –
26	11 9 8	70	30 18 4	200	88 6 8
27	11 18 6	71	31 7 2	W. 256	113 1 4
[28]	12 7 4	72	31 16 –	300	132 10 –
29	12 16 2	73	32 4 10	400	176 13 4
30	13 5 –	74	32 13 8	500	220 16 8
31	13 13 10	75	33 2 6	600	265 – –
32	14 2 8	76	33 11 4	700	309 3 4
33	14 11 6	77	34 – 2	800	353 6 8
34	15 – 4	78	34 9 –	900	397 10 –
35	15 9 2	79	34 17 10	1000	441 13 4
36	15 18 –	80	35 6 8	2000	883 6 8
37	16 6 10	81	35 15 6	3000	1325 – –
38	16 15 8	82	36 4 4	4000	1766 13 –
39	17 4 6	83	36 13 2	5000	2208 6 8
40	17 13 4	[84]	37 2 –	6000	2650 – –
41	18 2 2	85	37 10 10	7000	3091 13 4
42	18 11 –	86	37 19 8	8000	3533 6 8
43	18 19 10	87	38 8 6	9000	3975 – –
44	19 8 8	88	39 17 4	10000	4415 13 4

*N.B. GH stands for *Great Hundred*; Gr. signifies the *Gross*; and W. the *Wey*.

272 Feet in a Rod, at 8s. 10d. per Foot, is 120l. 2s. 8d.
365 Days in a Year, at 8s. 10d. per Day, is 161l. 4s. 2d.

At 8s. 11d. per Pound, Yard, &c.

N.	l.	s.	d.	N.	l.	s.	d.	N.	l.	s.	d.
1	–	8	11	45	20	1	3	89	39	13	7
2	–	17	10	46	20	10	2	90	40	2	6
3	1	6	9	47	20	19	1	91	40	11	5
4	1	15	8	48	21	8	–	92	41	–	4
5	2	4	7	49	21	16	11	93	41	9	3
6	2	13	6	50	22	5	10	94	41	18	2
7	3	2	5	51	22	14	9	95	42	7	1
8	3	11	4	52	23	3	8	96	42	16	–
9	4	–	3	53	23	12	7	97	43	4	11
10	4	9	2	54	24	1	6	98	43	13	10
11	4	18	1	55	24	10	5	99	44	2	9
12	5	7	–	[56]	24	19	4	100	44	11	8
13	5	15	11	57	25	8	3	101	45	–	7
14	6	4	10	58	25	17	2	102	45	9	6
15	6	13	9	59	26	6	1	103	45	18	5
16	7	2	8	60	26	15	–	104	46	7	4
17	7	11	7	61	27	3	11	105	46	16	3
18	8	–	6	62	27	12	10	106	47	5	2
19	8	9	5	63	28	1	9	107	47	14	1
20	8	18	4	64	28	10	8	108	48	3	–
21	9	7	3	65	28	19	7	109	48	11	11
22	9	16	2	66	29	8	6	110	49	–	10
23	10	5	1	67	29	17	5	*111	49	9	9
24	10	14	–	68	30	6	4	GH 112	49	18	8
25	11	2	11	69	30	15	3	Gr. 144	64	4	–
26	11	11	10	70	31	4	2	200	89	3	4
27	12	–	9	71	31	13	1	W. 256	114	2	8
[28]	12	9	8	72	32	2	–	300	133	15	–
29	12	18	7	73	32	10	11	400	178	6	8
30	13	7	6	74	32	19	10	500	222	18	4
31	13	16	5	75	33	8	9	600	267	10	–
32	14	5	4	76	33	17	8	700	312	1	8
33	14	14	3	77	34	6	7	800	356	13	4
34	15	3	2	78	34	15	6	900	401	5	–
35	15	12	1	79	35	4	5	1000	445	16	8
36	16	1	–	80	35	13	4	2000	891	13	4
37	16	9	11	81	36	2	3	3000	1337	10	–
38	16	18	10	82	36	11	2	4000	1783	6	8
39	17	7	9	83	37	–	1	5000	2229	3	4
40	17	16	8	[84]	37	9	–	6000	2675	–	–
41	18	5	7	85	37	17	11	7000	3120	16	8
42	18	14	6	86	38	6	10	8000	3566	13	4
43	19	3	5	87	38	15	9	9000	4012	10	–
44	19	12	4	88	39	4	8	10000	4458	6	8

* N. B. G H stands for *Great Hundred*; Gr. signifies the *Grass*; and W. the *Way*.

272 Feet in a Rod, at 8s. 11d. per Foot, is 121l. 5s. 4d.
365 Days in a **Year**, at 8s. 11d. per Day, is 162l. 14s. 7d.

At 9s. per Pound, Yard, &c.

N.	l.	s.	d.	N.	l.	s.	d.	N.	l.	s.	d.
1	–	9	–	45	20	5	–	89	40	1	–
2	–	18	–	46	20	14	–	90	40	10	–
3	1	7	–	47	21	3	–	91	40	19	–
4	1	16	–	48	21	12	–	92	41	8	–
5	2	5	–	49	22	1	–	93	41	17	–
6	2	14	–	50	22	10	–	94	42	6	–
7	3	3	–	51	22	19	–	95	42	15	–
8	3	12	–	52	23	8	–	96	43	4	–
9	4	1	–	53	23	17	–	97	43	13	–
10	4	10	–	54	24	6	–	98	44	2	–
11	4	19	–	55	24	15	–	99	44	11	–
12	5	8	–	[56]	25	4	–	100	45	–	–
13	5	17	–	57	25	13	–	101	45	9	–
14	6	6	–	58	26	2	–	102	45	18	–
15	6	15	–	59	26	11	–	103	46	7	–
16	7	4	–	60	27	–	–	104	46	16	–
17	7	13	–	61	27	9	–	105	47	5	–
18	8	2	–	62	27	18	–	106	47	14	–
19	8	11	–	63	28	7	–	107	48	3	–
20	9	–	–	64	28	16	–	108	48	12	–
21	9	9	–	65	29	5	–	109	49	1	–
22	9	18	–	66	29	14	–	110	49	10	–
23	10	7	–	67	30	3	–	* 111	49	19	–
24	10	16	–	68	30	12	–	GH 112	50	8	–
25	11	5	–	69	31	1	–	Gr. 144	64	16	–
26	11	14	–	70	31	10	–	200	90	–	–
27	12	3	–	71	31	19	–	W. 256	115	4	–
[28]	12	12	–	72	32	8	–	300	135	–	–
29	13	1	–	73	32	17	–	400	180	–	–
30	13	10	–	74	33	6	–	500	225	–	–
31	13	19	–	75	33	15	–	600	270	–	–
32	14	8	–	76	34	4	–	700	315	–	–
33	14	17	–	77	34	13	–	800	360	–	–
34	15	6	–	78	35	2	–	900	405	–	–
35	15	15	–	79	35	11	–	1000	450	–	–
36	16	4	–	80	36	–	–	2000	900	–	–
37	16	13	–	81	36	9	–	3000	1350	–	–
38	17	2	–	82	36	18	–	4000	1800	–	–
39	17	11	–	83	37	7	–	5000	2250	–	–
40	18	–	–	[84]	37	16	–	6000	2700	–	–
41	18	9	–	85	38	5	–	7000	3150	–	–
42	18	18	–	86	38	14	–	8000	3600	–	–
43	19	7	–	87	39	3	–	9000	4050	–	–
44	19	16	–	88	39	12	–	10000	4500	–	–

N. B. GH stands for Great Hundred; Gr. signifies the Gross; and W. the Wey.

272 Feet in a Rod, at 9s. per Foot, is 122l. 8s.
365 Days in a Year, at 9s. per Day, is 164l. 5s.

At 9s. 1d. per Pound, Yard, &c.

N.	l.	s.	d.	N.	l.	s.	d.	N.	l.	s.	d.
1	−	9	1	45	20	8	9	89	40	8	5
2	−	18	2	46	20	17	10	90	40	17	6
3	1	7	3	47	21	6	11	91	41	6	7
4	1	16	4	48	21	16	—	92	41	15	8
5	2	5	5	49	22	5	1	93	42	4	9
6	2	14	6	50	22	14	2	94	42	13	10
7	3	3	7	51	23	3	3	95	43	2	11
8	3	12	8	52	23	12	4	96	43	12	—
9	4	1	9	53	24	1	5	97	44	1	1
10	4	10	10	54	24	10	6	98	44	10	2
11	4	19	11	55	24	19	7	99	44	19	3
12	5	9	—	56	25	8	8	100	45	8	4
13	5	18	1	57	25	17	9	101	45	17	5
14	6	7	2	58	26	6	10	102	46	6	6
15	6	16	3	59	26	15	11	103	46	15	7
16	7	5	4	60	27	5	—	104	47	4	8
17	7	14	5	61	27	14	1	105	47	13	9
18	8	3	6	62	28	3	2	106	48	2	10
19	8	12	7	63	28	12	3	107	48	11	11
20	9	1	8	64	29	1	4	108	49	1	—
21	9	10	9	65	29	10	5	109	49	10	1
22	9	19	10	66	29	19	6	110	49	19	2
23	10	8	11	67	30	8	7	*111	50	8	3
24	10	18	—	68	30	17	8	GH 112	50	17	4
25	11	7	1	69	31	6	9	Gr. 144	65	8	—
26	11	16	2	70	31	15	10	200	90	16	8
27	12	5	3	71	32	4	11	W. 256	116	5	4
[28]	12	14	4	72	32	14	—	300	136	5	—
29	13	3	5	73	33	3	1	400	181	13	4
30	13	12	6	74	33	12	2	500	227	1	8
31	14	1	7	75	34	1	3	600	272	10	—
32	14	10	8	76	34	10	4	700	317	18	4
33	14	19	9	77	34	19	5	800	363	6	8
34	15	8	10	78	35	8	6	900	408	15	—
35	15	17	11	79	35	17	7	1000	454	3	4
36	16	7	—	80	36	6	8	2000	908	6	8
37	16	16	1	81	36	15	9	3000	1362	10	—
38	17	5	2	82	37	4	10	4000	1816	13	4
39	17	14	3	83	37	13	11	5000	2270	16	8
40	18	3	4	[84]	38	3	—	6000	2725	—	—
41	18	12	5	85	38	12	1	7000	3179	3	4
42	19	1	6	86	39	1	2	8000	3633	6	8
43	19	10	7	87	39	10	3	9000	4087	10	—
44	19	19	8	88	39	19	4	10000	4541	13	4

N. B. GH stands for *Great Hundred;* Gr. signifies the *Grofs;* and W. the *Wey.*

2½ Feet in a Rod, at 9s. 1d. per Foot, is 123l. 10s. 8d.
365 Days in a Year, at 9s. 1d. per Day, is 165l. 15s. 5d.

At 9s. 2d. per Pound, Yard, &c.

N.	l.	s.	d.	N	l.	s.	d.	N.	l.	s.	d.
1	—	9	2	45	20	12	6	89	40	15	10
2	—	18	4	46	21	1	8	90	41	5	—
3	1	7	6	47	21	10	10	91	41	14	2
4	1	16	8	48	22	—	—	92	42	3	4
5	2	5	10	49	22	9	2	93	42	12	6
6	2	15	—	50	22	18	4	94	43	1	8
7	3	4	2	51	23	7	6	95	43	10	10
8	3	13	4	52	23	16	8	96	44	—	—
9	4	2	6	53	24	5	10	97	44	9	2
10	4	11	8	54	24	15	—	98	44	18	4
11	5	—	10	55	25	4	2	99	45	7	6
12	5	10	—	[56]	25	13	4	100	45	16	8
13	5	19	2	57	26	2	6	101	46	5	10
14	6	8	4	58	26	11	8	102	46	15	—
15	6	17	6	59	27	—	10	103	47	4	2
16	7	6	8	60	27	10	—	104	47	13	4
17	7	15	10	61	27	19	2	105	48	2	6
18	8	5	—	62	28	8	4	106	48	11	8
19	8	14	2	63	28	17	6	107	49	—	10
20	9	3	4	64	29	6	8	108	49	10	—
21	9	12	6	65	29	15	10	109	49	19	2
22	10	1	8	66	30	5	—	110	50	8	4
23	10	10	10	67	30	14	2	*111	50	17	6
24	11	—	—	68	31	3	4	GH 112	51	6	8
25	11	9	2	69	31	12	6	Gr. 144	65	—	—
26	11	18	4	70	32	1	8	200	91	13	4
27	12	7	6	71	32	10	10	W. 256	117	6	8
[28]	12	16	8	72	33	—	—	300	137	10	—
29	13	5	10	73	33	9	2	400	183	6	8
30	13	15	—	74	33	18	4	500	229	3	4
31	14	4	2	75	34	7	6	600	275	—	—
32	14	13	4	76	34	16	8	700	320	16	8
33	15	2	6	77	35	5	10	800	366	13	4
34	15	11	8	78	35	15	—	900	412	10	—
35	16	—	10	79	36	4	2	1000	458	6	8
36	16	10	—	80	36	13	4	2000	916	13	4
37	16	19	2	81	37	2	6	3000	1375	—	—
38	17	8	4	82	37	11	8	4000	1833	6	8
39	17	17	6	83	38	—	10	5000	2291	13	4
40	18	6	8	[84]	38	10	—	6000	2750	—	—
41	18	15	10	85	38	19	2	7000	3208	6	8
42	19	5	—	86	39	8	4	8000	3666	13	4
43	19	14	2	87	39	17	6	9000	4125	—	—
44	20	3	4	88	40	6	8	10000	4583	6	8

*N. B. GH stands for *Great Hundred*; Gr. signifies the *Gross*; and W. the *Wey*.

272 Feet in a Rod, at 9s. 2d. per Foot, is 124l. 13s. 4d.
365 Days in a Year, at 9s. 2d. per Day, is 167l. 5s. 10d.

At 9s. 3d. per Pound, Yard, &c.

N.	l.	s.	d.	N.	l.	s.	d.	N.	l.	s.	d.
1	–	9	3	45	20	16	3	89	41	3	3
2	–	18	6	46	21	5	6	90	41	12	6
3	1	7	9	47	21	14	9	91	42	1	9
4	1	17	–	48	22	4	–	92	42	11	–
5	2	6	3	49	22	13	3	93	43	–	3
6	2	15	6	50	23	2	6	94	43	9	6
7	3	4	9	51	23	11	9	95	43	18	9
8	3	14	–	52	24	1	–	96	44	8	–
9	4	3	3	53	24	10	3	97	44	17	3
10	4	12	6	54	24	19	6	98	45	6	6
11	5	1	9	55	25	8	9	99	45	15	9
12	5	11	–	56	25	18	–	100	46	5	–
13	6	–	3	57	26	7	3	101	46	14	3
14	6	9	6	58	26	16	6	102	47	3	6
15	6	18	9	59	27	5	9	103	47	12	9
16	7	8	–	60	27	15	–	104	48	2	–
17	7	17	3	61	28	4	3	105	48	11	3
18	8	6	6	62	28	13	6	106	49	–	6
19	8	15	9	63	29	2	9	107	49	9	9
20	9	5	–	64	29	12	–	108	49	19	–
21	9	14	3	65	30	1	3	109	50	8	3
22	10	3	6	66	30	10	6	110	50	17	6
23	10	12	9	67	30	19	9	*111	51	6	9
24	11	2	–	68	31	9	–	GH 112	51	16	–
25	11	11	3	69	31	18	3	Gr. 144	66	12	–
26	12	–	6	70	32	7	6	200	92	10	–
27	12	9	9	71	32	16	9	W. 256	118	8	–
28	12	19	–	72	33	6	–	300	138	15	–
29	13	8	3	73	33	15	3	400	185	–	–
30	13	17	6	74	34	4	6	500	231	5	–
31	14	6	9	75	34	13	9	600	277	10	–
32	14	16	–	76	35	3	–	700	323	15	–
33	15	5	3	77	35	12	3	800	370	–	–
34	15	14	6	78	36	1	6	900	416	5	–
35	16	3	9	79	36	10	9	1000	462	10	–
36	16	13	–	80	37	–	–	2000	925	–	–
37	17	2	3	81	37	9	3	3000	1387	10	–
38	17	11	6	82	37	18	6	4000	1850	–	–
39	18	–	9	83	38	7	9	5000	2312	10	–
40	18	10	–	[84]	38	17	–	6000	2775	–	–
41	18	19	3	85	39	6	3	7000	3237	10	–
42	19	8	6	86	39	15	6	8000	3700	–	–
43	19	17	9	87	40	4	9	9000	4162	10	–
44	20	7	–	88	40	14	–	10000	4625	–	–

* N. B. GH stands for *Great Hundred*; Gr. signifies the *Gross*; and W. the *Wey*.

272 Feet in a Rod, at 9s. 3d. per Foot, is 125l. 16s.
365 Days in a Year, at 9s. 3d. per Day, is 168l. 16s. 3d.

At 9s. 4d. per Pound, Yard, &c.

N	l.	s.	d.	N.	l.	s.	d.	N.	l.	s.	d.
1	–	9	4	45	21	–	–	89	41	10	8
2	–	18	8	46	21	9	4	90	42	–	–
3	1	8	–	47	21	18	8	91	42	9	4
4	1	17	4	48	22	8	–	92	42	18	8
5	2	6	8	49	22	17	4	93	43	8	–
6	2	16	–	50	23	6	8	94	43	17	4
7	3	5	4	51	23	16	–	95	44	6	8
8	3	14	8	52	24	5	4	96	44	16	–
9	4	4	–	53	24	14	8	97	45	5	4
10	4	13	4	54	25	4	–	98	45	14	8
11	5	2	8	55	25	13	4	99	46	4	–
12	5	12	–	[56]	26	2	8	100	46	13	4
13	6	1	4	57	26	12	–	101	47	2	8
14	6	10	8	58	27	1	4	102	47	12	–
15	7	–	–	59	27	10	8	103	48	1	4
16	7	9	4	60	28	–	–	104	48	10	8
17	7	18	8	61	28	9	4	105	49	–	–
18	8	8	–	62	28	18	8	106	49	9	4
19	8	17	4	63	29	8	–	107	49	18	8
20	9	6	8	64	29	17	4	108	50	8	–
21	9	16	–	65	30	6	8	109	50	17	4
22	10	5	4	66	30	16	–	110	51	6	8
23	10	14	8	67	31	5	4	111	51	16	–
24	11	4	–	68	31	14	8	GH 112	52	5	4
25	11	13	4	69	32	4	–	Gr. 144	67	4	–
26	12	2	8	70	32	13	4	200	93	6	8
27	12	12	–	71	33	2	8	W. 256	119	9	4
[28]	13	1	4	72	33	12	–	300	140	–	–
29	13	10	8	73	34	1	4	400	186	13	4
30	14	–	–	74	34	10	8	500	233	6	8
31	14	9	4	75	35	–	–	600	280	–	–
32	14	18	8	76	35	9	4	700	326	13	4
33	15	8	–	77	35	18	8	800	373	6	8
34	15	17	4	78	36	8	–	900	420	–	–
35	16	6	8	79	36	17	4	1000	466	13	4
36	16	16	–	80	37	6	8	2000	933	6	8
37	17	5	4	81	37	16	–	3000	1400	–	–
38	17	14	8	82	38	5	4	4000	1866	13	4
39	18	4	–	83	38	14	8	5000	2333	6	8
40	18	13	4	84	39	4	–	6000	2800	–	–
41	19	2	8	85	39	13	4	7000	3266	13	4
42	19	12	–	86	40	2	8	8000	3733	6	8
43	20	1	4	87	40	12	–	9000	4200	–	–
44	20	10	8	88	41	1	4	10000	4666	13	4

*N. B. GH stands for *Great Hundred*; Gr. signifies the *Gross*; and W. the *Weg*.

27½ Feet in a Rod, at 9s. 4d. per Foot, is 12l. 18s. 8d.
365 Days in a Year, at 9s. 4d. per Day, is 170l. 6s. 8d.

At 9s. 5d. per Pound, Yard, &c.

N.	l. s. d.	N.	l. s. d.	N.	l. s. d.
1	– 9 5	45	21 3 9	89	41 18 1
2	– 18 10	46	21 13 2	90	42 7 6
3	1 8 3	47	22 2 7	91	42 16 11
4	1 17 8	48	22 12 –	92	43 6 4
5	2 7 1	49	23 1 5	93	43 15 9
6	2 16 6	50	23 10 10	94	44 5 2
7	3 5 11	51	24 – 3	95	44 14 7
8	3 15 4	52	24 9 8	96	45 4 –
9	4 4 9	53	24 19 1	97	45 13 5
10	4 14 2	54	25 8 6	98	46 2 10
11	5 3 7	55	25 17 11	99	46 12 3
12	5 13 –	[56]	26 7 4	100	47 1 8
13	6 2 5	57	26 16 9	101	47 11 1
14	6 11 10	58	27 6 2	102	48 – 6
15	7 1 3	59	27 15 7	103	48 9 11
16	7 10 8	60	28 5 –	104	48 19 4
17	8 – 1	61	28 14 5	105	49 8 9
18	8 9 6	62	29 3 10	106	49 18 2
19	8 18 11	63	29 13 3	107	50 7 7
20	9 8 4	64	30 2 8	108	50 17 –
21	9 17 9	65	30 12 1	109	51 6 5
22	10 7 2	66	31 1 6	110	51 15 10
23	10 16 7	67	31 10 11	*111	52 5 3
24	11 6 –	68	32 – 4	GH 112	52 14 8
25	11 15 5	69	32 9 9	Gr. 144	67 12 –
26	12 4 10	70	32 19 2	200	94 3 4
27	12 14 3	71	33 8 7	W. 256	120 10 8
[28]	13 3 8	72	33 18 –	300	141 5 –
29	13 13 1	73	34 7 5	400	188 6 8
30	14 2 6	74	34 16 10	500	235 8 4
31	14 11 11	75	35 6 3	600	282 10 –
32	15 1 4	76	35 15 8	700	329 11 8
33	15 10 9	77	36 5 1	800	376 13 4
34	16 – 2	78	36 14 6	900	423 15 –
35	16 9 7	79	37 3 11	1000	470 16 8
36	16 19 –	80	37 13 4	2000	941 13 4
37	17 8 5	81	38 2 9	3000	1412 10 –
38	17 17 10	82	38 12 2	4000	1883 6 8
39	18 7 3	83	39 1 7	5000	2354 3 4
40	18 16 8	[84]	39 11 –	6000	2825 – –
41	19 6 1	85	40 – 5	7000	3295 16 8
42	19 15 6	86	40 9 10	8000	3766 13 4
43	20 4 11	87	40 19 3	9000	4237 10 –
44	20 14 4	88	41 8 8	10000	4708 6 8

*N. B. GH stands for Great Hundred; Gr. signifies the Gross; and W. the Way.

272 Feet in a Rod, at 9s. 5d. per Foot, is 128l. 1s. 4d.
365 Days in a Year, at 9s. 5d. per Day, is 171l. 17s. 1d.

At 9s. 6d. per Pound, Yard, &c.

N.	l.	s.	d.	N.	l.	s.	d.	N.	l.	s.	d.
1	–	9	6	45	21	7	6	89	42	5	0
2	–	19	–	46	21	17	–	90	42	15	–
3	1	8	6	47	22	6	6	91	43	4	6
4	1	18	–	48	22	16	–	92	43	14	–
5	2	7	6	49	23	5	6	93	44	3	6
6	2	17	–	50	23	15	–	94	44	13	–
7	3	6	6	51	24	4	6	95	45	2	6
8	3	16	–	52	24	14	–	96	45	12	–
9	4	5	6	53	25	3	6	97	46	1	6
10	4	15	–	54	25	13	–	98	46	11	–
11	5	4	6	55	26	2	6	99	47	–	6
12	5	14	–	[56]	26	12	–	100	47	10	–
13	6	3	6	57	27	1	6	101	47	19	6
14	6	13	–	58	27	11	–	102	48	9	–
15	7	2	6	59	28	–	6	103	48	18	6
16	7	12	–	60	28	10	–	104	49	8	–
17	8	1	6	61	28	19	6	105	49	17	6
18	8	11	–	62	29	9	–	106	50	7	–
19	9	–	6	63	29	18	6	107	50	16	6
20	9	10	–	64	30	8	–	108	51	6	–
21	9	19	6	65	30	17	6	109	51	15	6
22	10	9	–	66	31	7	–	110	52	5	–
23	10	18	6	67	31	16	6	*111	52	14	6
24	11	8	–	68	32	6	–	GH 112	53	4	–
25	11	17	6	69	32	15	6	Gr. 144	68	8	–
26	12	7	–	70	33	5	–	200	95	–	–
27	12	16	6	71	33	14	–	W. 256	121	12	–
[28]	13	6	–	72	34	4	–	300	142	10	–
29	13	15	6	73	34	13	6	400	190	–	–
30	14	5	–	74	35	3	–	500	237	10	–
31	14	14	6	75	35	12	6	600	285	–	–
32	15	4	–	76	36	2	–	700	332	10	–
33	15	13	6	77	36	11	6	800	380	–	–
34	16	3	–	78	37	1	–	900	427	10	–
35	16	12	6	79	37	10	6	1000	475	–	–
36	17	2	–	80	38	–	–	2000	950	–	–
37	17	11	6	81	38	9	6	3000	1425	–	–
38	18	1	–	82	38	19	–	4000	1900	–	–
39	18	10	6	83	39	8	6	5000	2375	–	–
40	19	–	–	[84]	39	18	–	6000	2850	–	–
41	19	9	6	85	40	7	6	7000	3325	–	–
42	19	19	–	86	40	17	–	8000	3800	–	–
43	20	8	6	87	41	6	6	9000	4275	–	–
44	20	18	–	88	41	16	–	10000	4750	–	–

N.B. GH stands for Great Hundred; Gr. signifies the Gross; and W. the Way.

272 Feet in a Rod, at 9s. 6d. per Foot, is 129l. 4s.
365 Days in a Year, at 9s. 6d. per Day, is 173l. 7s. 6d.

At 9s. 7d. per Pound, Yard, &c.

N.	l.	s.	d.	N.	l.	s.	d.	N.	l.	s.	d.
1	–	9	7	45	21	11	3	89	42	12	11
2	–	19	2	46	22	–	10	90	43	2	6
3	1	8	9	47	22	10	5	91	43	12	1
4	1	18	4	48	23	–	–	92	44	1	8
5	2	7	11	49	23	9	7	93	44	11	3
6	2	17	6	50	23	19	2	94	45	–	10
7	3	7	1	51	24	8	9	95	45	10	5
8	3	16	8	52	24	18	4	96	46	–	–
9	4	6	3	53	25	7	11	97	46	9	7
10	4	15	10	54	25	17	6	98	46	19	2
11	5	5	5	55	26	7	1	99	47	8	9
12	5	15	–	56	26	16	8	100	47	18	4
13	6	4	7	57	27	6	3	101	48	7	11
14	6	14	2	58	27	15	10	102	48	17	6
15	7	3	9	59	28	5	5	103	49	7	1
16	7	13	4	60	28	15	–	104	49	16	8
17	8	2	11	61	29	4	7	105	50	6	3
18	8	12	6	62	29	14	2	106	50	15	10
19	9	2	1	63	30	3	9	107	51	5	5
20	9	11	8	64	30	13	4	108	51	15	–
21	10	1	3	65	31	2	11	109	52	4	7
22	10	10	10	66	31	12	6	110	52	14	2
23	11	–	5	67	32	2	1	111	53	3	9
24	11	10	–	68	32	11	8	GH 112	53	13	4
25	11	19	7	69	33	1	3	Gr. 144	69	–	–
26	12	9	2	70	33	10	10	200	95	16	8
27	12	18	9	71	34	–	5	W. 256	122	13	4
[28]	13	8	4	72	34	10	–	300	143	15	–
29	13	17	11	73	34	19	7	400	191	13	4
30	14	7	6	74	35	9	2	500	239	11	8
31	14	17	1	75	35	18	9	600	287	10	–
32	15	6	8	76	36	8	4	700	335	8	4
33	15	16	3	77	36	17	11	800	383	6	8
34	16	5	10	78	37	7	6	900	431	5	–
35	16	15	5	79	37	17	1	1000	479	3	4
36	17	5	–	80	38	6	8	2000	958	6	8
37	17	14	7	81	38	16	3	3000	1437	10	–
38	18	4	2	82	39	5	10	4000	1916	13	4
39	18	13	9	83	39	15	5	5000	2395	16	8
40	19	3	4	[84]	40	5	–	6000	2875	–	–
41	19	12	11	85	40	14	7	7000	3354	3	4
42	20	2	6	86	41	4	2	8000	3833	6	8
43	20	12	1	87	41	13	9	9000	4312	10	–
44	21	1	8	88	42	3	4	10000	4791	13	4

272 Feet in a Rod, at 9s. 7d. per Foot, is 130l. 6s. 8d.
365 Days in a Year, at 9s. 7d. per Day, is 174l. 17s. 11d.

N. B. GH stands for Great Hundred; Gr. signifies the Gross; and W. the Wey.

At 9s. 8d. per Pound, Yard, &c.

N.	l.	s.	d.	N.	l.	s.	d.	N.	l.	s.	d.
1	–	9	8	45	21	15	–	89	43	–	4
2	–	19	4	46	22	4	8	90	43	10	–
3	1	9	–	47	22	14	4	91	43	19	8
4	1	18	8	48	23	4	–	92	44	9	4
5	2	8	4	49	23	13	8	93	44	19	–
6	2	18	–	50	24	3	4	94	45	8	8
7	3	7	8	51	24	13	–	95	45	18	4
8	3	17	4	52	25	2	8	96	46	8	–
9	4	7	–	53	25	12	4	97	46	17	8
10	4	16	8	54	26	2	–	98	47	7	4
11	5	6	4	55	26	11	8	99	47	17	–
12	5	16	–	[56]	27	1	4	100	48	6	8
13	6	5	8	57	27	11	–	101	48	16	4
14	6	15	4	58	28	–	8	102	49	6	–
15	7	5	–	59	28	10	4	103	49	15	8
16	7	14	8	60	29	–	–	104	50	5	4
17	8	4	4	61	29	9	8	105	50	15	–
18	8	14	–	62	29	19	4	106	51	4	8
19	9	3	8	63	30	9	–	107	51	14	4
20	9	13	4	64	30	18	8	108	52	4	–
21	10	3	–	65	31	8	4	109	52	13	8
22	10	12	8	66	31	18	–	110	53	3	4
23	11	2	4	67	32	7	8	*111	53	13	–
24	11	12	–	68	32	17	4	GH 112	54	2	8
25	12	1	8	69	33	7	–	Gr. 144	69	12	–
26	12	11	4	70	33	16	8	200	96	13	4
27	13	1	–	71	34	6	4	W. 256	123	14	8
[28]	13	10	8	72	34	16	–	300	145	–	–
29	14	–	4	73	35	5	8	400	193	6	8
30	14	10	–	74	35	15	4	500	241	13	4
31	14	19	8	75	36	5	–	600	290	–	–
32	15	9	4	76	36	14	8	700	338	6	8
33	15	19	–	77	37	4	4	800	386	13	4
34	16	8	8	78	37	14	–	900	435	–	–
35	16	18	4	79	38	3	8	1000	483	6	8
36	17	8	–	80	38	13	4	2000	966	13	4
37	17	17	8	81	39	3	–	3000	1450	–	–
38	18	7	4	82	39	12	8	4000	1933	6	8
39	18	17	–	83	40	2	4	5000	2416	13	4
40	19	6	8	[84]	40	12	–	6000	2900	–	–
41	19	16	4	85	41	1	8	7000	3383	6	8
42	20	6	–	86	41	11	4	8000	3866	13	4
43	20	15	8	87	42	1	–	9000	4350	–	–
44	21	5	4	88	42	10	8	10000	4833	6	8

* N. B. GH stands for *Great Hundred*; Gr. signifies the *Gross*; and W. the *Way*.

272 Feet in a Rod, at 9s. 8d. per Foot, is 131l. 9s. 4d.
365 Days in a Year, at 9s. 8d. per Day, is 176l. 8s. 4d.

At 9s. 9d. per Pound, Yard, &c.

N.	l.	s.	d.	N.	l.	s.	d.	N.	l.	s.	d.
1	–	9	9	45	21	18	9	89	43	7	9
2	–	19	6	46	22	8	6	90	43	17	6
3	1	9	3	47	22	18	3	91	44	7	3
4	1	19	–	48	23	8	–	92	44	17	–
5	2	8	9	49	23	17	9	93	45	6	9
6	2	18	6	50	24	7	6	94	45	16	6
7	3	8	3	51	24	17	3	95	46	6	3
8	3	18	–	52	25	7	–	96	46	16	–
9	4	7	9	53	25	16	9	97	47	5	9
10	4	17	6	54	26	6	6	98	47	15	6
11	5	7	3	55	26	16	3	99	48	5	3
12	5	17	–	56	27	6	–	100	48	15	–
13	6	6	9	57	27	15	9	101	49	4	9
14	6	16	6	58	28	5	6	102	49	14	6
15	7	6	3	59	28	15	3	103	50	4	3
16	7	16	–	60	29	5	–	104	50	14	–
17	8	5	9	61	29	14	9	105	51	3	9
18	8	15	6	62	30	4	6	106	51	13	6
19	9	5	3	63	30	14	3	107	52	3	3
20	9	15	–	64	31	4	–	108	52	13	–
21	10	4	9	65	31	13	9	109	53	2	9
22	10	14	6	66	32	3	6	110	53	12	6
23	11	4	3	67	32	13	3	111	54	2	3
24	11	14	–	68	33	3	–	GH 112	54	12	–
25	12	3	9	69	33	12	9	Gr. 144	70	4	–
26	12	13	6	70	34	2	6	200	97	10	–
27	13	3	3	71	34	12	3	W. 256	124	16	–
28	13	13	–	72	35	2	–	300	146	5	–
29	14	2	9	73	35	11	9	400	195	–	–
30	14	12	6	74	36	1	6	500	243	15	–
31	15	2	3	75	36	11	3	600	292	10	–
32	15	12	–	76	37	1	–	700	341	5	–
33	16	1	9	77	37	10	9	800	390	–	–
34	16	11	6	78	38	–	6	900	438	15	–
35	17	1	3	79	38	10	3	1000	487	10	–
36	17	11	–	80	39	–	–	2000	975	–	–
37	18	–	9	81	39	9	9	3000	1462	10	–
38	18	10	6	82	39	19	6	4000	1950	–	–
39	19	–	3	83	40	9	3	5000	2437	10	–
40	19	10	–	84	40	19	–	6000	2925	–	–
41	19	19	9	85	41	8	9	7000	3412	10	–
42	20	9	6	86	41	18	6	8000	3900	–	–
43	20	19	3	87	42	8	3	9000	4387	10	–
44	21	9	–	88	42	18	–	10000	4875	–	–

N.B. GH stands for Great Hundred; Gr. signifies the Gross; and W. the Wey.

272 Feet in a Rod, at 9s. 9d. per Foot, is 132l. 12s.
365 Days in a Year, at 9s. 9d. per Day, is 177l. 18s. 9d.

At 9s. 10d. per Pound, Yard, &c.

N.	l.	s.	d.	N.	l.	s.	d.	N.	l.	s.	d.
1	–	9	10	45	22	2	6	89	43	15	2
2	–	19	8	46	22	12	4	90	44	5	–
3	1	9	6	47	23	2	2	91	44	14	10
4	1	19	4	48	23	12	–	92	45	4	8
5	2	9	2	49	24	1	10	93	45	14	6
6	2	19	–	50	24	11	8	94	46	4	4
7	3	8	10	51	25	1	6	95	46	14	2
8	3	18	8	52	25	11	4	96	47	4	–
9	4	8	6	53	26	1	2	97	47	13	10
10	4	18	4	54	26	11	–	98	48	3	8
11	5	8	2	55	27	–	10	99	48	13	6
12	5	18	–	[56]	27	10	8	100	49	3	4
13	6	7	10	57	28	–	6	101	49	13	2
14	6	17	8	58	28	10	4	102	50	3	–
15	7	7	6	59	29	–	2	103	50	12	10
16	7	17	4	60	29	10	–	104	51	2	8
17	8	7	2	61	29	19	10	105	51	12	6
18	8	17	–	62	30	9	8	106	52	2	4
19	9	6	10	63	30	19	6	107	52	12	2
20	9	16	8	64	31	9	4	108	53	2	–
21	10	6	6	65	31	19	2	109	53	11	10
22	10	16	4	66	32	9	–	110	54	1	8
23	11	6	2	67	32	18	10	*111	54	11	6
24	11	16	–	68	33	8	8	GH 112	55	1	4
25	12	5	10	69	33	18	6	Gr. 144	70	16	–
26	12	15	8	70	34	8	4	200	98	6	8
27	13	5	6	71	34	18	2	W. 256	125	17	4
28	13	15	4	72	35	8	–	300	147	10	–
29	14	5	2	73	35	17	10	400	196	13	4
30	14	15	–	74	36	7	8	500	245	16	8
31	15	4	10	75	36	17	6	600	295	–	–
32	15	14	8	76	37	7	4	700	344	3	4
33	16	4	6	77	37	17	2	800	393	6	8
34	16	14	4	78	38	7	–	900	442	10	–
35	17	4	2	79	38	16	10	1000	491	13	4
36	17	14	–	80	39	6	8	2000	983	6	8
37	18	3	10	81	39	16	6	3000	1475	–	–
38	18	13	8	82	40	6	4	4000	1966	13	4
39	19	3	6	83	40	16	2	5000	2458	6	8
40	19	13	4	[84]	41	6	–	6000	2950	–	–
41	20	3	2	85	41	15	10	7000	3441	13	4
42	20	13	–	86	42	5	8	8000	3933	6	8
43	21	2	10	87	42	15	6	9000	4425	–	–
44	21	12	8	88	43	5	4	10000	4916	13	4

* N. B. GH stands for Great Hundred; Gr. signifies the Gross; and W. the W'g.

272 Feet in a Rod, at 9s. 10d. per Foot, is 133l. 14s. 8d.
365 Days in a Year, at 9s. 10d. per Day, is 179l. 9s. 2d.

At 9s. 11d. per Pound, Yard, &c.

N.	l.	s.	d.	N.	l.	s.	d.	N.	l.	s.	d.
1	–	9	11	45	22	6	3	89	44	2	7
2	–	19	10	46	22	16	2	90	44	12	6
3	1	9	9	47	23	6	1	91	45	2	5
4	1	19	8	48	23	16	–	92	45	12	4
5	2	9	7	49	24	5	11	93	46	2	3
6	2	19	6	50	24	15	10	94	46	12	2
7	3	9	5	51	25	5	9	95	47	2	1
8	3	19	4	52	25	15	8	96	47	12	–
9	4	9	3	53	26	5	7	97	48	1	11
10	4	19	2	54	26	15	6	98	48	11	10
11	5	9	1	55	27	5	5	99	49	1	9
12	5	19	–	[56]	27	15	4	100	49	11	8
13	6	8	11	57	28	5	3	101	50	1	7
14	6	18	10	58	28	15	2	102	50	11	6
15	7	8	9	59	29	5	1	103	51	1	5
16	7	18	8	60	29	15	–	104	51	11	4
17	8	8	7	61	30	4	11	105	52	1	3
18	8	18	6	62	30	14	10	106	52	11	2
19	9	8	5	63	31	4	9	107	53	1	1
20	9	18	4	64	31	14	8	108	53	11	–
21	10	8	3	65	32	4	7	109	54	–	11
22	10	18	2	66	32	14	6	110	54	10	10
23	11	8	1	67	33	4	5	*111	55	–	9
24	11	18	–	68	33	14	4	GH 112	55	10	8
25	12	7	11	69	34	4	3	Gr. 144	71	8	–
26	12	17	10	70	34	14	2	200	99	3	4
27	13	7	9	71	35	4	1	W. 256	126	18	8
[28]	13	17	8	72	35	14	–	300	148	15	–
29	14	7	7	73	36	3	11	400	198	6	8
30	14	17	6	74	36	13	10	500	247	18	4
31	15	7	5	75	37	3	9	600	297	10	–
32	15	17	4	76	37	13	8	700	347	1	8
33	16	7	3	77	38	3	7	800	396	13	4
34	16	17	2	78	38	13	6	900	446	5	–
35	17	7	1	79	39	3	5	1000	495	16	8
36	17	17	–	80	39	13	4	2000	991	13	4
37	18	6	11	81	40	3	3	3000	1487	10	–
38	18	16	10	82	40	13	2	4000	1983	6	8
39	19	6	9	83	41	3	1	5000	2479	3	4
40	19	16	8	[84]	41	13	–	6000	2975	–	–
41	20	6	7	85	42	2	11	7000	3470	16	8
42	20	16	6	86	42	12	10	8000	3966	13	4
43	21	6	5	87	43	2	9	9000	4462	10	–
44	21	16	4	88	43	12	8	10000	4958	6	8

N. B. GH stands for Great Hundred; Gr. signifies the Grofs; and W. the Way.

272 Feet in a Rod, at 9s. 11d. per Foot, is 134l. 17s. 4d.
365 Days in a Year, at 9s. 11d. per Day, is 180l. 19s. 7d.

At 10s. per Pound, Yard, &c.

N.	l.	s.	d.	N.	l.	s.	d.	N.	l.	s.	d.
1	—	10	—	45	22	10	—	89	44	10	—
2	1	—	—	46	23	—	—	90	45	—	—
3	1	10	—	47	23	10	—	91	45	10	—
4	2	—	—	48	24	—	—	92	46	—	—
5	2	10	—	49	24	10	—	93	46	10	—
6	3	—	—	50	25	—	—	94	47	—	—
7	3	10	—	51	25	10	—	95	47	10	—
8	4	—	—	52	26	—	—	96	48	—	—
9	4	10	—	53	26	10	—	97	48	10	—
10	5	—	—	54	27	—	—	98	49	—	—
11	5	10	—	55	27	10	—	99	49	10	—
12	6	—	—	[56]	28	—	—	100	50	—	—
13	6	10	—	57	28	10	—	101	50	10	—
14	7	—	—	58	29	—	—	102	51	—	—
15	7	10	—	59	29	10	—	103	51	10	—
16	8	—	—	60	30	—	—	104	52	—	—
17	8	10	—	61	30	10	—	105	52	10	—
18	9	—	—	62	31	—	—	106	53	—	—
19	9	10	—	63	31	10	—	107	53	10	—
20	10	—	—	64	32	—	—	108	54	—	—
21	10	10	—	65	32	10	—	109	54	10	—
22	11	—	—	66	33	—	—	110	55	—	—
23	11	10	—	67	33	10	—	*111	55	10	—
24	12	—	—	68	34	—	—	GH 112	56	—	—
25	12	10	—	69	34	10	—	Gr. 144	72	—	—
26	13	—	—	70	35	—	—	200	100	—	—
27	13	10	—	71	35	10	—	W. 256	128	—	—
[28]	14	—	—	72	36	—	—	300	150	—	—
29	14	10	—	73	36	10	—	400	200	—	—
30	15	—	—	74	37	—	—	500	250	—	—
31	15	10	—	75	37	10	—	600	300	—	—
32	16	—	—	76	38	—	—	700	350	—	—
33	16	10	—	77	38	10	—	800	400	—	—
34	17	—	—	78	39	—	—	900	450	—	—
35	17	10	—	79	39	10	—	1000	500	—	—
36	18	—	—	80	40	—	—	2000	1000	—	—
37	18	10	—	81	40	10	—	3000	1500	—	—
38	19	—	—	82	41	—	—	4000	2000	—	—
39	19	10	—	83	41	10	—	5000	2500	—	—
40	20	—	—	[84]	42	—	—	6000	3000	—	—
41	20	10	—	85	42	10	—	7000	3500	—	—
42	21	—	—	86	43	—	—	8000	4000	—	—
43	21	10	—	87	43	10	—	9000	4500	—	—
44	22	—	—	88	44	—	—	10000	5000	—	—

*N.B. GH stands for Great Hundred; Gr. signifies the Gross; and W. the Weigh.

272 Feet in a Rod, at 10s. per Foot, is 136 l.
365 Days in a Year, at 10s. per Day, is 182 l. 10 s.

X

At 10s. 3d. per Pound, Yard, &c.

N.	l.	s.	d.	N.	l.	s.	d.	N.	l.	s.	d.
1	–	10	3	45	23	1	3	89	45	12	3
2	1	–	6	46	23	11	6	90	46	2	6
3	1	10	9	47	24	1	9	91	46	12	9
4	2	1	–	48	24	12	–	92	47	3	–
5	2	11	3	49	25	2	3	93	47	13	3
6	3	1	6	50	25	12	6	94	48	3	6
7	3	11	9	51	26	2	9	95	48	13	9
8	4	2	–	52	26	13	–	96	49	4	–
9	4	12	3	53	27	3	3	97	49	14	3
10	5	2	6	54	27	13	6	98	50	4	6
11	5	12	9	55	28	3	9	99	50	14	9
12	6	3	–	56	28	14	–	100	51	5	–
13	6	13	3	57	29	4	3	101	51	15	3
14	7	3	6	58	29	14	6	102	52	5	6
15	7	13	9	59	30	4	9	103	52	15	9
16	8	4	–	60	30	15	–	104	53	6	–
17	8	14	3	61	31	5	3	105	53	16	3
18	9	4	6	62	31	15	6	106	54	6	6
19	9	14	9	63	32	5	9	107	54	16	9
20	10	5	–	64	32	16	–	108	55	7	–
21	10	15	3	65	33	6	3	109	55	17	3
22	11	5	6	66	33	16	6	110	56	7	6
23	11	15	9	67	34	6	9	*111	56	17	9
24	12	6	–	68	34	17	–	GH 112	57	8	–
25	12	16	3	69	35	7	3	Gr. 144	73	16	–
26	13	6	6	70	35	17	6	200	102	10	–
27	13	16	9	71	36	7	9	W. 256	131	4	–
[28]	14	7	–	72	36	18	–	300	153	15	–
29	14	17	3	73	37	8	3	400	205	–	–
30	15	7	6	74	37	18	6	500	256	5	–
31	15	17	9	75	38	8	9	600	307	10	–
32	16	8	–	76	38	19	–	700	358	15	–
33	16	18	3	77	39	9	3	800	410	–	–
34	17	8	6	78	39	19	6	900	461	5	–
35	17	18	9	79	40	9	9	1000	512	10	–
36	18	9	–	80	41	–	–	2000	1025	–	–
37	18	19	3	81	41	10	3	3000	1537	10	–
38	19	9	6	82	42	–	6	4000	2050	–	–
39	19	19	9	83	42	10	9	5000	2562	10	–
40	20	10	–	84	43	1	–	6000	3075	–	–
41	21	–	3	85	43	11	3	7000	3587	10	–
42	21	10	6	86	44	1	6	8000	4100	–	–
43	22	–	9	87	44	11	9	9000	4612	10	–
44	22	11	–	88	45	2	–	10000	5125	–	–

* N.B. GH stands for Great Hundred; Gr. signifies the Gross; and W. the Wig.

2½ Feet in a Rod, at 10s. 3d. per Foot, is 139l. 8s.
365 Days in a Year, at 10s. 3d. per Day, is 187l. 1s. 3d.

At 10s. 6d. per Pound, Yard, &c.

N.	l.	s.	d.	N.	l.	s.	d.	N.	l.	s.	d.
1	-	10	6	45	23	12	6	89	46	14	6
2	1	1	-	46	24	3	-	90	47	5	-
3	1	11	6	47	24	13	6	91	47	15	6
4	2	2	-	48	25	4	-	92	48	6	-
5	2	12	6	49	25	14	6	93	48	16	6
6	3	3	-	50	26	5	-	94	49	7	-
7	3	13	6	51	26	15	6	95	49	17	6
8	4	4	-	52	27	6	-	96	50	8	-
9	4	14	6	53	27	16	6	97	50	18	6
10	5	5	-	54	28	7	-	98	51	9	-
11	5	15	6	55	28	17	6	99	51	19	6
12	6	6	-	[56]	29	8	-	100	52	10	-
13	6	16	6	57	29	18	6	101	53	-	6
14	7	7	-	58	30	9	-	102	53	11	-
15	7	17	6	59	30	19	6	103	54	1	6
16	8	8	-	60	31	10	-	104	54	12	-
17	8	18	6	61	32	-	6	105	55	2	6
18	9	9	-	62	32	11	-	106	55	13	-
19	9	19	6	63	33	1	6	107	56	3	6
20	10	10	-	64	33	12	-	108	56	14	-
21	11	-	6	65	34	2	6	109	57	4	6
22	11	11	-	66	34	13	-	110	57	15	-
23	12	1	6	67	35	3	6	*111	58	5	6
24	12	12	-	68	35	14	-	GH 112	58	16	-
25	13	2	6	69	36	4	6	Gr. 144	75	12	-
26	13	13	-	70	36	15	-	200	105	-	-
27	14	3	6	71	37	5	6	W. 256	134	8	-
[28]	14	14	-	72	37	16	-	300	157	10	-
29	15	4	6	73	38	6	6	400	210	-	-
30	15	15	-	74	38	17	-	500	262	10	-
31	16	5	6	75	39	7	6	600	315	-	-
32	16	16	-	76	39	18	-	700	367	10	-
33	17	6	6	77	40	8	6	800	420	-	-
34	17	17	-	78	40	19	-	900	472	10	-
35	18	7	6	79	41	9	6	1000	525	-	-
36	18	18	-	80	42	-	-	2000	1050	-	-
37	19	8	6	81	42	10	6	3000	1575	-	-
38	19	19	-	82	43	1	-	4000	2100	-	-
39	20	9	6	83	43	11	6	5000	2625	-	-
40	21	-	-	[84]	44	2	-	6000	3150	-	-
41	21	10	6	85	44	12	6	7000	3675	-	-
42	22	1	-	86	45	3	-	8000	4200	-	-
43	22	11	6	87	45	13	6	9000	4725	-	-
44	23	2	-	88	46	4	-	10000	5250	-	-

* N. B. GH stands for Great Hundred the ; Gr. signifies the Gross; and W. the Way.

272 Feet in a Rod, at 10s. 6d. per Foot, is 142l. 16s.
365 Days in a Year, at 10s. 6d. per Day, is 191l. 12s. 6d.

At 10s. 9d. per Pound, Yard, &c.

N.	l.	s.	d.	N.	l.	s.	d.	N.	l.	s.	d.
1	-	10	9	45	24	3	9	89	47	15	9
2	1	1	6	46	24	14	6	90	48	7	6
3	1	12	3	47	25	5	3	91	48	18	3
4	2	3	-	48	25	16	-	92	49	9	-
5	2	13	9	49	26	6	9	93	49	19	9
6	3	4	6	50	26	17	6	94	50	10	6
7	3	15	3	51	27	8	3	95	51	1	3
8	4	6	-	52	27	19	-	96	51	12	-
9	4	16	9	53	28	9	9	97	52	2	9
10	5	7	6	54	29	-	6	98	52	13	6
11	5	18	3	55	29	11	3	99	53	4	3
12	6	9	-	56	30	2	-	100	53	15	-
13	6	19	9	57	30	12	9	101	54	5	9
14	7	10	6	58	31	3	6	102	54	16	6
15	8	1	3	59	31	14	3	103	55	7	3
16	8	12	-	60	32	5	-	104	55	18	-
17	9	2	9	61	32	15	9	105	56	8	9
18	9	13	6	62	33	6	6	106	56	19	6
19	10	4	3	63	33	17	3	107	57	10	3
20	10	15	-	64	34	8	-	108	58	1	-
21	11	5	9	65	34	18	9	109	58	11	9
22	11	16	6	66	35	9	6	110	59	2	6
23	12	7	3	67	36	-	3	* 111	59	13	3
24	12	18	-	68	36	11	-	GH 112	60	4	-
25	13	8	9	69	37	1	9	Gr. 144	77	8	-
26	13	19	6	70	37	12	6	200	107	10	-
27	14	10	3	71	38	3	3	W. 256	137	12	-
28	15	1	-	72	38	14	-	300	161	5	-
29	15	11	9	73	39	4	9	400	215	-	-
30	16	2	6	74	39	15	6	500	268	15	-
31	16	13	3	75	40	6	3	600	322	10	-
32	17	4	-	76	40	17	-	700	376	5	-
33	17	14	9	77	41	7	9	800	430	-	-
34	18	5	6	78	41	18	6	900	483	15	-
35	18	16	3	79	42	9	3	1000	537	10	-
36	19	7	-	80	43	-	-	2000	1075	-	-
37	19	17	9	81	43	10	9	3000	1612	10	-
38	20	8	6	82	44	1	6	4000	2150	-	-
39	20	19	3	83	44	12	3	5000	2687	10	-
40	21	10	-	84	45	3	-	6000	3225	-	-
41	22	-	9	85	45	13	9	7000	3762	10	-
42	22	11	6	86	46	4	6	8000	4300	-	-
43	23	2	3	87	46	15	3	9000	4837	10	-
44	23	13	-	88	47	6	-	10000	5375	-	-

N. B. GH stands for Great Hundred; Gr. *signifies the* Gross; *and* W. *the Wey.*

272 Feet in a Rod, at 10s. 9d. per Foot, is 146l. 4s.
365 Days in a Year, at 10s. 9d. per Day, is 196l. 3s. 9d.

At 11s. per Pound, Yard, &c.

N.	l.	s.	d.	N.	l.	s.	d.	N.	l.	s.	d.
1	–	11	–	45	24	15	–	89	48	19	–
2	1	2	–	46	25	6	–	90	49	10	–
3	1	13	–	47	25	17	–	91	50	1	–
4	2	4	–	48	26	8	–	92	50	12	–
5	2	15	–	49	26	19	–	93	51	3	–
6	3	6	–	50	27	10	–	94	51	14	–
7	3	17	–	51	28	1	–	95	52	5	–
8	4	8	–	52	28	12	–	96	52	16	–
9	4	19	–	53	29	3	–	97	53	7	–
10	5	10	–	54	29	14	–	98	53	18	–
11	6	1	–	55	30	5	–	99	54	9	–
12	6	12	–	56]	30	16	–	100	55	—	–
13	7	3	–	57	31	7	–	101	55	11	–
14	7	14	–	58	31	18	–	102	56	2	–
15	8	5	–	59	32	9	–	103	56	13	–
16	8	16	–	60	33	—	–	104	57	4	–
17	9	7	–	61	33	11	–	105	57	15	–
18	9	18	–	62	34	2	–	106	58	6	–
19	10	9	–	63	34	13	–	107	58	17	–
20	11	—	–	64	35	4	–	108	59	8	–
21	11	11	–	65	35	15	–	109	59	19	–
22	12	2	–	66	36	6	–	110	60	10	–
23	12	13	–	67	36	17	–	* 111	61	1	–
24	13	4	–	68	37	8	–	GH 112	61	12	–
25	13	15	–	69	37	19	–	Gr. 144	79	4	–
26	14	6	–	70	38	10	–	200	110	—	–
27	14	17	–	71	39	1	–	W. 256	140	16	–
[28]	15	8	–	72	39	12	–	300	165	—	–
29	15	19	–	73	40	3	–	400	220	—	–
30	16	10	–	74	40	14	–	500	275	—	–
31	17	1	–	75	41	5	–	600	330	—	–
32	17	12	–	76	41	16	–	700	385	—	–
33	18	3	–	77	42	7	–	800	440	—	–
34	18	14	–	78	42	18	–	900	495	—	–
35	19	5	–	79	43	9	–	1000	550	—	–
36	19	16	–	80	44	—	–	2000	1100	—	–
37	20	7	–	81	44	11	–	3000	1650	—	–
38	20	18	–	82	45	2	–	4000	2200	—	–
39	21	9	–	83	45	13	–	5000	2750	—	–
40	22	—	–	[84]	46	4	–	6000	3300	—	–
41	22	11	–	85	46	15	–	7000	3850	—	–
42	23	2	–	86	47	6	–	8000	4400	—	–
43	23	13	–	87	47	17	–	9000	4950	—	–
44	24	4	–	88	48	8	–	10000	5500	—	–

N.B. GH stands for Great Hundred; Gr. signifies the Gross; and W. the Way.

272 Feet in a Rod, at 11s. per Foot, is 149l. 12s.
365 Days in a Year, at 11s. per Day, is 200l. 15s.

At 11s. 3d. per Pound, Yard, &c.

N.	l.	s.	d.	N.	l.	s.	d.	N.	l.	s.	d.
1	–	11	3	45	25	6	3	89	50	1	3
2	1	2	6	46	25	17	6	90	50	12	6
3	1	13	9	47	26	8	9	91	51	3	9
4	2	5	–	48	27	–	–	92	51	15	–
5	2	16	3	49	27	11	3	93	52	6	3
6	3	7	6	50	28	2	6	94	52	17	6
7	3	18	9	51	28	13	9	95	53	8	9
8	4	10	–	52	29	5	–	96	54	–	–
9	5	1	3	53	29	16	3	97	54	11	3
10	5	12	6	54	30	7	6	98	55	2	6
11	6	3	9	55	30	18	9	99	55	13	9
12	6	15	–	56	31	10	–	100	56	5	–
13	7	6	3	57	32	1	3	101	56	16	3
14	7	17	6	58	32	12	6	102	57	7	6
15	8	8	9	59	33	3	9	103	57	18	9
16	9	–	–	60	33	15	–	104	58	10	–
17	9	11	3	61	34	6	3	105	59	1	3
18	10	2	6	62	34	17	6	106	59	12	6
19	10	13	9	63	35	8	9	107	60	3	9
20	11	5	–	64	36	–	–	108	60	15	–
21	11	16	3	65	36	11	3	109	61	6	3
22	12	7	6	66	37	2	6	110	61	17	6
23	12	18	9	67	37	13	9	* 111	62	8	9
24	13	10	–	68	38	5	–	G H 112	63	–	–
25	14	1	3	69	38	16	3	Gr. 144	81	–	–
26	14	12	6	70	39	7	6	200	112	10	–
27	15	3	9	71	39	18	9	W. 256	144	–	–
28	15	15	–	72	40	10	–	300	168	15	–
29	16	6	3	73	41	1	3	400	225	–	–
30	16	17	6	74	41	12	6	500	281	5	–
31	17	8	9	75	42	3	9	600	337	10	–
32	18	–	–	76	42	15	–	700	393	15	–
33	18	11	3	77	43	6	3	800	450	–	–
34	19	2	6	78	43	17	6	900	506	5	–
35	19	13	9	79	44	8	9	1000	562	10	–
36	20	5	–	80	45	–	–	2000	1125	–	–
37	20	16	3	81	45	11	3	3000	1687	10	–
38	21	7	6	82	46	2	6	4000	2250	–	–
39	21	18	9	83	46	13	9	5000	2812	10	–
40	22	10	–	[84]	47	5	–	6000	3375	–	–
41	23	1	3	85	47	16	3	7000	3937	10	–
42	23	12	6	86	48	7	6	8000	4500	–	–
43	24	3	9	87	48	18	9	9000	5062	10	–
44	24	15	–	88	49	10	–	10000	5625	–	–

N. B. GH stands for *Great Hundred*; Gr. signifies the *Gross*; and W. the *Way*.

272 Feet in a Rod, at 11s. 3d. per Foot, is 153l.
365 Days in a Year, at 11s. 3d. per Day, is 205l. 6s. 3d.

At 11s. 6d. per Pound, Yard, &c.

N.	l.	s.	d.	N.	l.	s.	d.	N.	l.	s.	d.
1	–	11	6	45	25	17	6	89	51	3	0
2	1	3	–	46	26	9	–	90	51	15	–
3	1	14	6	47	27	–	6	91	52	6	6
4	2	6	–	48	27	12	–	92	52	18	–
5	2	17	6	49	28	3	6	93	53	9	6
6	3	9	–	50	28	15	–	94	54	1	–
7	4	–	6	51	29	6	6	95	54	12	6
8	4	12	–	52	29	18	–	96	55	4	–
9	5	3	6	53	30	9	6	97	55	15	6
10	5	15	–	54	31	1	–	98	56	7	–
11	6	6	6	55	31	12	6	99	56	18	6
12	6	18	–	56	32	4	–	100	57	10	–
13	7	9	6	57	32	15	6	101	58	1	6
14	8	1	–	58	33	7	–	102	58	13	–
15	8	12	6	59	33	18	6	103	59	4	6
16	9	4	–	60	34	10	–	104	59	16	–
17	9	15	6	61	35	1	6	105	60	7	6
18	10	7	–	62	35	13	–	106	60	19	–
19	10	18	6	63	36	4	6	107	61	10	6
20	11	10	–	64	36	16	–	108	62	2	–
21	12	1	6	65	37	7	6	109	62	13	6
22	12	13	–	66	37	19	–	110	63	5	–
23	13	4	6	67	38	10	6	111	63	16	6
24	13	16	–	68	39	2	–	GH 112	64	8	–
25	14	7	6	69	39	13	6	Gr. 144	82	16	–
26	14	19	–	70	40	5	–	200	115	–	–
27	15	10	6	71	40	16	6	W. 256	147	4	–
28	16	2	–	72	41	8	–	300	172	10	–
29	16	13	6	73	41	19	–	400	230	–	–
30	17	5	–	74	42	11	–	500	287	10	–
31	17	16	6	75	43	2	6	600	345	–	–
32	18	8	–	76	43	14	–	700	402	10	–
33	18	19	6	77	44	5	6	800	460	–	–
34	19	11	–	78	44	17	–	900	517	10	–
35	20	2	6	79	45	8	6	1000	575	–	–
36	20	14	–	80	46	–	–	2000	1150	–	–
37	21	5	6	81	46	11	6	3000	1725	–	–
38	21	17	–	82	47	3	–	4000	2300	–	–
39	22	8	6	83	47	14	6	5000	2875	–	–
40	23	–	–	[84]	48	6	–	6000	3450	–	–
41	23	11	6	85	48	17	6	7000	4025	–	–
42	24	3	–	86	49	9	–	8000	4600	–	–
43	24	14	6	87	50	–	6	9000	5175	–	–
44	25	6	–	88	50	12	–	10000	5750	–	–

* N. B. G H stands for Great Hundred; Gr. signifies the Grofs; and W. the W'ey.

272 Feet in a Rod, at 11s. 6d. per Foot, is 156l. 8s.
365 Days in a Year, at 11s. 6d. per Day, is 209l. 17s. 6d.

At 11s. 9d. per Pound, Yard, &c.

N.	l.	s.	d.	N.	l.	s.	d.	N.	l.	s.	d.
1	–	11	9	45	26	8	9	89	52	5	9
2	1	3	6	46	27	–	6	90	52	17	6
3	1	15	3	47	27	12	3	91	53	9	3
4	2	7	–	48	28	4	–	92	54	1	–
5	2	18	9	49	28	15	9	93	54	12	9
6	3	10	6	50	29	7	6	94	55	4	6
7	4	2	3	51	29	19	3	95	55	16	3
8	4	14	–	52	30	11	–	96	56	8	–
9	5	5	9	53	31	2	9	97	56	19	9
10	5	17	6	54	31	14	6	98	57	11	6
11	6	9	3	55	32	6	3	99	58	3	3
12	7	1	–	56	32	18	–	100	58	15	–
13	7	12	9	57	33	9	9	101	59	6	9
14	8	4	6	58	34	1	6	102	59	18	6
15	8	16	3	59	34	13	3	103	60	10	3
16	9	8	–	60	35	5	–	104	61	2	–
17	9	19	9	61	35	16	9	105	61	13	9
18	10	11	6	62	36	8	6	106	62	5	6
19	11	3	3	63	37	–	3	107	62	17	3
20	11	15	–	64	37	12	–	108	63	9	–
21	12	6	9	65	38	3	9	109	64	–	9
22	12	18	6	66	38	15	6	110	64	12	6
23	13	10	3	67	39	7	3	*111	65	4	3
24	14	2	–	68	39	19	–	GH 112	65	16	–
25	14	13	9	69	40	10	9	Gr. 144	84	12	–
26	15	5	6	70	41	2	6	200	117	10	–
27	15	17	3	71	41	14	3	W. 256	150	8	–
[28	16	9	–	72	42	6	–	300	176	5	–
29	17	–	9	73	42	17	9	400	235	–	–
30	17	12	6	74	43	9	6	500	293	15	–
31	18	4	3	75	44	1	3	600	352	10	–
32	18	16	–	76	44	13	–	700	411	5	–
33	19	7	9	77	45	4	9	800	490	–	–
34	19	19	6	78	45	16	6	900	528	15	–
35	20	11	3	79	46	8	3	1000	587	10	–
36	21	3	–	80	47	–	–	2000	1175	–	–
37	21	14	9	81	47	11	9	3000	1762	10	–
38	22	6	6	82	48	3	6	4000	2350	–	–
39	22	18	3	83	48	15	3	5000	2937	10	–
40	23	10	–	[84]	49	7	–	6000	3525	–	–
41	24	1	9	85	49	18	9	7000	4112	10	–
42	24	13	6	86	50	10	6	8000	4700	–	–
43	25	5	3	87	51	2	3	9000	5287	19	–
44	25	17	–	88	51	14	–	10000	5875	–	–

N.B. GH ſtands for *Great Hundred*; Gr. ſignifies the *Groſs*; and W. the *Wgt*.

272 Feet in a Rod, at 11s. 9d. per Foot, is 159l. 16s.
365 Days in a Year at 11s. 9d. per Day, is 214l. 8s. 9d.

At 12s. per Pound, Yard, &c.

N.	l.	s.	d.	N.	l.	s.	d.	N.	l.	s.	d.
1	–	12	–	45	27	–	–	89	53	8	–
2	1	4	–	46	27	12	–	90	54	–	–
3	1	16	–	47	28	4	–	91	54	12	–
4	2	8	–	48	28	16	–	92	55	4	–
5	3	–	–	49	29	8	–	93	55	16	–
6	3	12	–	50	30	–	–	94	56	8	–
7	4	4	–	51	30	12	–	95	57	–	–
8	4	16	–	52	31	4	–	96	57	12	–
9	5	8	–	53	31	16	–	97	58	4	–
10	6	–	–	54	32	8	–	98	58	16	–
11	6	12	–	55	33	–	–	99	59	8	–
12	7	4	–	[56]	33	12	–	100	60	–	–
13	7	16	–	57	34	4	–	101	60	12	–
14	8	8	–	58	34	16	–	102	61	4	–
15	9	–	–	59	35	8	–	103	61	16	–
16	9	12	–	60	36	–	–	104	62	8	–
17	10	4	–	61	36	12	–	105	63	–	–
18	10	16	–	62	37	4	–	106	63	12	–
19	11	8	–	63	37	16	–	107	64	4	–
20	12	–	–	64	38	8	–	108	64	16	–
21	12	12	–	65	39	–	–	109	65	8	–
22	13	4	–	66	39	12	–	110	66	–	–
23	13	16	–	67	40	4	–	*111	66	12	–
24	14	8	–	68	40	16	–	GH 112	67	4	–
25	15	–	–	69	41	8	–	Gr. 144	86	8	–
26	15	12	–	70	42	–	–	200	120	–	–
27	16	4	–	71	42	12	–	W. 256	153	12	–
[28]	16	16	–	72	43	4	–	300	180	–	–
29	17	8	–	73	43	16	–	400	240	–	–
30	18	–	–	74	44	8	–	500	300	–	–
31	18	12	–	75	45	–	–	600	360	–	–
32	19	4	–	76	45	12	–	700	420	–	–
33	19	16	–	77	46	4	–	800	480	–	–
34	20	8	–	78	46	16	–	900	540	–	–
35	21	–	–	79	47	8	–	1000	600	–	–
36	21	12	–	80	48	–	–	2000	1200	–	–
37	22	4	–	81	48	12	–	3000	1800	–	–
38	22	16	–	82	49	4	–	4000	2400	–	–
39	23	8	–	83	49	16	–	5000	3000	–	–
40	24	–	–	[84]	50	8	–	6000	3600	–	–
41	24	12	–	85	51	–	–	7000	4200	–	–
42	25	4	–	86	51	12	–	8000	4800	–	–
43	25	16	–	87	52	4	–	9000	5400	–	–
44	26	8	–	88	52	16	–	10000	6000	–	–

N. B. GH stands for *Great Hundred*; Gr. signifies the *Gross*; and W. the *Wey*.

272 Feet in a Rod, at 12s. per Foot, is 163 l. 4 s.
365 Days in a Year, at 12s. per Day, is 219 l.

At 12s. 3d. per Pound, Yard, &c.

N.	l.	s.	d.	N.	l.	s.	d.	N.	l.	s.	d.
1	–	12	3	45	27	11	3	89	54	10	3
2	1	4	6	46	28	3	6	90	55	2	6
3	1	16	9	47	28	15	9	91	55	14	9
4	2	9	–	48	29	8	–	92	56	7	–
5	3	1	3	49	30	—	3	93	56	19	3
6	3	13	6	50	30	12	6	94	57	11	6
7	4	5	9	51	31	4	9	95	58	3	9
8	4	18	–	52	31	17	–	96	58	16	–
9	5	10	3	53	32	9	3	97	59	8	3
10	6	2	6	54	33	1	6	98	60	—	6
11	6	14	9	55	33	13	9	99	60	12	9
12	7	7	–	[56]	34	6	–	100	61	5	–
13	7	19	3	57	34	18	3	101	61	17	3
14	8	11	6	58	35	10	6	102	62	9	6
15	9	3	9	59	36	2	9	103	63	1	9
16	9	16	–	60	36	15	–	104	63	14	–
17	10	8	3	61	37	7	3	105	64	6	3
18	11	—	6	62	37	19	6	106	64	18	6
19	11	12	9	63	38	11	9	107	65	10	9
20	12	5	–	64	39	4	–	108	66	3	–
21	12	17	3	65	39	16	3	109	66	15	3
22	13	9	6	66	40	8	6	110	67	7	6
23	14	1	9	67	41	—	9	* 111	67	19	9
24	14	14	–	68	41	13	–	GH 112	68	12	–
25	15	6	3	69	42	5	3	Gr. 144	88	4	–
26	15	18	6	70	42	17	6	200	122	10	–
27	16	10	9	71	43	9	9	W. 256	156	16	–
[28]	17	3	–	72	44	2	–	300	183	15	–
29	17	15	3	73	44	14	3	400	245	—	–
30	18	7	6	74	45	6	6	500	300	5	–
31	18	19	9	75	45	18	9	600	367	10	–
32	19	12	–	76	46	11	–	700	428	15	–
33	20	4	3	77	47	3	3	800	490	—	–
34	20	16	6	78	47	15	6	900	551	5	–
35	21	8	9	79	48	7	9	1000	612	10	–
36	22	1	–	80	49	—	–	2000	1225	—	–
37	22	13	3	81	49	12	3	3000	1837	10	–
38	23	5	6	82	50	4	6	4000	2450	—	–
39	23	17	9	83	50	16	9	5000	3062	10	–
40	24	10	–	[84]	51	9	–	6000	3675	—	–
41	25	2	3	85	52	1	3	7000	4287	10	–
42	25	14	6	86	52	13	6	8000	4900	—	–
43	26	6	9	87	53	5	9	9000	5512	10	–
44	26	19	–	88	53	18	–	10000	6125	—	–

N. B. GH stands for Great Hundred; Gr. signifies the Gross; and W. the W'ey.

272 Feet in a Rod, at 12s. 3d. per Foot, is 166l. 12s.
365 Days in a Year, at 12s. 3d. per Day, is 223l. 11s. 3d.

At 12s. 6d. per Pound, Yard, &c.

N.	l.	s.	d.	N.	l.	s.	d.	N.	l.	s.	d.
1	–	12	6	45	28	2	–	89	55	12	6
2	1	5	–	46	28	15	–	90	56	5	–
3	1	17	6	47	29	7	6	91	56	17	6
4	2	10	–	48	30	–	–	92	57	10	–
5	3	2	6	49	30	12	6	93	58	2	6
6	3	15	–	50	31	5	–	94	58	15	–
7	4	7	6	51	31	17	6	95	59	7	6
8	5	–	–	52	32	10	–	96	60	–	–
9	5	12	6	53	33	2	6	97	60	12	6
10	6	5	–	54	33	15	–	98	61	5	–
11	6	17	6	55	34	7	6	99	61	17	6
12	7	10	–	[56]	35	–	–	100	62	10	–
13	8	2	6	57	35	12	6	101	63	2	6
14	8	15	–	58	36	5	–	102	63	15	–
15	9	7	6	59	36	17	6	103	64	7	6
16	10	–	–	60	37	10	–	104	65	–	–
17	10	12	6	61	38	2	6	105	65	12	6
18	11	5	–	62	38	15	–	106	66	5	–
19	11	17	6	63	39	7	6	107	66	17	6
20	12	10	–	64	40	–	–	108	67	10	–
21	13	2	6	65	40	12	6	109	68	2	6
22	13	15	–	66	41	5	–	110	68	15	–
23	14	7	6	67	41	17	6	*111	69	7	6
24	15	–	–	68	42	10	–	G H 112	70	–	–
25	15	12	6	69	43	2	6	Gr. 144	90	–	–
26	16	5	–	70	43	15	–	200	125	–	–
27	16	17	6	71	44	7	6	W. 256	160	–	–
[28]	17	10	–	72	45	–	–	300	187	10	–
29	18	2	6	73	45	12	6	400	250	–	–
30	18	15	–	74	46	5	–	500	312	10	–
31	19	7	6	75	46	17	6	600	375	–	–
32	20	–	–	76	47	10	–	700	437	10	–
33	20	12	6	77	48	2	6	800	500	–	–
34	21	5	–	78	48	15	–	900	562	10	–
35	21	17	6	79	49	7	6	1000	625	–	–
36	22	10	–	80	50	–	–	2000	1250	–	–
37	23	2	6	81	50	12	6	3000	1875	–	–
38	23	15	–	82	51	5	–	4000	2500	–	–
39	24	7	6	83	51	17	6	5000	3125	–	–
40	25	–	–	[84]	52	10	–	6000	3750	–	–
41	25	12	6	85	53	2	6	7000	4375	–	–
42	26	5	–	86	53	15	–	8000	5000	–	–
43	26	17	6	87	54	7	6	9000	5625	–	–
44	27	10	–	88	55	–	–	10000	6250	–	–

*N. B. GH stands for Great Hundred; Gr. signifies the Gross; and W. the Wey.

272 Feet in a Rod, at 12s. 6d. per Foot, is 170l.
365 Days in a Year, at 12s. 6d. per Day, is 228l. 2s. 6d.

At 12s. 9d. per Pound, Yard, &c.

N.	l.	s.	d.	N.	l.	s.	d.	N.	l.	s.	d.
1	–	12	9	45	28	13	9	89	56	14	9
2	1	5	6	46	29	6	6	90	57	7	6
3	1	18	3	47	29	19	3	91	58	–	3
4	2	11	–	48	30	12	–	92	58	13	–
5	3	3	9	49	31	4	9	93	59	5	9
6	3	16	6	50	31	17	6	94	59	18	6
7	4	9	3	51	32	10	3	95	60	11	3
8	5	2	–	52	33	3	–	96	61	4	–
9	5	14	9	53	33	15	9	97	61	16	9
10	6	7	6	54	34	8	6	98	62	9	6
11	7	–	3	55	35	1	3	99	63	2	3
12	7	13	–	56	35	14	–	100	63	15	–
13	8	5	9	57	36	6	9	101	64	7	9
14	8	18	6	58	36	19	6	102	65	–	6
15	9	11	3	59	37	12	3	103	65	13	3
16	10	4	–	60	38	5	–	104	66	6	–
17	10	16	9	61	38	17	9	105	66	18	9
18	11	9	6	62	39	10	6	106	67	11	6
19	12	2	3	63	40	3	3	107	68	4	3
20	12	15	–	64	40	16	–	108	68	17	–
21	13	7	9	65	41	8	9	109	69	9	9
22	14	–	6	66	42	1	6	110	70	2	6
23	14	13	3	67	42	14	3	*111	70	15	3
24	15	6	–	68	43	7	–	GH 112	71	8	–
25	15	18	9	69	43	19	9	Gr. 144	91	16	–
26	16	11	6	70	44	12	6	200	127	10	–
27	17	4	3	71	45	5	3	W. 256	163	4	–
28	17	17	–	72	45	18	–	300	191	5	–
29	18	9	9	73	46	10	9	400	255	–	–
30	19	2	6	74	47	3	6	500	318	15	–
31	19	15	3	75	47	16	3	600	382	10	–
32	20	8	–	76	48	9	–	700	446	5	–
33	21	–	9	77	49	1	9	800	510	–	–
34	21	13	6	78	49	14	6	900	573	15	–
35	22	6	3	79	50	7	3	1000	637	10	–
36	22	19	–	80	51	–	–	2000	1275	–	–
37	23	11	9	81	51	12	9	3000	1912	10	–
38	24	4	6	82	52	5	6	4000	2550	–	–
39	24	17	3	83	52	18	3	5000	3187	10	–
40	25	10	–	84	53	11	–	6000	3825	–	–
41	26	2	9	85	54	3	9	7000	4462	10	–
42	26	15	6	86	54	16	6	8000	5100	–	–
43	27	8	3	87	55	9	3	9000	5737	10	–
44	28	1	–	88	56	2	–	10000	6375	–	–

* N.B. G H stands for *Great Hundred*; Gr. signifies the *Gross*; and W. the *Wey*.

272 Feet in a Rod, at 12s. 9d. per Foot, is 173l. 8s.
365 Days in a Year, at 12s. 9d. per Day, is 232l. 14s. 9d.

At 13s. per Pound, Yard, &c.

N.	l. s. d.	N.	l. s. d.	N.	l. s. d.
1	– 13 –	45	29 5 –	89	57 17 –
2	1 6 –	46	29 18 –	90	58 10 –
3	1 19 –	47	30 11 –	91	59 3 –
4	2 12 –	48	31 4 –	92	59 16 –
5	3 5 –	49	31 17 –	93	60 9 –
6	3 18 –	50	32 10 –	94	61 2 –
7	4 11 –	51	33 3 –	95	61 15 –
8	5 4 –	52	33 16 –	96	62 8 –
9	5 17 –	53	34 9 –	97	63 1 –
10	6 10 –	54	35 2 –	98	63 14 –
11	7 3 –	55	35 15 –	99	64 7 –
12	7 16 –	[56]	36 8 –	100	65 – –
13	8 9 –	57	37 1 –	101	65 13 –
14	9 2 –	58	37 14 –	102	66 6 –
15	9 15 –	59	38 7 –	103	66 19 –
16	10 8 –	60	39 – –	104	67 12 –
17	11 1 –	61	39 13 –	105	68 5 –
18	11 14 –	62	40 6 –	106	68 18 –
19	12 7 –	63	40 19 –	107	69 11 –
20	13 – –	64	41 12 –	108	70 4 –
21	13 13 –	65	42 5 –	109	70 17 –
22	14 6 –	66	42 18 –	110	71 10 –
23	14 19 –	67	43 11 –	* 111	72 3 –
24	15 12 –	68	44 4 –	G H 112	72 16 –
25	16 5 –	69	44 17 –	Gr. 144	93 12 –
26	16 18 –	70	45 10 –	200	130 – –
27	17 11 –	71	46 3 –	W. 256	166 8 –
[28]	18 4 –	72	46 16 –	300	195 – –
29	18 17 –	73	47 9 –	400	260 – –
30	19 10 –	74	48 2 –	500	325 – –
31	20 3 –	75	48 15 –	600	390 – –
32	20 16 –	76	49 8 –	700	455 – –
33	21 9 –	77	50 1 –	800	520 – –
34	22 2 –	78	50 14 –	900	585 – –
35	22 15 –	79	51 7 –	1000	650 – –
36	23 8 –	80	52 – –	2000	1300 – –
37	24 1 –	81	52 13 –	3000	1950 – –
38	24 14 –	82	53 6 –	4000	2600 – –
39	25 7 –	83	53 19 –	5000	3250 – –
40	26 – –	[84]	54 12 –	6000	3900 – –
41	26 13 –	85	55 5 –	7000	4550 – –
42	27 6 –	86	55 18 –	8000	5200 – –
43	27 19 –	87	56 11 –	9000	5850 – –
44	28 12 –	88	57 4 –	10000	6500 – –

N. B. G H stands for Great Hundred; Gr. signifies the Gross; and W. the Wey.

272 Feet in a Rod, at 13s. per Foot, is 176l. 16s.
365 Days in a Year, at 13s. per Day, is 237l. 5s.

At 13s. 3d. per Pound, Yard, &c.

N.	l.	s.	d.	N.	l.	s.	d.	N.	l.	s.	d.
1	–	13	3	45	29	16	3	89	58	19	3
2	1	6	6	46	30	9	6	90	59	12	6
3	1	19	9	47	31	2	9	91	60	5	9
4	2	13	–	48	31	16	–	92	60	19	–
5	3	6	3	49	32	9	3	93	61	12	3
6	3	19	6	50	33	2	6	94	62	5	6
7	4	12	9	51	33	15	9	95	62	18	9
8	5	6	–	52	34	9	–	96	63	12	–
9	5	19	3	53	35	2	3	97	64	5	3
10	6	12	6	54	35	15	6	98	64	18	6
11	7	5	9	55	36	8	9	99	65	11	9
12	7	19	–	[56]	37	2	–	100	66	5	–
13	8	12	3	57	37	15	3	101	66	18	3
14	9	5	6	58	38	8	6	102	67	11	6
15	9	18	9	59	39	1	9	103	68	4	9
16	10	12	–	60	39	15	–	104	68	18	–
17	11	5	3	61	40	8	3	105	69	11	3
18	11	18	6	62	41	1	6	106	70	4	6
19	12	11	9	63	41	14	9	107	70	17	9
20	13	5	–	64	42	8	–	108	71	11	–
21	13	18	3	65	43	1	3	109	72	4	3
22	14	11	6	66	43	14	6	110	72	17	6
23	15	4	9	67	44	7	9	*111	73	10	9
24	15	18	–	68	45	1	–	GH 112	74	4	–
25	16	11	3	69	45	14	3	Gr. 144	95	8	–
26	17	4	6	70	46	7	6	200	132	10	–
27	17	17	9	71	47	–	9	W. 250	169	12	–
[28]	18	11	–	72	47	14	–	300	198	15	–
29	19	4	3	73	48	7	3	400	265	–	–
30	19	17	6	74	49	–	6	500	331	5	–
31	20	10	9	75	49	13	9	600	397	10	–
32	21	4	–	76	50	7	–	700	463	15	–
33	21	17	3	77	51	–	3	800	530	–	–
34	22	10	6	78	51	13	6	900	596	5	–
35	23	3	9	79	52	6	9	1000	662	10	–
36	23	17	–	80	53	–	–	2000	1325	–	–
37	24	10	3	81	53	13	3	3000	1987	10	–
38	25	3	6	82	54	6	6	4000	2650	–	–
39	25	16	9	83	54	19	9	5000	3312	10	–
40	26	10	–	[84]	55	13	–	6000	3975	–	–
41	27	3	3	85	56	6	3	7000	4637	10	–
42	27	16	6	86	56	19	6	8000	5300	–	–
43	28	9	9	87	57	12	9	9000	5962	10	–
44	29	3	–	88	58	6	–	10000	6625	–	–

N. B. GH stands for Great Hundred; Gr. signifies the Gross; and W. the Wey.

272 Feet in a Rod, at 13s. 3d. per Foot, is 180l. 4s.
365 Days in a Year, at 13s. 3d. per Day, is 241l. 16s. 3d.

At 13s. 6d. per Pound, Yard, &c.

N	l.	s.	d.	N	l.	s.	d.	N	l.	s.	d.
1	–	13	6	45	30	7	6	89	60	1	6
2	1	7	–	46	31	1	–	90	60	15	–
3	2	–	6	47	31	14	6	91	61	8	6
4	2	14	–	48	32	8	–	92	62	2	–
5	3	7	6	49	33	1	6	93	62	15	6
6	4	1	–	50	33	15	–	94	63	9	–
7	4	14	6	51	34	8	6	95	64	2	6
8	5	8	–	52	35	2	–	96	64	15	–
9	6	1	6	53	35	15	6	97	65	9	6
10	6	15	–	54	36	9	–	98	66	3	–
11	7	8	6	55	37	2	6	99	66	16	6
12	8	2	–	[56]	37	16	–	100	67	10	–
13	8	15	6	57	38	9	6	101	68	3	6
14	9	9	–	58	39	3	–	102	68	17	–
15	10	2	6	59	39	16	6	103	69	10	6
16	10	16	–	60	40	10	–	104	70	4	–
17	11	9	6	61	41	3	6	105	70	17	6
18	12	3	–	62	41	17	–	106	71	11	–
19	12	16	6	63	42	10	6	107	72	4	6
20	13	10	–	64	43	4	–	108	72	18	–
21	14	3	6	65	43	17	6	109	73	11	6
22	14	17	–	66	44	11	–	110	74	5	–
23	15	10	6	67	45	4	6	111	74	18	6
24	16	4	–	68	45	18	–	G H 112	75	12	–
25	16	17	6	69	46	11	6	Gr. 144	97	4	–
26	17	11	–	70	47	5	–	200	135	–	–
27	18	4	6	71	47	18	6	W. 256	172	16	–
[28]	18	18	–	72	48	12	–	300	202	10	–
29	19	11	6	73	49	5	6	400	270	–	–
30	20	5	–	74	49	19	–	500	337	10	–
31	20	18	6	75	50	12	6	600	405	–	–
32	21	12	–	76	51	6	–	700	472	10	–
33	22	5	6	77	51	19	6	800	540	–	–
34	22	19	–	78	52	13	–	900	607	10	–
35	23	12	6	79	53	6	6	1000	675	–	–
36	24	6	–	80	54	–	–	2000	1350	–	–
37	24	19	6	81	54	13	6	3000	2025	–	–
38	25	13	–	82	55	7	–	4000	2700	–	–
39	26	6	6	83	56	–	6	5000	3375	–	–
40	27	–	–	[84]	56	14	–	6000	4050	–	–
41	27	13	6	85	57	7	6	7000	4725	–	–
42	28	7	–	86	58	1	–	8000	5400	–	–
43	29	–	6	87	58	14	6	9000	6075	–	–
44	29	14	–	88	59	8	–	10000	6750	–	–

* N. B. GH stands for *Great Hundred*; Gr. signifies the *Gross*; and W. the *Wey*.

272 Feet in a Rod, at 13s. 6d. per Foot, is 1831. 12s.
365 Days in a Year, at 13s. 6d. per Day, is 246l. 7s. 6d.

At 13s. 9d. per Pound, Yard, &c.

N.	l.	s.	d.	N.	l.	s.	d.	N.	l.	s.	d.
1	-	13	9	45	30	18	9	89	61	3	9
2	1	7	6	46	31	12	6	90	61	17	6
3	2	1	3	47	32	6	3	91	62	11	3
4	2	15	-	48	33	-	-	92	63	5	-
5	3	8	9	49	33	13	9	93	63	18	9
6	4	2	6	50	34	7	6	94	64	12	6
7	4	16	3	51	35	1	3	95	65	6	3
8	5	10	-	52	35	15	-	96	66	-	-
9	6	3	9	53	36	8	9	97	66	13	9
10	6	17	6	54	37	2	6	98	67	7	6
11	7	11	3	55	37	16	3	99	68	1	3
12	8	5	-	[56]	38	10	-	100	68	15	-
13	8	18	9	57	39	3	9	101	69	8	9
14	9	12	6	58	39	17	6	102	70	2	6
15	10	6	3	59	40	11	3	103	70	16	3
16	11	-	-	60	41	5	-	104	71	10	-
17	11	13	9	61	41	18	9	105	72	3	9
18	12	7	6	62	42	12	6	106	72	17	6
19	13	1	3	63	43	6	3	107	73	11	3
20	13	15	-	64	44	-	-	108	74	5	-
21	14	8	9	65	44	13	9	109	74	18	9
22	15	2	6	66	45	7	6	110	75	12	6
23	15	16	3	67	46	1	3	111	76	6	3
24	16	10	-	68	46	15	-	GH 112	77	-	-
25	17	3	9	69	47	8	9	Gr. 144	99	-	-
26	17	17	6	70	48	2	6	200	137	10	-
27	18	11	3	71	48	16	3	W. 256	176	-	-
28	19	5	-	72	49	10	-	300	206	5	-
29	19	18	9	73	50	3	9	400	275	-	-
30	20	12	6	74	50	17	6	500	343	15	-
31	21	6	3	75	51	11	3	600	412	10	-
32	22	-	-	76	52	5	-	700	481	5	-
33	22	13	9	77	52	18	9	800	550	-	-
34	23	7	6	78	53	12	6	900	618	15	-
35	24	1	3	79	54	6	3	1000	687	10	-
36	24	15	-	80	55	-	-	2000	1375	-	-
37	25	8	9	81	55	13	9	3000	2062	10	-
38	26	2	6	82	56	7	6	4000	2750	-	-
39	26	16	3	83	57	1	3	5000	3437	10	-
40	27	10	-	[84]	57	15	-	6000	4125	-	-
41	28	3	9	85	58	8	9	7000	4812	10	-
42	28	17	6	86	59	2	6	8000	5500	-	-
43	29	11	3	87	59	16	3	9000	6187	10	-
44	30	5	-	88	60	10	-	10000	6875	-	-

N. B. GH stands for Great Hundred; Gr. signifies the Gross; and W. the Wg.

272 Feet in a Rod, at 13s. 9d. per Foot, is 187l.
365 Days in a Year, at 13s. 9d. per Day, is 250l. 18s. 9d.

At 14s. per Pound, Yard, &c.

N	l.	s.	d.	N.	l.	s.	d.	N.	l.	s.	d.
1	—	14	—	45	31	10	—	89	62	6	—
2	1	8	—	46	32	4	—	90	63	—	—
3	2	2	—	47	32	18	—	91	63	14	—
4	2	16	—	48	33	12	—	92	64	8	—
5	3	10	—	49	34	6	—	93	65	2	—
6	4	4	—	50	35	—	—	94	65	16	—
7	4	18	—	51	35	14	—	95	66	10	—
8	5	12	—	52	36	8	—	96	67	4	—
9	6	6	—	53	37	2	—	97	67	18	—
10	7	—	—	54	37	16	—	98	68	12	—
11	7	14	—	55	38	10	—	99	69	6	—
12	8	8	—	[56]	39	4	—	100	70	—	—
13	9	2	—	57	39	18	—	101	70	14	—
14	9	16	—	58	40	12	—	102	71	8	—
15	10	10	—	59	41	6	—	103	72	2	—
16	11	4	—	60	42	—	—	104	72	16	—
17	11	18	—	61	42	14	—	105	73	10	—
18	12	12	—	62	43	8	—	106	74	4	—
19	13	6	—	63	44	2	—	107	74	18	—
20	14	—	—	64	44	16	—	108	75	12	—
21	14	14	—	65	45	10	—	109	76	6	—
22	15	8	—	66	46	4	—	110	77	—	—
23	16	2	—	67	46	18	—	*111	77	14	—
24	16	16	—	68	47	12	—	GH 112	78	8	—
25	17	10	—	69	48	6	—	Gr. 144	100	16	—
26	18	4	—	70	49	—	—	200	140	—	—
27	18	18	—	71	49	14	—	W. 256	179	4	—
[28]	19	12	—	72	50	8	—	300	210	—	—
29	20	6	—	73	51	2	—	400	280	—	—
30	21	—	—	74	51	16	—	500	350	—	—
31	21	14	—	75	52	10	—	600	420	—	—
32	22	8	—	76	53	4	—	700	490	—	—
33	23	2	—	77	53	18	—	800	560	—	—
34	23	16	—	78	54	12	—	900	630	—	—
35	24	10	—	79	55	6	—	1000	700	—	—
36	25	4	—	80	56	—	—	2000	1400	—	—
37	25	18	—	81	56	14	—	3000	2100	—	—
38	26	12	—	82	57	8	—	4000	2800	—	—
39	27	6	—	83	58	2	—	5000	3500	—	—
40	28	—	—	[84]	58	16	—	6000	4200	—	—
41	28	14	—	85	59	10	—	7000	4900	—	—
42	29	8	—	86	60	4	—	8000	5600	—	—
43	30	2	—	87	60	18	—	9000	6300	—	—
44	30	16	—	88	61	12	—	10000	7000	—	—

* N. B. GH stands for Great Hundred; Gr. signifies the Gross; and W. the Wey.

272 Feet in a Rod, at 14s. per Foot, is 190l. 8s.
365 Days in a Year, at 14s. per Day, is 255l. 10s.

At 14s. 3d. per Pound, Yard, &c.

N.	l.	s.	d.	N.	l.	s.	d.	N.	l.	s.	d.
1	–	14	3	45	32	1	3	89	63	8	3
2	1	8	6	46	32	15	6	90	64	2	6
3	2	2	9	47	33	9	9	91	64	16	9
4	2	17	—	48	34	4	—	92	65	11	—
5	3	11	3	49	34	18	3	93	66	5	3
6	4	5	6	50	35	12	6	94	66	19	6
7	4	19	9	51	36	6	9	95	67	13	9
8	5	14	—	52	37	1	—	96	68	8	—
9	6	8	3	53	37	15	3	97	69	2	3
10	7	2	6	54	38	9	6	98	69	16	6
11	7	16	9	55	39	3	9	99	70	10	9
12	8	11	—	[56]	39	18	—	100	71	5	—
13	9	5	3	57	40	12	3	101	71	19	3
14	9	19	6	58	41	6	6	102	72	13	6
15	10	13	9	59	42	—	9	103	73	7	9
16	11	8	—	60	42	15	—	104	74	2	—
17	12	2	3	61	43	9	3	105	74	16	3
18	12	16	6	62	44	3	6	106	75	10	6
19	13	10	9	63	44	17	9	107	76	4	9
20	14	5	—	64	45	12	—	108	76	19	—
21	14	19	3	65	46	6	3	109	77	13	3
22	15	13	6	66	47	—	6	110	78	7	6
23	16	7	9	67	47	14	9	*111	79	1	9
24	17	2	—	68	48	9	—	GH 112	79	16	—
25	17	16	3	69	49	3	3	Gr. 144	102	12	—
26	18	10	6	70	49	17	6	200	142	10	—
27	19	4	9	71	50	11	9	W. 256	182	8	—
[28]	19	19	—	72	51	6	—	300	213	15	—
29	20	13	3	73	52	—	3	400	285	—	—
30	21	7	6	74	52	14	6	500	356	5	—
31	22	1	9	75	53	8	9	600	427	10	—
32	22	16	—	76	54	3	—	700	498	15	—
33	23	10	3	77	54	17	3	800	570	—	—
34	24	4	6	78	55	11	6	900	641	5	—
35	24	18	9	79	56	5	9	1000	712	10	—
36	25	13	—	80	57	—	—	2000	1425	—	—
37	26	7	3	81	57	14	3	3000	2137	10	—
38	27	1	6	82	58	8	6	4000	2850	—	—
39	27	15	9	83	59	2	9	5000	3562	10	—
40	28	10	—	[84]	59	17	—	6000	4275	—	—
41	29	4	3	85	60	11	3	7000	4987	10	—
42	29	18	6	86	61	5	6	8000	5700	—	—
43	30	12	9	87	61	19	9	9000	6412	10	—
44	31	7	—	88	62	14	—	10000	7125	—	—

N. B. GH stands for Great Hundred; Gr. signifies the Gross; and W. the Way.

272 Feet in a Roe, at 14s. 3d. per Foot, is 193l. 16s.
365 Days in a Year, at 14s. 3d. per Day, is 260l. 1s. 3d.

At 14s. 6d. per Pound, Yard, &c.

N.	l.	s.	d.	N.	l.	s.	d.	N.	l.	s.	d.
1	–	14	6	45	32	12	6	89	64	10	6
2	1	9	–	46	33	7	–	90	65	5	–
3	2	3	6	47	34	1	6	91	65	19	6
4	2	18	–	48	34	16	–	92	66	14	–
5	3	12	6	49	35	10	6	93	67	8	6
6	4	7	–	50	36	5	–	94	68	3	–
7	5	1	6	51	36	19	6	95	68	17	6
8	5	16	–	52	37	14	–	96	69	12	–
9	6	10	6	53	38	8	6	97	70	6	6
10	7	5	–	54	39	3	–	98	71	1	–
11	7	19	6	55	39	17	6	99	71	15	6
12	8	14	–	[56]	40	12	–	100	72	10	–
13	9	8	6	57	41	6	6	101	73	4	6
14	10	3	–	58	42	1	–	102	73	19	–
15	10	17	6	59	42	15	6	103	74	13	6
16	11	12	–	60	43	10	–	104	75	8	–
17	12	6	6	61	44	4	6	105	76	2	6
18	13	1	–	62	44	19	–	106	76	17	–
19	13	15	6	63	45	13	6	107	77	11	6
20	14	10	–	64	46	8	–	108	78	6	–
21	15	4	6	65	47	2	6	109	79	–	6
22	15	19	–	66	47	17	–	110	79	15	–
23	16	13	6	67	48	11	6	*111	80	9	6
24	17	8	–	68	49	6	–	GH 112	81	4	–
25	18	2	6	69	50	–	6	Gr. 144	104	8	–
26	18	17	–	70	50	15	–	200	145	–	–
27	19	11	6	71	51	9	6	W. 250	185	12	–
[28]	20	6	–	72	52	4	–	300	217	10	–
29	21	–	6	73	52	18	6	400	290	–	–
30	21	15	–	74	53	13	–	500	362	10	–
31	22	9	6	75	54	7	6	600	435	–	–
32	23	4	–	76	55	2	–	700	507	10	–
33	23	18	6	77	55	16	6	800	580	–	–
34	24	13	–	78	56	11	–	900	652	10	–
35	25	7	6	79	57	5	6	1000	725	–	–
36	26	2	–	80	58	–	–	2000	1450	–	–
37	26	16	6	81	58	14	6	3000	2175	–	–
38	27	11	–	82	59	9	–	4000	2900	–	–
39	28	5	6	83	60	3	6	5000	3625	–	–
40	29	–	–	[84]	60	18	–	6000	4350	–	–
41	29	14	6	85	61	12	6	7000	5075	–	–
42	30	9	–	86	62	7	–	8000	5800	–	–
43	31	3	6	87	63	1	6	9000	6525	–	–
44	31	18	–	88	63	16	–	10000	7250	–	–

N. B. GH stands for Great Hundred; Gr. signifies the Gross; and W. the Way.

272 Feet in a Rod, at 14s. 6d. per Foot, is 197l. 4s.
365 Days in a Year, at 14s. 6d. per Day, is 264l. 12s. 6d.

At 14s. 9d. per Pound, Yard, &c.

N.	l.	s.	d.	N.	l.	s.	d.	N.	l.	s.	d.
1	—	14	9	45	33	3	9	89	65	12	9
2	1	9	6	46	33	13	6	90	66	7	6
3	2	4	3	47	34	13	3	91	67	2	3
4	2	19	—	48	35	8	—	92	67	17	—
5	3	13	9	49	36	2	9	93	68	11	9
6	4	8	6	50	36	17	6	94	69	6	6
7	5	3	3	51	37	12	3	95	70	1	3
8	5	18	—	52	38	7	—	96	70	16	—
9	6	12	9	53	39	1	9	97	71	10	9
10	7	7	6	54	39	16	6	98	72	5	6
11	8	2	3	55	40	11	3	99	73	—	3
12	8	17	—	56	41	6	—	100	73	15	—
13	9	11	9	57	42	—	9	101	74	9	9
14	10	6	6	58	42	15	6	102	75	4	6
15	11	1	3	59	43	10	3	103	75	19	3
16	11	16	—	60	44	5	—	104	76	14	—
17	12	10	9	61	44	19	9	105	77	8	9
18	13	5	6	62	45	14	6	106	78	3	6
19	14	—	3	63	46	9	3	107	78	18	3
20	14	15	—	64	47	4	—	108	79	13	—
21	15	9	9	65	47	18	9	109	80	7	9
22	16	4	6	66	48	13	6	110	81	2	6
23	16	19	3	67	49	8	3	* 111	81	17	3
24	17	14	—	68	50	3	—	GH 112	82	12	—
25	18	8	9	69	50	17	9	Gr. 144	106	4	—
26	19	3	6	70	51	12	6	200	147	10	—
27	19	18	3	71	52	7	3	W. 256	188	16	—
[28]	20	13	—	72	53	2	—	300	221	5	—
29	21	7	9	73	53	16	9	400	295	—	—
30	22	2	6	74	54	11	6	500	368	15	—
31	22	17	3	75	55	6	3	600	442	10	—
32	23	12	—	76	56	1	—	700	516	5	—
33	24	6	9	77	56	15	9	800	590	—	—
34	25	1	6	78	57	10	6	900	663	15	—
35	25	16	3	79	58	5	3	1000	737	10	—
36	26	11	—	80	59	—	—	2000	1475	—	—
37	27	5	9	81	59	14	9	3000	2212	10	—
38	28	—	6	82	60	9	6	4000	2950	—	—
39	28	15	3	83	61	4	3	5000	3687	10	—
40	29	10	—	[84]	61	19	—	6000	4425	—	—
41	30	4	9	85	62	13	9	7000	5162	10	—
42	30	19	6	86	63	8	6	8000	5900	—	—
43	31	14	3	87	64	3	3	9000	6637	10	—
44	32	9	—	88	64	18	—	10000	7375	—	—

N. B. GH stands for *Great Hundred*; Gr. signifies the *Grofs*; and W. the *W'g*.

272 Feet in a Rod, at 14s. 9d. per Foot, is 200l. 12s.
365 Days in a Year, at 14s. 9d. per Day, is 269l. 3s. 9d.

At 15s. per Pound, Yard, &c.

N.	l.	s.	d.	N.	l.	s.	d.	N.	l.	s.	d.
1	–	15	–	45	33	15	–	89	66	15	–
2	1	10	–	46	34	10	–	90	67	10	–
3	2	5	–	47	35	5	–	91	68	5	–
4	2	–	–	48	36	–	–	92	69	–	–
5	3	15	–	49	36	15	–	93	69	15	–
6	4	10	–	50	37	10	–	94	70	10	–
7	5	5	–	51	38	5	–	95	71	5	–
8	6	–	–	52	39	–	–	96	72	–	–
9	6	15	–	53	39	15	–	97	72	15	–
10	7	10	–	54	40	10	–	98	73	10	–
11	8	5	–	55	41	5	–	99	74	5	–
12	9	–	–	[56]	42	–	–	100	75	–	–
13	9	15	–	57	42	15	–	101	75	15	–
14	10	10	–	58	43	10	–	102	76	10	–
15	11	5	–	59	44	5	–	103	77	5	–
16	12	–	–	60	45	–	–	104	78	–	–
17	12	15	–	61	45	15	–	105	78	15	–
18	13	10	–	62	46	10	–	106	79	10	–
19	14	5	–	63	47	5	–	107	80	5	–
20	15	–	–	64	48	–	–	108	81	–	–
21	15	15	–	65	48	15	–	109	81	15	–
22	16	10	–	66	49	10	–	110	82	10	–
23	17	5	–	67	50	5	–	*111	83	5	–
24	18	–	–	68	51	–	–	GH 112	84	–	–
25	18	15	–	69	51	15	–	Gr. 144	108	–	–
26	19	10	–	70	52	10	–	200	150	–	–
27	20	5	–	71	53	5	–	W. 256	192	–	–
[28]	21	–	–	72	54	–	–	300	225	–	–
29	21	15	–	73	54	15	–	400	300	–	–
30	22	10	–	74	55	10	–	500	375	–	–
31	23	5	–	75	56	5	–	600	450	–	–
32	24	–	–	76	57	–	–	700	525	–	–
33	24	15	–	77	57	15	–	800	600	–	–
34	25	10	–	78	58	10	–	900	675	–	–
35	26	5	–	79	59	5	–	1000	750	–	–
36	27	–	–	80	60	–	–	2000	1500	–	–
37	27	15	–	81	60	15	–	3000	2250	–	–
38	28	10	–	82	61	10	–	4000	3000	–	–
39	29	5	–	83	62	5	–	5000	3750	–	–
40	30	–	–	[84]	63	–	–	6000	4500	–	–
41	30	15	–	85	63	15	–	7000	5250	–	–
42	31	10	–	86	64	10	–	8000	6000	–	–
43	32	5	–	87	65	5	–	9000	6750	–	–
44	33	–	–	88	66	–	–	10000	7500	–	–

N. B. GH stands for Great Hundred; Gr. signifies the Grofs; and W. the W'ey.

272 Feet in a Rod, at 15s. per Foot, is 204l.
365 Days in a Year, at 15s. per Day, is 273l. 15s.

At 15s. 6d. per Pound, Yard, &c.

N.	l.	s.	d.	N.	l.	s.	d.	N.	l.	s.	d.
1	-	15	6	45	34	17	6	89	68	19	6
2	1	11	-	46	35	13	-	90	69	15	-
3	2	6	6	47	36	8	6	91	70	10	6
4	3	2	-	48	37	4	-	92	71	6	-
5	3	17	6	49	37	19	6	93	72	1	6
6	4	13	-	50	38	15	-	94	72	17	-
7	5	8	6	51	39	10	6	95	73	12	6
8	6	4	-	52	40	6	-	96	74	8	-
9	6	19	6	53	41	1	6	97	75	3	6
10	7	15	-	54	41	17	-	98	75	19	-
11	8	10	6	55	42	12	6	99	76	14	6
12	9	6	-	[56]	43	8	-	100	77	10	-
13	10	1	6	57	44	3	6	101	78	5	6
14	10	17	-	58	44	19	-	102	79	1	-
15	11	12	6	59	45	14	6	103	79	16	6
16	12	8	-	60	46	10	-	104	80	12	-
17	13	3	6	61	47	5	6	105	81	7	6
18	13	19	-	62	48	1	-	106	82	3	-
19	14	14	6	63	48	16	6	107	82	18	6
20	15	10	-	64	49	12	-	108	83	14	-
21	16	5	6	65	50	7	6	109	84	9	6
22	17	1	-	66	51	3	-	110	85	5	-
23	17	16	6	67	51	18	6	*111	86	-	6
24	18	12	-	68	52	14	-	GH 112	86	16	-
25	19	7	6	69	53	9	6	Gr. 144	111	12	-
26	20	3	-	70	54	5	-	200	155	-	-
27	20	18	6	71	55	-	6	W. 256	198	8	-
28	21	14	-	72	55	16	-	300	232	10	-
29	22	9	6	73	56	11	6	400	310	-	-
30	23	5	-	74	57	7	-	500	387	10	-
31	24	-	6	75	58	2	6	600	465	-	-
32	24	16	-	76	58	18	-	700	542	10	-
33	25	11	6	77	59	13	6	800	620	-	-
34	26	7	-	78	60	9	-	900	697	10	-
35	27	2	6	79	61	4	6	1000	775	-	-
36	27	18	-	80	62	-	-	2000	1550	-	-
37	28	13	6	81	62	15	6	3000	2325	-	-
38	29	9	-	82	63	11	-	4000	3100	-	-
39	30	4	6	83	64	6	6	5000	3875	-	-
40	31	-	-	[84]	65	2	-	6000	4650	-	-
41	31	15	6	85	65	17	6	7000	5425	-	-
42	32	11	-	86	66	13	-	8000	6200	-	-
43	33	6	6	87	67	8	6	9000	6975	-	-
44	34	2	-	88	68	4	-	10000	7750	-	-

*N. B. GH stands for *Great Hundred*: Gr. signifies the *Grofs*; and W. the *Wey*.

272 Feet in a Rod, at 15s. 6d. per Foot, is 210l. 16s.
365 Days in a Year, at 15s. 6d. per Day, is 282l. 17s. 6d.

At 16s. per Pound, Yard, &c.

N.	l.	s.	d.	N.	l.	s.	d.	N.	l.	s.	d.
1	-	16	—	45	36	—	—	89	71	4	—
2	1	12	—	46	36	16	—	90	72	—	—
3	2	8	—	47	37	12	—	91	72	16	—
4	3	4	—	48	38	8	—	92	73	12	—
5	4	—	—	49	39	4	—	93	74	8	—
6	4	16	—	50	40	—	—	94	75	4	—
7	5	12	—	51	40	16	—	95	76	—	—
8	6	8	—	52	41	12	—	96	76	16	—
9	7	4	—	53	42	8	—	97	77	12	—
10	8	—	—	54	43	4	—	98	78	8	—
11	8	16	—	55	44	—	—	99	79	4	—
12	9	12	—	[56]	44	16	—	100	80	—	—
13	10	8	—	57	45	12	—	101	80	16	—
14	11	4	—	58	46	8	—	102	81	12	—
15	12	—	—	59	47	4	—	103	82	8	—
16	12	16	—	60	48	—	—	104	83	4	—
17	13	12	—	61	48	16	—	105	84	—	—
18	14	8	—	62	49	12	—	106	84	16	—
19	15	4	—	63	50	8	—	107	85	12	—
20	16	—	—	64	51	4	—	108	85	8	—
21	16	16	—	65	52	—	—	109	87	4	—
22	17	12	—	66	52	16	—	110	88	—	—
23	18	8	—	67	53	12	—	111	88	16	—
24	19	4	—	68	54	8	—	GH 112	89	12	—
25	20	—	—	69	55	4	—	Gr. 144	115	4	—
26	20	16	—	70	56	—	—	200	160	—	—
27	21	12	—	71	56	16	—	W. 250	204	16	—
28	22	8	—	72	57	12	—	300	240	—	—
29	23	4	—	73	58	8	—	400	320	—	—
30	24	—	—	74	59	4	—	500	400	—	—
31	24	16	—	75	60	—	—	600	480	—	—
32	25	12	—	76	60	16	—	700	560	—	—
33	26	8	—	77	61	12	—	800	640	—	—
34	27	4	—	78	62	8	—	900	720	—	—
35	28	—	—	79	63	4	—	1000	800	—	—
36	28	16	—	80	64	—	—	2000	1600	—	—
37	29	12	—	81	64	16	—	3000	2400	—	—
38	30	8	—	82	65	12	—	4000	3200	—	—
39	31	4	—	83	66	8	—	5000	4000	—	—
40	32	—	—	[84]	67	4	—	6000	4800	—	—
41	32	16	—	85	68	—	—	7000	5600	—	—
42	33	12	—	86	68	16	—	8000	6400	—	—
43	34	8	—	87	69	12	—	9000	7200	—	—
44	35	4	—	88	70	8	—	10000	8000	—	—

* N. B. GH stands for Great Hundred; Gr. signifies the Gross; and W. the Wey.

272 Feet in a Rod, at 16s. per Foot, is 217l. 12s.
365 Days in a Year, at 16s. per Day, is 292l.

At 16s. 6d. per Pound, Yard, &c.

N.	l.	s.	d.	N.	l.	s.	d.	N.	l.	s.	d.
1	-	16	6	45	37	2	6	89	73	8	6
2	1	13	-	46	37	19	-	90	74	5	-
3	2	9	6	47	38	15	6	91	75	1	6
4	3	6	-	48	39	12	-	92	75	18	-
5	4	2	6	49	40	8	6	93	76	14	6
6	4	19	-	50	41	5	-	94	77	11	-
7	5	15	6	51	42	1	6	95	78	7	6
8	6	12	-	52	42	18	-	96	79	4	-
9	7	8	6	53	43	14	6	97	80	-	6
10	8	5	-	54	44	11	-	98	80	17	-
11	9	1	6	55	45	7	6	99	81	13	6
12	9	18	-	[56]	46	4	-	100	82	10	-
13	10	14	6	57	47	-	6	101	83	6	6
14	11	11	-	58	47	17	-	102	84	3	-
15	12	7	6	59	48	13	6	103	84	19	6
16	13	4	-	60	49	10	-	104	85	16	-
17	14	-	6	61	50	6	6	105	86	12	6
18	14	17	-	62	51	3	-	106	87	9	-
19	15	13	6	63	51	19	6	107	88	5	6
20	16	10	-	64	52	16	-	108	89	2	-
21	17	6	6	65	53	12	6	109	89	18	6
22	18	3	-	66	54	9	-	110	90	15	-
23	18	19	6	67	55	5	6	* 111	91	11	6
24	19	16	-	68	56	2	-	GH.112	92	8	-
25	20	12	6	69	56	18	6	Gr. 144	118	16	-
26	21	9	-	70	57	15	-	200	165	-	-
27	22	5	6	71	58	11	6	W. 256	211	4	-
[28]	23	2	-	72	59	8	-	300	247	10	-
29	23	18	6	73	60	4	6	400	330	-	-
30	24	15	-	74	61	1	-	500	412	10	-
31	25	11	6	75	61	17	6	600	495	-	-
32	26	8	-	76	62	14	-	700	577	10	-
33	27	4	6	77	63	10	6	800	660	-	-
34	28	1	-	78	64	7	-	900	742	10	-
35	28	17	6	79	65	3	6	1000	825	-	-
36	29	14	-	80	66	-	-	2000	1650	-	-
37	30	10	6	81	66	16	6	3000	2475	-	-
38	31	7	-	82	67	13	-	4000	3300	-	-
39	32	3	6	83	68	9	6	5000	4125	-	-
40	33	-	-	[84]	69	6	-	6000	4950	-	-
41	33	16	6	85	70	2	6	7000	5775	-	-
42	34	13	-	86	70	19	-	8000	6600	-	-
43	35	9	6	87	71	15	6	9000	7425	-	-
44	36	6	-	88	72	12	-	10000	8250	-	-

* N. B. GH stands for *Great Hundred*; Gr. signifies the *Grofs*; and W. the *Wey*.

272 Feet in a Rod, at 16s. 6d. per Foot, is 224l. 8s.
365 Days in a Year, at 16s. 6d. per Day, is 301l. 2s. 6d.

At 17s. per Pound, Yard, &c.

N.	l.	s.	d.	N.	l.	s.	d.	N.	l.	s.	d.
1	–	17	–	45	38	5	–	89	75	13	–
2	1	14	–	46	39	2	–	90	76	10	–
3	2	11	–	47	39	19	–	91	77	7	–
4	3	8	–	48	40	16	–	92	78	4	–
5	4	5	–	49	41	13	–	93	79	1	–
6	5	2	–	50	42	10	–	94	79	18	–
7	5	19	–	51	43	7	–	95	80	15	–
8	6	16	–	52	44	4	–	96	81	12	–
9	7	13	–	53	45	1	–	97	82	9	–
10	8	10	–	54	45	18	–	98	83	6	–
11	9	7	–	55	46	15	–	99	84	3	–
12	10	4	–	[56]	47	12	–	100	85	–	–
13	11	1	–	57	48	9	–	101	85	17	–
14	11	18	–	58	49	6	–	102	85	14	–
15	12	15	–	59	50	3	–	103	87	11	–
16	13	12	–	60	51	–	–	104	88	8	–
17	14	9	–	61	51	17	–	105	89	5	–
18	15	6	–	62	52	14	–	106	90	2	–
19	16	3	–	63	53	11	–	107	90	19	–
20	17	–	–	64	54	8	–	108	91	16	–
21	17	17	–	65	55	5	–	109	92	13	–
22	18	14	–	66	56	2	–	110	93	10	–
23	19	11	–	67	56	19	–	* 111	94	7	–
24	20	8	–	68	57	16	–	GH 112	95	4	–
25	21	5	–	69	58	13	–	Gr. 144	122	8	–
26	22	2	–	70	59	10	–	200	170	–	–
27	22	19	–	71	60	7	–	W. 250	217	12	–
[28]	23	10	–	72	61	4	–	300	255	–	–
29	24	13	–	73	62	1	–	400	340	–	–
30	25	10	–	74	62	18	–	500	425	–	–
31	26	7	–	75	63	15	–	600	510	–	–
32	27	4	–	76	64	12	–	700	595	–	–
33	28	1	–	77	65	9	–	800	680	–	–
34	28	18	–	78	66	6	–	900	765	–	–
35	29	15	–	79	67	3	–	1000	850	–	–
36	30	12	–	80	68	–	–	2000	1700	–	–
37	31	9	–	81	68	17	–	3000	2550	–	–
38	32	6	–	82	69	14	–	4000	3400	–	–
39	33	3	–	83	70	11	–	5000	4250	–	–
40	34	–	–	[84]	71	8	–	6000	5100	–	–
41	34	17	–	85	72	5	–	7000	5950	–	–
42	35	14	–	86	73	2	–	8000	6800	–	–
43	36	11	–	87	73	19	–	9000	7650	–	–
44	37	8	–	88	74	16	–	10000	8500	–	–

N. B. GH stands for *Great Hundred*; Gr. signifies the *Grofs*; and W. the *Wey*.

272 Feet in a Rod, at 17s. per Foot, is 231l. 4s.
365 Days in a Year, at 17s. per Day, is 310l. 5s.

At 17s. 6d. per Pound, Yard, &c.

N.	l.	s.	d.	N.	l.	s.	d.	N.	l.	s.	d.
1	–	17	6	45	39	7	6	89	77	17	6
2	1	15	–	46	40	5	–	90	78	15	–
3	2	12	6	47	41	2	6	91	79	12	6
4	3	10	–	48	42	–	–	92	80	10	–
5	4	7	6	49	42	17	6	93	81	7	6
6	5	5	–	50	43	15	–	94	82	5	–
7	6	2	6	51	44	12	6	95	83	2	6
8	7	–	–	52	45	10	–	96	84	–	–
9	7	17	6	53	46	7	6	97	84	17	6
10	8	15	–	54	47	5	–	98	85	15	–
11	9	12	6	55	48	2	6	99	86	12	6
12	10	10	–	[56]	49	–	–	100	87	10	–
13	11	7	6	57	49	17	6	101	88	7	6
14	12	5	–	58	50	15	–	102	89	5	–
15	13	2	6	59	51	12	6	103	90	2	6
16	14	–	–	60	52	10	–	104	91	–	–
17	14	17	6	61	53	7	6	105	91	17	6
18	15	15	–	62	54	5	–	106	92	15	–
19	16	12	6	63	55	2	6	107	93	12	6
20	17	10	–	64	56	–	–	108	94	10	–
21	18	7	6	65	56	17	6	109	95	7	6
22	19	5	–	66	57	15	–	110	96	5	–
23	20	2	6	67	58	12	6	* 111	97	2	6
24	21	–	–	68	59	10	–	GH 112	98	–	–
25	21	17	6	69	60	7	6	Gr. 144	126	–	–
26	22	15	–	70	61	5	–	200	175	–	–
27	23	12	6	71	62	2	6	W. 256	224	–	–
28	24	10	–	72	63	–	–	300	262	10	–
29	25	7	6	73	63	17	6	400	350	–	–
30	26	5	–	74	64	15	–	500	437	10	–
31	27	2	6	75	65	12	6	600	525	–	–
32	28	–	–	76	66	10	–	700	612	10	–
33	28	17	6	77	67	7	6	800	700	–	–
34	29	15	–	78	68	5	–	900	787	10	–
35	30	12	6	79	69	2	6	1000	875	–	–
36	31	10	–	80	70	–	–	2000	1750	–	–
37	32	7	6	81	70	17	6	3000	2625	–	–
38	33	5	–	82	71	15	–	4000	3500	–	–
39	34	2	6	83	72	12	6	5000	4375	–	–
40	35	–	–	[84]	73	10	–	6000	5250	–	–
41	35	17	6	85	74	7	6	7000	6125	–	–
42	36	15	–	86	75	5	–	8000	7000	–	–
43	37	12	6	87	76	2	6	9000	7875	–	–
44	38	10	–	88	77	–	–	10000	8750	–	–

N. B. GH ſtands for *Great Hundred*; Gr. ſignifies the *Groſs*; and W. the *W'gy*.

2½ Feet in a Rod, at 17s. 6d. per Foot, is 2s 3d.
365 Days in a Year, at 17s. 6d. per Day, is 319l. 7s. 6d.

At 18s. per Pound, Yard, &c.

N.	l. s. d.	N.	l. s. d.	N.	l. s. d.
1	– 18 –	45	40 10 –	89	80 2 –
2	1 10 –	46	41 8 –	90	81 – –
3	2 14 –	47	42 6 –	91	81 18 –
4	3 12 –	48	43 4 –	92	82 16 –
5	4 10 –	49	44 2 –	93	83 14 –
6	5 8 –	50	45 – –	94	84 12 –
7	6 6 –	51	45 18 –	95	85 10 –
8	7 4 –	52	46 16 –	96	86 8 –
9	8 2 –	53	47 14 –	97	87 6 –
10	9 – –	54	48 12 –	98	88 4 –
11	9 18 –	55	49 10 –	99	89 2 –
12	10 16 –	56	50 8 –	100	90 – –
13	11 14 –	57	51 6 –	101	90 18 –
14	12 12 –	58	52 4 –	102	91 16 –
15	13 10 –	59	53 2 –	103	92 14 –
16	14 8 –	60	54 – –	104	93 12 –
17	15 6 –	61	54 18 –	105	94 10 –
18	16 4 –	62	55 16 –	106	95 8 –
19	17 2 –	63	56 14 –	107	96 6 –
20	18 – –	64	57 12 –	108	97 4 –
21	18 18 –	65	58 10 –	109	98 2 –
22	19 16 –	66	59 8 –	110	99 – –
23	20 14 –	67	60 6 –	*111	99 18 –
24	21 12 –	68	61 4 –	GH 112	100 16 –
25	22 10 –	69	62 2 –	Gr. 144	129 12 –
26	23 8 –	70	63 – –	200	180 – –
27	24 6 –	71	63 18 –	W. 256	230 8 –
28	25 4 –	72	64 16 –	300	270 – –
29	26 2 –	73	65 14 –	400	360 – –
30	27 – –	74	66 12 –	500	450 – –
31	27 18 –	75	67 10 –	600	540 – –
32	28 16 –	76	68 8 –	700	630 – –
33	29 14 –	77	69 6 –	800	720 – –
34	30 12 –	78	70 4 –	900	810 – –
35	31 10 –	79	71 2 –	1000	900 – –
36	32 8 –	80	72 – –	2000	1800 – –
37	33 6 –	81	72 18 –	3000	2700 – –
38	34 4 –	82	73 16 –	4000	3600 – –
39	35 2 –	83	74 14 –	5000	4500 – –
40	36 – –	84	75 12 –	6000	5400 – –
41	36 18 –	85	76 10 –	7000	6300 – –
42	37 16 –	86	77 8 –	8000	7200 – –
43	38 14 –	87	78 6 –	9000	8100 – –
44	39 12 –	88	79 4 –	10000	9000 – –

* N. B. GH stands for *Great Hundred*; Gr. signifies the *Cross*; and W. the *Wey*.

272 Feet in a Rod, at 18s. per Foot, is 244 l. 16s.
365 Days in a Year, at 18s. per Day, is 328 l. 10s.

At 18s. 6d. per Pound, Yard, &c.

N.	l.	s.	d.	N	l.	s.	d.	N.	l.	s.	d.
1	—	18	6	45	41	12	6	89	82	6	6
2	1	17	—	46	42	11	—	90	83	5	—
3	2	15	6	47	43	9	6	91	84	3	6
4	3	14	—	48	44	8	—	92	85	2	—
5	4	12	6	49	45	6	6	93	86	—	6
6	5	11	—	50	46	5	—	94	86	19	—
7	6	9	6	51	47	3	6	95	87	17	6
8	7	8	—	52	48	2	—	96	88	16	—
9	8	6	6	53	49	—	6	97	89	14	6
10	9	5	—	54	49	19	—	98	90	13	—
11	10	3	6	55	50	17	6	99	91	11	6
12	11	2	—	[56]	51	16	—	100	92	10	—
13	12	—	6	57	52	14	6	101	93	8	6
14	12	19	—	58	53	13	—	102	94	7	—
15	13	17	6	59	54	11	6	103	95	5	6
16	14	16	—	60	55	10	—	104	96	4	—
17	15	14	6	61	56	8	6	105	97	2	6
18	16	13	—	62	57	7	—	106	98	1	—
19	17	11	6	63	58	5	6	107	98	19	6
20	18	10	—	64	59	4	—	108	99	18	—
21	19	8	6	65	60	2	6	109	100	16	6
22	20	7	—	66	61	1	—	110	101	15	—
23	21	5	6	67	61	19	6	111	102	13	6
24	22	4	—	68	62	18	—	GH 112	103	12	—
25	23	2	6	69	63	16	6	Gr. 144	133	4	—
26	24	1	—	70	64	15	—	200	185	—	—
27	24	19	6	71	65	13	6	W. 256	236	16	—
28	25	18	—	72	66	12	—	300	277	10	—
29	26	16	6	73	67	10	6	400	370	—	—
30	27	15	—	74	68	9	—	500	462	10	—
31	28	13	6	75	69	7	6	600	555	—	—
32	29	12	—	76	70	6	—	700	647	10	—
33	30	10	6	77	71	4	6	800	740	—	—
34	31	9	—	78	72	3	—	900	832	10	—
35	32	7	6	79	73	1	6	1000	925	—	—
36	33	6	—	80	74	—	—	2000	1850	—	—
37	34	4	6	81	74	18	6	3000	2775	—	—
38	35	3	—	82	75	17	—	4000	3700	—	—
39	36	1	6	83	76	15	6	5000	4625	—	—
40	37	—	—	[84]	77	14	—	6000	5550	—	—
41	37	18	6	85	78	12	6	7000	6475	—	—
42	38	17	—	86	79	11	—	8000	7400	—	—
43	39	15	6	87	80	9	6	9000	8325	—	—
44	40	14	—	88	81	8	—	10000	9250	—	—

N. B. GH stands for Great Hundred the 3 Gr. signifies the Gross; and W. the Way.

272 Feet in a Rod, at 18s. 6d. per Foot, is 251l. 12s.
365 Days in a Year, at 18s. 6d. per Day, is 337l. 12s. 6d.

At 19s. per Pound, Yard, &c.

N.	l.	s.	d.	N.	l.	s.	d.	N.	l.	s.	d.
1	-	19	-	45	42	15	-	89	84	11	-
2	1	18	-	46	43	14	-	90	85	10	-
3	2	17	-	47	44	13	-	91	86	9	-
4	3	16	-	48	45	12	-	92	87	8	-
5	4	15	-	49	46	11	-	93	88	7	-
6	5	14	-	50	47	10	-	94	89	6	-
7	6	13	-	51	48	9	-	95	90	5	-
8	7	12	-	52	49	8	-	96	91	4	-
9	8	11	-	53	50	7	-	97	92	3	-
10	9	10	-	54	51	6	-	98	93	2	-
11	10	9	-	55	52	5	-	99	94	1	-
12	11	8	-	56	53	4	-	100	95	—	-
13	12	7	-	57	54	3	-	101	95	19	-
14	13	6	-	58	55	2	-	102	96	18	-
15	14	5	-	59	56	1	-	103	97	17	-
16	15	4	-	60	57	—	-	104	98	16	-
17	16	3	-	61	57	19	-	105	99	15	-
18	17	2	-	62	58	18	-	106	100	14	-
19	18	1	-	63	59	17	-	107	101	13	-
20	19	—	-	64	60	16	-	108	102	12	-
21	19	19	-	65	61	15	-	109	103	11	-
22	20	18	-	66	62	14	-	110	104	10	-
23	21	17	-	67	63	13	-	*111	105	9	-
24	22	16	-	68	64	12	-	GH 112	106	8	-
25	23	15	-	69	65	11	-	Gr. 144	136	16	-
26	24	14	-	70	66	10	-	200	190	—	-
27	25	13	-	71	67	9	-	W. 256	243	4	-
28	26	12	-	72	68	8	-	300	285	—	-
29	27	11	-	73	69	7	-	400	380	—	-
30	28	10	-	74	70	6	-	500	475	—	-
31	29	9	-	75	71	5	-	600	570	—	-
32	30	8	-	76	72	4	-	700	665	—	-
33	31	7	-	77	73	3	-	800	760	—	-
34	32	6	-	78	74	2	-	900	855	—	-
35	33	5	-	79	75	1	-	1000	950	—	-
36	34	4	-	80	76	—	-	2000	1900	—	-
37	35	3	-	81	76	19	-	3000	2850	—	-
38	36	2	-	82	77	18	-	4000	3800	—	-
39	37	1	-	83	78	17	-	5000	4750	—	-
40	38	—	-	84	79	16	-	6000	5700	—	-
41	38	19	-	85	80	15	-	7000	6650	—	-
42	39	18	-	86	81	14	-	8000	7600	—	-
43	40	17	-	87	82	13	-	9000	8550	—	-
44	41	16	-	88	83	12	-	10000	9500	—	-

* N. B. GH stands for Great Hundred; Gr. signifies the Gross; and W. the Weg.

272 Feet in a Rod, at 19s. per Foot, is 258l. 8s.
365 Days in a Year, at 19s per Day, is 346l. 15s.

At 19s. 6d. per Pound, Yard, &c.

N.	l.	s.	d.	N.	l.	s.	d.	N.	l.	s.	d.
1	–	19	6	45	43	17	6	89	86	15	6
2	1	19	–	46	44	17	–	90	87	15	–
3	2	18	6	47	45	16	6	91	88	14	6
4	3	18	–	48	46	16	–	92	89	14	–
5	4	17	6	49	47	15	6	93	90	13	6
6	5	17	–	50	48	15	–	94	91	13	–
7	6	16	6	51	49	14	6	95	92	12	6
8	7	16	–	52	50	14	–	96	93	12	–
9	8	15	6	53	51	13	6	97	94	11	6
10	9	15	–	54	52	13	–	98	95	11	–
11	10	14	6	55	53	12	6	99	96	10	6
12	11	14	–	56	54	12	–	100	97	10	–
13	12	13	6	57	55	11	6	101	98	9	6
14	13	13	–	58	56	11	–	102	99	9	–
15	14	12	6	59	57	10	6	103	100	8	6
16	15	12	–	60	58	10	–	104	101	8	–
17	16	11	6	61	59	9	6	105	102	7	6
18	17	11	–	62	60	9	–	106	103	7	–
19	18	10	6	63	61	8	6	107	104	6	6
20	19	10	–	64	62	8	–	108	105	6	–
21	20	9	6	65	63	7	6	109	106	5	6
22	21	9	–	66	64	7	–	110	107	5	–
23	22	8	6	67	65	6	6	*111	108	4	6
24	23	8	–	68	66	6	–	GH 112	109	4	–
25	24	7	6	69	67	5	6	Gr. 144	140	8	–
26	25	7	–	70	68	5	–	200	195	–	–
27	26	6	6	71	69	4	6	W. 256	249	12	–
[28]	27	6	–	72	70	4	–	300	292	10	–
29	28	5	6	73	71	3	6	400	390	–	–
30	29	5	–	74	72	3	–	500	487	10	–
31	30	4	6	75	73	2	6	600	585	–	–
32	31	4	–	76	74	2	–	700	682	10	–
33	32	3	6	77	75	1	6	800	780	–	–
34	33	3	–	78	76	1	–	900	877	10	–
35	34	2	6	79	77	–	6	1000	975	–	–
36	35	2	–	80	78	–	–	2000	1950	–	–
37	36	1	6	81	78	19	6	3000	2925	–	–
38	37	1	–	82	79	19	–	4000	3900	–	–
39	38	–	6	83	80	18	6	5000	4875	–	–
40	39	–	–	[84]	81	18	–	6000	5850	–	–
41	39	19	6	85	82	17	6	7000	6825	–	–
42	40	19	–	86	83	17	–	8000	7800	–	–
43	41	18	6	87	84	16	6	9000	8775	–	–
44	42	18	–	88	85	16	–	10000	9750	–	–

* N. B. GH stands for *Great Hundred*; Gr. signifies the *Gross*; and W. the *Wey*.

272 Feet in a Rod, at 19s. 6d. per Foot, is 265l. 4s.
365 Days in a Year, at 19s. 6d. per Day, is 355l. 17s. 6d.

TABLE I. Of the Value of Portugal (or 36 Shilling) Pieces, 18 Shilling Pieces and Moidores in Pounds Sterling, from 1 to 1000.

N.	1l. 16s. l. s. d.	18s. l. s. d.	1l. 7s. l. s.
1	1 16 —	— 18 —	1 7 —
2	3 12 —	1 16 —	2 14 —
3	5 8 —	2 14 —	4 1 —
4	7 4 —	3 12 —	5 8 —
5	9 — —	4 10 —	6 15 —
6	10 16 —	5 8 —	8 2 —
7	12 12 —	6 6 —	9 9 —
8	14 8 —	7 4 —	10 16 —
9	16 4 —	8 2 —	12 3 —
10	18 — —	9 — —	13 10 —
11	19 16 —	9 18 —	14 17 —
12	21 12 —	10 16 —	16 4 —
13	23 8 —	11 14 —	17 11 —
14	25 4 —	12 12 —	18 18 —
15	27 — —	13 10 —	20 5 —
16	28 16 —	14 8 —	21 12 —
17	30 12 —	15 6 —	22 19 —
18	32 8 —	16 4 —	24 6 —
19	34 4 —	17 2 —	25 13 —
20	36 — —	18 — —	27 — —
30	54 — —	27 — —	40 10 —
40	72 — —	36 — —	54 — —
50	90 — —	45 — —	67 10 —
60	108 — —	54 — —	81 — —
70	126 — —	63 — —	94 10 —
80	144 — —	72 — —	108 — —
90	162 — —	81 — —	121 10 —
100	180 — —	90 — —	135 — —
200	360 — —	180 — —	270 — —
300	540 — —	270 — —	405 — —
400	720 — —	360 — —	540 — —
500	900 — —	450 — —	675 — —
600	1080 — —	540 — —	810 — —
700	1260 — —	630 — —	945 — —
800	1440 — —	720 — —	1080 — —
900	1620 — —	810 — —	1215 — —
1000	1800 — —	900 — —	1350 — —

Note I. For the more ready casting up the Value of any Number of Ports or 36 Shilling Pieces in Pounds Sterling, remember that every 5 Ports make 9 Pounds, and every 7 Ports 12 Guineas.

Note II. For the more ready casting up the Value of Moidores remember that every 7 make 9 Guineas, and every 20 make 27 Pounds; and for the more ready telling of Cash observe that 1 Port and 1 Moidore make 3 Guineas; 2 of each make 6; 3 of each 9 Guineas, &c. &c.

TABLE II. Of Expences, Income, or Wages, from One Penny to 10l. per Day, how much it amounts to per Week, Month, or Year. Or having the yearly Income given to tell how much it is per Month, Week or Day.

Per Day.			Per Week.			Per Month.			Per Year.		
l.	s.	d.	l.	s.	d.	l.	s.	d.	l.	s.	d.
—	—	1	—	—	7	—	2	4	1	10	5
—	—	2	—	1	2	—	4	8	3	—	10
—	—	3	—	1	9	—	7	—	4	11	3
—	—	4	—	2	4	—	9	4	6	1	8
—	—	5	—	2	11	—	11	8	7	12	1
—	—	6	—	3	6	—	14	—	9	2	6
—	—	7	—	4	1	—	16	4	10	12	11
—	—	8	—	4	8	—	18	8	12	3	4
—	—	9	—	5	3	1	1	—	13	13	—
—	—	10	—	5	10	1	3	4	15	4	4
—	—	11	—	6	5	1	5	8	16	14	7
—	1	—	—	7	—	1	8	—	18	5	—
—	2	—	—	14	—	2	16	—	36	10	—
—	3	—	1	1	—	4	4	—	54	15	—
—	4	—	1	8	—	5	12	—	73	—	—
—	5	—	1	15	—	7	—	—	91	5	—
—	6	—	2	2	—	8	8	—	109	10	—
—	7	—	2	9	—	9	16	—	127	15	—
—	8	—	2	16	—	11	4	—	146	—	—
—	9	—	3	3	—	12	12	—	164	5	—
—	10	—	3	10	—	14	—	—	182	10	—
—	11	—	3	17	—	15	8	—	200	15	—
—	12	—	4	4	—	16	16	—	219	—	—
—	13	—	4	11	—	18	4	—	237	5	—
—	14	—	4	18	—	19	12	—	255	10	—
—	15	—	5	5	—	21	—	—	273	15	—
—	16	—	5	12	—	22	8	—	292	—	—
—	17	—	5	19	—	23	16	—	310	5	—
—	18	—	6	6	—	25	4	—	328	10	—
—	19	—	6	13	—	26	12	—	346	14	—
1	—	—	7	—	—	28	—	—	365	—	—
2	—	—	14	—	—	56	—	—	730	—	—
3	—	—	21	—	—	84	—	—	1095	—	—
4	—	—	28	—	—	112	—	—	1460	—	—
5	—	—	35	—	—	140	—	—	1825	—	—
6	—	—	42	—	—	168	—	—	2190	—	—
7	—	—	49	—	—	196	—	—	2555	—	—
8	—	—	56	—	—	224	—	—	2920	—	—
9	—	—	63	—	—	252	—	—	3285	—	—
10	—	—	70	—	—	280	—	—	3650	—	—

N. B. 28 Days are allowed to a Month, and 13 Months to a Year.

TABLE III. Shewing the present Value of an Annuity of 1l. (or which is the same, the Number of Years Value which such Annuity is worth) from 1 to 50 Years absolute, at 3, 4, 5, and 6 per Cent. Compound Interest.

Year	3 per Cent.	4 per Cent.	5 per Cent.	6 per Cent.	Year	3 per Cent.	4 per Cent.	5 per Cent.	6 per Cent.
1	0.97	0.96	0.95	0.94	26	17.88	15.98	14.37	13.—
2	1.91	1.89	1.86	1.83	27	18.33	16.33	14.64	13.21
3	2.83	2.77	2.72	2.67	28	18.76	16.66	14.9	13.41
4	3.72	3.63	3.55	3.46	29	19.19	16.98	15.14	13.59
5	4.58	4.45	4.33	4.21	30	19.6	17.29	15.37	13.76
6	5.41	5.24	5.08	4.92	31	20.—	17.59	15.59	13.93
7	6.23	6.—	5.79	5.58	32	20.39	17.87	15.8	14.08
8	7.02	6.73	6.46	6.21	33	20.76	18.15	16.—	14.23
9	7.78	7.43	7.11	6.8	34	21.13	18.41	16.19	14.97
10	8.53	8.11	7.72	7.36	35	21.49	18.66	16.37	14.5
11	9.25	8.76	8.31	7.89	36	21.83	18.91	16.55	14.62
12	9.95	9.38	8.86	8.38	37	22.17	19.14	16.71	14.73
13	10.63	9.99	9.39	8.85	38	22.49	19.37	16.87	14.85
14	11.3	10.56	9.9	9.29	39	22.81	19.58	17.02	14.95
15	11.94	11.12	10.38	9.71	40	23.11	19.79	17.16	15.05
16	12.56	11.65	10.84	10.11	41	23.41	19.99	17.29	15.14
17	13.17	12.17	11.27	10.48	42	23.7	20.19	17.42	15.22
18	13.75	12.66	11.69	10.83	43	23.98	20.37	17.54	15.31
19	14.32	13.13	12.08	11.19	44	24.25	20.55	17.66	15.38
20	14.88	13.59	12.46	11.47	45	24.52	20.72	17.77	15.46
21	15.41	14.03	12.82	11.76	46	24.77	20.88	17.88	15.52
22	15.94	14.45	13.16	12.04	47	25.02	21.04	17.98	15.59
23	16.44	14.86	13.49	12.3	48	25.27	21.19	18.08	15.65
24	16.94	15.25	13.18	12.55	49	25.5	21.34	18.17	15.71
25	17.41	15.62	14.10	12.78	50	25.73	21.48	18.26	15.76

The Use of this Table will easily appear as follows. Suppose I wanted to know how much an Annuity of 12l. a Year will come to in 7 Years, allowing 5l. per Cent. First find 7 Years, and right against it under 5l. per Cent. is 5.79l. which is the Value of 1l. for 7 Years, multiply then 5.79 by 12, and you have 69.48 l. that is 69l. 9s. 6d.

NOTE, The Value of the Decimal Parts 48 is thus found, double, or multiply them by 2, it makes 96; then cut off only the Right-Hand Figure 6, and the Left will be Shillings, and the Right Pence, Thus, .9 | 6 is 9 Shillings and 6 Pence; this is near enough, Farthings excepted.

TABLE IV. Of Commiſſion or Brokerage.

Value of goods or ſtock ſold	At ⅛ per cent.				At ¼ per cent.				At ⅜ per cent.				At ½ per cent.			
Lib.	l.	s.	d.	f.	l.	s.	d.	f.	l.	s.	d.	f.	l.	s.	d.	f.
10000	12	10	–	–	25	—	–	–	37	10	–	–	50	—	–	–
9000	11	5	–	–	22	10	–	–	33	15	–	–	45	—	–	–
8000	10	—	–	–	20	—	–	–	30	—	–	–	40	—	–	–
7000	8	15	–	–	17	10	–	–	26	5	–	–	35	—	–	–
6000	7	10	–	–	15	—	–	–	22	10	–	–	30	—	–	–
5000	6	5	–	–	12	10	–	–	18	15	–	–	25	—	–	–
4000	5	—	–	–	10	—	–	–	15	—	–	–	20	—	–	–
3000	3	15	–	–	7	10	–	–	11	5	–	–	15	—	–	–
2000	2	10	–	–	5	—	–	–	7	10	–	–	10	—	–	–
1000	1	5	–	–	2	10	–	–	3	15	–	–	5	—	–	–
900	1	2	6	–	2	5	–	–	3	7	6	–	4	10	–	–
800	1	–	–	–	2	—	–	–	3	—	–	–	4	—	–	–
700	–	17	6	–	1	15	–	–	2	12	6	–	3	10	–	–
600	–	15	–	–	1	10	–	–	2	5	–	–	3	—	–	–
500	–	12	6	–	1	5	–	–	1	17	6	–	2	10	–	–
400	–	10	–	–	1	—	–	–	1	10	–	–	2	—	–	–
300	–	7	6	–	–	15	–	–	1	2	6	–	1	10	–	–
200	–	5	–	–	–	10	–	–	–	15	–	–	1	—	–	–
100	–	2	6	–	–	5	–	–	–	7	6	–	–	10	–	–
90	–	2	3	–	–	4	6	–	–	6	9	–	–	9	–	–
80	–	2	–	–	–	4	–	–	–	6	–	–	–	8	–	–
70	–	1	9	–	–	3	6	–	–	5	3	–	–	7	–	–
60	–	1	6	–	–	3	–	–	–	4	6	–	–	6	–	–
50	–	1	3	–	–	2	6	–	–	3	9	–	–	5	–	–
40	–	1	–	–	–	2	–	–	–	3	–	–	–	4	–	–
30	–	—	9	–	–	1	6	–	–	2	3	–	–	3	–	–
20	–	—	6	–	–	1	–	–	–	1	6	–	–	2	–	–
10	–	—	3	–	–	—	6	–	–	—	9	–	–	1	–	–
9	–	—	2	¾	–	—	5	½	–	—	8	¼	–	—	10	¾
8	–	—	2	½	–	—	5	–	–	—	7	¼	–	—	9	¾
7	–	—	2	¼	–	—	4	¼	–	—	6	¼	–	—	8	½
6	–	—	1	¾	–	—	3	½	–	—	5	½	–	—	7	¼
5	–	—	1	½	–	—	3	–	–	—	4	½	–	—	6	–
4	–	—	1	¼	–	—	2	½	–	—	3	½	–	—	5	–
3	–	—	1	–	–	—	1	¾	–	—	2	¾	–	—	3	¾
2	–	—	–	½	–	—	1	¼	–	—	1	¾	–	—	2	½
1	–	—	–	¼	–	—	–	½	–	—	1	–	–	—	1	¼
Shill. 10					–	—	–	¼	–	—	–	½	–	—	–	½
9					–	—	–	¼	–	—	–	½	–	—	–	½
8					–	—	–	¼	–	—	–	½	–	—	–	½
7					–	—	–	¼	–	—	–	¼	–	—	–	½
6					–	—	–	⅛	–	—	–	¼	–	—	–	½
5					–	—	–	⅛	–	—	–	¼	–	—	–	½
4									–	—	–	¼	–	—	–	¼
3									–	—	–	¼	–	—	–	¼
2																
1																

TABLE IV. Of Commission or Brokerage, continued.

Value of goods, or stock sold	At ⅝ per cent.				At ¾ per cent.				At ⅞ per cent.				At 1 per cent.			
Lib.	l.	s.	d.	f.	l.	s.	d.	f.	l.	s.	d.	f.	l.	s.	d.	f.
10000	62	10	—	—	75	—	—	—	87	10	—	—	100	—	—	—
9000	56	5	—	—	67	10	—	—	78	15	—	—	90	—	—	—
8000	50	—	—	—	60	—	—	—	70	—	—	—	80	—	—	—
7000	43	15	—	—	52	10	—	—	61	5	—	—	70	—	—	—
6000	37	10	—	—	45	—	—	—	52	10	—	—	60	—	—	—
5000	31	5	—	—	37	10	—	—	43	15	—	—	50	—	—	—
4000	25	—	—	—	30	—	—	—	35	—	—	—	40	—	—	—
3000	18	15	—	—	22	10	—	—	26	5	—	—	30	—	—	—
2000	12	10	—	—	15	—	—	—	17	10	—	—	20	—	—	—
1000	6	5	—	—	7	10	—	—	8	15	—	—	10	—	—	—
900	5	12	6	—	6	15	—	—	7	17	6	—	9	—	—	—
800	5	—	—	—	6	—	—	—	7	—	—	—	8	—	—	—
700	4	7	6	—	5	5	—	—	6	2	6	—	7	—	—	—
600	3	15	—	—	4	10	—	—	5	5	—	—	6	—	—	—
500	3	2	6	—	3	15	—	—	4	7	6	—	5	—	—	—
400	2	10	—	—	3	—	—	—	3	10	—	—	4	—	—	—
300	1	17	6	—	2	5	—	—	2	12	6	—	3	—	—	—
200	1	5	—	—	1	10	—	—	1	15	—	—	2	—	—	—
100	—	12	6	—	—	15	—	—	—	17	6	—	1	—	—	—
90	—	11	3	—	—	13	6	—	—	15	9	—	—	18	—	—
80	—	10	—	—	—	12	—	—	—	14	—	—	—	16	—	—
70	—	8	9	—	—	10	6	—	—	12	3	—	—	14	—	—
60	—	7	6	—	—	9	—	—	—	10	6	—	—	12	—	—
50	—	6	3	—	—	7	6	—	—	8	9	—	—	10	—	—
40	—	5	—	—	—	6	—	—	—	7	—	—	—	8	—	—
30	—	3	9	—	—	4	6	—	—	5	3	—	—	6	—	—
20	—	2	6	—	—	3	—	—	—	3	6	—	—	4	—	—
10	—	1	3	—	—	1	6	—	—	1	9	—	—	2	—	—
9	—	1	1	—	—	1	4	2	—	1	7	—	—	1	9	2
8	—	1	—	—	—	1	2	2	—	1	4	—	—	1	7	2
7	—	—	10	2	—	1	—	—	—	1	2	2	—	1	5	2
6	—	—	9	—	—	—	10	2	—	1	—	—	—	1	2	2
5	—	—	7	2	—	—	9	—	—	—	10	2	—	1	—	—
4	—	—	6	—	—	—	7	2	—	—	8	—	—	—	9	2
3	—	—	4	2	—	—	5	—	—	—	6	—	—	—	7	2
2	—	—	3	—	—	—	3	2	—	—	4	—	—	—	5	—
1	—	—	1	2	—	—	1	2	—	—	2	—	—	—	2	2
Shill. 10	—	—	—	—	—	—	1	—	—	—	1	—	—	—	1	2
9	—	—	—	—	—	—	—	—	—	—	1	—	—	—	1	2
8	—	—	—	—	—	—	—	—	—	—	—	—	—	—	1	2
7	—	—	—	—	—	—	—	—	—	—	—	—	—	—	—	2
6	—	—	—	—	—	—	—	—	—	—	—	—	—	—	—	2
5	—	—	—	—	—	—	—	—	—	—	—	—	—	—	—	2
4	—	—	—	—	—	—	—	—	—	—	—	—	—	—	—	2
3	—	—	—	—	—	—	—	—	—	—	—	—	—	—	—	2
2	—	—	—	—	—	—	—	—	—	—	—	—	—	—	—	2
1	—	—	—	—	—	—	—	—	—	—	—	—	—	—	—	2

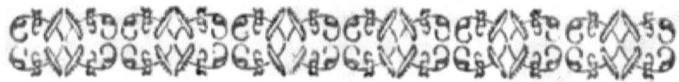

The following Things are very neceffary to be known in various Branches of Bufinefs.

I. *Of Paper, Parchment, &c.*

24 Sheets make 1 Quire, 20 Quires 1 Ream, 10 Reams make 1 Bale. 5 Dozen of Skins make a Roll of Parchment.

II. *Of Weight, Meafures, &c.*

A Barrel of Anchovies is about 18lb.—A Barrel of Ale 32 Gallons.—A Barrel of Beer 36;—a Barrel of Figs from 90 to near 500lb.—A Barrel of Gunpowder 112lb.—A Barrel of Herrings 500lb.—A Cade of Red Herrings 500; of Sprats 1000—A Clove of Cheefe 8 lb.—A Clove of Wool 7 lb.—A Dicker of Leather 10 Skins.—A Fathom in Meafure is 6 Feet.—A Furlong is 40 Rods or 220 Yards, 8 of which make a Mile.—A Firkin of Soap 64 lb;—a Firkin of Butter 56lb.—A Keg of Herrings 60, and 2 Kegs make a Hundred.—A Laft of Corn is 10 Quarters or 2 Loads or 80 Bufhels; A Laft of Gunpowder 24 Barrels;—a Laft of Hides 12 Dozen;—A Laft of Leather 24 Dickers;—A laft of Tar 14 Barrels.—A Load (in common) is 40 Bufhels;—a Market Load is 5 Bufhels;—a Load of Hay is from 25 to 30 Hundred Weight;—A Load of Scotch Coals 1 Hundred Weight;—a Load of Bricks 50;—a Load of Tiles 1000—A Puncheon of Brandy or Rum from 70 to 100 Gallons;—a Puncheon of Prunes from 10 to 12 Cwt.—A Quintal of Fifh 100.—of Corn or Fodder 1 Cwt.—A Rod is $5\frac{1}{2}$ Yards;—a Square Rod is $30\frac{1}{4}$ Yards or $272\frac{1}{4}$ Feet —A Square of Tyling, Roofing, Thatching, &c. means 100 Feet Square, viz. 10 long and 10 wide.—A Stack of Wood varies in many Countries, but in common it runs 3 Feet high, 3 wide and 12 Feet long or 108 Cubic Feet; though fome make it 3, 4 and 12, which make 144 Feet.—A Ton means 20 Cwt.—a Ton of Lead $19\frac{1}{2}$ Cwt.—A Tun of Wine 252 Gallons;—of fweet Oil 236 Gallons —A Trufs of Hay is from 50 to 60 lb.—A Wey is 5 Chaldrons; a Wey of Cheefe in *Effex* is 32 Cloves or 256 lb;— in *Suffolk* 42 Cloves or 336 lb.—

Value of Gold and Silver Coins.

Note, 1 Grain of Gold Value about 2 Pence.—A Penny-weight about 4 Shillings.—An Ounce 4l.—A Pound 48l.—Note, a Grain of Silver Value about Half a Farthing, a Penny-weight 3 Pence, an Ounce 5 Shillings.

www.ingramcontent.com/pod-product-compliance
Lightning Source LLC
Chambersburg PA
CBHW031948230426

43672CB00010B/2086